KB120188

직설

직설

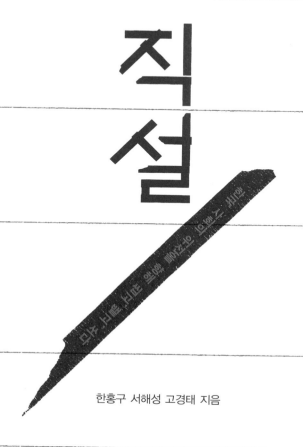

한홍구 서해성 고경태 지음

한겨레출판

머리글

직설이라는 장풍

불쑥 떠오른 이름은 '직설'이었다. 직설적으로 떠드니까 직설. 아니다. 썩 훌륭하진 않다. "장풍이란 말이 들어가야 하지 않겠어?" 한홍구 교수와 서해성 작가는 '말의 장풍을 날린다'는 취지를 새겨보자고 했다. 세상을 흔드는 강한 바람 같은 말빨. 멋지다. 시사장풍? 만리장풍? 호쾌장풍? 글쎄다. 너무 까부는 이름 같다. 여러 후보가 입길에 올랐다. 덜컥 마음에 감기는 건 없었다. 기획을 확정 짓고 첫 대담까지 끝냈다. 뾰족한 대안이 안 나온다. 그럼 다시 직……설? 나쁘지 않네. 이 기획의 본질은 '곧은 혀'잖아. 직설, 오케이!

"딱 다섯 번만 하고 얼른 접어." 술자리에서 회사 선배가 '직설적'으로 충고했다. '직설'이 두 번째 독자들과 만난 직후였다. "너무 튄다. 《한겨레》엔 어울리지 않는 대담이야." 비판을 받았지만, 오히려 황송했다. 극진한 관심이 역설적으로 눈물겨웠다. 독자들의 반응이 좋은지 나쁜지 가늠할 수 없던 때다. 무관심은 슬프다. 정확히 두 주 만에 부담스런 대반전이 벌어졌다. 노무현 모독죄로 코너에 몰렸다. 그냥 두들겨 맞았다. 1면에 사과문이 실렸다. "이런 상황에서 계속할 수 있겠어?" 누군가 조심스럽게 말했다. 담당 기자를 해고하라는 독자들도 있었다. 태풍이 지나갔다. (본문 390쪽 참조)

서해성 작가는 도깨비다. 도깨비와 마주치면 당황스럽다. 직설을 거쳐 간 수많은 사람들이 당황했다. 2010년 12월 부산에서의 일이다. 문재인 노무현재단 이사장과 공개 직설을 하러 간 날이었다. 오후에 시간을 내어 봉하 마을로 향했다. 현지 시민 단체 간부들과 함께 탄 봉고차가 구덕경기장을 지날 때였다. 서해성 작가가 구덕경기장사 (史)를 논하기 시작했다. 어느덧 이야기는 20세기 부산 시민사회운동의 인물사로 거대하게 펼쳐졌다. 잠자코 듣던 부산 사나이들이 자신들도 금시초문인 그 섬세한 '잡식'의 디테일에 기가 질려 물었다. "아니 부산에서 나셨어요?" 그럴 리 없다. 직설을 할 때마다 비슷한 상황이었다고 보면 된다. "도대체 그걸 속속들이 어떻게 아셔?" 오래전부터 별명이 '여러가지문제연구소장'이다. 툭하면 '공부'를 핑계로 잠수를 타는 그는 인간문화재급 도깨비 구라다.

물이 중요하다. 한홍구 교수가 잘못 물들까 봐 염려하던 때가 있었다. 한홍구 서해성 두 사람이 자주 어울려 논다는 소문이 들려오던 5년 전. 유치한 어법을 빌리자면, 나는 당시 한홍구 교수와 친했고(베트남전쟁 민간인 학살 관련 보도를 하던 2000년께 인연을 맺었다) 서해성 작가와는 안 친했다. 질투였나? 괜히 서해성 이름 석 자에 불건전하고 삐딱한 이미지를 투사했다. 그리하여 가끔 한홍구 교수에게 이런 권유를 했던 것이다. "서해성 아저씨랑 좀 놀지 마요." 이 무슨 운명의 장난이란 말인가. 어느 봄볕 좋던 날, 둘의 아지트이던 재동 카페를 찾았다. 나에겐 기획 아이디어가 필요했다. 커피 한 잔씩을 놓고 나누던 한담이 연재 기획물로 휘리릭 둔갑했다. 놀지 말라고 해놓고, 셋이서 함께 노는 처지가 됐다. 2010년 5월부터 1년간 《한겨레》에 매주 금요일마다 연재한 '한홍구 서해성의 직설'은 이렇게 태어났다. 덤으로 책까지!

'삼합'을 내어놓는다. 도깨비 구라 서해성과, 서해성도 모르는 역사적 팩트를 콕콕 짚어준 스타 역사학자 한홍구와, 한홍구도 모르고 넘어갈 이야기를 조리 있게 풀어준 초대 손님들의 삶과 지성이 모이고 섞인 '삼합'이다. 아, 손님들은 강적이었다. 고은 백기완 유홍준 선생에서 홍대 청소노동자들까지, 그들이 내뿜는 기운은 두 주인장을 압도하기 일쑤였다. 불꽃 튀는 대화의 바닥엔 분노가 흘렀다. 망가져가는 나라꼴에 대한 분노였다. 혹시라도 책을 읽다가 주먹이 쥐어지면 다 그 때문이다.

2011년 8월
고경태

차례

"한겨레, 너는 누구냐?"

"거참, 또 문어네."

서해성이 말을 끊었다. '문어'가 문제였다. 이야기 도중 도합 다섯 번이나 끊었다. 문어, 문어, 문어, 문어, 문어로는 안 된다고 했다. 바다에 사는, 문어발 그 문어가 아니었다. 입에서 나오는 문어! 문어체가 화근이었다.

쉬운 구어체로 말하자! 이 기획의 원칙이었다. 자꾸 어려운 말이 튀어나왔다. 서해성은 자신의 입을 쥐어뜯었다. 대담 첫머리에 "한겨레는 너무 어렵다"고 비판해놓고 말이다.

그렇다. '한홍구 서해성의 직설' 첫 회의 주제는 《한겨레》다. 남에게 침을 뱉기 전에 자기 얼굴에 먼저 침을 뱉어야 온당하다는 논리였다. 그래놓고 두 사람은 '침'에 관해서 약 30분간이나 침을 튀겼다. 침의 사회적 해석이었다. 서해성에 따르면 침은 두 가지다. 김수영의 시처럼 "시여 침을 뱉어라"라고 말할 때의 침은 현실 비판 지식인의 것이다. "내 무덤에 침을 뱉어라"라고 할 때의 침은 박정희 같은 독재자나 조폭 깡패의 것이다. 한홍구는 다른 측면을 보탠다. 두 손과 두 발 다 묶였을 때 침은 최후의 저항 수단이다. 최후까지 가지 않기 위해서 미리 침을 뱉어야 한다. 자, 이제부터 한홍구와 서해성은 침을 뱉는다. 《한겨레》를 포함한 지난 10년간의 한국 사회를 향해 '껌 좀 씹고, 다리 좀 떨고, 문고리 잡는 자세로.'

고경태

난해한, 배타적인, 헛발질한 한겨레의
지난 10년을 향한 쓴소리

서해성 │ 통조림 속의 지식은 방부 처리되어 있지만 생동감이 없고, 또 먹기 위해서는 반드시 연장이 하나 필요하죠. 따는 도구가 꼭 있어야 한다는 얘기죠. 그때 문제가 일어나요. 지식 정보 독점과 대중성에서 말이죠.

한홍구 │ 콘텐츠는 충분하죠. 인천 앞바다에 사이다 천지야. 그걸 어떻게 먹느냐.

서해성 │ '고뿌'(컵의 일본어)가 있어야지.

한홍구 │ 서영춘 말이 맞아, 내용이 암만 좋아도 뭘 해? '고뿌' 있어야 떠먹지. 《한겨레》의 어떤 기사는 너무 어려워서 읽어도 잘 모르겠어요. 기자가 자기도 충분히 이해하지 못한 걸 기사로 써서 그래요.

서울 올림픽, 상계동 올림픽, 양평 올림픽

서해성 │ 한국의 진보적 지식인들이야말로 조선 시대 숭문주의 전통 같은 걸 잇고 있는 게 아닌가 해요. 《한겨레》도 예외가 아니잖아요.

한홍구 │ 동네 시장판 사람들도 신문을 읽고 자기네들끼리 모여 술 먹을 때 "내가 신문에서 봤다"고 말하면서 거기에 말을 보태 자기 언어로 풀 수 있어야 해요. 그래야만 민중적 지혜가 더해지는 거지.

서해성 │ 그게 바로 소문의 힘이에요. 얘길 보태는 건데, 거기엔 약간

한홍구 · 서해성

뺑이 불가피하게 들어가거든요. 아, 뺑 안 치는데 무슨 재미로 그 얘기를 해요.(웃음) 지금 정권이 그걸 하지 말라는 거 아니에요.

한홍구 | 뺑도 뺑이지만 지금 인터넷이 가진 발랄함과 참신함을 종이신문에서는 찾아볼 수 없어요. 젊은 독자들이 얼마만큼 《한겨레》를 읽지? 《한겨레》의 젊은 감각은 1988년 창간 때의 가로쓰기와 한글 전용인데, 요새 그건 《조선일보》도 하잖아요.

서해성 | 1988년 당시를 돌아보죠. 그때 한국 사회엔 세 가지 올림픽이 있었어요. 하나가 서울 올림픽이었고, 상계동 올림픽■이 또 하나, 나머지가 《한겨레신문》을 만든 민중적 올림픽이에요.

한홍구 | 양평 올림픽.■■ 당시에 난 주주는 아니었어요. 그때 '청년학교' 하느라 주식 몇 주조차 사지를 못했거든. 하지만 아주 열성 독자였지. 1989년에 미국으로 유학 가서는 거액을 주고 구독했고. 한 달에 50~60달러 했죠. 미국에서 7~8년을 받아 봤지. 미주판 대신에 비싼 돈 주고 본국판 본 건 잉크 냄새도 그립고 《한겨레》 광고가 주는 색다른 맛이 있었고.

서해성 | 《한겨레》 10년 치 신문을 다 모았는데, 1990년대 중반쯤 아이가 집에서 놀다 쌓아놓은 신문 더미에 깔려 죽을 뻔했어요.(웃음) 그때 창간호만 빼놓고 종이 장수한테 넘겼죠.

한홍구 | 조·중·동이 보도 지침에 따라 끽소리도 못하던 시대였지만 대중은 신문을 신뢰하는 편이었죠.

서해성 | 1987년 대통령 선거 끝나고 1988년 초쯤 DJ(김대중)가 이런저런 사람들한테 돌아가며 밥을 사는데, 거기 '꼽사리'로 꼈거든요. 그 자리에서 DJ가 지나가는 소리로 이렇게 말하는 거야. "우리에게 《서

■ 상계동 빈민들의 철거 투쟁을 말하는 것으로 김동원 감독의 다큐멘터리 제목에서 따왔음.
■■ 《한겨레》 창간 당시 사옥이 있던 서울 양평동을 말함.

"한겨레, 너는 누구냐?"

울신문》 같은 거 하나라도 있으면 얼마나 좋겠냐." 당시에 《서울신문》
은 관제 신문이라고 해서 안 봤잖아요. 그 말이 신문의 필요성을 역설
하는 가장 생동감 있는 이야기로 기억납니다. 진실을 보도하는 신문
에 대한 대중적 갈망이 얼마나 컸으면.

안중근의 핵심은 머리가 아니라 근육이다

한홍구 | 그때 뭐 했죠?

서해성 | 백수였어요. 데모하러 다니는 백수.(웃음) 《한겨레》가 나왔을
땐 솔직히 말해서 '아, 우리 찌라시가 레귤러하게(정기적으로) 나온다'
는 기분이었어요. 다른 한편 《한겨레》도 진보에 대한 순혈주의가 있
죠. 그걸 뛰어넘어야 하는데.

한홍구 | 그 경향성이 고급화한 단계로 도달해야 하는데 뻔한 당위적
반복에 그쳐서 문제지.

서해성 | 2010년 3월 나온 안중근 의사 순국 100돌 기념 특집 기사가
그렇지 않았나요? 답답하게도, 《한겨레》 기사는 《조선일보》나 KBS하
고 똑같았어요.

한홍구 | 안중근한테 우리가 배울 점은 평화 사상이 아니라 가장 정직
한 테러리스트였다는 거예요. 수틀린 자식 쏴 죽인 게 안중근의 본질
이거든. 그 정직한 힘의 의미를 통해 자라나는 젊은이들에게 불의와
어떻게 싸울 것인가를 이야기해야죠.

서해성 | 친일파와 독재 세력은 안중근의 행위를 순국 개념으로 받아들
여 왔죠. 거세된 안중근이에요. 안중근이 지닌 최고의 가치는 행동파
라는 건데, '체육계'(웃음)란 말이죠. 촛불이 뭐겠어요? 천만 안중근화
아니겠어요?

한홍구 | 안중근한테 본받아야 할 것은 머리가 아니라 근육이에요. 이

'한홍구(오른쪽)-서해성의 직설'의 첫째 주제는 《한겨레》였다. 남에게 침을 뱉기 전에 먼저 자기 얼굴에 뱉는 것이 온당하다는 논리다. '걸어다니는 한국현대사'와 '여러가지문제소장'이 《한겨레》를 포함하여 지난 10년 간의 한국 사회, 그리고 현 MB 정권을 향해 '곧은 혀', 즉 직설을 토해낸다.

런 부분에 대해서 《한겨레》가 진보적으로 재조명해주었더라면 하는 안타까움이 크죠.

　　이야기는 《한겨레》 창간 시절로 다시 돌아왔다. 세계사적으로 유례없는 국민주 모금 운동의 감동을 무엇과 비교하랴. 한홍구는 《한겨레》가 정체성을 유지한 것은 다행이지만, 그러면서도 민주 정권 10년 동안의 성과에 관해서는 아쉬움이 많다고 했다.
　　이 대목에서 키워드는 '점방 의식'이었다. 경영적으로 자기 가게를 키우려는 노력이 부족한 게 아니냐는 지적이었다. 《한겨레》를 거쳐 간 언론인 중에서 《한겨레》보다 몸집 큰 언론사의 사장이

10명 가까이나 나왔음에도 정작 《한겨레》에 투철한 경영 근성은 부족했다는 비판이었다. '진보 TV'를 준비하는 등 미디어 영역을 확장하려는 제대로 된 활동이 없었다는 질타도 나왔다. 일제강점기 《조선일보》와 《동아일보》가 대중의 문맹 퇴치를 위해 펼친 '브나로드 운동'처럼 시대적 상황에 맞는 신문 판촉 사업 아이디어가 필요하다고도 했다.

빗나간 친일 비판…… 운동권식 배타성의 그늘

서해성 | 배타성 이야기도 하죠. 보수 인사들도 《한겨레》에 글을 써야 해요. 《한겨레》가 자신감이 없나?

한홍구 | 민주 정부 10년 동안 여당지가 아니냐는 공격이 있었지. 심지어는 '기관지'란 말도 나왔어요. 주요 간부의 글 중엔 기관지로 의심받을 만한 것들이 없지 않았고, 실제로 그분들이 공직에 진출했고.

서해성 | 제가 볼 땐 《조선일보》가 장사 잘한 것 중 하나는 진보적인 필자를 많이 '유치'한 거예요.

한홍구 | 갑자기 박정희 때 재일 동포 모국방문단이 생각난다.(웃음) 자신감의 표현이거든요.

서해성 | 《동아》는 배타적이었어. 그게 독자가 줄어든 이유 중 하나라고 생각해요. 《조선》은 자신감이 있었어. 아무리 진보주의자라도 보수적인 부분이 있고, 아무리 보수주의자라도 진보적인 부분이 있거든. 그런 측면을 끌어내는 게 중요하죠.

한홍구 | 《한겨레》는 여전히 순혈주의 운동권 신문이에요. 운동권 주장만 싣고, 운동권에서도 지식층만 보고. 독자가 늘지 않잖아요.

서해성 | 역설적으로 그 이유 중 하나는 노무현이에요. 2005년 《한겨레》 제2창간 발전 기금을 내겠다는 것에서 비롯된 일이나, 또 안티조

선의 첨병 노릇을 했잖아. 이 운동을 통해 대중이 각성된 측면이 있었지만 결과적으로는 《조선일보》를 더 강해지게 했어요. '안티'란, 비유하자면 참나무의 매미 같은 거예요. 숲을 베면 매미는 떠나죠. 너무 쉽게 그들을 적으로 만든 거지.

한홍구 | 물론 김대중이 후보 때부터 《조선일보》와 악연을 맺었지만 노무현 때부터 더 확실하게 싸웠죠.

서해성 | 오늘날 조·중·동과 기타 신문의 범주로 나뉘게 된 결정적 계기죠. 결국 《조선일보》가 구색 맞추기조차 안 하게 된 거 아닌가? 《한겨레》도 안티조선 운동에 동참한 셈인데, 결국 조·중·동의 영향력을 나쁜 쪽으로 강화해준 셈이에요. 그래서 그들이 더 염치없어진 거죠. 손쉽게 편 가르기가 된 거야.

한홍구 | 《조선》과 《동아》를 따로 떼어놓았어야 하는데 묶어놨다는 게 큰 잘못이에요. 《조선》과 《동아》는 떼어놓을 수 있는 굉장한 조건이 있었어요. 그들을 결정적으로 묶어놓은 게 친일 문제지. 《한겨레》도 친일 문제를 세게 제기했잖아요. 2001년 초, 일제 때의 《조선일보》 1면 천황 부부 사진 실은 걸 비판한 게 대표적이죠. 친일을 비판해선 안 된다는 게 아냐. 문제는 친일 비판의 준거가 무엇이었는가야. 일제 때는 《조선》과 《동아》가 친일은 했지만 염치가 있었거든. 미안해했어. 김일성이나 다른 독립운동가들도 《조선》과 《동아》가 친일은 하더라도 신문 나오는 게 더 중요하다고 봤어요. 때려죽여야 하는 잘못이라고는 생각 안 했어요.

서해성 | 보천보 전투를 얘기하죠.

한홍구 | 안티조선 사람들이나 친일 문제 다루는 쪽에서는 《조선》과 《동아》가 항일 빨치산들을 '공비'라고 비하했다면서 거품 무는데, 《동아》의 보천보 전투 기사를 누가 썼죠? 김일성파 조직원이 쓴 거예요.(웃음)

서해성 | 아주 중요한 대목이죠.

한홍구 | 양일천이라고 혜산진 주재 기자가 정보를 입수하고 미리 기사를 써놓은 거예요. 《동아일보》가 손기정 일장기 말소 사건으로 무기정간을 받았다가 신문을 발행한 게 1937년 6월 1일인데 보천보 사건이 6월 4일이에요. 공비가 쳐들어와서 빨갱이들이 난장판을 만들었다고 신나게 떠들었지. 민중은 개떡같이 말해도 찰떡같이 알아듣는단 말이야. 바보가 아니잖아. 엄혹한 상황 속에서 일제가 정해놓은 방화, 공비, 양민 학살 같은 용어를 쓸 수밖에 없는 구조였죠. 더 나아가 천황 얼굴까지 싣게 된 거고요. 그래도 그런 신문이 있는 게 훨씬 좋았고. 그것조차 용납 못하니 폐간을 시킨 거죠.

서해성 | 저는 친일인명사전에 우리가 돈 낸 거 아쉽게 생각해요. 친일파가 내야지.

한홍구 | 《조선》·《동아》가 돈을 내게 하고 "그런 과거가 있었다. 부득이했다고 생각하지만 잘못했다"는 말이 나오게 해야 했는데…….

《한겨레》·노무현·《조선일보》의 이념적 좌표

서해성 | 《한겨레》도 여기에 부화뇌동한 측면이 있어요. 그로 인해 형국이 좁아지는 결과가 나오고, 자꾸 대중은 이탈하고, 매체로서 영향력도 준 게 아닐까요.

한홍구 | 누가 좀 더 진보적인 의제를 세게 이야기하느냐보다 상대방을 약화시키고 해체 분열시킬 포지션을 어떻게 잡느냐가 중요하죠. 그냥 "그 입 다물라"고 해서 되는 게 아니거든. 그런 역사적인 안목이 필요했죠.

서해성 | 2008년 3월 진보신당이 '종북주의' 어쩌구 하면서 쪼개 나간 것도 비슷한 맥락이라고 봐요.

한홍구 | 국가보안법으로 잡혀 들어갔다고 그들이 한 모든 행위를 다

옹호할 수는 없지. 다만 그렇게 민주노동당 내부에서 비판받을 만한 사람이 있었지만, 그런 식으로 치고 나가 딴살림을 차린 것은 좀……

서해성 | 민주노동당 안에 생각이 기운 듯한 사람들이 분명히 있죠. 하지만 '종북'이란 표현이 적절하다고는 보지 않아요.

한홍구 | 조·중·동을 친일이라고 단선적으로 규정해버리는 것하고 같지.

서해성 | 그 말이 굉장히 폭력적이에요. 한국의 진보를 비판적으로 검토하는 건 괜찮은데 말이죠. 종북주의라 규정당한 사람들이 배타적으로 저항할 수밖에 없는 상황을 만든 거죠.

한홍구 | 저게 무슨 《조선일보》 식이냐 했어요. 따로 살림 차릴 게 아니라 필요하다면 민주노동당을 장악해서 바꿔야죠.

> 《한겨레》에서 시작된 이야기들은 자꾸만 가지를 치며 《한겨레》 바깥으로 뻗어나갔다. 오늘의 주제는 《한겨레》다. 《한겨레》, 너는 누구인지가 아직 부족하다. 말해보라. 《한겨레》는 지금 어디에 있는가.

한홍구 | 한국 사회의 이념 지형을 이야기해봅시다. 극우에서 극좌까지 1에서 10까지 놓고 보면, 《한겨레》는 8, 9쯤에 있지 않을까요.

서해성 | 저는 한 7쯤에 있다고 생각해요. 경향성만으론 판단하기 곤란하고, 세련미는 좀 떨어지는 거 아닌가? 양아치는 옷이 중요해.(웃음) 그럼에도 《한겨레》는 분명히 진보예요. 진보라는 건 당대 사회 안에서의 상대적 개념이거든요. 때로는 유교도 진보적일 수 있어요.

한홍구 | 김대중은 6.5 정도가 아닐까.

서해성 | 노무현은?

한홍구 | 8이거나 4죠. 8이면서 4이기도 해요. 그런 자기 분열 때문에

망한 거라고. 삼성 키워주고 비정규직 방치하고 한미 FTA(자유무역협정), 이라크 파병 밀어붙이고 평택 농민들 쫓아내고…….

서해성 | 노무현이 후보 때의 결기로는 미국에 대해 독자성을 확보할 것처럼 말했지만 실제로는 철저히 복속했죠.

한홍구 | 《한겨레》는 8과 4는 아니었어요. 그냥 8이었지. 《조선일보》는 –1 정도?

서해성 | 1이나 2쯤 있을 텐데, 《조선》이 가진 그 포지션이 염치가 없기 때문에 단지 좌표만 얘기하긴 어렵죠. 친일, 독재에 대해 이제 부끄럼마저 소멸해버렸어요. 놀라운 파렴치야. MB(이명박) 정부 출범 뒤 완전히 노골적이야. 《한겨레》는 한국 사회에서 보자면 분명히 좌파인데, 글로벌 스탠더드로 보자면 중도예요.

한홍구 | 한국 사회를 글로벌 스탠더드에서 벗어나게 하는 게 《조선일보》의 힘인 거지. 한국 사회가 꼭 이념 때문에 대립하는 건가? 본질은 좌우가 아니라 염치거든요.

서해성 | 《한겨레》를 《경향신문》과 비교해보면 어떨까요.

한홍구 | 2006년 '진보개혁의 위기' 시리즈처럼 《경향》이 자성을 하려는 몸짓은 《한겨레》보다 빨랐어요.

서해성 | 《경향》이 좌파 시장의 주류가 아니었기 때문에 가능하지 않았을까요?

한홍구 | 신문사의 경영도 훨씬 위기였고. 그런 점 때문인지 성찰적 측면이 《한겨레》보다 강했죠.

서해성 | 오늘 '한겨레, 너는 누구냐'고 묻는 중요한 이유가 그거예요. 《한겨레》가 그동안 지면에서 자기 성찰을 했습니까? 아, 오늘 우리가 하는 건가?

한홍구 | 우리는 지면에 자주 얼굴 내밀었지만 외부인 아닌가.(웃음)

3시간 동안 오고 간 《한겨레》를 향한 쓴소리의 기조는 크게 두 가지였다. 첫째, 시장에서 좀 더 지혜로워야 한다. 둘째, 새로운 대중을 만들어야 한다. 지금까지 부족했다면 앞으로 잘해라! 마무리를 할 시간이 다가왔다.

서해성 | 《한겨레》 사옥을 지은 게 1992년이에요. 칙칙한 회색이지만 만리재의 가난한 풍경하고 자알 맞아떨어졌어요. 논조와도 어울리고. 2000년대 이후 삼성 아파트가 주변에 들어오면서는 포위됐어요. 낡은 회색 건물(진보)이 수구처럼 느껴지는 거야. 근데 요즘 새로워졌어요. 철제 구조물을 연두색으로 칠했더라고.

한홍구 | 브리지를 했다고 해야 할까?

서해성 | 신문도 리모델링을 해야죠. 지난 10년에 대한 깊은 성찰을 하자는 거죠. 촛불시위에서 밀린 뒤로 다시 앙시앵레짐(구제도)으로 넘어간 거 아니에요? 거기에 대응할 창조적 논리를 개발해야죠.

한홍구 | 옛 칼로 싸우지 말아야지. 벼린 칼로 싸워야 해요.

서해성 | 칼에도 결이 있고, 근육도 마찬가지라는 얘기죠.

한홍구 | 왕년에 독재 정권과 싸우고 《한겨레》 만들 때는 이러지 않았잖아요. 민주 세력이 정권 잡고 10년 동안 싸우는 법을 잃어버렸어요. 그걸 회복해야 합니다.

서해성 | 우리만의 민주화, 우리만의 리그전이었죠.

한홍구 | 싸움을 두려워하지 말아야 해요. 민주 세력이 망한 이유 중 하나가 우아하게 삼성이니 재벌이니 검찰이니 친하게 지내다가 결국 되지도 않은 문제로 싸움이나 걸고……. 싸우는 근육을 잃어버리니 엉거주춤 자세가 안 나오잖아요.

서해성 | 아무튼 《한겨레》는 리모델링을 해야 해요. 칠이 굉장히 중요하다!(웃음)

"한겨레, 너는 누구냐?"

필살기를 위하여

필살기가 없는 직설은 객담일 뿐이다. 저잣거리 언어이되 본질을 꿰뚫어야 쓸 만한 직설이랄 수 있다. 간지럽던 귀는 시원한데 근육이 움찔거리지 않는 구설 또한 '썰'을 넘어서지 못한다. 그저 앞이마 쪽 머리만 명료해지면 한설, 한담이다. 도사연하는 자들의 필수 무기이지만 세상을 어찌하지는 못한다. 말이 매끄럽고 귀로 넘기기만 좋으면 연담이다. 이건 살롱용이다. 그러니까 직설을 일단 구어체화된 곧은 혀쯤으로 해두자. 제법 그럴싸한 말로 구라가 있긴 한데, 본뜻이 음모적인 데다 식민지 냄새가 물씬하다.

직설은 라지오와 카세트 방식이 아니다. 라지오는 탁월하지만 일방주의이고, 카세트는 구간별로 동어 반복인 까닭이다. 교육 방송도 곤란하다. 지식과 교양이 풍부하더라도 숨 쉬는 삶이 거세되어 있는 터다. 입에서 단내가 나게 대거리를 하고 나면 이윽고 팔뚝에 힘줄깨나 돋아야 제대로 된 직설이라고 하겠다.

썰꾼이나 도사, 살롱지기들도 그렇지만 직설에는 투견 같은 말꾼 또한 적절치 않다. 거의 싸움 자체가 목적이거니와 정작 배후에서 진짜 주인이 필살기를 휘두르는 터다. 프로모터 말이다.

흔히들 한홍구를 현대사 학자라고 하는데, 엄밀하게는 현재사 학자다. 지금 이 순간의 역사가 바로 그의 관심사다. 그 한홍구의 필살기는 '별걸 다 기억하는' 구체적 근거를 들어가면서 풀어가는 현재담에 있다.

서해성은 지식 광대를 자임한다. 광대는 저잣거리에 살면서 지배 관념에 맞서는 녹한 입술을 가져야 한다. 입말로 토해내는 생동하는 현실 언어가 필살기라고 해야겠다.

둘이 한입인 양 말을 주워섬기면 다투어야 할 대상이 분명한 셈이고, 서로 맞서는 일이 있다면 화두를 바닥까지 타파하거나 드러내고자 할 때일 게다. 이런 과정을 통해 필살기를 더 벼리어갈 참이다.

말이 칼이 되어 내뿜는 진검의 결기와 유쾌한 장풍이 MB 시대의 만리재￭를 넘으려면 독자들이 구경꾼이 아니라 참여자가 되어야 제맛이 나는 법이다. 시호시호, 때가 좋구나. 먼저 말이 칼을 닮아가야 몸도 세월도 이내 칼을 닮아갈 수 있을 터인즉. 간을 보는 일은 이쯤 해두자. 자, 이제 본풀이가 나올 하회를 기대하시라.

서해성

￭ 중구 만리동 2가에서 마포구 공덕동으로 넘어가는, 한겨레신문사 인근의 고갯길.

1부

통찰 혹은 구라

"두려울 거 없어요.
이성의 눈을 부릅뜨면
극복할 수 있어요"

리영희 —언론인, 학자

'빙의 직설'이다.

드라마 〈시크릿 가든〉에 나오는 '영혼 체인지'가 떠오를 만하다. 고 리영희 선생은 두 사람의 몸에 깃들었다가 떠나기를 되풀이했다. 한 편의 낯선 연극을 보는 듯했다. 번갈아가며 리영희를 연기하는 한홍구와 서해성은 청산유수였다. 고향 운산과, 포연이 자욱하던 향로봉과, 암울하던 독재 시절과, 마침내 진실이 힘을 얻던 환희의 순간들이 스쳐 갔다. MB 출범 이후의 퇴행과 지식인들의 맥없는 부진을 질타하는 목소리도 터져 나왔다. 두 사람은 엉뚱한 방식으로 2010년의 마지막 직설을 고 리영희 선생에게 헌사했다.

2010년 12월 5일 세상을 떠난 선생을 모시기 위해 두 사람은 '열공'했다. 열두 권짜리 전집을 포함한 모든 저작을 다시 독파했다. 선생이 처했던 상황과 논리를 머릿속에 재입력했고 상상력을 덧붙였다. 가상의 직설은 각본이 없었다. 준비된 질문이 있었지만 답변은 즉흥적이었다. 한쪽이 물으면, 다른 한쪽은 곧장 리영희 선생으로 변신했다. 때로는 두 사람끼리 뒤바뀌기도 했다. 현장을 지켜본 독자라면 기묘한 느낌을 받았으리라.

리영희 선생이 그리운 건 현실이 춥기 때문이다. 앞으로도 부릅뜬 이성의 눈으로 우상과 대결하자는 각오다. 다시 한 번 리·영·희, 그 이름 세 글자를 기억해보자.

고경태

시대정신의 스승을 향한 그리움의 헌사

서해성 │ 오늘은, 선생님께서 그닥 내켜하지 않으실 줄 압니다. 가상 대화입니다. 직설에 꼭 모시고 싶었는데 먼 길을 가시는 바람에 그만 이리되었습니다.

리영희 │ 난 직설로 말해왔지만 직설 투에는 안 맞다고 봐야지. 벌써 돌려세워 놓구선.

한홍구 │ 가시는 길 붙잡아서 죄송합니다.

리영희 │ 가도 다 간 게 아니라는 말이 있어요.

서해성 │ 선생님은 고통스러웠던 만큼 지식인으로서 '고도의 행복'을 누린 분이 아닌가 싶기도 합니다.

리영희 │ 직장에서 네 번 쫓겨나고 옥살이가 다섯 번이니, 집사람한텐 정말 못할 짓이었지. 어머님 임종도 못 했고.

노다지 천지라도 땅을 파야 금이 나오는 법

서해성 │ 드물게도 선생님의 독자는 곧 제자가 되었습니다. 결코 흔치 않은 일이지요. 독자란 게 소비자 개념에 가까운데 가치와 삶을 따르는 허다한 제자를 두었으니 말이죠.

리영희 │ 내 능력이 아니라 시대가 불행했기 때문이지. 기자, 교수는 많은데 몇몇이 길을 열어가려니 보람도 크지만 쉽지만도 않았고.

리영희

25

서해성 | 안이든 밖이든 흔히 게바라를 본으로 삼곤 합니다. 1970~1980년대 한국 지식인 선배들이 걸어온 길은 높은 윤리성을 창조내해고 또 사표를 보였다는 점에서 서구와는 질적으로 큰 차이가 있습니다. 실로 고난에 찬 길이었지요. 그 선배들을 광기의 분단 밀림을 헤쳐나간 '이성의 수도승들'이라고 부르고 싶습니다.

리영희 | 분단 모순이 우리 세대에 안긴 버거운 선물이겠지. 이승만 밑에서 친일파 노릇 할 수 없어서 숱한 지식인들이 납(월)북당했지 않겠나. 그 빈자리를 몇 명이 감당하려니…… 게바라야 총을 들고 최전선에 선 사람이고. 난 고작 펜대 든 팔자였을 뿐야.

서해성 | 총 드셨죠. 7년간이나.(웃음) '포티파이브'(45구경) 명사수라고 자랑스러워하시던걸요.

한홍구 | 총을 든 평화주의자셨죠. "명사수였기 때문에 총의 무서움을 알았다"는 대목이 인상적이었습니다.

서해성 | 금광 널린 평북 운산에서 태어나셨는데, 선생님은 이성의 금광을 파내는 광부였다는 비유를 하고 싶습니다.

리영희 | 요샛말로 손발 오그라들게 하는군.(웃음) 운산이 노다지라고들 하지만 땅을 파야 금이 나오듯 지식 노동자 또한 세상을 직시하고 땀을 흘려야 사명을 다할 수 있는 법이지. 우리 아버지는 금광이 아니라 일제강점기에 숲(영림서)을 지키셨어요.

한홍구 | 대개 월남한 분들이 극우 반공 의식을 갖고 있습니다. 선생님은 군대도 장기 복무했습니다. 그런데도 어떻게 냉전을 깨는 '의식화의 원흉'이 되었는지 늘 경이로웠습니다.

리영희 | 어렵게 돈을 모으셨던 외조부께서 독립군이 된 종에게 총을 맞아 돌아가셨어. 외조부께 죄송스럽게도 나는 늘 그 종의 놀라운 변신을 생각하면 가슴이 뛰었다오.

한홍구 | 해방 뒤 수도경찰청장과 국무총리를 지낸 장택상은 아버지가

"두려울 거 없어요. 이성의 눈을 부릅뜨면 극복할 수 있어요"

총에 맞아 죽어 독립군을 원수 보듯 했는데.

리영희 | 경성(서울)과 달리 평북, 함경도에서는 독립단이나 김일성 얘기를 듣고 살았어. 이렇게 눈 오는 밤이면 총 든 사람들이 와서 타격한 뒤 발자국 하나 남기지 않고 사라졌다는 게야. 그게 내 삶의 한 뿌리야.

서해성 | 요새 MB가 눈만 뜨면 '전쟁' 운운하고 난리인데, 다 NLL(북방한계선) 때문이죠. 선생님은 NLL의 진실, 그 첫 장을 열어젖힌 장본인이신데.

한홍구 | 연평해전 직후인 1999년이었지요. 다들 NLL이 해상군사분계선인 양 떠들 때 NLL이란 무엇인지를 명쾌하게 정리하셨고, 그 뒤 쓰러지셨으니 마지막 가르침인 셈입니다.

리영희 | 이명박 대통령이 그걸 읽어만 봤어도 생각이 달라졌을 게야.(웃음) 1960년대와 1970년대 초반에는 베트남과 중국 문제에 주력을 했는데 곧 한반도 상황을 얘기 안 할 수 없었지. 핵무기, 남북 전쟁 수행능력 비교, 한반도 주둔 미군의 PTSD(외상후스트레스장애)를 제기했고, NLL에 대해 말한 거야.

'중공'과 '북괴'와 '베트콩'을 무찌르다

한홍구 | 선생님을 뛰어넘는 논리가 아직도 안 나오고 있습니다.

리영희 | 내가 해양대를 나와서 바다는 좀 아는 편이야.(웃음) 이 사람아, 그게 다야.

서해성 | 선생님께서는 늘 펜타곤(미 국방부) 등 미국 문서로 명백한 증거를 제시하셨습니다.

리영희 | NLL 문제로 고발을 당했는데도 무사할 수 있었던 게 다 미국 자료 덕분이었지.

리영희

한홍구 | 선생님에게 영어란 무엇입니까.

리영희 | 영어는 도구야. 합동통신 때 반년, 나중에 버클리에서 또 반년 미국에 있었지. 전쟁터에서 통역 장교로 일했고. 영어로 읽고 쓰고 말했어. 처음 미국 갔을 때 물질적 풍요에 놀랐지만 그게 어떻게 이뤄진 건가. 영어에 익숙해질수록 도리어 민족의식은 깊어갔지.

서해성 | 사람들이 기억하는 통역 장교 세 분이 있습니다. 리영희·문익환·정경모 세 분은 영어를 잘했지만 미국화되지 않고 더 한국화했습니다. 선생님 표현을 빌리자면 '광기 어린 우상'에 안주해서 잘살 수도 있었는데, 놀랍게도 세 분 모두 통일에 이바지하셨지요.

리영희 | 쑨원, 저우언라이, 덩샤오핑, 호찌민 등 수많은 식민지 지식인들이 제국주의의 종가에서 유학하지 않았나. 앞잡이가 된 이들도 없지 않지만 습득한 그들 언어를 무기로 그들을 쳤어요. 이게 자연스러운 거고 보편인 거지.

서해성 | 선생님은 MB 정부를 평가하면서 구한말 같은 위기라고 했습니다. 유사한 국제적 역학 속에 다시 외세의 중대한 개입 국면으로 상황이 전개될 수 있다는 섬뜩한 진단이었지요.

리영희 | 10년 전 중풍에 걸려 더는 글을 쓸 수 없었네. 그 침묵의 시간만큼 상황이 악화되는 걸 보면서 손이 더 굳어만 갔지. 올해 초 간경화로 기력이 마저 쇠해진 상태에서 연평도 사태를 대하고는 참으로 아득하고 고통스럽지 않을 수 없었네.

한홍구 | 지금은 초등학교 애들도 "남북이 싸우면 남이 이긴다"고 하지만, 오래도록 국민이 안보족들 거짓 선전에 속고 있을 때 선생님께선 "돈 계산을 해봐라"면서 남북한 전쟁수행능력비교 논문(1989)으로 시대를 깨우쳐주었습니다.

리영희 | 미군이나 정보 당국이 농구공만 한 움직임도 다 파악할 수 있다는 걸 말했지. 외국 민간위성업체들이 상업적으로 북한 사진을

"두려울 거 없어요. 이성의 눈을 부릅뜨면 극복할 수 있어요"

찍어서 제공한다는 것도 말이야. 국방부에서 나한테 전화를 걸어서 정말 그게 가능하냐고 묻더군. 한심한 일이었어요. 남북한 전투기 조종사의 실제 비행시간 차이만 해도 몇십 배에 달했고. 북한의 국가 예산보다 많은 국방비를 쓰면서 우리 전력이 뒤진다는 주장은 얼마나 우스운가. 그렇게 국민을 등치는 안보족과 그들의 나팔수 구실을 하는 언론에 맞선 거지. 이런 것들을 비이성, 광기, 분단 우상이라고 불러왔던 거네.

한홍구 | 선생님이야말로 실학자가 아니었나 싶습니다. 실사구시에 입각해 공론(空論)이 아니라 언제나 구체적 사실과 자료에 근거해 명답을 제시해오셨지요.

리영희 | 여전히 남한 전력이 밀리는 양 보수 언론이 떠드는 걸 보고 있자니…… 우리 세대에 비해 여러 지식인들이 활동하고 있지만 논의의 주도권을 잡고 밀고 나가는 힘이 떨어지는 건 아닌지.

서해성 | 평화로울 때는 아들이 아버지를 묻고, 전쟁 때는 아버지가 아들을 묻는다는 말이 있습니다.

리영희 | 우아한 말이군. 전쟁 때 내가 본 것은 묻히지도 못한 젊은 시신들이었어요. 허옇게 널브러져 있었지. 100여 명 중 고작 3명만 중학교를 들어가 본 못난 군인들이 억수같이 비가 퍼붓는 향로봉 비탈을 기어오르다가 총에 맞아 벌레처럼 굴러떨어지던 광경을 잊은 적이 없어요. 뒤에 앉아서 전쟁이 무섭지 않다고 떠들어대는 자들하고야말로 '전쟁'을 하지 않으면 안 되지. 그게 바로 평화야.

서해성 | 선생님을 통해 한국인은 북괴를 북한으로, 중공을 중국으로, 베트콩을 베트남으로 비로소 인식하게 되었습니다.

리영희 | 중공과 북괴와 베트콩을 무찌른 사람이 되는 셈이군.(웃음)

리영희

"선생님의 독자는 곧 제자가 되었습니다. 결코 흔치 않은 일이지요. 독자란 곧 소비자 개념에 가까운 이 시대에 가치와 삶을 따르는 허다한 제자를 두었으니 말이죠." _서해성

전기과-해양대-군인 출신의 글쓰기 스타일

한홍구 | 선생님이 말해온 '중국'에서 미국식 자본주의도 소련식 사회주의도 아닌 진보 세계에 대한 열망을 읽을 수 있었습니다. 그 뒤 소비에트 체제는 붕괴했습니다. 문화대혁명에 대한 선생님 견해에 이의를 다는 이들도 있습니다.

리영희 | 인간에겐 정신적이고 이상적인 것을 향해 가는 윗도리와 원초적인 욕망이 끓는 아랫도리가 있지. 도덕적 이상만을 내세워 개인이나 자유를 억누르다 어떤 극단으로 흐르고 말았지. 제한된 정보이지만 내가 중국에 대해 말하고자 한 핵심은 무엇보다 우리와 가장 가까울 수밖에 없는 사회에 대해 구체적 근거에 입각해 알리고자 한 걸세.

서해성 | 베트남 전쟁의 진실을 깨우쳐주셨는데 한홍구 교수 등이 제기한 한국군 민간인 학살 문제에 대해서는 달리 구구한 말씀이 없었던 듯한데요.

리영희 | 당시는 미군의 밀라이 학살 사건(1968)을 알리는 것만 해도 쉽지 않았지. 학살에만 묻혀서 베트남 파병 문제 자체가 가려질 수도 있었다고나 할까. 전쟁은 반드시 학살을 수반할 수밖에 없어요. 그렇기에 전쟁을 반대해야 하는 거고.

서해성 | 스스로 말하길 언론인으로 60퍼센트, 연구자로 40퍼센트라고 하셨습니다. 요새 기자와 연구자들은 어떤지요.

리영희 | 발로 뛰는 기자, 남이 써놓은 거 긁어모아 쓰는 기자, 연구하는 기자 중 난 세 번째에 해당했어요. 취재를 가면 대개 담당자들이 내 말을 피해 가지 못했어. 요샌 전문가들이야 많지. 문제의식을 갖고 파고들어야 하지 않나. 정부 돈을 받고 연구하다 보면 비위를 거스르지 않으려고 할 테고. 문제의식을 떠났을 때 지식은 시장 정보의 일부일 수밖에 없어요.

리영희

한홍구 | 시대의 교사로서 여러 저작을 남겼습니다. 전집만 열두 권이죠. 민주화 운동 시기에 허다한 청년들이 "왜 의식화됐느냐?"고 법정에서 질문을 받으면 선생님 책을 으뜸으로 꼽았습니다. 이른바 '의식화 교재' 다섯 권 중 세 권(『전환시대의 논리』, 『8억인과의 대화』, 『우상과 이상』)이 선생님 책입니다. 그중 『전환시대의 논리』를 뺄 수가 없습니다.

리영희 | 젊고 순결한 영혼들이 그렇게 이야기할 때마다 고마움과 함께 두려움을 느끼곤 했어요. 책머리에도 썼지만 '전환'이란 코페르니쿠스적 전회라고 해야겠지. 지동설처럼 비이성의 우상을 부숴내 진실 중심·이성 중심·시민(민족) 중심으로 세상을 바꿔내고자 했던 것일세. 지금으로서야 그 '바뀐 젊은이들'이 세상을 지켜주길 바랄 뿐이지.

서해성 | 평범한 교사는 말(tell)하고, 좋은 교사는 설명(explain)하고, 훌륭한 교사는 시범(demonstrate)을 보이고, 위대한 교사는 가슴에 불을 지른다(inspire)는 말이 있습니다. 돌이켜 보면 선생님은 이성의 가슴에 불을 지른 시대의 방화인이었던 셈입니다.

리영희 | 해방이 되고 나서 고학을 했어. 일본군이 남긴 부천 화약 공장에서 성냥을 떼다가 팔아 책을 사 읽었거든. 내가 성냥팔이 소년이던 때가 있었어.(껄껄)

한홍구 | 『전환시대의 논리』는 민청학련, 대통령 부인 저격 사망 사건, 자유언론실천운동, 민주회복국민회의, 정의구현사제단 등이 등장한(1974) 시대의 대격변기에 텍스트로 제출된 명저였습니다. 진보의 나이테를 굵게 만든 책이지요. 그리고 그 이듬해 베트남 전쟁이 끝났습니다.

리영희 | 베트남 전쟁은 1969년에 이미 끝난 거나 마찬가지였네. 당시 파리에서 열린 정전 협상에서 미국 쪽 수석대표가 "남베트남은 반드시 질 수밖에 없다"고 이야길 하지 않았나. 세계적으로 68운동이란

"두려울 거 없어요. 이성의 눈을 부릅뜨면 극복할 수 있어요"

게 베트남 전쟁에 대한 반성 때문에 일어났지. 한국 민중만 몰랐어요. 그 미몽을 깨뜨리고자 베트남 문제를 중심으로 담았네. 수많은 우리 젊은이들이 자유를 위해 싸운다고 베트남에 갔지만…… 말이지.

서해성 | 흔히 '의식화'를 물드는 것으로 간주하는데, 『전환시대의 논리』를 읽고 우리가 얻은 의식화는 정상적인 의식을 되찾는 일이었습니다. 기왕에 선생님 글의 이른바 스타일에 대해서도 한 줄 말하고 싶습니다. 짧은 문장, 건조한 문체에, '~같다'라는 투가 없었습니다. 현학적인 관념적 불명확성은 들어설 자리가 없었고, 정서적 과정은 생략돼 있었습니다. 철저히 사실에 뿌리박은 글이었지요. 그런데 놀랍게도 행간에서 정서는 폭발했습니다. 깨달음과 분노, 그것이지요.

리영희 | 사람을 쑥스럽게 만드는 재주가 있군. 나는 아주 단순한 사람이라고 할 수 있어요. 전기과로 공업학교를 마치고 해양대를 나온 뒤 7년 동안 군인이었네. 구체적 분석에 기초해 쓰는 게 자연스럽지. 직심 있게 간결하고 명료한 건 맹호출림(猛虎出林) 평북인에게 어울리는 성싶기도 하고.(웃음)

한홍구 | 전기과라서 세상을 찌릿찌릿하게 했고, 해양대라서 광활한 세상을 보여주고.

서해성 | 명사수로서 적확한 핵심을 저격하였군요. 스승이나 벗을 소개해주신다면.

중국과 베트남의 무지렁이들이 내게 가장 큰 스승이지

리영희 | 혁명을 달성한 대륙의 무지렁이들과 미국을 물리친 베트남의 찌질한 사람들이 가장 큰 스승이었다고 해두세. 우리 민주화 운동 속에 정의를 함께 지켜내고자 했던 좋은 동료들이 스승이자 벗 아니겠는가.

리영희

서해성 | 직업으로 보면 군인·기자·교수·죄수였습니다. 38따라지, 비명문대, 동창 전무(全無)이었습니다. 무연고인지라 기득권과 멀 수 있었지만 경제적으로는 불효자, 무능한 남편, 풍족하지 못한 아버지였습니다. 지식인에게 중요한 연장인 언어로 보면 일본어가 실질적 모국어였고 영어로 세상을 보고 읽어야 했습니다. 무엇보다 생활인으로 춤·고도리·바둑 따위 잡기와 무연한 인물이었습니다.

한홍구 | 이렇게 살다 간 스스로를 평가하신다면.

리영희 | 딱하기도 하구먼.(한홍구·서해성, 고개 떨어뜨림)

서해성 | 일터에서 쫓겨났을 때 선생님은 월부 책 장수를 하면서 시대를 이겨내셨습니다. 선생님이 쓴 책은 상당수가 판금되었지요. 책 뒤에 비매품이란 딱지가 붙을 때도 있었고요. 선생님은 광기 어린 비이성 사회에서 '비매품 인간'이었습니다.

한홍구 | 그 시대 상황을 보건대 선생님과 선생님의 글은 한 시대와 대결하려는 모든 이들에게 귀감이었습니다.

리영희 | 민주 파괴·평화 파괴·생명 파괴까지, 무거운 짐을 후배들에게 맡기고 떠나는지라 편치가 않아요. 어느 세대에나 책무만이 아니라 이를 극복할 능력 또한 동시에 주어진다는 걸 의심치 말기 바라네. 가보지 않았다고 해서 두려울 건 없지. 우리 세대가 그러했듯, '전환 시대'가 새해 창밖에 다가와 있음을 나는 알아. 여든 해 동안 고마웠어요. 먼저 일어서렵니다. 눈이 쌓였군요.

한홍구·서해성 | '리영희 세대'를 대신해서 인사드립니다. 언 겨울 길에 보내드리게 되어서 부끄럽고 송구스럽습니다. 선생님이 그립습니다.

"두려울 거 없어요. 이성의 눈을 부릅뜨면 극복할 수 있어요"

리영희는 없다

누군가가 그랬다. 부모님이 돌아가시니 폭포 소리마저 새롭게 들리더라고. 꼭 그런 심정이다. 리영희 선생님이 뇌출혈로 쓰러져 문필 활동을 접으신 게 10년 세월이니 전선을 떠나신 지는 꽤 오랜 셈이건만, 선생님의 빈자리가 너무나 크다. 발인이 있던 2010년 12월 8일 새벽, 200여 명 모인 자리에서 누군가가 뒤에서 수군댔다. 386들이 별로 없다고. 그래서 쓱 훑어보니 역전의 노장들은 넘치고 쉰 줄에 들어선 서해성, 한홍구가 나이를 따지자면 끝에서 세어야 할 판이다.

선생님을 보내는 마음이 쓰린 건 상황이 엄중하기 때문만일까. 아닌 게 아니라 상황이 엄중하긴 정말 엄중하다. 이명박 정권이 들어서고 아직도 2년이나 남은 2010년 12월 현재, 벌써 너무 많은 것이 죽어버렸다. 전쟁의 문턱에 선 지금, 문제는 지난 3년이 죽음의 시대의 예고편에 불과한 것이 아닐까 하는 걱정이다. 이런 상황에 놓이게 된 건 우리가 그까짓 대통령 하나 잘못 뽑아서 그런 것만은 아닐 것이다.

선생님의 빈자리가 크다지만 돌아보면 사실 우리는 없는 게 없다. 《한겨레》도 있지, 《경향신문》도 있지, 전교조도 있지, 민주노총도 있지, 참여연대 등 시민단체도 전국에 수백 개가 넘지, 의석을 가진 진보 정당도 둘이나 있지, 민변도 있지, 대학에 자리 잡은 진보적 지식인도 민주화를 위한 전국교수협의회 회원을 보면 천 명이 훨씬 넘지, 의식화 교재로 쓸 만한 좋은 책은 서가를 가득 채우고도 넘치지……

절필을 선언한 뒤 선생님은 "세상일 나 혼자 떠안고 사는 듯한 그까짓 허황된 생각을 버리니까 소화도 잘돼"라고 하셨다. 선생님을 한때 '사상의 은사'로 모셨던 사람들 중에는 너무 빨리 소화 잘되는 법만 익혀버린 사람이 많은 듯하다. 선생님은 '상황과의 관계 설정을 기권으로 얼버무리는 태도'를 지식인의 배신이라고 가장 경멸했다. '직설'은 저 엄혹했던 1970~1980년대에 『전환시대의 논리』 등을 읽고 눈이 번쩍 뜨인 경험을 가진 사람들이 선생님마저 안 계신 이 죽음의 시대와 어떻게 관계를 맺고 있는지를 찾아다닐 것이다.

한홍구

리영희

"누구나 자신이
   최초의 시인이야!"

고은 –시인

안성시 공도읍. '직설'이 그의 집으로 갔다

차를 내온다고 일어섰다. 차 대신 '한라산' 소주가 왔다.

뼈를 찌르는 듯한 언어. 강렬하다. 날렵하다.

술이 들어갈수록 말들이 활활 타올랐다. '소년 고은'을 만났다

노벨문학상이 회자■된 뒤 언론과는 처음이다. 노벨의 '노' 자도 꺼내지 않았다.

고경태

■ 2010년 10월 7일 노벨문학상 수상자 발표날을 앞두고 유력한 후보 중 하나였던 고은 시인의 수상 여부에 대한 세
간의 관심이 컸다.

서해성 │ 원래 미면 출신이시죠? 옥구 미면(지금 군산시 미룡동). 쌀 미(米)의 미면. 군산항에서 실어 가던 쌀.

고은 │ 대신 우리는 만주의 썩은 옥수수만 배급받아 죽 끓여 먹었지.

한홍구 │ 서울에선 콩깻묵을 받았다고 들었습니다.

고은 │ 썩은 옥수수도 먹고 콩깻묵도 먹고 밀기울도 먹고, 그게 내 운명의 물질적 토대지.

서해성 │ 국민학교 때 '장래 희망이 천황'이라고 해서 난리가 난 적이 있으신데.

고은 │ 교장한테 혼났어.(웃음) 군대에서 준위로 제대한 자였어.

서해성 │ 시대와의 첫 불화…… 그리고.

고은 │ 해방 뒤 친일파 교장 배척 운동을 하는데 나를 앞장세웠어. 동맹 휴학, 스트라이크는 어릴 때부터 익숙한 언어지. 내가 사범학교 합격했는데도 품행이 교사에 안 맞는다고 떨어냈어. 군산중 입학시험에서 처음이자 마지막 1등을 해보았지.(웃음)

죽음이 몸에 묻어 있던 그 시절

서해성 │ 미면은 어떤 곳이었습니까?

고은 │ 지주들……, 우리 증조부도 천석꾼이었어. 서해안 일대 지주

고은

핏줄들 중에 좌파가 많았어. 식민지 시대에 무산 계급 이론을 형성한 게 대개 지주 자식들이야. 황해도에서 전라도까지.

한홍구 | 왜 지주 집안에서 빨갱이가 많이 나왔을까요?

고은 | 지주 아들이 소작인 딸에게 연심을 품은 경우가 많아. 연민 같은 거지. 지주 아들이 공부를 했으니까. 자기 집이 모순의 본거지라는 걸 알게 되는 거지. 목사 아들이 목사 안 되는 경우와 마찬가지로.

서해성 | 미 21항만사령부 운수과 검수원도 하셨는데…… 자기 학대 형태의 소동도 거듭되었고.

고은 | 전쟁 통에 살아남아 내가 외상이 깊었어. 자꾸 뛰쳐나가니까 붙잡아서 거기 취직을 시켰어요. 그땐 총기가 좀 있었거든. 캡틴하고 늘 대화하는 반통역이었어. 거기서 죽을 생각만 계속했지. 자살 소동 벌이고. 전쟁 때 또래들 절반 가까이가 없어졌어. 그 죄의식…… 죽음이 이렇게 몸에 묻어 있어. 살아 있는 동안 벗을 수 없는 짐이지. 내 실재는 다른 사람들의 부재에 의해 유지되고 있어.

한홍구 | 강연 갈 적에 선생님의 시 「오일장 장터」를 자주 인용합니다. "미안하다 나 같은 게 살아서 오일장 장터에서 국밥을 다 먹는다." 이걸 쓰시던 그 순간을 듣고 싶습니다.

고은 | 그런 시가 있었나?(웃음) 오일장이란 게 농경 사회 축제지. 삶의 원형들이 만나 해후하는 거예요. 그 잔치 속에 나도 스며 들어가 있는데 그들과 일치가 되지 않는 거여. 나는 없어야 될 것만 같은 자기 부정이지. 유령의 파편처럼 떠돌면서 살았어. 그게 내 이슬이고 내 빗방울이고 그랬던 거 같아. 밥 한 그릇처럼 종교적인 게 어딨을까. 어휴, 좋거든. 이걸 나 같은 게 어떻게 먹을 수 있을까…….

서해성 | 선생님은 예전에도 쓰신 시를 잘 잊어버리곤 했어요. 늘 새로운 세계로 나아간다고나 할까.

고은 | 문학에 관해서는 어제가 없어. 가장 좋은 시는 오늘 쓴 거예

"누구나 자신이 최초의 시인이야!"

요.(웃음)

한홍구 | 워낙 많이 쓰셔서 문학평론가들도 다 읽지 못했을 텐데요. 『만인보』도 서른 권이고. 젊은이들에게 "이놈들아 이거 하나 읽어봐라" 권하신다면.

고은 | 없어요.(웃음)

서해성 | 이문구 소설가가 긴급조치 9호 때 고은 선생님이 한 해 마신 소주를 셈해보니 1천 병이라고 한 적이 있어요.

고은 | 이문구가 엄격해서 마이너스를 좀 했어. 아마 더 될 거야.(웃음) 이문구랑 늘 같이 먹었지.

서해성 | 독재 시대를 통음으로 견디셨는데 '고은에게 술은 무엇'인지 한 말씀……

고은 | 술은 비겁자에게 용기도 주지. 당시는 신체가 오그라드는 긴장의 환경이었거든. 그걸 풀 때는 술이 참 좋지. (소주를 잔에 따르며) 국가 원수끼리 만날 때 주스나 콜라를 마시지는 않잖아요. 첫날밤에도 합환주 한잔 마시고, 이건 성스러운 거지.

서해성 | 어디 강연 가거나 하면 소주 한잔 들고 시작하시잖아요.

고은 | 그 땅에 대한 예의로 그곳 술을 마시지. 토신에게 절하는 거야. 외국 강연 가면 대개 물을 주죠. 물에게도 미안하고 나에게도 미안하고.(웃음) 그래서 색깔 있는 거 좀 가져와라, 하면 주최 쪽에서 와인을 사러 나가. 청중이 낯선 코쟁이들이라 입이 잘 안 떨어져. 조금 뒤 와인이 오면 그때 입이 쫙 찢어져.(웃음) 이제야 아주 나 이상의 언어가 나오지. 내 친구가 해주는 언어.

서해성 | 지금은 안성에 살지만…… 길에서 태어난 분 같아요. 선생님 시의 첫 스승 격인 『한하운 시초』조차 길에서 주웠잖습니까.

고은

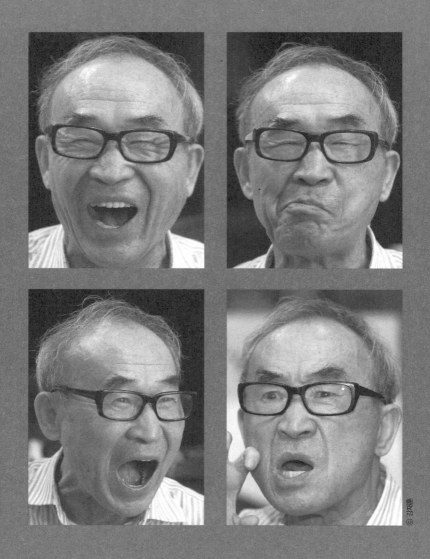

© 김재홍

"'노를 젓다가 노를 놓쳐버렸다. 비로소 큰 세상을 바라보았다.'
흐. 거룻배를 젓다가 노를 놓쳐버리면 사고무친이여. 문득 둘러
봐. 거기 더 큰 세상이 있지."

이육사, 한하운, 숄로호프, 그리고 김수영

고은 | 최초로 만난 시는 중1 때 교과서에 실린 이육사(1904~1944)의 「광야」야. 난 운명이란 말을 좋아해. 지금도 '운명' 하면 가슴이 벅차오르고 뼈들이 뛰는 거 같거든. 「광야」를 만난 게 운명이야. 세월이 흐를수록 그 먼 기억이 더 강력하게 내 몸에 원근법을 파괴하고 오는 거 같아. '광야'는 거대한 공간이잖아. 천고, 거대한 시간. 닭 우는 소리도 없던 우주 생성 시대, 태초. 인간도 그냥 초인이 아니라 백마 타고 오는.(웃음) 이걸 처음 만난 거야. 낭만적 사회주의자였던 외삼촌 영향으로 책상 앞에 "반 고흐 아니면 無"라고 붙여놨어.(웃음) 근데 화가 꿈이 바뀌고 말았지. 1948년인가 미술부 활동 마치고 캄캄한 십 리 길을 걸어 집으로 오는데 무언가 빛이 어려 있는 거야. 길가에 책이 있어. 날 위해서 책이 기다리고 있었어. 장물 취득도 아니고, 그냥 내 거야.(웃음) 그게 『한하운 시초』야.

한홍구 | 시집을 주워서 시인이 된 분은 동서고금에 처음이 아닐까요?

고은 | 새 책인데 오렌지 빛 표지도 기억나. "하룻밤 자면 눈썹이 빠지고, 또 하룻밤 자면 발가락이 떨어져 나가고." 크하, 정말로 비극적인! 새벽까지 그걸 읽고 결심을 했어. 첫째, 문둥병에 걸릴 것!(웃음) 눈썹도 빠지고 발가락 하나씩 떨어져 나갈 것. 둘째, 집에 안 있고 떠돌 것! 나도 이런 시를 써야겠다고 맹세를 한 거지.

서해성 | 그리고 곧 전쟁이 났죠.

고은 | 3개월 동안 죽음의 시간이었어. 하도 시신을 많이 건져내다 보니 빨랫비누로 씻어도 보름 동안 송장 냄새가 안 가셔. 그러곤 가출이 시작되더라고. 아무리 술을 마셔도 잠이 안 오고. 나중엔 이 약국 저 약국 다니면서 얻은 수면제를 쌓아놓았다가 털어 먹었지.

서해성 | 숱한 교류가 있었는데 소싯적 김수영 시인하고의 인연을 소개

고은

한다면?

고은 | 출가해서 동국사 중이 됐을 때 목련 송기원을 통해 알게 되었어. 송기원이 김수영과 만주에서 연극을 같이 했어. 나중에 형제처럼 친해져서 명동에서 술을 먹는데 김수영이 〈인민항쟁가〉를 불렀어요. 내가 입을 콱 틀어막고는 이탈리아 말을 마구 해가지고 분위기를 바꿨지.(웃음) 밀라노 사투리, 베네치아 사투리로 하니까 사람들이 박장대소하면서 금방 수습이 되었지. 그땐 잡혀가서 맞아 죽을 일이었어. 『돈 강은 고요히 흐른다』 있지? 러시아 작가 숄로호프가 쓴 거. 그걸 일본책으로 들여와 하숙집에서 이불 뒤집어쓰고 읽을 때야.

서해성 | 숄로호프 읽고 좌절하셨다고.

고은 | 내 원고를 다 태워버렸어. 어디 구멍가게 장사를 하든 점원 노릇이나 하려고 했어.

서해성 | 선생님은 마음이 일면 일순 말끔하게 정리해버리곤 하시는데, '맑은 허무'라고 할까.

고은 | 난 썰물이 좋아.(웃음) 과거는 쏵 가는 거지. 빈 갯바닥만 남겨두고. 요만한 조개껍질도 용납 않지. 위대한 백지.

이명박·조갑제가 있든 없든…… 통일은 '점'이 아니다

한홍구 | 전태일의 40주기인데 선생님한테 전태일은 어떠한 존재였습니까?

고은 | 무교동에서 술 먹을 때야. 하숙 자취를 하니 통금 끊기면 가도 그만 안 가도 그만이야. 주모한테 푼돈도 주고 사정도 하고 해서 술집 탁자에서 자거든. 자다가 떨어져.(웃음) 시멘트 바닥인데, 어느 날 깨어보니 신문지 쪼가리가 있는데 노동자가 분신했다는 거야. 죽음엔 내가 민감하잖아. 그렇게 관심을 갖기 시작한 거야. 그때까진 걍 예술

"누구나 자신이 최초의 시인이야!"

지상주의였거든. 전태일의 죽음으로 인해서 작품 세계가 확 바뀌게 되었지.

서해성 | 세속에서 최초의 '공직'이 자실(자유실천문인협의회) 대표 간사인데, 현직으로 맡고 있는 게 겨레말큰사전 남북공동편찬회 남쪽 대표세요. 일주일 전에 선생님이 두루 보낸 간곡한 전자우편을 받았습니다.

고은 | 정말 이거 하나 남겨놓고 죽으면 여한이 없겠어요. 겨레말큰사전. 내 꿈이거든. 북한은 물론이고 연해주, 연변, 중앙아시아, 일본, 미국으로 흩어진 분열되고 산재한 우리말들을, 귀신 모아서 제사 지내듯 하자는 거야. 언어로 산 자로서 사명이랄까. 현재 일이 6할 남짓 진행됐고 사전 집필 단계에 들어갔는데. 연간 비용 32억을 16억으로…… 이건 하루에 세 끼 먹던 걸 한 끼로 줄이라는 거잖아. 참, 참을 수가 없어서 강하게 낼까 하다가 우선 호소문을 보낸 거지.

한홍구 | 겨레말큰사전 편찬 계기가 10년 전 6·15 공동선언이었죠. 그 현장에서 시도 낭송하셨잖아요. 10년이면 짧지 않은 세월인데 선생님한텐 어떤 의미가 있는지요?

고은 | 통일은 베를린 장벽이 무너지는 사건이 아니라 일상으로 와야 합니다. 통일은 선이에요. 점, 드라마가 아니라. 춘하추동이 있는 것처럼 역사가 자연화해야 한다는 것이죠. 이명박이나 조갑제가 있거나…… 강물 흘러갈 때 조약돌도 있고 바위도 있고, 조금 불퉁거리다가 넘어가는 거지. 준비 없이 통일해봤자 독일보다 훨씬 못합니다. 동남아시아 이주노동자 착취하는 공장주들이 북한 가면 얼마나 지독하겠어. 그런 통일은 할 필요가 없어요. 품위 있는 통일을 해야죠.

서해성 | "내가 죽고 나서…… 내 무덤을 파헤쳐 본다면 내 뼈 대신 내가 그 무덤의 어둠 속에서 쓴 시로 꽉 차 있을 것이다"라고 하셨어요. '우주의 사투리'다운 말들인데, 선생님한테 시는 무엇인지요?

고은

고은 | 참 어리석은 시만 가득할 거야.(웃음) 난 일체의 시론을 인정하지 않아. 시를 정의할 수 없다는 거지…… 관타나모(쿠바의 미 해군 기지, 이라크 전쟁 관련자들을 수용) 감옥에서 뭘 합니까. 거기서 대하소설을? 단편을 쓸 수 있어? 김남주가 감옥에서 시만 썼어요. 불가능한 데서 유일하게 가능한 게 시야.

서해성 | 선생님 시 한 줄…… "내려갈 때/ 보았네/ 올라갈 때/ 못 본/ 그/ 꽃." 학생들이 고은의 시가 뭐냐고 물어오면 '발견하지 못한 걸 발견케 하는 치열한 비약'이라고 말하곤 합니다.

고은 | 이런 것도 있어. "노를 젓다가 노를 놓쳐버렸다. 비로소 큰 세상을 바라보았다." 흐.(웃음) 거룻배를 젓다가 노를 놓쳐버리면 사고무친이여. 문득 둘러봐. 거기 더 큰 세상이 있지. 그거 괜찮아.

서해성 | "달빛이 삼천리에 비치지 아니한 곳이 없다"는 말로 우리 겨레를 말씀해오곤 했는데, 아, 『만인보』를 '만인군상 일필삼천리'라는 말로 간명히 표현해보고 싶습니다. 한 자루 붓으로 삼천리를 내달려 조선 백성을 담아냈으니 실로 시심의 달빛 비치지 아니한 산천, 먹물 닿지 아니한 사람이 없게 된 셈이죠.

고은 | 이백의 경지네. 난 이백과는 피를 나눈 거 같아. 한족이 아니잖아. 우랄알타이 계보. 어찌어찌 꼽사리 껴갖고 현종 앞에서 술을 먹은 자야. 괜찮지.

서해성 | 『만인보』로 운문과 산문, 인물과 지리지의 경계 따위가 무심해졌죠.

고은 | 옷도, 생긴 것도 제도잖아. 이빨이 대칭으로 있는, 이런 것도 다 제도야. 제도, 지겨워.(웃음)

서해성 | 후배들은 무얼 하라고 다 써버리셨는지.(웃음)

고은 | 다 못 썼어. 괴테는 편지만으로도 전집이야. 빅토르 위고는 만년필도 거부하고 깃털 펜으로 거대한 기록을 남겼어. 현대문학 100년

"누구나 자신이 최초의 시인이야!"

인데, 시 30편 담은 시집 내고 죽은 이도 교과서에 나오잖아. 일찍들 죽었어. 임화는 마흔다섯, 김소월은 서른둘, 윤동주는 스물여덟. 윤동 주는 소년시야. 오늘날 살아 있다면 지적될 게 많아요. 워낙 우리에게 절박성이 있는 걸 썼지. 시가 이쁘지. 순결성도 있고. 이런 누적된 문 학사 속에서 나한테 요구하는 건 이들의 결핍을 메우라는 거야. 현대 문학 100년에서 내가 50년 동안 계속 썼잖아. 술도 그때 먹다 만 걸 내가 더 먹고.(웃음)

젊은 세대여, 느그들이 알아서 하시오

한홍구 | 『만인보』 같은 큰 시를 어떻게 기획하게 되셨는지?

고은 | 김대중 내란 음모 사건(1980) 때 잡혀 들어가 문익환, 이문영 하고 육군교도소에 있었어. "니들은 오래 못 살아" 소리 듣던 때야. 마지막 죽을 때 어떻게 할까 몸짓 구상을 했어. "조국 통일 만세, 민주 주의 만세" 부르고 죽을까, 껄껄 웃을까.(웃음) 한 줄 시나 써가지고 읊고 죽을까.

한홍구 | 이걸 '사형 세리머니'라고 해야 합니까?(웃음)

고은 | 나중에 다 의미가 없더라고. "그냥 쏴라!"(웃음) 다른 건 도식 적이거나 누가 해먹은 모델이더라고. 감옥이 철창신세라는데 거기 특별사동은 철창도 없어. 김재규가 있던 7방인데 똥간 하나 있고 책 도 없고 뭐…… 그때 막 도스토옙스키가 생각나더라고. 죽을 상황에 놓이니 몇 분 만에 과거가 정리돼서 파노라마처럼 왔다는. 그러면서 나도 과거가 오더군. 현재가 없으니까 과거가 와서 현재를 담당하더 라고.

한홍구 | 『만인보』가 처음 나올 때 민중이라는 익명의 총체에서 구체적 인 사람들이 하나하나 튀어 오르는 것을 보고 '득도하셨나 보다' 싶었

고은

습니다.

고은 | 과거는 후회의 대상이 되더군. 막 빌고 싶고 그래. 삶 자체가 나를 고개 숙이게 만들더라고. 여기서 살아 나가면 이런 거 노래하면 어떨까 했지. 그게 『만인보』야. 동네 사람 하나하나가 개별화되더라고.

한홍구 | 어떤 시에선가 젊은 시인들에게 "네 시를 써라"라고 하셨습니다.

고은 | 시단이 잘못된 게 교사가 있고 제자가 있고 이런 구속물이 만들어졌어. 참 바보 같아. 누구나 자신이 최초의 시인이야. 시란 어떤 전범, 교훈, 모범이 있을 수가 없어.

한홍구 | 선생님은 스스로를 '폐허의 자식'이라고도 하셨어요.

고은 | 맞아. 그게 진짜 내 언어야.

한홍구 | 어쩌면 폐허 세대의 자식이었기 때문에 살 때는 힘들었지만 제약을 안 받고 많은 걸 누릴 수 있었다고 봅니다. 그게 예술가에게 혜택이었죠. 폐허 세대가 아닌 모든 게 꽉 차게 들어선 세대의 젊은이들에게 "네 시를 써라"라고 했을 땐 그게 어떤 의미로 다가올까요?

고은 | 지들이 알아서 하시오! 난 누구의 교사가 되기 싫어. 난 이태백을 내 친구로 알죠. 교사로 여기지 않아. 콤플렉스가 있었어. 이백이는 술 먹고 명작을 썼는데, 난 술 먹고 졸작을 써요. 요새 와서야 졸작은 면해요. 그거 말고는 없어요.

서해성 | 마지막 질문인데 지금까지 큰 상만 해도 열댓 번은 받았는데, 해마다 이맘때면 선생님과 관련해서 무슨 상 이야기가 나옵니다. 사람들이 굉장히 궁금해합니다. 상이란 무엇입니까?

고은 | 상이 없을 때 이태백이 있었어. 크. (웃음)

"누구나 자신이 최초의 시인이야!"

만인보의 집, 말의 신전

『만인보』를 끝낸 시인의 책상은 꽉 차 있었다. 바쁘다기보다 그에게는 늘 내일이 오늘로 와서 벌써 기다리고 있다. 오늘이 내일이었다. 고희를 맞았을 때, 그를 일러 일흔 해를 살고도 날마다 하루가 부족하였다고 쓴 적이 있다. 팔순이 다 되었다고 다를 게 없었다.

큰 앉은뱅이책상 바깥쪽에서 주로 쓰던 『만인보』는 남쪽을 바라보는 안쪽 구석 책상에서 마쳤다. 앉은뱅이책상 다른 쪽에서는 주로 산문을 쓴다. 책이 산으로 쌓여 있는 너른 방은 서재라기보다 작업장이다.

손님들과 말벗하는 조금 내려앉은 서쪽 방 바람벽에는 그림이 우르르 걸려 있다. 한 사람이 나무 아래서 두 손을 다소곳이 가슴 쪽으로 모은 채 서 있는 그림은 책에 기대놓았다. 거기 씌어 있길, 소년 銀兒의 77세. 2010. 7. 상화. 상화는 부인 이상화(중앙대 영문과 교수)다. 이 집은 생일이면 서로 그림을 주고받는 내력이 있다.

고은은 소년이다. 4대째 탕을 끓여내는 안일옥에서 대포 한잔 걸친 불콰한 낯으로 웃는 선생을 본 이라면 안다. 끝내 나이 먹지 않는 선생에게 시간이란 오래된 오늘이 있을 따름이다. 흔히들 말하는 「문의마을에 가서」에 나오는 허무마저도 꽉 찬 허무다. '아무리 돌을 던져도 죽음에 맞지는 않'지만 선생의 돌(시)은 곧장 태초이자 후생으로 날아가 한 소년의 이마를 정통으로 맞힌다. 그가 고은이다.

전생 연보에 암말이자 아기 무당이자 주모이자 행상이자 목동이자 화전민이자 나무꾼이자 중이자 술 좋아하는 귀머거리 머슴으로 썼듯 '말이 종교'인 선생은 귓불 붉은 소년, 떠돌이 농사꾼이다. 떠돌이는 농사꾼일 수 없지만 말의 농사꾼은 만 리 밖에서도, 100년 뒤에도 추수를 할 수 있다. 하루도 천 년으로 떠도는 게 선생이다. 그는 모든 산 것과 벗하고 죽은 것들과 말을 주고받는다. 하물며 사람이야. 『만인보』에서 조선 민중은 비로소 개별화해서 저마다 호적을 얻은 다음 다시 재민중화하여 태어난다.

가을 마당에는 흰 개·검은 개, 키가 커버린 들깨·가지·고추가 주섬주섬, 아스타국화 뒤에서는 붓꽃이 선홍빛 익은 샐비어를 붙잡고는 몸을 세우고 있다. 선생은 그 사이를 지나 말의 신전을 지었다가 부수고 있다. 부수어낸 자리에서 꽃이 핀다.

서해성

"나의 공무원·도둑놈들
답사기도 쓰고 싶다"

유홍준 —명지대 교수, 미술사학자

매섭거나 따갑지는 않았다. 대신 걸쭉하고 풍만했다.
'즉답'을 하는 경우가 없었다. 질문 하나를 던질 때마다 이야기의 거대한 산맥이 펼쳐졌다. 답은 역사
적 배경이 되는 지식과 사실의 고개를 굽이굽이 넘어 한참을 여행한 뒤에야 나왔다. 1960~1970년대
대학 시절과 감옥 생활, 1980년대 재야에서 문화 운동 할 때의 풍경들이 스크린을 타고 흐르는 듯했
다. "오랜만에 구라를 푸니 시원하다"고 했다. 그러면서도 말을 아꼈다. 거침없었지만, 불편한 지점에선
잠깐잠깐 멈췄다. "직설인데 말씀해주셔야죠?"라고 물으면 "한 번쯤 직설을 웃음으로 풀고 넘어갈 때
도 있어야 한다"고 했다.

유홍준 명지대 미술사학과 교수. 그의 가장 대표적인 키워드는 『나의 문화유산 답사기』와 '문화재청
장'이다. 『나의 문화유산 답사기』는 해방 이후 최고의 인문교양서 베스트셀러로 꼽힌다. 3권까지 합해
230만 부가 팔렸다. 2004년부터 맡았던 문화재청장 자리는 2008년 2월 숭례문 화재로 물러났다.
살짝 사라졌던 그는 2010년 9월 『유홍준의 한국미술사 강의』라는 새 책을 들고 나타났다. 물론 책의
저자로서 직설에 참여한 건 아니다. 문화재청장 퇴임 이후 이렇게 허심탄회한 대화는 처음이다.

유홍준 교수의 말대로 지금은 '스토리의 시대'다. 스토리는 인문학의 토대이자 등불이다. 스토리계의
어제와 오늘을 밝힌 분들과, 내일을 밝힐 젊은 역군들을 모시려 한다. 직설구라열전, 다음 초대 손님은
백기완 선생이다.

고경태

'구라'의 귀환

한홍구 | 『유홍준의 한국미술사 강의』라는 이름으로 오랜만에 책을 냈죠?

유홍준 | 『나의 문화유산 답사기』 4권부터 쓰라는 사람도 있었는데, 아이고, 이제 두세 권 더 쓰고 제대해야지.■ 후배들이 해야죠.

서해성 | 문제는 '라디오'죠. 글로든 말로든 답사기 쓰는 후배들은 그게 잘 안 되는 대목이 있는데.

유홍준 | 그러니 구라 계보부터 정리해보죠.

서해성 | 방배추(방동규)■■에 따르면 조선 땅에 3대 구라가 있죠. 백구라(백기완)라는 대륙 구라, 황구라(황석영)라는 장터 구라, 유구라(유홍준)라는 교육 방송.(웃음) 이 규정은 구라의 특성과 더불어 맹점 같은 것도 함께 짚고 있어요.

MB 코드 인사 때 가장 먼저 사표 낸 방배추

유홍준 | 본래 구라 하면 사람들이 싫어했어요. 뻥, 거짓말이란 뜻이

■ 이후 2011년 5월 유홍준 교수는 『나의 문화유산 답사기 6―인생도처유상수』(창비)와 『유홍준의 국보순례』(눌와)를 펴냈다.

■■ 1935년 생. 젊은 시절부터 백기완 등과 교유했다. 날품팔이 노동자, 큰 회사 사장, 사상범, 재야의 주먹, 고궁 안내 지도위원 등 다채로운 인생 편력을 지님.

유홍준

있잖아요. 황구라가 원흉이지.(웃음) 다들 황구라라고 하는 통에 아래위 이야기꾼들도 '구라'로 묶여버렸어. 요즘엔 개그맨 김구라까지 나와서(웃음) 혼선이 생겨버렸죠. 우리 동네에서 쓰는 말은 '라지오'야. 라지오가 1970년대에 등장해서 1980년대 군부 독재 시절까지 풍미했지.

한홍구 | 데뷔가 가장 늦으시죠?

유홍준 | 석영이 형하고 여섯 살 차이죠. 재야 속의 재야, 그게 배추 형님이지.

서해성 | 문화재청장 시절에 방배추 대형님을 경복궁 관람 안내 지도위원으로 일하게 했잖아요. 관직이 꽤 거창한데, 다 라지오 인연 때문이 아닌가요?

유홍준 | 맞아요. MB 정부 들어와서 코드 인사 한다고 참여정부 사람들이 다들 내쫓겼는데, 누가 젤 먼저 사표 낸 줄 알아요? 계약직이라 나갈 이유도 없고, 장관급도 안 나갔는데, 첫 번째 사표 낸 사람, 그게 방배추야.(폭소)

서해성 | 천상의 구라다운 결기 어린 행동이군요. 어떠한 인연인지 소개 좀.

유홍준 | 1974년 민청학련 사건으로 서대문 구치소에 들어갔을 때 나는 5사하 9방, 배추 형님은 한 방 건너 7방에 있었고. 아직 배추 형 전설만 들었지 얼굴도 본 일이 없어요. 근데 감방 안에서 소문이 자자했어요. 옥에서는 초저녁이면 재우는데 잠이 오나. 그래서 배추 형이 밤마다 한 편씩 얘기를 하는 거예요. 옛날 영화, 소설 본 것까지 탈탈 털어서 들려줬어요. 나중에는 좀 수준을 높여서 모파상의 『비곗덩어리』를 들려준 거야. 그때 '개털'(잡범) 하나가 주먹으로 벽을 치면서 "프러시아군 개새끼들 다 때려죽여야 해. 인간을 비곗덩어리 취급하고 말이야" 하면서 분개를 해.(웃음) 거기서도 배추 형님은 구라

"나의 공무원·도둑놈들 답사기도 쓰고 싶다"

로 전설에 올랐어. 삶에서나 구라에서나 내가 존경을 했죠. 한데 무슨 팔자인지 하는 일마다 안 풀렸어요. 내가 문화재청장 되면서 노인 일자리 창출 방안을 강구하라는 청와대 지시도 있고 해서, 궁·능 관람 안내 지도위원으로 뽑았어요. 지금은 제도화까지 됐어. 그때 너무 잘해서.(웃음)

서해성 | 다시 라디오로 넘어오죠. 한홍구 서해성도 말을 해야 하는데…….

유홍준 | 옛날에 답사 댕기다 보면 동네에 양달대포가 있어요. 양지바른 데 앉아서 대포 논다고 하는 이야기꾼들. 사랑방 문화에서 나온 거죠. 모파상은 프랑스 카페 문화, 톨스토이는 페치카 문화고. 시베리아 페치카 앞에 앉아서 2박 3일 떠들다보니…….

서해성 | 지금 유구라가 세계 구라계를 정리하고 있는 걸 듣고 계십니다.(웃음) 슬라이드 강의의 원조시죠?

한홍구 | 구라 용어로 정리하면 교보재 구라.

유홍준 | 라디오 시대에서 컬러텔레비전 시대로 넘어간 거죠.(웃음) 내가 구라계에 데뷔한 게 1985년인데, 송기원 형이 《실천문학》 하고, 김주영 형 『객주』가 베스트셀러이던 때인데, 민예총 딴따라들하고 문학, 미술계가 엉켜서 놀았어요. 서양미술사로 치면 몽마르트르 몽파르나스(파리의 예술중심지)가 생긴 거지. 대절 버스 타고 해남 대흥사 거쳐 화순 운주사로 가는 코스를 떠났어요. 황석영·조태일·고정희·정희성·장선우 등 멤버가 화려했지. 폭설이 쏟아져 서울서 3시간을 갔는데도 천안인 거야. 석영 형이 마이크를 잡았는데 반응이 별로였어요. 당구로 치면 '히네루'가 안 먹은 거지.(웃음) 선수들도 그럴 때가 있거든요. 근데 대뜸 "홍준아, 니가 좀 해라" 하고 넘겨. 대흥사까지 11시간이 걸렸는데, 추사가 이광사 글씨 떼어내고 어쩌구 한 대흥사 현판에서 정약용 강진 유배 간 이야기까지가 아직 안 끝난 거야.

유홍준

서해성 | 아카데미 구라계엔 이어령, 김용옥 두 분을 꼽을 수 있는데요.

유홍준 | 시대의 교육 방송들인데, 이어령 선생의 경우 그 이야기들을 실천하거나 가슴으로 담기에는 부족하지 않느냐 비판이 있고, 김용옥 선생 이야기는 현재적 삶과 연결되는가를 볼 때 우리 쪽과 좀 다르고.

서해성 | 이어령…… 과연 발견의 구라죠. 과학실험실에서 막 나온 것 같은. 그 발견의 힘으로 현실을 바꾸거나 그걸 위해 자기를 던진 적이 없었던 거죠. 김용옥 구라는 미국 갔다 와서 다시 듣는 우리 이야기 같은 느낌. 재미는 있으되, 듣는 구라 말고 보는 구라, 그 원조죠.

유홍준 | 듀랜트의 철학사나 곰브리치의 미술사도 히스토리가 아니라 스토리예요. 『한국미술사 강의』도 소파에 기대서 읽을 수 있는 걸로 쓰고 싶었어요. 나는 우리 인문학이 대중과 멀어졌던 이유 중 하나가 전문서와 대중서를 너무 명확히 나눴기 때문이라고 봐요. 스토리로 쓴 책은 연구 업적에도 안 넣어주잖아.

서해성 | 요즘 TV 예능프로 7, 8할이 구란데…….

유홍준 | 강의 시간에 보면은 학생들 표현력이 우리하고는 전혀 달라요. 몇몇 빼고는 아주 솔직하게 자기를 얘기해요. 더군다나 인터넷 채팅이나 문자메시지가 일상이다 보니 미디어를 매개로 대화가 열려버린 거고.

서해성 | 숭례문이 불탈 때 문화재청장이었는데, 비난 많이 들었죠?

유홍준 | 책임자로서 할 말이 없죠. 우리 정서에 뒷수습보다 책임지는 게 먼저니까 사표를 냈어요. 미루고 미루다 노 대통령의 마지막 결재 사인이 유홍준 사표 수리가 되어버렸죠. 당시 몇몇 언론들은 나를 두들겨 패는 게 참여정부를 스리쿠션으로 때리는 효과가 있다고 봤을 거예요.

서해성 | 숭례문을 다시 돌아본다면.

유홍준 | 최소한 불타기 전보다 더 멋있고 원형에 가깝게 가야죠. 일제가 허물어서 숭례문은 날개가 잘린 사다리꼴 문이 되었는데 복원을 통해 성곽 일부를 세우기로 했어요. 또 2층 누각 건물이 가분수로 커서 늘 밑이 약하다고 했는데, 불탄 뒤 발굴을 해보니 도로 공사 등으로 70센티미터나 내려가 있었던 거예요. 암튼 그 사건을 겪으면서 국민 모두가 엄청난 허탈감을 느꼈죠. 문화재의 잠재적 가치를 일깨운 소중한 계기이기도 했는데, 큰 거울로 삼아야죠.

한홍구 | 재임 시절 북악산도 개방하셨죠?

유홍준 | 노 대통령 모시고 한 일 중 두고두고 잘했다는 말을 듣고 있는 게 그거죠. 국방부, 경호실, 서울시가 다 나자빠졌는데 용케 해냈죠.

서해성 | 지난주 광화문, 청계천이 물 폭탄을 맞았잖아요. 그런 공사 때문에 배수가 안 됐다는 말도 있고. 천 년 뒤에 누군가 '문화유산답사기'에 지금 그곳을 어떻게 쓸 것 같은가요. 그리고 MB 정권의 문화(재) 정책을 어떻게 생각하는지.

유홍준 | 지금도 박물관이나 문화재청 행사에 안 나갑니다. 전임자가 어른거리면 얼마나 불편하겠어. 나중에 '나의 공무원 답사기'를 쓸 때 자초지종을 따져볼까 합니다.

서해성 | 이건 직설입니다.(웃음)

한홍구 | 직설은 직설인데, 즉설은 아니다?

유홍준 | 문화 정책에 대한 다른 이야기를 좀 하고 싶어요. 한류라는 게 우리가 문화 수입국에서 수출국으로 바뀌었단 뜻이죠. 그러면 수출국다워야죠. 〈워털루브리지〉(한국 개봉명 〈애수〉) 같은 영화를 보는 게 스토리 때문만은 아니잖아요. 비비언 리가 입은 바바리코트라든가, 집에 있는 가구들. 한국 드라마 보면서 그런 '에브리바디 에브리데이 라이프'에 대한 선망까지 들어와 있는 거죠.

"시멘트 건축뿐이라면 100년 뒤 남을 집이 하나도 없어요. 그때 지정될 문화재가 지금 생산이 안 된단 얘기죠. 공공 건축은 물론이고, 부자들도 기왕이면 쓸만한 집을 지어야 해요. 문화재급으로다. 3대에 걸쳐 상속세 물면 국가에 귀속되게 제도화하고……."

서해성 | 한류 문제에서 간과하지 말아야 할 건 이미 아류 제국주의에 들어선 한국 자본주의의 특성을 무시해버리면 곤란하다는 거죠. 더구나 정부가 여기에 개입했을 때는 섬세한 원칙을 잘 세워야만 하겠죠.

왜 다시 코스모스를 생각하는가

유홍준 | 요즘 국어책에 「코스모스를 생각한다」는 글이 실려 있어요. 내가 쓴 거죠. 코스모스라는 게 멕시코 원산인데 신작로 만들 적에 들어왔어요. 메마른 데서만 자라요. 신작로 파헤쳐진 곳에는 재래종이 못 살아. 코스모스가 아니었으면 그 길의 황량함을 누가 채웠겠느냐. 봉숭아, 채송화, 나팔꽃 다 외래종인데 이름이 이뻐서 토종같이 되고.(웃음) 몇 세대가 지나면 그때는 귀화 식물로 해서 우리 종으로 해야 합니다. 사람도 마찬가지죠. 외국인 노동자 문제를 깊이 있게 고민하고 또 실행해가야 합니다.

한홍구 | 한국 성씨도 3할쯤은 귀화 성씨죠.

유홍준 | 일본이 문화를 주도해본 경험이 없으니 제국주의밖에 할 줄 몰라 35년 만에 끝나버렸어요. 문화를 수입해서 발전만 했지 공급을 못 해본지라 어떻게 대처할지 미숙한 거죠. 민주적 가치, 민중적 가치 등 그 시대마다 과제가 있는데 현재 제도권과 재야가 공유할 가치라면 이런 게 아닐까 싶어요.

서해성 | 문화 보호니 하는 게 자본주의가 봉건주의에 승리했다는 확정적 선언인데, 끝장을 냈으니 보존하는 거잖아요. 한국에서는 정말 가혹한 자기 부정이 짧은 시간 동안에 벌어졌죠. 남아 있는 게 없는 게 당연하죠. 오늘날 자본주의가 찍어낸 상품이 쉴 새 없이 쏟아져 나오는데, 500년쯤 지났을 때 후대들은 이런 걸 어떻게 기록할까요?

유홍준 | 시멘트 건축뿐이라면 100년 뒤 남을 집이 하나도 없어요. 그때

유홍준

지정될 문화재가 지금 생산이 안 된단 얘기죠. 광화문 허물고 새로 지은 게 위치도 그렇지만 시멘트 한옥이었어요. 일본도 마찬가지고. 공공 건축은 물론이고, 부자들도 기왕이면 쓸 만한 집을 지어야 해요. 문화재급으로다. 3대에 걸쳐 상속세 물면 국가에 귀속되게 제도화하고.

서해성 | 성장 세대들을 위해 역사 이래 답사기 중 3개를 꼽는다면.

유홍준 | 『열하일기』가 기행문학으로는 1번이죠. 수다체야. 기행하다 딴소리를 해요. 생동감이 있지. 내가 기계 유씨로 준 자 돌림인데, 나보다 백 살 많은 형님으로 유길준이 있어요.(웃음) 우리 가문이지만, 그 형님은 나하고 정반대지.『서유견문록』은 정거장에 전깃불만 번쩍번쩍해도 놀라서 썼죠. 동생은 그거 다 소화해버리고 내 것을 찾아 썼는데, 우리 길준이 형은 자신감이 없다 보니 조사하느라 바빠 죽겠던 거야. 그래서 기행문이라기보다는 서양 사정에 대한 정보였던 거죠.

서해성 | 후쿠자와 유키치가 쓴『서양사정』을 모본으로 삼은 거죠.

유홍준 | 이태준의 『만주기행』이나 최남선이 쓴 『심춘순례』를 그다음으로 꼽고 싶어요. 『심춘순례』처럼 아름다운 문장은 드물죠.

한홍구 | 유홍준 같은 내공과 장풍을 지닌 분이라면 지금 이 순간에 벌어지는 여러 가지 문화 파괴 현상에 대해서도 비판해주셔야 할 텐데…… 민주화 운동, 문화재 운동을 해온 입장에서 이 시대 최전선이 '한국미술사 강의'냐고 묻는다면?

유홍준 | 젊을 때 고민은 지금 젊은이들과 마찬가지로 앞으로 무엇을 할 것인가였죠. 그때 학교에 도시락 싸 들고 와 식당에서 콩나물국 한 그릇 더해서 친구들과 먹곤 했는데, 내 도시락 통은 을유문화사 세계문학전집 중 알베레스의 『20세기의 지적 모험』이었어요. 초록색인데 딱 맞는 거야. 다른 애들은 보자기 푸는데 난 알베레스가 나왔지. 그만큼 지적 호기심이 많았어요. 그 책 다 읽지도 않았지만.(웃음)

"나의 공무원·도둑놈들 답사기도 쓰고 싶다"

기왕 지식인으로 살거라면 '엑스퍼트'가 되겠다!

한홍구 | 읽고 감화를 받았으면 귀하게 간직했겠죠.

유홍준 | 난 엑스퍼트(전문가)가 되겠다고 결심했어요. 세상 어디로 흘러가도 난 내 전공대로 살겠다고 했지. 김윤수 선생의 감화를 받아 미학에서 미술사로 옮겼죠. 공부 좀 하려고 했더니 군대 끌려갔고. 제대 두 달 만에 감옥 가서 군대 생활을 4년 한 셈이에요. 교도소에서 같이 있던 친구가 404번(수인번호)이야. 전과 14범인데. 내가 미술사 따위를 읽고 있으니까 하는 말이 "55번, 나하고 동업하면 꽤 벌겠다. 그림 안 걸린 집이 없는데 어떤 게 비싼지 알아야지"야.(웃음) 또 조화 만드는 데서 일을 했는데 거기 실장이 무슨 공부 하다가 왔냐고 물어요. 앞으로 예술 비평 같은 거 하게 될 거 같다고 하자 "저 끝에 앉아 조화 꽃이 합격인가 아닌가 보라"고 해. 교도소에서도 현장 비평을 익힌 셈이죠. 거기서는 눈비가 오거나 하면 심정 변화가 많이 일어나요. 천둥 번개 치면 꼭 한 놈은 창살 붙잡고 "죄 있는 자는 천벌을 받으라"고 고래고래 소리를 질러. 그러면서 자기는 일사부재리 원칙으로 안 받는대.(폭소) '나의 공무원 답사기' 못지않게 '내가 만난 도둑놈들' 이야기도 한번 쓰고 싶어요. 지식인으로 살 것 같으면 엑스퍼트가 돼야 하고 그걸 기반 삼아 그 시대 형식으로 이야길 해야 한다고 생각해요.

서해성 | 유구라다운 설명인데, 아직 한 교수 질문에 답을 안 하고 있어요. 유구라는 당대 민주, 진보 운동과 함께 성장해온 지식 근육이다. 근데 MB 정부 들어와 옛날이야기만 하는 게 아니냐는 거죠. 또 MB 정권에서 문화재청장으로 유임될 거란 소문도 돌았더랬는데.

유홍준 | 소문을 듣기는 했지만 불난 뒤에 확인할 길이 없었죠.(웃음) 어쨌든 나는 문화재청장을 '역임'한 사람으로서가 아니라 미술사가로

서 빨리 복귀하고 싶었어요. 그 길은 글과 책뿐이었죠. 새로운 미술사 책을 내서 옛날 관록으로 버티는 게 아니라는 걸 말하고 싶었죠.

한홍구 | 한 시대의 구라가 재미에만 머물지 않았던 건 치열하게 현실과 대결했기 때문입니다. 바뀐 세상에서 새로운 세대와 더불어 하는 새로운 역할을 기대합니다.

"나의 공무원·도둑놈들 답사기도 쓰고 싶다"

조선 3대 구라

'라지오'는 간이 맞아야 한다. 이건 한낱 주파수를 고정하는 것과는 다르다. 문자 좀 쓰자면 구어체화한 입말로 서사의 강물이 도도히 흘러야 한다. 이 살냄새 나는 구비문학은 가슴으로 듣고 절로 손발을 내뻗게 해야 제 경지라고 할 수 있다. 유신과 전두환 군사 독재를 이야기로 이겨내온 이야기꾼들, 이것이 조선 3대 구라의 참된 내력이다.

이 현장구비문학을 간명히 정리한 이는 방배추다. 배추란 동란으로 무너진 창경원(궁) 동물 우리에 들어가 장안 어깨들이 맞붙을 때 웃통 벗고 밀짚모자 쓴 채 한주먹을 보태던 방동규 소년의 입성이 배추 장수 꼴이라고 한 데서 붙은 별호다. 백기완보다 한 살 아래 벗으로 평생을 같이했으되 깍듯이 모셔왔다. 그의 구라는 삶과 고스란히 일치한다. 그는 생활과 말을 온전히 라지오계에 바친 뒤 초야로 돌아간 진정한 강자다. 그를 천상의 구라로 올리는 까닭이다.

백기완의 대륙 구라는 언제 들어도 크고 배부르다. 한참 듣고 있노라면 산이 치솟고 염통이 부풀더니 이내 가슴이 뻐그러진다. 식민지 우울 따위는 끼어들 겨를이 없다. 박정희도 전두환도 백구라 입초시에 오르면 간장 종지만 해진다. 슬픔도 장엄하여서 곧 강한 약속이 되어 대중을 휘몰이로 묶어세운다. 방배추 대형님을 좇자면, 다만 도취성에 기울 때 '이 선생님이'로 끝나는 게 아쉽다.

황구라는 전형적인 사랑방 구라다. 마이크라는 기계를 쥐여주는 건 그의 찬란한 손짓을 빼앗는 일일 뿐이다. 그는 펄펄 뛰는 저자 민중의 몸짓과 말을 창조적으로 재구성해서 좌중을 압도해버린다. 장길산이 문화패로 소설에 등장하는 까닭을 그의 라지오를 들으면 단박 깨칠 수 있다. 그는 바로 그 자리에 있을 때라야 참다운 맛이 난다. 시대의 황길산일 때 말이다. 방배추 대구라에 따르면, 다만 재생성이 너무 강해서 카세트 구라라는 게 흠이다.

역시 방배추 천상의 구라 말씀에 기대자면, 유구라 또한 기가 막히게 좋아서 공부 못한 놈도 똑똑하고 싶게 하는 등 다 좋은데, 다만 '라이프'가 약하다는 게 티다.

조선 3대 구라라고 말을 해서 그렇지 김지하, 송기숙, 김태홍 들을 뺄 수 없다. 김지하의 오랜 병마도 그렇고, 송과 김 두 분이 병상에 누워 있다. 구라가 태어난 시대에 얻어맞은 고문 탓이다. 구라처럼 털고 일어나길 비손한다.

서해성

유홍준

"임마 부딪쳐 깨져!"

백기완 -통일문제연구소장

혁명적 대거리.

그의 말을 듣노라면 산꼭대기에서 거대한 봉화가 솟는 듯하다. 팔순을 앞둔 나이가 믿기지 않는다. 피를 토하는 듯한 사자후, 판을 엎어야 한다는 전복적인 메시지. 형식과 내용 면에서 말 그대로 '혁명적 대거리'다.

'백기완 통일문제연구소장이 직설에 참여했다'는 소개는 적절하지 않다. 차라리 그의 한판 마당극을 보았다는 편이 낫다. 육두문자도 마다 않는 불같은 포효, 나지막한 읊조림과 슬며시 번지는 눈물, 비장하게 휘감기는 시 한 편, 느닷없이 터져 나오는 구성진 노래 자락과 춤사위까지. 이야기 속에서 봄·여름·가을·겨울 계절이 바뀐다.

장장 4시간에 걸친 직설의 풍경을 이 좁은 지면에 다 채울 수 없어 아쉽다. 1970년대 통일문제연구소 방을 얻기 위해 월부 피아노를 팔아먹어 딸과 냉전을 벌인 소동이나, 1987년 대선 직전 김대중, 김영삼 후보가 단일화를 회피하던 뒷얘기 등은 싣지 못했다. 맥줏집으로 자리를 옮긴 뒤엔 노무현 전 대통령에게 일침을 박기도 했다. 한홍구와 서해성은 고개를 끄덕이다가 때론 너무 웃겨 뒤로 나자빠졌다.

그는 1960년대 중반 장준하 선생과 함께 '재야'란 신조어를 기자들에게 처음 제안했다고 한다. 40년이 흐른 지금 재야의 가장 큰 어른이 됐다. 사회적으로 이름 있는 어떤 고령의 명사라도 그의 입에선 격의 없는(!) 호칭으로 풀려 나온다. 인간문화재로 분류해도 좋을 그 쩌렁쩌렁한 목소리와 입담이 사람들 곁에 오래 남기를 소망해본다.

고경태

백기완 | '직설'이란 말은 '대놓고'야. 《한겨레》쯤이면 우리말을 써야지. 백기완 보고 '구라'가 뭐야. 이런 말아먹을 놈에.(웃음) 어른이 이 세상 사람이 아니라면 몰라도. 구라란 부풀렸단 뜻이거든. 그냥 이야기야.

서해성 | 오래 내려오던 민중담을 우리 시대 근육으로 바꿔내온 이야기꾼이신데, 이야기란 무엇인가요.

백기완 | 열 살 때 학질에 걸렸어. 두꺼운 이불을 덮어도 덜덜 떨려. 자꾸 돼지비계 한 점만 먹었으면 좋겠는데 간장 탄 물을 주시는 거야. 잠이 들까 말까 한데 할머니가 이야기를 해주는 거야. 바닷속에 이심이가 살았대. 조갑지(조개)한테도 잡아먹히는 조그만 놈이 목숨을 걸고 싸우다 보니 쇠비늘이 생기고, 결국 용궁을 때려 부수고 공주를 구출해 새날을 연다는 이야기야. 할머니가 "기완아, 이심이가 뭘 먹고 자랐는 줄 알아?" 뜸을 들이더니, "너처럼 짠물 먹었어" 이러시는 거라.

한홍구 | 선생님 얘긴 슬프기만 하지 않고 세상을 짓부수는 힘을 느끼게 합니다.

진짜 이야기란 주어진 판을 깨는 것

백기완 | 맞아. 우리 할머니가 들려주는 옛날이야기는 '불림'이었어. 우

리 아버지가 불림을 부르는데 (가락을 넣어) "소나무 장작은 왜장작 떵" 그래 "아바이 무슨 소리가?" 물었어. 황해도에선 아버지를 '아바이'라고 하면서 평등한 말을 썼지. 눈이 펑펑 내려 꽁꽁 얼어붙잖아. 춥지. 장작만 보면 왜놈들 생각이 난다는 거야. 장작으로 꼴통을 까고 싶어서. 만날 잡혀서 매 맞았잖아. 불림은 한소리야. 주어진 판 깨고 새로운 판을 일군다는 한소리. 옛날 무지랭이들의 이야기는 불림이었어, 주어진 판을 깨는.

서해성 | 일제는 우리 이야기를 채집했어요. 식민지 관리를 위해. 그리고 해방 이후 미국으로 이어지는 과정은 우리 이야기가 천시되는 판이었는데.

백기완 | 함석헌 할아버지 이야기를 할게. 1953년 7월 휴전하고 총소리만 멎었거든. 함 할아버지가 50대 초쯤 됐을까. 그래도 수염 길러 꼬꼬지 할아버지(맨 위 할아버지)였지. 말씀을 들으러 갔어. 조그만 방에 몇 명이 앉았는데, 토머스 하디의 소설 『테스』를 본 사람 있냐고 물어. 전쟁 뒤에 퇴폐가 막 일어날 땐 순결의 상징인 『테스』를 읽어야 한대. 나도 그때 독학으로 영어를 깨쳐 다 알았다고는 하기 어렵지만 읽어는 봤지. 근데 내가 딱서니거든. 철딱서니 알지? 앞뒤 위아래가 막힌 놈을 '딱서니'라고 해. 기분 나쁘면 받는 거야.(웃음) 내가 열다섯 살 계집애를 윤간한 양놈하고 맞붙어 쓰러뜨린 이야기를 했지. 두 손으로 도라무통(드럼통)을 짐차에 한 번에 싣고 하던 덩치가 산만 한 놈이야. 한 방 먼저 맞고 정신 못 차리다가 옹금(낭심)을 차서 쓰러뜨렸거든. 함석헌 할아버지한테 그랬지. 하루에도 몇천 번 겁탈이 있다. 『테스』에만 나오는 게 아니다. 소설 쓰는 놈, 신문쟁이, 검사, 형사 들한테 이런 얘기 좀 하라고. 그분이 좋은 분이거든. 한숨을 푹 쉬더라고. 이야기라는 건 역사 현장의 이야기를 예술적으로 빚는 거야. 형상화라고 하지.

"임마 부딪쳐 깨져!"

서해성 | 선생님은 우리말을 많이' 되찾아내고 또 빚어냈습니다. 1970년 대부터 쓰고 있는 달동네. 새내기, 동아리, 새뚝이……

백기완 | 민중의 말따구(말) 속에 묻힌 걸 끊임없이 끄집어내고 빚어낸 게 '든올'이야. 개념, '올이 들었다'는 뜻이야. 3천 년 동안 한문이 우릴 지배해서 우리 낱말이 없어졌는데 거기에 대한 반격이야. 영어가 뭐야. 제국주의 침략의 피 묻은 손톱이야. 그 손톱을 빼버리자는 거야.

서해성 | 쉽지 않은 질문인데…… 선생님은 학교를 안 다니셨잖습니까. 학력이란 한국 사회에서 무엇인지요.

백기완 | 열세 살 때 조소앙(독립운동가) 선생이 백범 김구 할아버지와 의논해 나를 중학교 보내준다고 했어. 아버지가 안 된대. "임마, 백범한테 가지 마. 밥은 얻어먹고 중학교 가고 미국 유학 갈지도 몰라. 그건 안 돼. 여기서 어려움 뚫고 나와야 네가 혁명을 하든지 깡패를 하든지 둘 중 하나를 하지" 그러는 거야.

서해성 | 그런데도 어떻게 세상과 공부를 깨우칠 수 있었는지요.

한홍구 | 선생님은 1980년대 이후 좌파 진영의 큰 어른이신데, 한국전쟁 전 격정의 시대에 어떻게 좌익 활동을 하지 않으셨던 겁니까?

"자기 엉덩이가 따스면 다 따슨지 알아."

백기완 | 우리 어머니가 참 문학적인 분이야. 낫 놓고 기역 자도 모르는데, 내가 배고파 울면 "기완아, 울더라도 눈물은 흘리지 마라. 눈물은 빛 그림자야" 그러셨어. 빛을 가리는 그림자래. 어린애나 젊은이는 빛 그림자를 보이면 안 된대. 앞이 안 보이잖아. 좌우파가 아니라 눈이 열려야 한다는 거야. 난 빛 그림자를 스스로 극복하는 데 30년이 걸렸어. 내 동무들이 6·25전쟁 통에 거의 다 죽었어. 열이면 여덟이 전선 나가 죽었는데, 두 놈만 얘기할게. 하나는 복덩이야. 박복덩. 원효로

들머리에 쇠 깎는 공장 많아. 복덩이가 그래. "기완아, 넌 머리가 좋으니까 공부해야지. 내가 돈 받아 중학교 등록시켜줄게." 3개월 치 월급을 타러 가는 그날 전쟁이 터진 거야. 피난 갔다 왔더니 인민군 나가서 죽었대. 낙동강에서 맨 앞장에 서다가. 살구라는 애가 있어. 머릿니만 나오면 기완이 것이라고 우겨. 인민군 나가면서 제 엄마한테 리기영의 『고향』하고 벽초의 소설 한 권을 내 몫으로 남겨둔 거야. 내가 책이 한 권도 없다는 걸 알고. 표지가 마분지로 된 건데 나중에 비를 맞아 퉁퉁 분 거야. 그걸 동무들과 함께 노래 부르던 남산 기슭에 묻어주었어. 책 무덤. 우리 땐 그렇게 눈물겨운 것들뿐이야. 나는 양심적이고 올바르고 인간적인 걸 쫓아다니면 된다고 생각했거든. 그래서 언젠가 말했어. '해방'이라는 두 글자를 깨치는 데 30년이 걸렸다고.

한홍구 | 아까 소나무 장작 말씀하셨는데, 누구는 장작을 보면 왜놈 꼴통을 빠갤 생각을 하고, 누구는 맞은 기억이 나서 오금이 저립니다. 어떻게 하면 그런 담력이 나옵니까.

백기완 | 노동자들 싸움터에 가잖아. 가장 강경하게 발언하는 게 나야. 노동자들은 삶은 격렬한데 발언은 달라. 없는 사람들은 저항감은 있지만 먹고살겠다는 애착은 남달라. 민중에게는 그런 양면성이 있지. 마키아벨리나 히틀러가 그런 심리 잘 이용해먹었다는 이야기 나오잖아.

서해성 | 학교를 못 다니게 된 청년들에게 힘이 되는 말씀을.

백기완 | 부산 피난 시절이야. 경기고 다니던 애들하고 대거리를 하는데, 칼 카우츠키니 슈바이처니 슈펭글러니 하는 이름을 막 대. 난 이름도 모르는데. 주워듣는 것도 한계가 있을 거 아냐. "아바이, 카우츠키 아나?" 물었더니, "레닌과 싸우던 새끼 아냐" 그래. 어떻게 아냐니까 주워들었대. 그 고등학생들 이야기를 했더니 별것 아니라는 거야. 살다 보면 슈바이처, 카우츠키가 받았던 문제의식을 나도 받는다는 거야. 네가 부대끼면서 살아봐라, 앞에 제기된 문제의식을 올바르게

"사람은 누구나 긴장이 있지. 그 뿌리는 '안간'이야. 계급 의식.
그게 썩어버리면 긴장이 아니라 소시민적 욕구를 먹고 살게 돼."

끌어안고 무시하지 말라는 거야. 요새 학교 못 가는 애들한테 그런 애기를 해. 역사의 현장이 큰 대학이고 큰 고등학교니까 끊임없이 문제제기를 받아라.

한홍구 | 선생님이 우리만 할 때 따르던 세대들한테 한 말씀하신다면. 지금 그 사람들이 저보다도 최소한 열 살은 위거든요.

백기완 | 김지하가 벌써 70대라니까.(웃음) 자기 엉덩이가 따스면 세상이 다 따슨 줄 알아. 질풍노도의 역사적 현장을 떠나면 안 되는 거야. 1991년 소련이 망했던 날이야. 젊은 놈들이 울면서 소련이 망했대. 어떻게 해야 하냐고 물어. 내가 그랬지. "썩어서 망했어." 사회주의는 인류의 보편적 염원이야. 소련에서 70년 실험해봤다고 망하지 않아. 소련 사회주의자들이 썩어서 무너진 거야.

서해성 | 1970년대엔 김지하, 1980년대엔 채광석(1948~1987), 또 1950, 1960년대엔 신동엽(1930~1969) 시인하고 술 많이 드셨죠?

백기완 | 채광석 죽었을 땐 내가 장례위원장 했지. 생전에 신경림 선생은 술자리에서 점잖게 "광석이, 술 들어" 하는데 나는 "얌마, 들어, 이놈아" 그러면 되레 기분 좋아해. 신동엽은 「진달래 산천」 썼을 때 술을 좀 뺏어 먹었지. "얌마, 거기 시구절 묘한 거 있어" 하면 "뭔데요?" 물어. (시 낭송하듯 굵은 목소리로) "기다림에 지친 사람들은 산으로 갔어요? 임마 너 죽창 들고 지리산으로 싸우러 갔단 얘기 아냐, 근사해!" 그러면 "그걸 어떻게 아셨어?" 그래. "다 알아. 술 사 임마." (폭소) 그게 1958년도야. 그 자식은 내가 진짜배기로 좋아했지.

이명박 정부는 알맹이 없는 찌꺼기

한홍구 | 온갖 독재를 다 겪으면서 싸워오지 않았습니까. 이승만, 박정희, 전두환, 노태우, 김영삼에 한계를 지녔던 김대중, 노무현까지. 이

명박은 어떻습니까. 샅바를 잡을 때 어떤 느낌이 옵니까.

서해성 | 촛불집회 때 선생님을 전경 버스 앞에서 만나 들어가시라고 했다가 크게 야단맞았죠. "놔둬 임마. 내가 넘어뜨릴 거야." 선생님이 다시 거리에 나와서 앞장서는 걸 지켜봐야 하는 현실에 참으로 만감이 교차하더군요.

백기완 | 이명박? 분단 모순의 집적이지. 첫째, 이명박은 냉전의 찌꺼기야. 찌꺼기는 알맹이가 없는 거야. 냉전 논리도 없고 냉전 시대도 없고. 둘째, 미국의 한반도 분할 지배 체제를 대변하는 한국의 미국인. 셋째, 부자들의 영구 지배를 위한 분열 폭력주의자. 하지만 민중 세력만 자각하고 양심적인 지식인들이 정신만 차린다면 까짓것 뭐.

한홍구 | 선생님 세대 연배들…… 1930년 전후로 태어나 일제 때 교육받고 한국전쟁 거치면서 군인이 되고 반공 청년이 된 세대들. 지금은 어버이연합 같은 거 하는 '애국 할배들'…… 왜 그분들은 끝내 깨치지 못하는 겁니까.

백기완 | 자본주의는 사람을 파편으로 만들고 다시 흡수하는 능력이 있지. 쐬주병을 담벼락에 딱 때리면 박살이 나잖아. 사람을 분열증 환자로 만들지. 그리고 다 빨아먹고, 그게 자본 축적의 과정이고. 역사적인 시공간을 살아왔지만, 주체성을 상실하면 조작 대상, 파편이 되는 거지.

서해성 | 늘 '대륙성이 있어야 한다'고 이야기해왔습니다. 이심이 이야기나 〈장산곶매〉를 봐도 그렇죠. 대륙성이란 무엇인가요.

백기완 | '저치' 간다고 했어. 저치라는 건 땅별(지구)을 손바닥에 올려놓을 때까지 가자는 거야. 한없이 열린 땅으로 가자는 거야. 손오공이 까불어도 부처님 손바닥에서 놀았다는 것하고는 달라. 우리는 땅별을 손바닥에 올려놓을 때까지 가는 거야. 제국주의처럼 침략하러 가는 게 아냐. 우리는 저치를 가면서 진달래나무도 심고, 밤나무도 심고,

백기완

은행나무도 심어. 진달래는 사랑의 갓데(징표)야. 산불 올라타듯 하는 정열의 상징. 밤나무는 사람만이 아니라 다람쥐도 먹는 거야. 은행나무는 산불이 나도 죽지 않아. 영원을 뜻하는 거야. (흥을 돋우며 가락을 섞어) 천년만년 살고 지고~ 천년만년 살고 지고~ 이게 내가 말하는 노나메기야.

서해성 | 제국주의는 신대륙 발견이라고 하면서 저치를 가는 듯 말해왔죠. '천국 장사'도 세게 하고. 우리네는 어떠했나요.

백기완 | 우리 임금들은 예쁜 여자만 보면 수청 들라고 하다 대개 마흔을 못 넘었잖아. 저치를 꿈꾸지도 않았지. 중앙정보부 애들이 나보고, "제발 박정희 욕하면서 '쩨쩨하다'는 거만 빼라"고 해. 못 한다고 했지. '까나리 독재'라고 했거든. 서해안에서 나오는 까나리 액젓 알지?

서해성 | 박정희를 어떻게 평하는 것이 가장 정확할까요?

백기완 | 장준하 선생과 비교하면 되지. 장 선생은 일제 때 독립군 대위, 박정희는 일본군 소위로 민족 반역을 했고, 장 선생은 8·15 뒤 백범 선생의 비서, 박정희는 군대 속에 있던 공산당 조직을 폭로, 저만 살아남았으니 어쨌든 인간적으로 배신했고, 장 선생은 4·19 때 이승만과 싸웠고 박정희는 4·19 정신을 짓밟고 독재 정권을 세워 민주 반역을 자행했고.

한홍구 | 장 선생은 인간적으로는?

백기완 | 장 선생이 암살당한 뒤 내가 쓴 시가 있지요. "숱한 묏뿌리들이 다투어 하늘을 겨냥할 때 엎드려 땅을 기는 강물이다" 그랬었지.

서해성 | 요즈음 젊은이들에게 한 말씀.

백기완 | 전두환이가 한창 까불 때야. 양주별산대놀이에 멍석말이란 게 있어. 머슴이 매 맞아 죽었거든. 썩은 멍석에 버린 거야. 들개가 와서 팔다리 뜯어 가고, 말똥가리도 살점을 빼앗아 가고 뼈만 남아. 날이 추워서 도토리나무가 쩡 하고 얼어 터져. 뼈다귀만 남은 해골바가지

는 그 소리가 죽은 자기를 또 내려치는 걸로 알거든. 꿈틀하더니 일어나서 몽둥이를 뺏어 때려 부수고 자기 염원의 세계를 형상화하더라이거지. 그걸 '안간'이라고 해. 마지막 남은 저항심. 그게 인간의 생명이야. 계급의 질이라 이거야. 내가 수녀들한테 "여러분, 우리 안간힘으로 일어납시다" 했더니 몇몇 수녀들이 "학교 다닐 때 들었다면 수녀 공부 안 했을 거예요" 그래. 이 이야기를 요새 젊은이들한테도 해주고 싶어. 꾸지람하는 것 같은 이런 말 자주 하는 거 나도 미안해. 근데 이런 말 하는 놈 내가 마지막인 거야.

한홍구 | 그 말씀을 듣던 사람들은 어떻게 변했습니까.

백기완 | 손뼉 치고는 다들 돌아서. 말은 좋은데 그렇게 살 수는 없다 그거지.

서울역에 비석으로 세우고픈 '가대기 형'의 말씀

서해성 | 선생님 내신 책 이름이 『사람도 명예도 이름도 남김없이』인데, 그게 다 결국 사람 이야기거든요. 살아계신 분, 돌아가신 분 다 돌이켜 보았을 때, 다시 만나 일하고픈 분이 있는지.

백기완 | 서울역에서 한쪽 어깨에다 짐을 지고 나르는 '가대기 형님'이 있어. 깡패 김두한이를 번쩍 들어 꼼짝 못하게 했던 장사거든. 내가 열세 살 땐데, 그 형님을 왜 존경하게 됐느냐. 아까 말한 동무 '살구'하고 티격태격하다가 하루는 이겼어. 누가 툭툭 쳐. 가대기 형이야. "형 오늘 내가 이겼지?" 했더니, "없는 놈끼리 싸워봐야 코피만 터져.(웃음) 싸움은 나쁜 놈, 있는 놈하고 하는 거야 이 자식아." 내가 삐져서 가대기 형하고 한 1년을 말을 안 했어. 그 양반 깡패 패거리들에게 붙들려 가서 아직까지 돌아오지 못하고 있지. 나 서울역 부근에 땅 세 평만 사서 가대기 형이 해준 말, 새긴돌(시비)을 세우고 싶어.

백기완

서해성 | 대학로에 사시는데 요즘 젊은이들 패기가 어떤지요.

백기완 | 사람은 누구나 긴장이 있지. 그 뿌리는 아까 말한 '안간'이야. 계급 의식. 그게 썩어버리면 긴장이 아니라 소시민적 욕구를 먹고 살아. 지금 세계가 진보 지향을 잃어버리고 있어. 구라파나 미국도 그렇고. 진보 지향을 올바르게 세우는 건 노나메기야. 노나메기는 진보 지향이 왜곡되고 변형되고 상실돼가는 곳에 던지는 말뜸(화두)이지.

한홍구 | 월급 타면 중학교 보내준다던 친구 이야기나, 머릿니를 놓고 다투던 친구가 책을 놓고 가고, 다시 그 친구를 위해 책 무덤을 만들던 정신. 요즘 젊은이들한테도 그런 마음이 진보의 첫걸음이라 생각합니다.

백기완 | 끊임없이 깨쳐라 이거야. 제 울타리만 만들지 말고.

거듭나는 노나메기

재야의 마지막 어른. 백기완 선생을 이리 부르는 건 선생이 걸어온 길과 말과 행동, 그리고 이야기와는 어울리지 않는다. 백기완은 늘 청년 백기완이다. 다들 알고 있는 백기완이 그렇고, 지금 또한 그렇다. 선생은 하루같이 청년으로 살아왔다.

무엇보다 선생은 이야기꾼이다. 근대 사회는 이야기의 근대와 함께한다. 서구 사회에서 그림 형제, 안데르센, 캠벨 들이 다 그 몫이다. 그리스로마신화란 대체 무엇이던가. 일제가 식민 지배를 위해 채집, 기록한 우리네 이야기는 굴절과 훼손을 피할 길이 없었다. 혹부리 영감 따위 일본 민담이 한국인 이야기 주머니 속으로 들어온 데서 보듯 이야기 식민화는 깊이 뿌리를 내리고 있었다. 제국주의의 손길을 거쳐 번안되어 들어온 서구 이야기에서 민중이 새 생명을 얻기란 퍽도 어려운 일이었다.

선생은 일찍이 찾아볼 수 없는 걸쭉하고 걸출한 민중 이야기를 샘물로 길어 올려 막힌 현실을 뚫어 내는 뛰는 생명력을 불어넣어 왔다. 독재 시대 선생의 입담이 곧 시대의 근육일 수 있었던 까닭이 여기에 있다. 한낱 옛이야기가 아니었다. 가령 '장산곶매 이야기'가 황석영 소설 『장길산』의 머리글로, 최병수 손을 거쳐 걸개그림으로 형상화될 수 있었던 것도 마찬가지다. 패배를 모르는 이야기, 끝없는 장쾌한 서사는 현실에서 이탈한 환상을 직조하는 네버엔딩스토리 따위와는 뼈와 옷이 다르다.

선생이 이야기만 노나메기해온 건 아니다. 그는 자신이 재창조해낸 이야기 속 인물들을 닮아왔는지도 모른다. 시대를 헤쳐 나오는 이물(앞선 이)로서 이 땅을 노나메기 세상으로 만들고자 가시덤불과 거친 밥, 옥방을 기꺼이 마다하지 않은 게 선생이다. 무지랭이들 사이에서 땅 불쑥하니 깨어난 쇠뿔이가 바로 선생 아니겠는가.

선생은 얼마 전 노나메기통일문제연구소의 집과 땅과 통장을 다 내놓았다. 너도 나도 일하고, 너도 나도 잘살되 올바로 사는 벗나래(세상)를 뜻하는 노나메기. 이는 선생 스스로가 노나메기가 되는 일이자 이 땅 진보에 새로운 살림이 일어나는 가슴 벅찬 일이다. 선생은 말한다. "우리 민중은 지난 수천 년 동안 눈물을 흘려왔다. 이제는 벅찬 눈물을 흘려야 할 때다. 이것이 노나메기다."■

이렇듯 선생은 청년 백기완이다. 그리하여 그는 언제라도 우리네 현재다.

서해성

■ 이후 백기완 선생의 노나메기재단 설립 추진위원회는 3천여 명 발기인들의 뜻을 모아 2011년 6월 4일 출범했다.

백기완

"웃기려 했는데 안 웃는다고요?
대중이 늘 옳습니다!"

김제동 —사회사(司會士)

F를 주고받았다.

한홍구-김제동은 사제지간이다. 2009년 성공회대 신문방송학과에 편입한 김제동 학생은 그해 2학기에 한홍구 교수의 '한국현대사' 교양 과목을 수강한 뒤 F 학점을 받았다. '출석 불량'은 그 뒤 계속되는 낙제와 두 번의 학사 경고로 이어졌다. 오늘은 복수의 자리다. 한홍구와 서해성에게 "지식인 역할 제대로 하라"는 F를 줬기 때문이다.

아주 특별한 직설이다. 《한겨레》의 '직설'은 《경향신문》 격주 대담 코너인 '김제동의 똑똑똑'에 교차 인터뷰를 제안했다. 김제동은 한홍구와 서해성을 인터뷰하고, 한홍구와 서해성은 김제동을 인터뷰한 뒤 같은 날 각 신문의 지면에 싣자고 했다.

문제는 시간이었다. 김제동은 주중엔 MBC 〈7일간의 기적〉과 SBS 〈밤이면 밤마다〉 등 지상파 방송분을 촬영했고, 주말엔 지역을 돌며 '토크콘서트'를 했다. 한홍구와 서해성은 새 학기 들어 강의와 강연, 각종 스케줄로 정신이 없었다. 열 차례가 넘는 힘겨운 조정을 거친 끝에 마침내 2011년 3월 23일 오전 9시 반!

하필 김제동이 여론의 집중 난타를 당한 다음 날이었다. MBC 〈우리들의 일밤〉 '나는 가수다' 코너에서 가수 김건모의 재도전을 제안한 일로 인터넷과 트위터는 부글부글 끓고 있었다. 그는 3시간이 넘는 대담 도중 끊임없이 "미안하다, 죄송하다, 내가 잘못했다"고 말했다.

김제동은 자신을 '사회자 또는 사회사(司會士)'라고 규정했다. 대학 축제 때 '겜돌이'라는 상스러운 표현에 저항하여 '사회사'로 부를 때까지 무대에 나가지 않은 적도 있다고 했다. 그는 누가 뭐래도 '대한민국을 대표할 만한 사회사'다. 노무현 전 대통령 노제 땐 이를 감동적으로 증명했다. '사회사 김제동'의 진심이 뭉클하게 다가오는, 웃음과 눈물이 뒤엉킨 직설을 감상해보자.

고경태

김제동 | 아이고, F 주신 교수님하고 앉아 있으려니!(웃음)

한홍구 | 나도 F 준 학생하고 이렇게 친한 척하기는 처음이네요.(웃음)

서해성 | '나는 가수다'(이하 '나가수')에 대한 시청자들의 반발이 센데. F까지는 아니어도.

김제동 | 무조건 제 잘못입니다. 보통 사람들이 나오는 프로그램이었다면 괜찮았을 거라고들 해요. 너무 노래 잘하는 형을 지켜보다 보니 오버를 한 셈이에요. "형 노래 한 번 더 시켜주면 안 되냐"고.

서해성 | 인기를 먹고 사는 사람들인 만큼 다시 얼마나 진정성 있게 다가가느냐에 달려 있겠죠. 그래야 김건모뿐 아니라 '나가수'에도 '재도전' 기회가 주어지지 않을까요.

한홍구 | '직설'도 처음에 크게 사고 쳤잖아요.

김제동 | 어쨌든, 제 잘못입니다.

'웃기고 싶다'와 '웃기고 자빠졌네'의 차이

서해성 | 웃음 주는 사람이 자꾸 잘못했다고 하니, 참…… 개그맨과 코미디언의 차이는 뭘까요?

김제동 | 웃김으로써 눈물과 웃음을 모두 줄 수 있는 사람이죠. 슬픔의 의미까지 포함됐으면 좋겠죠.

김제동

한홍구 | '버스 차장'이 '안내양'이 되고, '식모'가 '가정부'로 불리는 것과 같은 느낌이랄까. 개그맨이 되면서 화려해지고 웃음의 템포가 빨라졌지만, 거품 꺼지고 난 다음의 허탈함 같은.

서해성 | 전유성을 기점으로 코미디와 개그가 나뉜다고 할 수 있지 않을까요. 말솜씨 중심에 이전보다 짐짓 현학적으로 바뀌고, 전개가 빨라지고. 김제동 씨는 굳이 말하자면 MC에 가까운 건가요?

김제동 | 용어 맥락에 갇히고 싶지는 않은데, 개인적으로는 사회자 또는 사회사(司會士)라고 합니다.

한홍구 | 사회 보러 나갔다가 못 웃긴 적은 없나요?

김제동 | 사회자로서 가장 중요한 기술은 웃기는 것이라기보다 웃겼는데 안 웃었을 때 '안 웃기려고 했던 척' 하는 거죠.

서해성 | 관객의 무심함은 다 광대 탓 아닌가요?

김제동 | '대중이 늘 옳다'는 생각을 하지 않으면 무대에 설 수 없고 설 이유도 없습니다.

서해성 | 김제동에게 웃음이란 무엇이죠?

김제동 | 내가 당신을 좋아하고 있음을 원초적으로 보여주는 것이 '당신을 웃기고 싶다'라는 거죠. 싫어하는 사람을 웃기고 싶은 경우는 어디에도 없거든요. 어떤 썰렁한 농담도 가치가 있는 건, 내가 당신을 좋아하고 있다는 것을 표현하기 때문입니다.

서해성 | 고통스러운 웃음도 있어요. 그 사람이 전혀 웃기려고 하지 않았는데 우리가 웃을 때죠. MB!(웃음) 그 양반은 도대체 우리를 웃기려는 의도가 없죠. 그런데 우리는 막 웃어. 이러니 이래저래 '전쟁'이 나는 거야.

한홍구 | 그게 바로 '웃기고 자빠졌네'지.(웃음)

김제동 | (서해성의 발가락 양말을 보며) 흰색 발가락 양말을 신고 조문하는 사람을 본 상주가 웃으면 안 되는 상황인데도 웃음을 참지 못하는

경우가 가장 웃긴 거거든요. 지하 벙커는 국가에서 가장 중요한 시설 아니겠습니까. 난방 잘된 곳에서 가죽 잠바를 입는다거나.(웃음)

한홍구 | 우리 전통이에요. 박정희 가카께서는 실내에서도 선글라스 안 벗으셨거든.

김제동 | 보온병 들고 '폭탄'이라거나, 소주병 들고 '폭탄주'라고 하는 것. G20 포스터에 쥐 그렸다고 구속 영장 청구하자면, 소변 금지에 가위 그려 넣은 사람에게도 영장을⋯⋯.(웃음)

서해성 | 근래만 해도, 일본에서 원전이 터졌는데 MB는 원전 준공식 가고, 엄기영▪ 씨는 삼척에 원전 짓겠다고 하고. 정말 쓴웃음이 나는 세상이죠.

한홍구 | 제동 씨도 안티가 많았죠?

김제동 | "잘난 척한다." "알고 보니 전문대 출신이구나." 제가 정확히 미네르바와 일치합니다. 30대 중반의 전문대 출신.

서해성 | 전여옥 한나라당 의원이 가장 싫어하는 부류군요.(웃음) 학력 별무인 자가 오버한다는 조롱.

김제동 | 노무현 전 대통령 장례 노제 사회 제의에 유족 의사가 반영됐다는 말을 듣고 바로 수락했습니다. 전 사회를 보는 기술잡니다. 원수 사이라도 상이 나면 가진 걸 동원해서 그 사람을 보내주는데 이런 게 예의 아닌가요? 그러면 관을 짤 수 있는 사람은⋯⋯ 음 관 장사 때문에 홍역을 좀 치르셨지만▪▪⋯⋯(웃음) 돌아가신 분하고는 모든 은원이 사라져야 합니다.

한홍구 | 적어도 장례 기간만큼은. 모든 은원이 사라진다면 역사학자 밥 굶게 되잖아요.(웃음)

▪ 앵커 출신인 MBC 전 사장. 2011년 4월 27일 열린 강원도지사 재보궐 선거 당시 한나라당 쪽 후보였음.

▪▪ 책 본문 390쪽 참고.

김제동

김제동 | 사회 수락 뒤 십자포화 안티를 맞았습니다. 한쪽에서는 명계남·문성근 같은 훌륭한 사람들을 놔두고 너 따위가! 그러다 노제 끝나고 여론이 바뀌었죠.

한홍구 | 게다가 이명박 대통령 취임식 사회를 봤으니까요.

김제동 | 정당 행사라면 안 갔겠죠. 현 대통령 취임식 사회 보고 전임 대통령 장례 사회를 본 경우는 없을 거예요. 미국 하버드 대학에 특강 갔을 때 외국인 학생이 "당신은 취임식 사회잖데 그 대통령이 죽었냐?"고 물어요. 다른 대통령이라고 했더니 (웃음) 쇼킹하다고 하더군요. 노제 때 사회를 보러 가다가 문득 든 생각은 '지금은 슬퍼해야 하는 게 본질'이라는 거였어요. 사람들에게 어떻게 보일까 고민했던 자신이 부끄러워지더라고요.

서해성 | 다수 대중은 현 정권을 가해자로 여기고 있었죠. 근데 이거 다 기사로 나가도 돼요?

김제동 | 이거 아니라도 '나가수' 때문에 잘릴 판입니다. (웃음) '재도전'을 말한 건 정말 제가 잘못한 거죠!

서해성 | 가해자들이 죄의식을 쉽게 벗어나는 방법은 미안한 놈을 재빠르게 공격하는 거예요. 노 전 대통령을 지금도 공격하는 자들의 심리죠.

한홍구 | 게다가 깔보기까지.

김제동 | 깔본 놈이 죽었는데도 영향력을 가지니까 무서워서 그러는 측면이 크죠. 저도 늘 부채 의식을 갖고 삽니다. 저도 아저씨를 이용한 관 장사를 하고 있는 사람……(웃음) 관에 대한 슬픔을 간직하고 있는 걸로 이해해주면 좋겠습니다. 저는 '절독'까지는 하지 않았지만.(폭소)

한홍구 | 이거 직설하다가 이렇게 당하기는 정말 처음이네.

"웃기려 했는데 안 웃는다고요? 대중이 늘 옳습니다!"

© 이종찬

"지금 제 정서를 대변하는 것은 죄책감과 미안함입니다. 제가 서민 장사를 하는 것은 아닌지 하는 것도 그렇고요."

서해성 | 장자연이라는 배우를…… 죽은 다음에 알았습니다. 그 이름이 보통명사가 되고 말았는데, 그가 겪은 끔찍한 일들이 정말 많이 일어나는지.

김제동 | 죄송하지만 두 가지에 동의할 수 없습니다. 죽어서야 알았다는 말이 가슴에 턱 걸립니다. 지금도 죽지 않고 여러 곳에서 고통을 당하는 사람들이 너무 많습니다. 보통명사라는 말도 마찬가지입니다. 보통명사, 대명사, 특정한 어떤 무엇으로 지칭하기엔 감정적으로 동의가 되지 않습니다.

서해성 | 보통명사란 그 죽음의 크기를 말하는 거죠.

김제동 | 저도 직접적으로 알 길은 없지만…… 힘없는 사람들이 기록되는 경우는 죽어야만…….

역사학자, 지식인들 뭐하고 계십니까?

한홍구 | 실제론 죽어도 모르는 경우가 대부분이죠. 트위터에 쌍용차 사건▪을 기억하자고 했는데, 올여름이면 2년이 되네요.

김제동 | 첫째 매형이 대우조선에서 철근에 머리를 맞아 돌아가셨습니다. 하관할 때 초등학생인 제가 보상금을 껴안고 있었죠. 그때 회사에서 나온 사람들이 거만한 자세로 이걸로 합의를 보든 말든 하자고 했던 모습이 지워지지 않아요.

서해성 | 쌍용차는 파업 뒤에 벌써 열네 분이 스스로 명을 거두어들였지요. 국가와 자본에 의한 사회적 타살이 진행 중인 거죠. 힘없는 자의 죽음에 대한 거대한 침묵을 공조하는 사회.

▪ 2009년 5월부터 8월까지 76일간 쌍용자동차 노조원들이 회사 측의 구조조정 단행에 반발해 평택 공장을 점거하고 농성을 벌이다 경찰에 의해 진압된 사건.

"웃기려 했는데 안 웃는다고요? 대중이 늘 옳습니다!"

김제동 │ 그러니까 역사학자나 지식인들이 뭐하고 계시는 겁니까. 이제 제가 인터뷰하는 겁니다.(웃음)

한홍구 │ 인터뷰? 이게 인터뷰입니까, '쫑코'지.(웃음)

김제동 │ 죽은 사람을 통해서 산 자에게 수혜를 줄 수 있는 기록을 남겨야 하지 않습니까? 역사에는 정말로 기록되어야 할 사람들은 늘 빠져 있다는 생각이 듭니다. F를 받은 학생 입장에서 감히 역사학자들에게 F를 주고 싶다는 생각이 드는 거죠.

한홍구 │ 국정원 과거사위에서 간첩 사건을 조사해보니 억울해 보이는 게 수백 건이었어요. 그나마 추려서 확실히 밝힐 수 있겠다는 사건 기록을 복사해 온 게 열네 건인데 방으로 하나였어요. 딱 네 건 조사하고 열두 건은 손도 못 대고 두고 나왔는데 아주 기분 더럽죠.

김제동 │ 저는, 서민이라는 사람들의 입장을 온전히 이야기할 수 있는가에 대한 죄책감이 있어요. 좋은 차 타고, 좋은 집에 살고. 어느새 기득권 세력이 되지는 않았나.

한홍구 │ 민주화 세력이 집권하고 망하게 된 게, 자기들이 엄연히 사회의 기득권자가 됐고 정책결정론자가 됐고 자원을 분배하게 됐는데 약자인 것처럼 생각한 때문이죠.

서해성 │ 가령 김제동 사회사가 대중문화권력의 정점에 있다는 걸 부인한다면 겸손이 아니겠죠. 초심으로 돌아가 대중과 한 약속을 환기하는 게 중요한 거고, 또 자신의 대중적 재능을 진정으로 대중을 위해 쓸 때 빛나는 것 아닐까요.

김제동 │ '나가수'는 제 불찰에서 비롯됐습니다. 역사에서 화가 나는 건, 아무도 잘못했다고 하지 않는다는 거죠. 구제역이 한창일 때 (MB가) 영국은 얼마를 묻었고 일본은 얼마를 묻었고 하는……. 그 TV 보면서 든 생각은 '왜 내가 이 아침에 재수 없이 깼을까'였죠.(웃음) 그건 영국이나 일본 총리에게 들어야 하는 말이죠. 그러려면 세계를 다

김제동

스리시든가.(웃음)

서해성 | 노제 이후 알 만한 대중은 김제동을 걱정해왔는데.

김제동 | '토크콘서트' 할 때도 말씀드리는데 괜찮냐고 물어보지 마시라, 전 너무 잘 살고 있다, 너무 미안하다. 통장에 있는 돈으로 치면 자본가거든요.

한홍구 | 자본가는 아니고, 그냥 부자죠.

"힘들다" 하면 안 되는데, 그래서 힘들다

김제동 | 원래 제 것은 아니라고 생각해요. 손발이 좀 오글거리지만, 기부란 원래 자리로 돌려놓는 것이라고 생각합니다. 전액은 돌아갈 수 없지만. 오늘 두 가지입니다. 제 잘못이다, 그리고 전액은 돌릴 수 없다.(폭소)

서해성 | 김제동 씨처럼 기부하는 건 결코 아닌데, 정운찬 전 총리가 사과 맺히면 남는 것 좀 나눠 먹자고 '초과이익공유제'를 말하자, 그마저도 이건희 삼성 회장은 "공산주의 말인지 사회주의 말인지 모르겠다"고 했죠. 세금이나 잘 내시지!

김제동 | 제가 드리고 싶은 말씀은, 그건 '우리말'이라는 거죠.(웃음)

서해성 | 코미디언 김형곤 씨 생각이 자주 납니다. '회장님, 우리 회장님'에서 다들 아는 왕 회장(정주영)을 풍자했는데, 그걸 보며 사람들은 전두환을 함께 떠올릴 수밖에 없었거든요. 코미디의 상당 부분은 서민 위로 역할인데 요즘 그게 많이 부족해요.

한홍구 | 서영춘이 그립죠. 서민들의 애환, 권력 풍자, 찌질하고 못난 약간의 비겁함.

김제동 | 저도 대통령 만나면 바로 무릎 꿇습니다. 다만 왼쪽 무릎을 미세하게 들겠죠.(웃음) 이런 때일수록 더 많은 개그맨들에게 '재도전'

기회를 주었으면 싶습니다. 개그 프로그램들이 사라지고, 대학로 공연도 그렇고, 웃길 수 있는 기회가 막히고 있습니다.

한홍구 | 김제동 하면 착한 연예인이라는 이미지가 있는데, 부담스럽지는 않나요?

김제동 | 대중예술인 중에서 소수를 제외하고는 다들 힘듭니다. 늘 무언가에 억눌려 있습니다. 대중이 만들어놓은 프레임과 이미지가 있잖아요. 근데 "그게 힘들다"고 하면 안 됩니다. 그래서 그게 힘듭니다. 좀 자랑 같지만, 저를 상담한 신경정신과 의사는 "상대방의 감정에 이입하고 공감하는 능력이 지금까지 상담했던 사람들을 통틀어 가장 발달해 있어서 굉장히 힘들 것"이라고 하더군요. 끊임없이 사람들 눈치를 본다는 거죠.

서해성 | 오늘 이야기는 김제동 사회사가 '나가수'로 겪고 있는 트라우마의 치유 과정이네요.

김제동 | 지금 제 정서를 대변하는 것은 죄책감과 미안함입니다. 관 장사를 자꾸 꺼내서 죄송하지만, 서민 장사를 하는 것은 아닌지 하는 것도 그렇고.

한홍구 | 오히려 서민 장사를 본격적으로 했으면 좋겠어요.

김제동 | 이번에 사건 터지자 노 전 대통령 이야기까지 나오더라고요. "원칙과 상식을 좋아한다는 사람이 노무현 이름에 먹칠을 했다." 처음 트위터에서 봤을 땐 '과하다'고 생각했는데 몇 시간 있다가 '맞다, 그렇게 생각하는 게 맞다!'

서해성 | 말의 밥상을 차리면서 살아가야 하는 사람은 대중에게 늘 단맛만 제공할 수가 없는, '운명적'으로 그런 부분이 있죠.

김제동 | 이제 말빚, 글빚 지지 않고 살겠다는 말뜻을 어렴풋하게나마 이해할 수 있겠어요.

서해성 | 김제동은 말빚에서 벗어나기 어렵죠. 어록이 너무 많아서.(웃

김제동

"역사에는 정말로 기록되어야 할 사람들은 늘 빠져 있다는 생각이 듭니다. F를 받은 학생 입장에서 감히 역사학자들에게 F를 주고 싶다는 생각이 드는 거죠."

음) 가령 "사람들은 네 잎 클로버를 따기 위해 세 잎 클로버를 밟는다. 세 잎 클로버 꽃말이 행복이다. 행운을 잡기 위해 수많은 행복을 짓뭉개는 것이다." 자기가 내뱉은 말들이 자기 포승이 되리라!(웃음)

김제동 │ 다시 '나가수' 이야기를 하자면, 행운은 꺾였을지라도 행복은 남아 있지 않나. 미리 매를 맞았으니까…… (이때 김영희 PD가 '퇴출'됐다는 소식이 전해지자 오랜 침묵 끝에) 정말 죄송하네요. 정말.

'노블레스 오블리주'에 왜 반감을 느끼나

한홍구 │ 교차 인터뷰를 해보니까 어떤지?

김제동 │ 흔히 말하는 '먹물들에 대한 반감'이 저에겐 있습니다. 그런 걸 좀 계속해서 깨달라는 거죠. '노블레스 오블리주'라고 가진 자의 의무를 말하는데 제발 지들 입으로 귀족이라고 붙이지 마라.(웃음) 때가 되면 우리가 붙여줄게. 오늘 두 분 만나면서 드는 생각은, 이 정도면 제가 자발적으로 먹물이라고 해드릴 수 있지 않은가 하는 겁니다.

서해성 │ '직설'을 읽으면서 동감 말고 반감 같은 게 있었다면?

김제동 │ 정말 우리 가슴에 와 닿는 이야기를 하고 있다고 생각하는지, 그런 것들이 있었죠. 《경향신문》의 '똑똑똑'을 보고도 그런 생각을 하셨을 겁니다. 이제 좀 전투 의지를 가지고 피아를 명확히 구분할 때가 왔다는 생각이 들어요. 앞서 간 동지들을 봤다는 정도의 느낌이랄까.(웃음) 제가 가지고 있는 고유의 결은 계속해서 이야기할 필요가 있겠다는 생각을 합니다. 제 결을 존중해달라는 게 아니라 "제가 가진 결은 이렇다"라고 좀 떳떳이 고백해야겠다는. 그리고 발가락 양말은 신지 않는 것이 좋겠다.(폭소)

서해성 │ 김제동 씨는 자기 언어를 가진 대중연예인이죠. 배경에는 필

김제동

김제동과의 직설은 《경향신문》 '김제동의 똑똑똑'팀과의 교차인터뷰로 진행하느라 현장이 그 어느 때보다 북적거렸다

시 집요한 독서가 있었겠죠. 그런 대중 광대가 우리 곁에 있다는 건 행복한 일입니다.

한홍구 | 관객들도 다들 줄을 타고 싶어 하지만 줄을 탈 수 있는 재주를 가진 사람은 많지 않죠. 누가 뭐라 씹고 야유해도 광대는 그걸 견디며 재주를 부려야죠. 너무 상처받지 말았으면 해요. 우린 계속 제동 씨 줄 타는 거 보고 싶으니까.

"웃기려 했는데 안 웃는다고요? 대중이 늘 옳습니다!"

내가 사과해봐서 아는데?

내상이 깊었다. 이야기를 하다 보면 어느새 화제는 다시 그 얘기로 가 있었다. "모든 게 다 내 잘못입니다." 결론은 그거였다. 일일이 세어보진 않았지만 백 번은 아니어도 쉰 번은 그 얘길 했다. 그런 인터뷰 말미에 김영희 PD가 '나는 가수다'에서 하차하게 됐다는 소식이 전해졌다. 김제동은 완전 넋이 나갔다. 다음 일정이 정혜신 박사와 만나는 거였는데, 거기 가서 휴지 한 통을 다 쓸 정도로 펑펑 울었다는 기사가 올라왔다. 그나마 다행인 건 상처받은 마음이 바로 마음 치료 전문가를 만났다는 거다.

깜냥이 안 되는 낙하산이 '나는 사장이다'를 이렇게라도 보여주고 싶었나 보다. 그를 사장 자리에 앉힌 분은 "천안함 진실 왜곡한 사람들이 잘못을 '고백' 안 하는 게 더 슬프다"고 하신다. 촛불 1주년 때도 그분은 "근거 없는 유언비어로 미국 쇠고기가 위험하다며 사회를 분열시킨 장본인 중에 사과하고 반성하는 이들이 하나도 없다"고 개탄하셨다. 정말 "맞습니다, 맞고요"다. 딱 한 명 사과하고 반성했으면 되는데, 그분은 확실히 안 하셨으니까. 각하의 '내가 해봐서 아는데' 시리즈는 이제 '고백' 편이나 '사과' 편까지 나올 기세다. 내리막길 레임덕에 이제 와 새삼 '나는 대통령이다'를 보여주려 하니 어떤 대형 사고가 생길까 두렵다.

김제동에게 진심을 다하는 반성과 사과가 어떤 것인지를 배웠다. 무대에 서면 2천 개의 얼굴이 하나하나 다 보인다는 사람. 상대방의 감정에 이입하고 공감하는 데 초인적인 능력을 타고났으면서도 늘 노력하는 사람. 같은 말을 수백 번 되풀이하는데도 진심이 묻어나는 사람. 잎새에 이는 바람에도 나는 괴로워했다면서 끔찍한 일을 서슴지 않는 자들이 김제동 같은 마음을 가졌으면 하는 생각을 해본다. 본인은 좀 괴로워지겠지만 세상은 참 좋아질 텐데, 참 좋아질 텐데, 그렇게 할 방법이 없네⋯⋯. **한홍구**

김제동

"짤려도 행복합니다,
진짜를 보여줬으니까"

김영희 —MBC 예능 PD

건방진 '직설'의 건방진 프로필. 초대 손님, 김·영·희. 문화방송 예능 PD. 본업보다 '쌀집 아저씨'로 더 잘 알려진, 올해(2011년) 쉰하나! 대화 중 천진난만한 표정을 지을 땐 영락없는 열한 살! 신이 내린 장난기를 갖고 태어났으며, 스스로를 '예능인'이라고 부르는 '딴따라 PD'. 남이 어렵다고 하면 더 흥미가 생긴다는 전형적인 청개구리.

항상 남과 다른 길을 가려고 고민한 결과 탄생한 프로가 1996년 〈일요일 일요일 밤에〉의 '양심냉장고'. 그 뒤 '칭찬합시다', 〈느낌표〉의 '책책책, 책을 읽읍시다'(기적의 도서관) 등을 연속 히트시키며 '공익 예능'의 새 장을 개척. 2010년 책임PD를 맡으며 1년간 현업을 떠났지만 '타고난 감'으로 2011년 트렌드를 반영한 서바이벌 프로그램 '나가수'를 들고 당당하게 복귀. 그러나 두 번째 방송에서 탈락한 김건모에게 늘 그랬듯 '공익적 마인드'로 재도전의 기회를 줬다가 스스로 만든 원칙을 어기는 '비공익적' 결과를 초래. 여론의 뭇매를 맞으며 PD 생활 최대 위기를 맞는 듯했으나, 이때 깜짝 등장한 문화 방송 경영진이 'PD 교체'라는 초강수를 둠으로써 그는 '나쁜 놈'에서 하루아침에 '희생양'으로 변신. 그러나 동정표를 받는 대신 보란 듯이 '재도전 무대'를 완벽한 감동으로 연출해냄으로써 '나는 김영희 다'를 증명.

이제 그는 모든 논란을 뒤로하고 (2011년 4월 25일) 남미로 연수를 떠날 예정. 출국 전 그동안의 심경 고백을 듣고자 붙잡아 앉히니 웬걸, 자신은 '나가수' 방송 네 번 만에 "잘려도" 오히려 행복하다는 쿨한 남자의 종결자. '새로운 세상'을 찾아 히말라야와 아프리카를 다녀오더니 "평생 살면서 가장 가보고 싶었던" 남아메리카 갈라파고스를 향해 또 다른 모험을 찾아가는 당신은? 그래도 역시 쌀집 아저씨.

이경미

서해성 | 왜 갈라파고스(다양한 생물이 살아 '자연사박물관'이라 불리는 남아메리카 군도)인가요?

김영희 | 찰스 다윈이 진화론의 영감을 받은 곳이잖아요. 진화론이야말로 인류 역사상 가장 위대하고 용기 있는 도전이라고 생각하거든요. 그 현장에 가보고 싶은 거죠, 괜히.

한홍구 | 원래 도전을 좋아하나요?

김영희 | 내가 있는 이곳에서 느낄 수 없는 무엇인가가 있는 곳을 찾아 떠나는 걸 좋아하죠. 히말라야나 아프리카도 그래서 간 거고요. 쉽고 편한 것에는 별 매력을 못 느껴요. 항상 새로운 걸 찾는 편이죠.

서해성 | 김건모는 노래 재도전을, 김영희는 인생 재도전을 시작했군요.(웃음)

한홍구 | 평소에는 어떤 '과'인가요?

김영희 | 저는 완전히 예능인이에요. PD 데뷔 때부터 계속 예능만 했죠. 제가 워낙 밝고, 가볍고, 진지하지 않은 사람이라, 쇼가 좋더라고요. 딱 내 스타일, 성격대로 할 수 있으니까 유쾌하게 프로그램을 만들 수 있거든요.

서해성 | 2년간 함께 일해봤는데,■ 반박하자면 정작 김 감독은 제작 현장에서는 전혀 웃지 않는 사람이거든요. 말 그대로 야전 지휘관 같아. 촬영에 들어가면 건드릴 수 없어요. 도리어 웃음 하나를 만들어내려면

김영희

저렇게 진지해야 하는구나 생각하게 하죠. 일 끝나면 바로 둔갑하죠.

김영희 | 아, 저 안 진지하다니까.(웃음)

김대중 전 대통령도 예능 나온 뒤 고맙다고 해

서해성 | 김영희표 '공익 예능'의 시작이 바로 '양심냉장고'잖아요. 당시 예능 프로는 그냥 재밌는 게 다였거든요. 근데 '양심냉장고'는 보고 나면 무언가 남는 게 있었어요. 예능에 사회적 가치를 부여하기 시작한 게 김 감독인데.

김영희 | 처음부터 거창하게 예능에 사회성을 담겠다거나 한 건 아니에요. 마음속엔 항상 '새로운 프로그램'을 만들겠다는 생각이 먼저였어요. '양심냉장고'도 그렇고. 사회성을 담으면 일단은 새로운 게 되니까.(웃음) 또 딴따라 PD 생활 5~6년 하면서 내가 만든 방송이 한 번 웃고 공중으로 흩어져버리는 것에 대해 공허함도 느꼈죠. 사람들 마음속에 남는 내용, 사회에 도움이 되는 프로그램을 만들면 어떨까 하는 생각이 들었죠. 중요한 건 그래도 저는 딴따라다, 공익성을 어떻게 '재밌게' 담느냐, 그걸 잊지 않았던 것 같아요.

서해성 | 1996년에 김대중 전 대통령도 〈일요일 일요일 밤에〉에 나온 걸로 기억하는데, 예능 프로에 정치인이 나온 것도 처음이지 않았나요?

김영희 | 정치하는 사람들 중에서도 국민들이 보면 재밌어할 사람들을 찾아다녔어요. 김대중이라는 사람을 국민들에게 있는 그대로 보여주고 싶었는데 제 생각이 맞았던 것 같아요. MC 이경규 씨가 김 총재(당시 새정치국민회의)와 이희호 여사를 계속 웃겼죠. 방송 나간 뒤에 김

■ 서해성 작가는 2003년 MBC 교양 프로그램 〈느낌표〉를 만들던 김영희 PD와 '기적의 도서관' 프로젝트를 함께했다.

"짤려도 행복합니다, 진짜를 보여줬으니까"

총재가 저한테 전화해서 너무너무 고맙다고 하는 거예요. 30년 정치 생활 하면서 TV에 자기가 웃는 모습이 처음 나갔다는 거야.(폭소) 정몽준·이윤성 한나라당 의원도 찾아갔던 것 같아요.

서해성 | 당시만 해도 웃지 않는 게 '도리'였던 정치인들 모셔다 놓고 오락성을 유지하기가 쉽지 않았을 텐데.

김영희 | 솔직하게 있는 그대로 보여주면 돼요. 그러면 다 재밌어해요. 포장하려니까 안 되는 거죠. 시사 보도나 교양 프로에서 보이지 않는 모습이니까 시청자들이 흥미 있어 한 거죠. 사람 이야기는 100퍼센트 있는 그대로 보여주면 성공이야.

한홍구 | 근데 왜 딴 사람들은 김 PD처럼 그렇게 쉬운 걸 못 할까요?

김영희 | 그 대목에 조금 재주가 있는 것 같아요.(웃음) 사람들이 저를 만나면 카메라가 막 돌아가고 있는데도 계속 재밌게 얘기해요.

서해성 | 그 능력은 어디서 나오는 걸까요?

김영희 | 그건 모르죠.(웃음) 개인적으로 좋든 싫든 어떤 사람을 취재하고 방송해야겠다고 생각하면 저는 그 사람에 대해서 누구보다도 더한 애정을 갖고 시작해요. 그 사람을 그냥 사랑하는 거야.

서해성 | 실제로도 연애하듯이 눈을 맞추고 떼질 않죠. 내내 웃으면서.

김영희 | 정말 개인적으로 싫어하는 사람이라도, 촬영 들어가면 그 순간만큼은 가장 사랑하는 사람이 되죠.

한홍구 | 서해성 작가와 '기적의 도서관' 프로그램을 같이 할 수 있었던 비결이군요.(웃음)

서해성 | 대중이 좋아할 것이라는 걸 어떻게 알 수 있는지 궁금해요. 시청률로 죽고 사는 게 PD인데.

김영희 | 감으로 되는 건데…….

서해성 | 그 감을 오늘 구체적으로 털어놔야 돼요. 안 그러면 못 가.

김영희 | 초등학교 때 굉장히 개구쟁이였는데 지금도 현장에서 그대로

김영희

하는 것 같아요. 사람들이 동심을 갖고 있지만 다 잊고 살잖아요. 어린 시절 장난치고 익살스럽게 행동했던 기억들이 곳곳에 스며 있는 거죠. '나가수'에도 그런 게 녹아 있지 않았을까 해요.

TV는 올드 매체, '나가수' 타깃은 마흔두 살 아줌마

한홍구 | 김 PD 나이에 예능 일선에서 뛰는 사람은 없죠. 젊은 사람과 호흡 맞추기도 어려울 텐데, 감각을 지속적으로 유지하는 비결이 뭔가요? 나이 들면 고집 생기고 대중을 끌고 가려는 성향이 생기기 마련이잖아요.

김영희 | 지난해 책임PD로 있으면서 후배들 연출하는 걸 본 게 오히려 굉장한 도움이 됐어요. 그들의 생각과 트렌드가 읽히는 거예요. 한마디로 TV는 진짜 올드 매체가 됐어요. 젊은 사람들은 TV 안 보고 다른 데로 떠났어요. 스태프들에게 "'나가수'의 타깃은 마흔두 살 아줌마"라고 공언했어요. 그냥 '40대 아줌마'면 임팩트가 없어요. '마흔두 살 아줌마'라고 정하면 '그들이 뭘 하지?' 생각하게 돼요. 1980~1990년 대 문화에 향수를 가진 사람, 지금 애들이 중학생 정도 되는 부모, 하고 여러 의미를 발견하게 되죠.

서해성 | 오늘날 대중은 텔레비전을 어떻게 소비하는 것 같나요?

김영희 | 가치 없는 것으로.(웃음) 도움이 되거나 최소한 재미라도 있어야 보죠. 그런 걸 주지 않으면 시청자를 끌어들일 수 없어요. 이번에는 '노래를 통한 감동'을 끌어내야겠다고 생각했어요. '진짜 노래'를 들려주겠다고 했는데 그게 생각대로 된 거예요. 기분 좋더라고요.

서해성 | 요새 예능은 유재석·강호동 씨가 대세인데, 이들 없이 어떻게 일요일 저녁 프라임타임을 끌고 갈 수 있었나요? MC 자체가 없기도 하고.

"짤려도 행복합니다, 진짜를 보여줬으니까"

김영희 | 남들과 다른 프로를 해야 성공한다고 했잖아요. 가장 기본이 캐스팅이에요. 저기 나오는 인물이 여기 또 나오면 차별화가 안 되잖아요. 유재석·강호동·이경규와 대적하려면 그 사람들 없는 프로를 만들어야죠.

서해성 | 여느 쇼에 가도 노래 잘하는 가수를 한 무대에서 만나기는 힘들죠. '나가수'는 보여주는 가수가 아니라 부르는 가수들 중 진짜 꾼들이 모인 거고. 그런 점에서 퀄리티로 승부를 냈다는 생각이 들었어요. 음향도 그렇고.

김영희 | 가수들 섭외할 때 최고의 무대를 만들어주겠다고 약속했어요. 가수에 맞춰 음향 감독만 다섯을 붙여줬어요. 음향에 쓴 돈만 보통 음악 프로의 다섯 배라는 거죠. 출연진들은 다른 음악 프로에 다 나가본 사람들인데, 한결같이 정말 고맙다고 하면서 무대를 내려갔죠.

한홍구 | 그렇게 많은 돈을 썼다니, 새로 입봉한 젊은 PD는 만들기 어려운 프로였군요. 대한민국 최고 가수들이 초긴장하고 집중해서 노래 부르는 모습이 감동의 원천이었죠. 날고 기는 가수들을 떨게 만들었는데, 김영희 PD가 가장 떨렸던 때는 언제였나요?

김영희 | 섭외할 때가 가장 떨리고 중요한 순간이죠. 백지영 씨 빼고는 안면 있는 사람이 없었어요. 가수마다 최소 서너 번, 많게는 열 번 이상 만났죠. 섭외 마무리를 해야 하는데 이소라 씨 매니저한테 딱 전화가 왔어요. 받기 전에 벌써 가슴이 뛰죠. "저 이소라 매니접니다" 하기에 제가 "어…… 어떠십니까?" 그러는데, 저쪽에서 "이소라 씨가……." 이때 어떻겠어요.(웃음) 속으로 '이거 끝나는 거 아니야?' 하는데, 저쪽에서 "……하시겠답니다" 그러는 거예요. 제가 큰 소리로 "감사합니다!" 그러면 같이 있던 스태프들이 "와!" 하고 난리 났죠.(웃음) 그걸 일곱 번이나.(폭소)

김영희

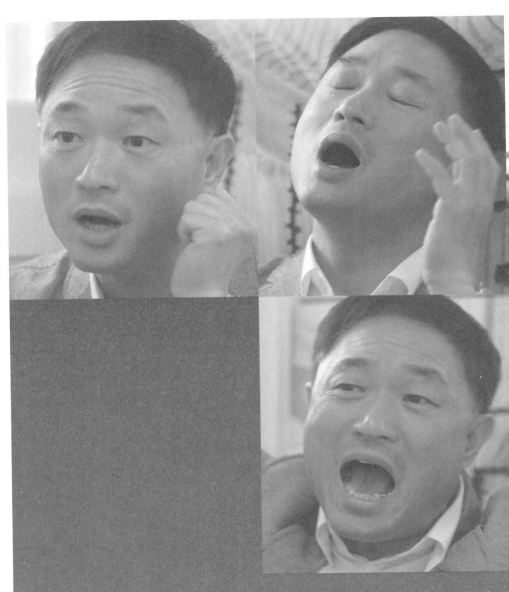

"스태프들에게 '나가수'의 타깃은 마흔두 살 아줌마라고 공언했어요. 그들에게 '노래를 통한 감동'을 끌어내야겠다고 생각했어요. 우리가 진짜가 별로 없는 세상에서 살잖아요. 가짜에 둘러싸여 살지만 진짜에 대한 동경이 있는 그 지점을 딱 건드려준 것 같아요."

'재도전'은 오직 시청자를 위한 결정이었지만

한홍구 | 김 PD는 자타가 공인하는 '감'을 갖고 있는데, '나가수'에서 김건모 씨에게 재도전 기회를 줬을 때 이렇게 반발이 있으리라고 예상했나요?

김영희 | 예상을 훨씬 뛰어넘긴 했지만 제작진 모두 논란이 될 거라고는 당연히 예측했죠.

서해성 | 그런데 왜 그런 결정을 해야 했죠?

김영희 | PD들이 판단을 하는 기준은 언제나 전적으로 시청자예요. 김건모 가수가 재도전해서 무대에 다시 서는 것이 과연 시청자한테 도움이 될 것인가 아닌가를 고민했죠. 결과적으로 시청자에게 도움이 될 거라고 판단했기 때문에 한 거죠. 좋은 노래를 더 듣게 되리라는.

서해성 | 서바이벌이란 이름을 단 프로그램인지라 시청자들은 이른바 '원칙을 어긴' 것에 대해서 격한 반응을 보였죠. '공정 사회'에 위배돼서 문제가 된 게 아니냐는 말까지 돌고.(웃음)

김영희 | 시청자들의 반응은 전적으로 옳다고 생각합니다. 예능은 다른 프로보다 더 시청자에게 서비스를 해야 하는 프로그램이죠. 미리 양해를 구하지 못한 실수에 대해 깊이 성찰하고 있습니다. 다만, 당시로서는 그다음 주에 재도전 방송을 보면 시청자들도 이해할 수 있을 거라고 생각했어요. 논란의 여지는 있어도 우리의 진심이 전달되면 그게 훨씬 더 감동을 주는 무대가 될 거라 생각한 거죠.

한홍구 | 여론이 들끓었다가 재도전 방송 보고 다시 싹 뒤집혔죠.

김영희 | 천하의 김건모가 자기 노래 인생을 다 걸고 노래 부르는 무대를 만들어낸 게 재도전인 거죠. 시청자들이 다소 배신감을 느낄 수 있겠다고 생각했지만 녹화 편의나 가수를 위해 결정했다는 건 말이 안 돼요.

김영희

한홍구 | 회사가 PD 교체라는 극단적인 결정을 바로 내렸는데, 잘릴 수도 있겠다는 생각을 했나요?

김영희 | 예측을 할 수 없는 결정이었죠. 그런 선례가 없어요. 그런데 그럴 수도 있다고 봐요. 어느 결정이 더 좋았는지는 지금 판단하기 어렵죠.

한홍구 | 들리는 말로는 경영진에서도 PD를 교체할 일이 아니라고 판단했는데 사장이 밀어붙였다던데요.

김영희 | 어차피 최종 결정은 사장이 하는 거 아닌가요. 어떤 근거로 판단을 내렸는지는 저야 잘 모르죠.

한홍구 | 본의 아니게 '나가수'를 물려주게 되었을 때 후임에게 어떤 말을 하셨어요?

김영희 | 신정수 PD도 상황이야 잘 알고 있는 거고. 제가 만들어놓은 걸 발전시켜야 하니까 "할 수 있는 만큼 도와주고 가겠다"고 했죠. 가수들도 동요하지 않게 했고. 저는 뭐든 처음 만드는 데 재주가 있는 거고, 그걸 끌고 가면서 발전시키는 재주는 신 PD가 있죠. 역할 분담이 잘된 거죠.

한홍구 | 창업 전문 PD군요.

김영희 | 이 프로그램을 만들어서 시청자들한테 즐거움과 감동을 줄 수 있었다는 것으로 충분히 만족해요. 프로그램 준비부터 방송까지 지난 4개월간 거의 잠을 못 자고 일했어요. 근데 너무 행복했어요. 연출·작가가 총 13명인데 며칠씩 밤새우고 나면 다들 도둑놈처럼 수염이 더벅더벅해가지고 맥주 마시러 가는데 너무 멋있는 거예요. 이게 진짜 사는 거죠. 그래서 네 번 만에 잘리든 뭘 하든 상관없어요.

서해성 | '나가수'로 정말 다양한 반응이 나왔는데, 이 논란이 남긴 건 뭐라고 생각하는지요?

김영희 | 진짜가 별로 없는 세상에 우리가 살잖아요. 다 껍데기에 둘러

"잘려도 행복합니다, 진짜를 보여줬으니까"

싸여 사는 것 같아요. 그런 허식과 가상에서 살다 보니까 더 '진짜'를 갈망하는 거죠. '나가수'는 진짜 노래를 들려줬잖아요. 가짜에 둘러싸여 살지만 진짜에 대한 동경이 있는 그 지점을 딱 건드려준 것 같아요.

서해성 | 아무리 훌륭하게 가공된 것이라도 그보다는 진짜에 감동하는 게 당연하죠. 삶은 매 순간 피할 수 없이 진짜니까. 너무 진짜여서 괴로운 거죠. 『정의란 무엇인가』 같은 책이 팔리는 거나 서바이벌 프로그램에 대한 관심이 높아지는 건 거짓 공정에 대한 대중의 반사적 반응이라고 봅니다. 대중은 이미 충분히 사회적 불공정에 대한 짜증과 혐오가 극에 달해 있었거든요. 그걸 고작 TV로 대리 성취하던 참인데, 요컨대 '공정 사회'가 TV('나가수')를 공격했다는 거죠.

잘하지만 사람들이 보지 못하는 걸 보여주고파

서해성 | 〈무한도전〉 하는 예능 후배 김태호 PD 결혼 때 주례를 섰잖아요. 다들 재기발랄한 그를 좋아하는데.

김영희 | 평소 얘기해보면 생각이 깊고 예능에 대한 철학이 있어요. 그냥 웃기려고만 하면 프로그램을 잘 만들 수 없어요. 김태호는 자기가 왜 〈무한도전〉을 만드는지, 무슨 얘기를 하고 싶은지에 대해 굉장히 고민을 많이 해요. 그러니까 잘 만드는 거예요. 허투루 하는 게 아니죠. 그런 PD 별로 없어요.

서해성 | 대학 때 광주항쟁 관련 유인물을 뿌리다 걸린 적 있죠?

김영희 | 아, 있죠.

서해성 | 학생 운동을 한 경험이랄까, 성장기 기억이나 생각 같은 게 PD 활동에 아무래도 영향을 주겠죠?

김영희 | 우리 때 학생 운동 안 해본 사람 있을까요. 부조리하고 불합리한 시대였고, 누구나 그런 생각을 가질 만했죠. 삶이나 프로그램에 무

김영희

언가 흔적을 남겼으리라고 봐요.

한홍구 | 김건모가 가수 인생을 걸고 노래 부르는 절절함을 사람들은 일부러 찾아보고 또 감동해요. 그런데 용산이나 쌍용차의 절절함은 보려고 하지 않죠. 죽고 사는 문제가 걸린 사람의 절박함이 잘 전달되지 않거나 외면당하는 이유는 뭐라고 보십니까?

김영희 | 매체가 갖는 힘이 있다면, 보려고 하지 않는 사람들이 볼 수 있도록 만드는 거죠. 접근 방식은 예능이든 교양이든 다양하겠죠. 저는 주특기가 예능이기 때문에 예능에서 감동과 공익적 메시지를 주는 것에 주력해야죠. 시사교양이나 다큐 쪽은 그런 문제를 더 많은 사람들이 볼 수 있는 방법을 고안해내야 하지 않을까 생각합니다. 나중에는 저도 한번 도전해보고 싶어요.

서해성 | 적어도 고발과 폭로 방식으로 말하고 싶지는 않다, 체질이 아니다. 김 감독이 자주 해온 말이죠?

김영희 | 잘못된 거 지적하는 건 별로 하고 싶지 않아요. 그건 너무 많이들 하니까. 잘하지만 사람들이 보지 못하는 걸 보여주고 싶더라고요.

서해성 | 김 감독은 방송하고 저는 짓는 데 책임을 졌던 '기적의 도서관' 당시, 제가 하던 얘기가 있었죠. "지금까진 예능의 기술자들이 있었다. 김영희는 진정한 의미에서 예능에서 감독이라 부를 수 있는 첫 사람이다." 한 번 웃고 버리는 일회용 전파가 아닌, 밥상 같은 웃음과 감동을 일깨워주는 프로그램을 앞으로도 만들기 바랍니다.

김영희 | 갈라파고스! 매 순간의 삶이 진화여야 한다고 믿습니다.(웃음)

"짤려도 행복합니다, 진짜를 보여줬으니까"

웃음 내력

쓴웃음은 입술에 해롭다. 이윽고 욕설과 침을 돋우게 하는 터다. 찬웃음은 위에 해롭다. 경멸은 체념과 한 가지에서 뻗어 나오는데, 밥맛이 떨어지게 한다. 억지웃음은 뇌에 해롭다. 망각을 강요하는 까닭이다. 어처구니가 없는 코웃음은 옆구리에 해롭다. 웃음을 파는 이는 삶이 해롭다. 말하는 꽃(해어화) 중 기구하지 않은 팔자가 몇이겠는가. 비웃음은 대중에게 해롭다. 여러 사람의 비웃음은 권력을 향한 능멸이다. 큰 웃음을 이끌어내는 광대는 이때 나타난다. 세상이 썩어야 웃음이 맛있는 법이다.

표정근을 움직이게끔 하여 먹고사는 광대 중 첫 이름으로 명진과 박응수를 꼽는 게 마땅하다. 해방 직후 '미국 놈 믿지 말고, 소련 놈에 속지 마라. 일본 놈 일어나니 조선아, 조심하라'는 예언자적 웃음은 시대를 통렬하게 꿰뚫고 있다.

웃음마저 우민화 통치술로 둔갑시켜낸 게 유신 권력이다. 비실이 배삼룡은 '조국 근대화'에 역행하는 짚신을 신고 등장하여 대중적 자기모멸을 통한 웃음을 선사했다. 합죽이 김희갑은 "에이 모르는 소리"라는 말로, 막둥이 구봉서는 "이거 되겠습니까"로 웃음 소비자에게 '교화'를 요구해낸 측면이 크다. 웃음이 권력자를 향할 때 대중은 웃음을 잃고 만다.

"인천 앞바다에 사이다가 떠 있어도 고뿌 없이는 못 마십니다"에서 사이다를 처음 생산한 인천의 역사성에 기초해 서민의 '가오'를, "고우투더마운틴 캐치더타이거"(산에 가야 범을 잡고)를 읊조려서 영어가 판치는 세상을 랩으로 맘껏 비꼰 이는 극장 간판장이 출신 살살이 서영춘이다. 그의 웃음에는 '피가 되고 살이 되는 찌개백반' 같은 생활이 살아 있었다. 이주일의 웃음은 권력과 '유사'하여 한동안 '테레비'에서 제거되었다. 밥 같은 웃음, 약 같은 웃음을 처방한 웃음 의사들이다.

몇몇 희극 배우의 반복적 실수에 의존해오던 웃음을 공적 즐거움으로 빚어내려면 고도의 기획이 필요하다. 김영희는 연출가가 그 오락성을 창조해내는 원천이란 걸 본격 증거해왔다. 진짜 감동으로, TV를 대중에게 돌려준 것이다.

서해성

김영희

"'주양'을 처벌할
'강철중'이 있을까요?"

류승완 –영화감독

뭔가 말려드는 기분?

초대 손님은 자주 엄살을 부렸다. "아니, 내가 왜 이런 이야기까지 하지?" "그 장면은 별 의도가 없었다니깐요." 방어를 해보지만, 1 대 2의 불리한 형세. 뭔가 늪 속으로 빠져드는 분위기.

영화 〈부당거래〉(2010년 10월 개봉)의 류승완 감독을 모셨다. '정의'라는 올해의 키워드를 정면으로 관통하는 문제작. 연쇄 살인 사건에 개입한 검사-경찰-스폰서가 벌이는 각축전을 통해 한국 사회 권력의 지도를 불편하게 보여주는 영화. 의도하지는 않았으나, MB와 검사들이 대대적으로 입소문을 내주고 만 영화. 한국 액션 영화의 지존이자 스타일리스트로 꼽히는 류 감독은 '사회파 감독'으로서의 명성도 얻었다.

결과적으로 말려든 셈일까. 〈부당거래〉 이야기는, 친일파와 국사 교과서 문제로까지 튀었다. 그는 망가진 걸까, 거듭난 걸까. 　　　　　　　　　　　　　　　　고경태

'부당 거래'가 공정 사회에게

서해성 | 애초 기대만큼 관객이 들었는지요.

류승완 | 250만 가까운데 예상보다는 괜찮은 편이죠. 어둡고 남성 중심의 영화라 개봉하는 것만으로도 의미 있다고들 했거든요.

한홍구 | MB가 공정 사회 얘기해, 스폰서 검사 사건 터져, 엄청난 홍보 효과에 비하면 적게 든 거 아닌가요?(웃음)

서해성 | 이 만원사례에 감사패를 준다면?

류승완 | 나를 자꾸 '좌경'으로 몰지 마세요.(웃음)

서해성 | 먼저 '공정 사회'란 말에, 두 번째는 검찰에 감사패를. 그랜저, 스폰서 검사분들께.(웃음)

왜 폭력은 내 영화의 중요한 매개인가

류승완 | '스폰서 검사' 사건 터지기 전에 영화 시작한 거예요. 기시감을 일으킬 만한 일은 각하께서 직접 출동하신 '일산 아동 성추행 사건' 하나였어요. 프로듀싱 시작될 때 문제의 〈PD수첩〉이 방영된 거죠.

한홍구 | 간첩 수사하는 사람들하고 똑같이 이야기하시네. 수사는 이미 진행하고 있었는데 마침 대통령 선거일이 다가왔다고.

서해성 | 올해 가장 잘 팔린 책이 마이클 샌델의 『정의란 무엇인가』와 장하준의 『그들이 말하지 않는 23가지』인데, 이게 다 부당 거래와 밀

류승완

접한 연관이 있어요. 올해의 코드, 그만큼 부당 거래가 한국 사회를 지배하고 있다는 사회 정서적 공감대가 두텁죠.

류승완 | '관객과의 대화'에 가면 영화 끝 맛이 씁쓸하다는 말들 많이 하세요. 현실을 보는 듯하다는 거죠. 씁쓸함마저 못 느낀다면 그 맛에 완전히 익숙해진 거죠.(웃음)

서해성 | 〈부당거래〉 영어 제목을 뭐라 붙였나요.

류승완 | 언저스트(unjust), 또는 배드 딜(bad deal).

서해성 | 나쁜 거래! 거래 관련 용어로 FTA에선 '트레이드'를 쓰고, 전통 전문 용어로는 쇼부·쇼당·야로 등이 있고, 부당 거래는 '야메 총국'쯤 되죠.

류승완 | 지적인 감독으로 거듭나는 중인데 자꾸 쌈마이로.(웃음)

서해성 | 『레미제라블』에 장발장 잡는 순사가 나오잖아요. 오로지 법을 지키겠다는 임무에 충실한 사람인데 우린 그를 악당으로 생각한단 말이죠. 법이란 참 희한해요. 어떤 이유론가 그 법의 정당성만 살아 있을 때 정작 사회가 '부당'해진다는 거거든요. 영화 속 검사를 보면서 그 권력이 자기 이익과 조금이라도 연관됐을 때 보통 사람이 얼마나 불이익을 받게 되는지 실감할 수 있었어요. 그런 생각을 해온 내력이 있다면.

류승완 | 약자로 산 시간이 좀 길었다고 할까. 초등학교 5∼6학년 때부터 급격하게 무너졌거든요. 정부미로 생활하고, 20대 초반까지 내 돈으로 옷 사 입은 적 없고, 지갑에 2천 원 이상 넣고 다닌 적 없었죠. 사회가 문제 있다는 의식 같은 건 없었어요. 공부 못해서 대학 떨어졌으니 이렇게 사는 게 당연한 거라 여겼죠. 차츰 가난하게 살고 재능이 없는 게 죄가 아니란 생각이 들더군요. 그런 스트레스들이 쌓이면서 세상을 바라보는 시선이 바뀐 측면이 있어요.

서해성 | 〈죽거나 혹은 나쁘거나〉, 〈짝패〉 등 그동안 만들어온 영화들

을 보면 언제나 폭력이 흐르잖아요. 우리 사회의 폭력성과 밀접한 연관이 있다는 느낌이 들었어요. 왜 폭력이 모든 영화에서 중요한 매개로 등장하나요.

류승완 | 대여섯 살 때 처음 본 게 홍콩 액션 영화였어요. 천안 아카데미 극장.(웃음) 일본인들과 싸우는 권법가가 배신한 악당의 눈알을 후벼 파 마룻바닥에 내던지던 장면을 잊을 수 없어요. 무술가가 되려고 했다가 액션스타로 바뀌더니 영화감독으로 돌아섰죠. 고등학교 때 영화 잡지에서 본 존 포드 사진 한 장 때문이었어요. 존 웨인한테 연기를 지도하는 감독이 훨씬 멋있는 거예요.(웃음) 마틴 스코세이지 영화나 〈영웅본색〉도 절 흥분시켰죠. 활극에 대한 이미지들이 유년과 청소년기를 사로잡았어요.

서해성 | 지금 말한 게 모두 폭력 영화인데.

류승완 | 피 맛 보는 영화를 보다 눈을 떠보니, 이게 우리 독서실 형님들하고 비슷한 거예요.(웃음) 한겨울에도 아디다스 짝퉁 삼색 슬리퍼 끌고 다니는. 내가 고교 2부를 나왔어요. 하도 학생들이 잘려서 3학년 때는 한 반이 통째로 없어져요. 만날 버스 안에서 싸움 나고. 체육대 가려고 운동하다 보니 폭력이 일상화된 삶을 살아왔죠.

한홍구 | 한국 영화의 폭력성을 불편하게 여기는 사람들을 많이 보죠. 직접적인 체험도 한번 말씀해보세요. 태어나서 언제 제일 많이 맞아봤나요?

류승완 | 체대 가려면 운동을 잘해야 하는데 선생님, 선배들이 하도 패서 교복이 허벅지에 붙어요. 아프니까 의자 끄트머리에 엉덩이 걸친 채 손바닥에 박힌 옹이를 빼려고 뻬빠(사포)로 문대고, 옹이 때문에 턱걸이하면 손이 더 아프거든요. 졸업하고 당구장 알바하면서는 신사동 소매치기 삼촌들하고도 알고 지내고…… 어려서부터 그런 세계를 좀 봤죠.

류승완

열심히 산다는 게 악이 될 수도 있다

서해성 | 생김새로는 체육계들과는 가깝지 않았을 것 같은데, 동생(류승범)은 몰라도.(웃음)

류승완 | 실제로는 부딪치는 걸 싫어해요. 우리 영화에서 폭력이 강하게 와 닿기 시작한 게 김대중, 노무현 정부와 관계가 있다고 봐요. 표현의 자유가 본격적으로 왔잖아요. 한국 폭력 영화 수위가 세다고 하지만 미국보단 못하죠. 미국 영화는 윤리적 고민이 없죠. 한국 영화 보면서 불편한 건 윤리적 고민을 동반하기 때문이에요. 〈쉬리〉에서 북한 사람을 인간으로 그려내는데 람보가 베트콩 쓸어버리는 거랑 다르죠. 〈복수는 나의 것〉을 보면 서로 폭력을 저지르는데 조금씩 다 이해가 가죠.

서해성 | 〈부당거래〉의 세상은 한마디로 '권악징선'의 사회잖아요.(웃음) 연쇄 살인과 연쇄 부당 거래가 등장하는데, 둘 중에 어느 게 더 무섭다고 생각하는지 잘라 말한다면.

류승완 | 진짜 힘든 질문인데…… 아, 부당 거래가 좀 더 무서운 거 같아요.(웃음)

서해성 | 영화 초반에 대통령이 "반드시 범인 잡아야 한다"고 하잖아요. MB도 그랬고, 노태우도 그랬는데, 그걸 압권으로 써먹은 사람은 전두환이에요. 이윤상 학생이 유괴됐을 때(1980년 11월) 담화문을 거듭 발표했어요. 범죄가 일어나면 권력은 약자를 감싸는 인자한 아버지이자 강한 아버지 인상을 주면서 치안 권력을 강화해 대중 통제를 수월하게 해나가죠. 범죄 자체가 배우 노릇을 하는 거죠. 권력과 범죄의 관계에 대해 고민하지 않을 수 없었을 텐데.

류승완 | 두세 사람 이상 있는 조직이면 벌써 윗선 눈치를 보잖아요. 정작 명령을 내리는 쪽은 신경도 안 쓰는 일인데 알아서 기는. 그런 대

목이 강한 코미디 요소를 갖고 있다고 생각해요.

한홍구 | 법이 무서운 걸까요, 법을 운용하는 사람들이 더 무서운 걸까요. 대한민국의 공포 시대는 권력 쥔 자들이 악법도 지키지 않은 시대였어요. 대한민국 어떤 악법도 고문하라 한 적 없고, 부당 거래하라고 한 적 없죠. 법 운용하는 놈들이 썩은 거죠.

서해성 | 예고편에, 연출하는 경찰, 각본 쓰는 검사, 연기하는 스폰서, 그리고 "너 오늘부터 범인 해라"라고 나오던데. 검사는 기득권·스폰서와 짜고 붙고, 경찰은 출세해야 하고, 보통 백성만 범인이 돼야 하는. 그 3개 층위의 구조적 모순이 법률(범죄)을 중심으로 그대로 드러나고 있다는 생각이 들었어요. 어디선가 "열심히 산다는 게 때로는 타인에게 악이 될 수 있다는 걸 보여주고 싶었다"고 했더군요.

류승완 | 정직하게만 살면 된다, 뭐 이런 게 보장돼야 하는데 아니잖아요? 열심히 살면서 그렇게 꺾고 꺾어서 마지막에 무엇이 있는지 되게 궁금했어요. 우리나라 먹이사슬 구조가 피라미드가 아니라 거대한 원인 것 같아요, 물고 물리는. 다들 살아남기 위한 일종의 자전거 타기가 돼버리지 않나 싶어요. 페달을 멈추면 자빠지는 거죠.

이게 다 친일파 탓 …… 국사를 선택 아닌 필수 과목으로

서해성 | 열심히 산 죄밖에 없는 게 죄가 되는 아버지들. 얼마 전 노동자가 분신한 회사에서 노무 관리를 하는 아버지를 둔 제자가 상담을 청해왔어요. 노동자들이 너무하다는 거죠. 아버지가 그렇게 사정했는데.(웃음) 사회 정의로는 아버지가 잘못인데 딸이 볼 때는 아빠가 너무 애쓰는 거죠.

류승완 | 영화 〈짝패〉에서 부동산 개발 때문에 싸움이 나거든요. 개발을 시작한 회장이란 사람은 얼굴도 안 나와요. 정말 싸워야 할 사람하

류승완

고는 못 부딪치죠.

한홍구 | 부딪치면 백전백패죠. 그쪽에선 "니들은 그렇게 살아라"(웃음)라고 우아하게 하죠. 폭력을 직접 쓸 일이 없잖아. 그러면서 하는 얘기가 "나만 나쁜 놈 됐어"야. 영화에서 캐릭터가 살아 있었던 건 공수사관(정만식)하고 죽은 경찰 마대호(마동석)가 아니었나 해요.

류승완 | 그 두 사람은 이 일이 어디서부터 시작됐는지 영문도 모른 채 두드려 맞고 칼 맞죠.

서해성 | 눈을 씻고 찾아봐도 캐릭터들 중 좋은 사람이 없더라고요.

류승완 | 이 영화 만들 때 좋은 놈, 나쁜 놈 생각을 안 했어요. 형사는 형사대로, 검사는 검사대로 누구에겐가 굉장히 사랑스런 사람일 거잖아요. 영화 속 인물에 대한 가치 판단이 위험하다는 생각이 들어요.

한홍구 | 악인을 리얼하게 그리는 게 어렵잖아요. 〈선덕여왕〉의 미실은 악인의 정당성과 존엄성이 살아 있었어요. 류승범 씨가 검사 역을 잘 연기했지만 현실 세계에 대입해본다면 리얼리티가 떨어지는 게 아닌가 하는 느낌이 들었어요.

류승완 | 나는 그저 가르치려 드는 식의 영화를 싫어해요. 그럴 거면 굳이 영화 만들 거 있나요. 강의나 글을 쓰는 게 낫지. 검사 캐릭터 말을 했는데, 빤한 현실에 대해 알고자 한다면 〈PD수첩〉이나 아고라 토론방이 낫죠. 영화 한 편이 밥 한 끼보다 비싸잖아요. 영화에는 문화적 충격, 유머, 액션 장면의 통쾌함도 있어야 해요. 오락적 요소가 수반돼야죠. 〈부당거래〉는 윤리학을 떠드는 게 아니기 때문에 어느 정도 과장이 필요하다고 생각했죠.

한홍구 | 검사의 장인이 나오죠? 재벌인가?

류승완 | 장인 직업을 뉘앙스상 대형 로펌 수장으로 설정했어요.

한홍구 | 김앤장까지 건드렸네.(웃음) 조선일보사 빌딩도 수차례 나오던데.

© 이종찬

"취재하면서 경찰분들을 막상 만나보면 주로 묻는 게 '영화 속에 정의가 살아 있는 거지?'예요. 그 양반들은 조폭 때려잡고 정의를 바로 세우는 것에 굉장한 자부심이 있어요. 그런데 '정의란 무엇인가'에 대한 개념이 없는 상태에서 정의만 추구하는 것도 위험한 거잖아요."

류승완 | 신문사 간판은 스모그 낀 모습이 멋있어서 우연히 찍었어요. 김앤장은 생각 못했는데, 이러면 곤란하죠.(웃음) 검사 캐릭터엔 감독이라는 내 모습을 많이 투영했어요. 단지 검사가 아니라 누군가에게 명령을 내리며 살아가는 사람.

서해성 | 정치인·공무원이 받으면 '뇌물', 검경이 받으면 '관행'이고 '떡값', 전직이 받으면 '전관예우' 같은 부당 거래의 일상화…… 왜 이렇게 되었다고 생각하는지.

류승완 | 나는 그게 친일 청산이 안 돼서 그렇다고 봅니다.(폭소) 어른들 말 들어보면 와이로(뇌물)가 일정 때부터 있었다고 하잖아요. 자존심을 세워주는 대신 어려서부터 공포심만 심어주는 것도 식민 통치 시절부터 내려온 뿌리 깊은 전통 같아요. 국사를 선택 과목으로 한 것도 용납 못하겠어요. 자기가 어떻게 형성된 나라에 사는지 정도는 알고 있어야 하고, 가난해도 잘 사는 방법을 알려줘야 하잖아요. 아니, 인터뷰가 이렇게 흘러갈 줄이야.(폭소) 미술 시간에 우리가 사는 동네 건축물들 보게 하고, 동대문 시장에서 옷 고르고 입는 법도 알려주고, 시네마테크(예술영화 전용관) 지원해서 중고생들이 좋은 영화 무료로 보게 하고 그런 걸로 점수 주고…… 건축, 의상, 음식도 초등 때부터 필수 과목으로 해야 한다고 생각해요. 그런 생각 때문에 제 아이들 셋을 다 '꽃피는 학교'라는 대안학교에 보내고 있어요.

서해성 | 주양 같은 검사는 징계를 해야 하는데 어떻게 징계했으면 좋겠어요?

류승완 | 마지막 장면에서 주양은 조사를 받으러 들어가고 있어요. 풀려났다고 결말을 안 지었는데 관객들은 그렇게 생각하는 게, 참 재밌어요. 〈공공의 적〉 속편 강철중 검사 같은 사람에게 걸리면 징계를 받겠죠.(웃음) 지금 관객들은 강철중이 안 나온다고 생각하는 거예요. 적어도 일단 관련 업무를 못하게 하는 게 맞겠죠.

한홍구 | 검사들 보면 나라 사랑 정신이 아주 투철하거든요. 그분들의 각별한 나라 사랑이 나라의 큰 걱정거리죠.(웃음) 시민들은 권력에 두려움을 갖고 있잖아요. 두려움을 없애는 방법은 능멸하는 거라고요. 수백만, 수천만 대중한테 아이스케키를 해서 보여줘야 해요. 우리가 만날 여기서 떠드는 것도 부당 거래하는 권력에 대해 능멸을 하는 거죠. 시민들이여 두려워하지 말자!

조선일보? 김앤장? 이응로? 어청수?

서해성 | 검사와 장인이 만나는 전시회장 그림이 이응로 선생의 '문자 추상'이던데.

류승완 | 이응로미술관이 협조해줬어요. 덕분에 싸게 찍었죠.(웃음)

한홍구 | 조선일보사도 우연, 스폰서 검사도 우연, 동백림 사건에 연루된 화가 이응로도 우연이라…….

류승완 | 솔직히 촬영하면서 알았어요.(웃음) 스태프 중 한 명이 교과서에 나오는 그림이라며 소개했어요. "난 선택 과목이 체육이다. 몰라서 미안하다"고 했죠.(웃음)

한홍구 | 다 우연이었다고 쳐요. 그런데 경찰청장 이름이 왜 엄충수냐고.(웃음)

류승완 | 맹세할 수 있는데, 대본에 그렇게 돼 있었어요.(웃음) 작가가 패러디한 모양이죠.

한홍구 | 영화 속 경찰청장이 어 청장▪과 닮았는데 류승완, 류승범 형제보다 더.

▪ 2008년 봄 촛불집회 당시 경찰청장. 인권을 침해하는 경찰 시위 진압의 책임자로서 시민들에게 비난을 받았다.

류승완

류승완 | 씨네2000 이춘연 대표인데 아버지 같은 분이죠. 실제 어청수 전 청장을 잘 알더라구요. 예산이 빡빡해서 개런티 아끼느라 이준익, 황병국 감독 같은 분도 출연했고.

서해성 | 하이에나 권력에 대한 영상 보고서이자 공정 사회의 위선을 찢는 영화였기에 지금같이 반응이 뜨겁다고 생각하는데요.

한홍구 | 그래서 MB 님이 요즘 '공정 사회' 말씀을 안 하시나? 갑자기 쏙 들어갔어?

류승완 | 시간이 지나 〈부당거래〉가 후진 영화가 됐으면 좋겠어요. '이게 말이 돼?'라고 영화 속 상황을 이해할 수 없는 세상이 됐으면 싶은 거죠.

서해성 | 의도하지 않았더라도 〈부당거래〉는 검찰 개혁 문제를 제기한 영화가 되었어요. 공수처(공직자비리수사처) 설치 주장에서 보듯 최고 권력기관의 비리를 막고 처벌할 시스템은 반드시 만들어야만 하죠. 스스로 수갑을 채울 수 없다는 게 분명하니까요.

류승완 | 취재하면서 경찰분들을 막상 만나보니 천진스러워요. 주로 묻는 게 "영화 속에 정의가 살아 있는 거지?"예요.(폭소) '정의'라는 말을 이런 식으로는 잘 안 하잖아요. 그 양반들은 조폭 때려잡고 정의를 바로 세우는 것에 굉장한 자부심이 있어요. 근데 올해(2010) 많이 팔린 책이 『정의란 무엇인가』라면서요. 다시 생각해보면 '정의란 무엇인가'에 대한 개념이 없는 상태에서 정의만 추구하면 위험해질 수 있어요.

서해성 | 죽이는 말이군요. 〈부당거래〉, 이거 그냥 나온 거 아냐!(웃음)

정의의 독점 OST를 읽는다

'밤과 도시' 사이에서 탐욕과 출세를 '미행'하는 '베테랑' '부당 거래'들. 정의가 '함정'에 빠져 '용의자'가 될 때 '집행자'는 국가의 이름으로 말한다. 너희가 '표적'이다. '막다른 길'로 몰아가 '심문'하면 존재하지 않는 '사라진 증거'도 나타나는 법이지. 전직 대통령이 몸을 내던지던 그 새벽처럼, '어둠의 도시'에서 부르는 '안녕 친구여', 정의여, 너는 '고독한 거리' '동정 없는 세상' 구석에서 쓸쓸히 술잔을 기울이곤 했지. 도리질 치며 떠나도 다시 돌아오곤 하는 이곳은 'The City'—. '밤과 그림자'만이 서성거리는 부당 거래 도시를 훑는 트럼펫 소리여, 그만 울어다오.

우리는 진실의 무덤 속에 살아간다. 〈부당거래〉 오리지널 사운드트랙(OST)을 순서대로 읽으면서 영화를 오버랩시키면 우리는 정의의 무덤 속에서 살아간다. 진실과 가짜, 사실과 조작은 함께 뒤섞여 사화적 조서를 '꾸며나간다'. 경찰서에서 쓰는 조서가 '꾸며나가'는 일인 한 진실은 가짜에서 벗어나기 어렵다. 가짜에 거래가 결합하면 진짜가 되는 세상. 짭새의 형 검새, 떡검·떡찰을 대하다 보니 그저 권력에 꼬리를 흔들던 '개찰'이 숫제 그리울 지경이다.

스폰서 시대, 국가징계권을 독점한 검찰은 기소 독점만이 아니라 정의를 독점하기에 이르렀다. 정의란 오직 만인의 것일 때만 정의일 수 있다. 정의가 독점되었을 때 악의 꽃은 선한 꽃으로 둔갑한다. 그 꽃향기는 정의를 마비시키는 악취일 뿐이다.

서해성

류승완

"쥐 떼를 몰고다니는 마술피리"

진중권 ─미학자

독설에 모터를 달았다.

다다다다다다…… 초고속이다. 2시간 말했는데 4시간 치 분량이 나왔다. 숨 가쁘게 논리를 드리블해가면서도 표적을 빈틈없이 타격한다. 필리핀 비행 공연(!)을 잠시 마치고 돌아온 논객 진중권 씨다.

그는 2010년 3월부터 필리핀 세부를 오간다. 학생비자로 59일을 채운 뒤 한국에 돌아왔다 다시 들어가는 식이다. 필리핀에선 10인승까지 몰 수 있는 상업용 조종사 면장을 따기 위해 교육을 받고 있다. 100시간을 마쳤고, 앞으로 50시간이 남았다. 교육생이지만, 동시에 초경량 비행기 분야에선 교관으로 활약 중이다. 항공사진에도 푹 빠졌다. 처음엔 지형지물을 익히기 위해 찍었는데, 이젠 미학적인 완성도의 단계로 접어들었다. 실제 그가 보여준 세부의 바다와 섬 사진은 황홀했다.(트위터에서 "왜 필리핀에 가셨나요?" 묻지 마시라. 똑같은 질문들에 답변을 날리다 지쳤단다.)

가족을 베를린에 둔 그는 한국에선 동가식서가숙이다. 서울에 정해진 거처는 없다. 경남처럼 먼 곳에 강연을 가면 풍광 좋은 인접 지역을 며칠간 여행한다. 글을 쓰거나 작업할 일이 있으면 PC방을 찾는다. 소통은 주로 트위터로 한다. 매일 음악 한 곡씩을 '오늘의 선곡'으로 올리고 정치·사회 현안에 부지런히 코멘트를 단다. 그럼에도 진중권 씨의 얼굴이 반갑다면, 아마도 이 공간이 종이신문인 까닭이리라.

그를 딱 한 마디로 뭐라 소개해야 할까. 예전엔 '진보신당 삐끼'를 마다하지 않았는데, 지금은 탈당했다. "저요? 키보드 워리어죠."

고경태

한홍구 | 진 선생 링에 잘 안 오르는 동안 우리 두 사람이 직설하느라 욕 무지 많이 먹은 거 아세요?

진중권 | 내 가치 알아주는 사람이 최소한 두 분이구나.(웃음) 순망치한이라고.

서해성 | 파시즘이랄까, 이런 것들과 싸운 계기가 있었죠? 그렇게 해서 세상에 나오게 됐는데.

진중권 | 1997년 이인화(당시 계간지 《상상》 편집위원)라는 자 때문인데, 악마주의 테마를 가지고 미술사에 대한 원고를 써달래요. 낭만주의 시대 악마의 예술적 천재성에 관해 써서 보냈는데, 잡지 전체 맥락상 그 예술적 천재가 박정희라는 거야.(웃음) 강간당한 느낌이었어요. 반론도 안 실어주고. 그 반론 원고가 《문학동네》로 간 거예요. 반응이 좋으니까. 그쪽에서 똑같은 짓 하는 사람이 있다면서 조갑제에 관해 써달래요. 이번엔 《조선일보》 때문에 못 실어주겠대. 돌고 돌아 《인물과 사상》으로 갔어요.

한홍구 | 강준만 교수와 인연이 트였군요.

통장 가압류, 크리스마스이브의 악몽

진중권 | 재밌다면서 또 한 사람 조지래. 이문열이래요. 그렇게 세 편

진중권

이 나갔어요. 그때 마침 조갑제 씨가 《조선일보》에 '내 무덤에 침을 뱉어라'라는 걸 연재했어요. 맞불 놓으래요. 그래서 묻어가자.(웃음) '네 무덤에 침을 뱉으마.' 근데 그 신문 연재를 묶은 조갑제 씨 책보다 내 책이 더 팔린 거야. 조갑제 책을 사려다가 잘못해서 내 책을 산 사람도 있어요.(폭소) 고맙다는 독자 메일이 왔어요. 평생 속아 살 뻔했다고.

서해성 | 미학으로 시작했는데, 그 미학을 이 사회가 가만 놔두지 않은 셈이네요.

진중권 | 꼬여버렸죠. 그 사람들이 워낙 웃기잖아요. 고등학교 때 '야자'라고 서로 모욕하는 게임이 있어요. 상대의 모욕에 흥분하면 안 돼. "괜찮겠어?" 하면 "응." 그러고 또 모욕하고. 개구쟁이 어법이죠. 그게 굳어져버린 거죠.

한홍구 | 한동안 예능 프로에서도 많이 했던 거죠.

서해성 | 작년에 강의 다 잘렸을 때 어땠어요?

진중권 | 나는 대부분 계약직이잖아요. 어차피 올해 외국 나갈 생각을 했거든요. 한 학기 먼저 자르더라고.

한홍구 | 중앙대는 그렇다 쳐도, 한예종(한국예술종합학교)은 더 심각했죠.

진중권 | 거듭 털어도 나온 게 없잖아요. 2학기 때 강의 안 했다고 봉급 절반을 내놓으래요. 문화부에서 시키지 말래서 학교에서 강의를 안 준 거거든요. 소송 걸면 저쪽이 져요. 근데 가압류를 걸어놓고는 1년째 소송을 안 해요.

서해성 | 가압류당할 돈이 있단 말이에요?(웃음)

진중권 | 있어요, 있어.(웃음) 괘씸한 건 학교에서 봉급을 주던 통장을 잡은 게 아니라 가장 빈번히 쓰는 통장을 잡은 거예요. 밥 먹고 카드를 냈는데 안 그어지는 거야. (바닥을 쾅 치면서) 그것도 크리스마스이

"쥐 떼를 몰고 다니는 마술피리"

브 날인데.(폭소)

서해성 | MB가 신도는 신도네. 이브 날 막아버렸잖아.(웃음) 당원 생활 5년 했나요?

진중권 | 진보신당 3년. 민노당까지 하면 8년이죠. 자임한 게 '삐끼' 노릇이에요. 운동권이 무겁잖아요. 진중권이 붙어 있으면 날라리 분위기가 나면서 덜하죠. 사실 대중적으로 활동하면서 당에 이름을 내걸긴 부담스러워요. 지지자가 딱 정해지니까. 가령 내가 MB랑 싸울 땐 막 지지하다가도 유시민을 씹으면 확 돌아서죠.

서해성 | 귄터 그라스 같은 사람은 계속해서 당원이었잖아요.

진중권 | 서구에선 그런 거에 똘레랑스가 있죠. 서로 친해질 때도 어떤 부분은 접고 넘어가야 하는데 우린 공동체 성향이 너무 강하죠. 정치적 견해가 같지 않으면 부부 생활, 부자 관계, 교우 관계가 불가능해.

한홍구 | 나도 글 쓸 때마다 부지런히 수구들 씹어댔지만, 진중권이야말로 타의 추종을 불허할 정도로 자주 링에 올랐죠. 온오프 가리지 않고.

서해성 | 진중권 리그를 꼽아보면 '박정희 악마'로 시작해 여성 언론 '월장'에서 예비역 논쟁과 양심적 병역 거부, 〈디워〉, 황우석, 광우병, MB 등. 거의 모든 링 위에 올라갔잖아요.

진중권 | 온라인 마인드거든요. 거기 들어가면 계급장을 떼야 해요. 중딩 애들이 "중권아" 그러죠.(웃음) 열 받으면 안 돼요. "왜? 형이 놀아줄게" 하고 신나게 놀아준 다음에 "잘 자, 내 꿈 꿔" 하고 나오죠. 며칠 안 들어가면 게시판에서 농성을 해요. "중권아 심심해, 놀아줘."(웃음) 안티 팬이 팬보다 열정적이죠. 안티 팬들은 내 글을 몇 년 전 것까지 다 읽었어.

서해성 | 자, MB 시대로 넘어갑시다. G20의 성공적인 개최를 위하여 한 말씀들.

진중권

'쥐20 포스터'에 올해의 문화예술상을

진중권 | 경제적 효과가 450조래니, G20 끝난 다음에 1천만 원씩 수령하자.(웃음) 내 트위터 프로필 픽처를 쥐가 그려진 G20 포스터로 바꿨어요. 잘 만들었더라고. 영국의 낙서 작가 뱅크시 스타일이에요.

서해성 | 올해 문화예술상을 쥐야 할 텐데.

진중권 | 설치 부문엔 명박산성.(웃음) 퍼포먼스 부분에 조전혁 (전교조 소송 비용 충당을 위한) 청계천 콘서트, 대지예술 분야엔 4대강. 이명박 정권이 다 실패했잖아요. 경제 실패했죠. 민주주의 수준 떨어졌지. 내세울 게 두 가지밖에 없어요. 4대강과 G20. 그러니 목을 매지.

서해성 | '국격' 오르게 다들 말 좀 이쁘게 합시다.(웃음)

진중권 | 대안학교에서는 반장 돌아가며 시키거든요. 그중 한 애가 반장 되니까 엄마가 동네방네 자랑하는 수준. 완전 1970년대죠, G20 보면.

한홍구 | G20이란 게 1박 2일 MT 하는 건데, 끝나고 나면 뭐 하고 놀려나? MB께서.

서해성 | 대포폰도 뺄 수 없죠. 거기엔 다양한 MB식 메타포가 깃들어 있어요. 음향 대포 안 되니까 대포폰을 장만했다는 설이 있어요.(웃음) MB식 소통의 상징이기도 하죠, 대포폰.

진중권 | 안상수가 인터넷에서 보수 옹호하는 1만 논객 양병하자는 건 청년 고용 대책인가?

서해성 | 임진란 직전 10만 양병론 이후로 눈에 띄는 양병론이죠.

한홍구 | 1만 알바 양성하면 9천은 진중권 따라다닐 텐데요.(웃음) 쥐 떼 몰고 다니는 마술피리야.

진중권 | MB를 보면서 오랜만에 시간 가는 게 이리 즐거울 수가. 제대 후 처음으로! 국방부 시계는 돌아간다.

한홍구 | MB네는 하루가 아까워 초조할 텐데. 자기네가 역사에 하나도

못 남겼다는 거죠.

진중권 | 퇴임하면 기념사업 할 거예요. 청와대 뒷산에다 촛불시위 보면서 각하가 눈물 흘렸다는 아침이슬 눈물비 세워야지.

한홍구 | 그 비석 세우려면 노무현 대통령 쪽도 잘 설득해야죠. 노 대통령이 탄핵 반대 촛불집회 때 감동의 눈물을 흘렸던, 그 자리가 그 자리 아니냐고요.

진중권 | 그럼 2개 세워야죠.

서해성 | 이거 패러디야, 풍자야, 표절이야?(웃음) 암튼 풍자도 어려운 시대가 되고 말았어요.

진중권 | 노태우도 자기를 풍자하라고 했죠. 그 정도 여유도 없어요. 노태우 밥그릇도 안 되는 거예요. 고작 포스터 그린 거 갖고 G20을 방해할 의도가 있다고 구속하려는 거의 E·T 같은 외계적 발상.

서해성 | 진보 동네 이야기를 해보죠. 촛불집회부터.

진중권 | 쇠고기는 촛불을 그저 촉발했을 뿐 더 중요한 건 해방구 체험이죠. 누구의 간섭이나 지시도 받지 않고 스스로 결정해서 행동하고 책임지겠다는 게 포인트예요. 그걸 살려야 해요. 미디어 발전도 그렇게 가고 있어요. 지금 트위터까지 갔잖아요.

유럽 사민주의조차 용인할 수 있습니까?

서해성 | 인터넷 시대가 노무현 정권을 창출하고 촛불집회를 이끌어냈듯, 트위터 같은 새로운 미디어에 의해 새로운 주체가 등장하는 거죠. 대중은 미디어를 매개로 재구성되어왔죠.

한홍구 | 3·1운동 직후 좌절감을 느꼈지만 무단 통치가 문화 통치로 바뀌었는데 촛불집회는 한번 크게 논 다음에 오히려 무단 통치 시대로 회귀해버렸어요. 촛불 후 힘 빠진 사람도 많죠.

진중권

"10년간 한국 사회가 안 변한 건 그렇다 쳐요. 진보는 왜 안 변하죠? '수구 진보'라는 형용모순이 말이 되는 상황이잖아요. '국유화하실래요? 청년대장 옹위하실래요?'만 해싸고 있으니……."

진중권 | 촛불집회에 실망한 분들도 있는데 과도한 기대를 한 게 아닌가 싶어요. 촛불에서 중요한 것은 이미 얻었어요. 3개월 동안 즐거웠잖아요.

서해성 | 그다음 단계, 이른바 정치적 존엄성까지 나아가지 못했죠. 연인원 500만이 참여해 해방구를 이룬 경험이야 앞으로 한국 사회에 커다란 영향을 끼치게 되겠지만.

한홍구 | 촛불 에너지가 제도적 민주주의라는 틀 속으로 어떻게 들어오느냐, 또 그걸 민주 진영이 어떻게 끄집어내느냐의 문제가 있잖아요.

진중권 | 당위론으로 끌고 가지 말았으면 해요. 내가 볼 땐 촛불집회 대중은 그런 대중, 그런 욕망이 아니었어요.

서해성 | 전위 조직이 이끌거나 장악한 일이 아닌 만큼 정서적 영역이 넓었죠. 끝내 조직적으로 흡수가 안(못) 된 이유이기도 하지만 그게 새 가능성인 거죠. 말길을 틀어, MB 정부에서 비판적 틀은 쉽게 보이는데 정작 지식인들의 논점에서 신선감이 떨어지는 까닭은.

진중권 | 지식인 시대는 끝났다고 봐요. 이들이 시민혁명 때 출현했는데 그땐 대중이 문맹이었어요. 지식인이 대중을 대신해서 얘기하고 계몽하고 가르쳤죠. 지금은 문자 문화가 영상 문화로 넘어가고 있어요. 고졸자 87퍼센트가 대학에 가고 대중이 디지털 미디어로 무장한 상태죠. 대중을 이끌고 가던 지식인 시대는 끝났다고 봐요. 논객의 시대는 끝났다. 키보드 워리어의 시대는 끝났다. 내 시대는 갔다.(웃음)

서해성 | 지금 같은 '앙시앵레짐'에서 그 역할은 여전히 유효할 수밖에 없죠. 오늘 이 자리, 진중권처럼.

진중권 | 북한 3대 세습에 관한 세 가지 태도가 있어요. 첫째가 원칙주의. 까놓고 이야기하는 사람들. 어느 교수님이 쓴 걸 보니까 "북조선이 청년대장을 옹위했기로서니 미제랑 싸워서 이기면 되는 거 아니냐"고 해요. 두 번째는 기회주의. 절대 속마음을 얘기 안 해요. 세 번

진중권

째가 실용주의. 대선 총선 치르려면 단합해야 하는데 왜 또 그러느냐. 나는 다 잘못됐다고 봐요. (북한 3대 세습에 관해) 민노당 대표가 정당은 양심에 따라 침묵할 권리가 있다고 했어요. 정당은 그런 권리가 없어요! 정신분석학을 좋아하진 않지만 라캉 보면 '아버지의 이름'이 지배한대잖아요. 그것이 없으면 상징 세계에서 말을 못 푸는 거야. 세계가 해석이 안 돼.

서해성 | 교리문답적인 지식 체계나 운동이 갖고 있는 한계는 분명하죠. 3대 세습이란 3인 1격이라는 거죠. 이를 권력의 인격화, 인격 통치, 초상화 통치로 압축할 수 있는데, 이유야 어쨌든 시스템 사회가 아니라는 걸 자인하는 거죠.

진중권 | 일단 NL(민족해방), PD(민중민주)의 시대는 1989년 사회주의 망하면서 끝났어요. 마르크스가 그랬잖아요. 이론의 올바름은 실천으로 검증된다고. 마르크시즘도 여러 사회주의 사상 중 하나로 상대화해야 한다는 거죠. 나는 사회주의는 과학이라 생각해요. 평등에 대한 가치관을 갖고 있으면 평등한 시스템을 도입해야 할 거 아니에요. 근데 앉아서 진짜 좌파니 가짜 좌파니, A급이니 B급이니 이따위나 따지고 있죠. 진보신당도 마찬가지예요. 여기는 만날 그놈의 국유화 강령이에요. 스트레스 받거든요.

한홍구 | 요즘 젊은 사람들 NL, PD 뭔지도 몰라요. 그런데 진보 진영의 상당수는 아직 그 프레임 속에 살고 있어요.

서해성 | 진보신당의 핵심 어젠다 중 하나가 국유화인데 공적 영역의 확대와는 안팎으로 차이가 있는 말이죠.

진중권 | 진보신당 친구들에게 사회주의가 뭐냐고 물으면 '사회주의는 민중의 강고한 투쟁 속에서 불라불라불라'(웃음) 형용사 나열만. 그걸로 대중을 설득하라고? 진보신당 당원 3분의 2가 이념 당원이 아니거든요. 그 사람들이 국유화를 받아들일까요? 유럽식 사민주의에 대해

"쥐 떼를 몰고 다니는 마술피리"

대체로 진보 진영이 동의하는 편인데, 따져보면 그것도 쉽지만은 않아요. 번 돈 절반 세금 내겠다고 합의해야 하는 건데, 무서운 거라고요. 복지 시스템이 갖춰지면 세금 더 낼 용의가 있다는 사람이 우리 국민 중 56퍼센트더라고요. 실제 세금 낼 때쯤 생각이 달라지겠죠.

서해성 | MB 체제에 살면서 대선을 많이들 기다리는데…….

나의 성역과 금기는 여성 문제

진중권 | 선거 연합 가능하다고 봐요. 문제는 선거 연합을 할 때 자리 따먹는 것보다 법안이 중요하다는 거예요. "민주당이 해서 이 법안은 통과시켜라"라고 하는 것이 정말 좋은 거죠. 권력 안 잡고도 정책을 실현하는 길이 있다면…… 두 번째가 자리고. 지난 지방선거에서 민의는 확인됐다고 봐요. 진보신당 노선이 잘못됐다는 게 증명된 거죠.

서해성 | 이런 거 나가도 되나요?(웃음)

진중권 | 괜찮아요.(웃음) 대중이 바라는 것에 호응해줘야 하는데 상황 미스가 있었어요. 민주당에도 할 말 있죠. 왜 서울시장에 한명숙을 내보냅니까.

한홍구 | 기왕에 시민 사회 영역도 말해보죠.

진중권 | 지금 문성근 씨와 지지자들이 그런 일(100만 민란 프로젝트) 하는 건 당연하다고 봐요. 열성적으로 움직이는 거 나름 평가도 하고. 문제는 자신들한테 안 왔을 때 '너네들은 분열주의'라고 욕할 준비가 돼 있는 듯 보인다는 거죠. 그거 말고는 괜찮다고 봐요.

한홍구 | 한국 사회 어떤 지식인들이든 아킬레스건이랄까, 스스로 설정해놓은 금기나 터부가 있어요. 시대의 논객으로서 건드리기 싫은 주제, 여태까지 꺼려본 주제가 있나요?

진중권 | '여성' 절대 안 건드리죠.(웃음) 잘해야 본전이니까. 나도 남자

진중권

이기 때문에 그들 입장에서는 가해자고 강자죠. 말을 조심하고……

서해성 | 직설 포함, 마지막 독설을 퍼붓는다면.

진중권 | 다들 열심히 살고 있다고 봐요.(웃음) 10년 전에 쓴 「적, 녹, 흑」이라는 글을 다시 보았어요. 진보 진영이 유럽식 사회 국가 시스템에 '녹'이라는 지속 가능한 발전을 해야 하는데, 거기에 또 '흑'이라는 무정부주의 요소가 들어와야 한다는 거죠…… 10년간 한국 사회가 안 변한 건 그렇다 쳐요. 진보는 왜 안 변하죠? 허탈해요.

서해성 | 허무주의까지?(웃음) 어느 때 그런 느낌이 강하게 오죠?

진중권 | MB랑 싸우면 도와주지는 못할망정 짱돌 던지지는 말아야죠. 데모할 때 앞에 못 나오고 뒤에서 돌 던져서 앞 사람 뒤통수 깨는 자들이 꼭 있어. 예컨대 "MB랑 싸움에 너무 몰두하지 마라"라고 하는데 그렇다면 네가 MB 아닌 싸움에 몰두하면 되잖아.(웃음)

한홍구 | 진보 진영은 촛불로부터 세상이 얼마나 변했는지를 배워야 해요. 진보는 말 그대로 앞서 나간다는 의미가 있어야 하죠.

진중권 | '수구 진보'라고 하잖아요. 형용모순이 말이 되는 상황이니. 젊은 애들이 정치에 관심 없는 게 아니라니깐요. 근데 "국유화하실래요? 청년대장 옹위하실래요?"만 해싸고 있으니. 이걸 《조선일보》가 이용해먹든 할 말은 해야 해요.

서해성 | 촛불에 500만, 노무현 대통령 문상에 600만 이상. 쏟아져 나온 천만 대중이 있는데 무관심은요. 이 역량을 창조적으로 구성할 수 있는 인물, 정책 들이 필요한 거죠.

한홍구 | 스스로 평가해볼 때, 이 일을 얼마쯤 더 할 수 있을까요?

진중권 | 재밌을 때까지!

"쥐 떼를 몰고 다니는 마술피리"

한홍구·진중권·박노자

'구라'란 역사, 사상, 그리고 인물에 대해 생동감 넘치는 생활어로 풀어내는 녹진한 말솜씨를 이른다. 좌중은 대개 10명 안팎이라야 제맛이다. 저잣거리 '말힘'으로 보수적 지배 관념을 부수어내는 이 일은 꿈틀대는 민중의 생명력과 더불어 통쾌한 즐거움을 안겨주었다. 벌써 소개한 대로 백기완, 황석영, 유홍준 제씨가 이들이다.

한홍구, 진중권, 박노자는 이들을 잇되 빛깔과 길이 다르다. '야간' 선배들과 달리 이들은 철저히 주간이다. 구라들은 '양씨 문중'(양아치 문중)임을 자랑스레 내세웠지만 후배들은 책상물림 먹물임을 숨길 수도, 그렇게 하지도 않는다. 도회적 기질로 단련된 이들은 선배들이 구라 모임을 자주 가졌던 것과 달리 제 길에서 싸우고 건설하는 편이다.

한홍구는 무덤 따위 과거를 파먹는 역사학자가 아니라 역사 이래 가치와 유물을 눈앞으로 끌어와 재구성하되 현재 모순을 쳐내게끔 하는 '지금 이 순간의 역사'가다. 그는 바로 오늘마저 역사화해 해석해내서는 이내 행동을 유발한다.

진중권은 화약 같은 폭발력을 지닌 불패의 언어 전사다. 그는 어떤 논쟁이든 일순 자기 명제로 끌어들여서 검법을 발휘하곤 하는데, 그의 불땀 좋은 말이 닿은 대중은 불에 덴 그대로 대개 디지털 광장으로 쏟아져 들어간다. 불의 언어를 맛본 자라면 알겠지만 그가 우리 편인 게 퍽 다행이랄 수밖에.

박노자는 귀화해서 한국 국적을 갖고 있되 늘 망명 중인, 따뜻한 타자다. '대한민국'이란 모순은 그를 통해 새로 발견되었다. 알면서도 모르는 것을 그는 햇볕 아래로 끄집어내서 양지의 모순으로 태어나게 한다. "나는 인도를 사랑한다, 가득 찬 혐오로."(I love India with full dislike.)라고 한 네루의 깊은 애정이 떠오르게 하는 드문 존재다.

이들은 미국·독일·러시아 등지에서 오래 공부하거나 산 경험을 가지고 있다. 청춘을 '모던 사회'에서 보냈으되 한국화했다는 점도 앞선 선배들과의 뚜렷한 차이다.

서해성

진중권

"거룩한 패배는 기어코 승리한다"

'주년'이 많다.

유난히 2010년은 그렇다. 5월 23일은 노무현 전 대통령 서거 1주년이었다. 27일은 광주에서 시민군이 진압된 지 30주년 되는 날이었다. 4월엔 4·19혁명 50주년이 있었다. 6월 25일은 한국전쟁 발발 60주년이다. 7월 24일엔 경술국치 100주년, 11월 13일엔 전태일 분신 40주년을 맞는다. 20세기 한국 현대사의 주요 사건을 기억할 날들이 줄줄이 사탕이다. 서해성에 따르면 "민중적 반격의 거점으로서 절묘한 타이밍"이다.

이번 '직설'의 핵심 화두는 1980년 5월 27일 새벽까지 전남도청에 남았던 시민군들이다. 그날 그 최후의 저항이 없었다면 한홍구와 서해성의 인생은 지금과 달랐으리라. 노무현은 더 말할 나위가 없다. 어쩌면 이 글을 읽는 당신도……. 2010년 5월 한국 사회는 광주의 자식들과 광주의 정신을 부정하려는 자들의 한판 대결처럼 보인다. 5·18 기념식장에서 벌어진 〈임을 위한 행진곡〉과 〈방아타령〉의 신경전(!)은 그 희극적인 단면이었다.

한홍구와 서해성은 ○○주년, 쉽게 말해 제삿날들을 음미했다. 그날들이 지니는 오늘의 의미를 짚었다.

고경태

2010년, 거대한 제삿날들,
'5·27 광주'란 무엇인가

서해성 | '각하'께서 말씀하신 촛불에 대한 반성 요구■를 그냥 지나칠 수가 없네요.

한홍구 | 그 건에 대해 반성할 사람은 대한민국에서 딱 한 명인데 그 한 명이 반성 안 한 건 분명하죠.

절묘한 30년 주기설을 아시나요?

서해성 | 일기장을 찢어버린다고 두 해 전 일이 어디로 사라지나? 심하게 아동스러워요. 천안함 해결 방식도 그래요. 왜 마술쇼 비슷하지 않아요?(웃음) 마술사는 자기 재주의 비밀을 공개 안 하잖아요.

한홍구 | 자위권을 발동하려 해도 적 군함이 어디 있는지 알아야잖아요. 어디서 들어와서 어떻게 때렸는지 모르는데 어디다 대고 자위권을 발동해요? 내가 업자는 업잔가 봐. 정권 바뀌면 또다시 과거사위원회 해야 돼요. 이명박 정권이 너무 그걸 많이 만들어요.

서해성 | 본론으로 들어가보죠. 며칠 전이 5월 23일 노무현 1주기였는데, 유난히 무슨 '주년'이 많아요. 광주 30주년, 전태일 40주년, 4·19

■ 촛불시위 2돌이 지난 2010년 5월 11일 국무회의 자리에서 "미국산 쇠고기의 위험성에 관한 억측이 사실이 아닌 것으로 판명되었음에도 어느 누구도 반성하지 않는다"고 했던 이명박 대통령의 발언.

50주년, 한국전쟁 60주년.

한홍구 │ 1920년도 기억해야 해요. 대중이 많이 사랑하는《조선일보》와 《동아일보》가 창간된 해. 축하와 기대를 받고 태어나서 저런 짓을 하는구나.(웃음) 30년 주기설이라는 게 있어요. 역사에도 아홉수라는 게 있는지 2009년 김대중·노무현 대통령에 김수환 추기경까지 가셨지. 그 30년 전 1979년에는 박정희가 죽고, 그 30년 전 1949년엔 백범 김구가 죽었지. 그 30년 전 1919년엔 고종이 가셨어요. 고종은 왕정, 백범은 독립운동, 박정희는 근대화와 군부 독재, 김대중과 노무현은 민주화를 대표하잖아요. 왕정에서 독립운동 거쳐서 군사 독재와 경제 발전을 넘어 민주화까지 온 게 바로 한국 현대사예요. 짜고 친 고도리도 아닌데 하필이면 왜 일들이 이렇게 일어나나. 이 얘길 듣고 누군가 그러는 거예요. 그럼 이건희 회장은 2039년까지 사시겠구만.(웃음)

서해성 │ 어제가 5월 27일이잖아요? 광주 시민군이 전남도청에서 최후를 맞이한 날이죠. 그날만 생각하면 진압군의 헬리콥터 소리가 들리는 듯해요.

한홍구 │ 광주가 수많은 인생을 바꿨죠. 노무현도 그중 한 명이고. 광주가 없었으면 노무현은 지금 부산에서 가장 돈 많이 버는 변호사였을 거예요.

서해성 │ 광주 하면 또 떠오르는 게 폭도예요. 폭도라는 말이 모욕스럽게, 분노에 차게 맘에 들어요. 동학혁명 이후 처음 민중이 낫 들고 나섰다는 거지.

한홍구 │ 김남주 시인이 1979년에 자금을 마련하려고 과도 들고 부잣집에 들어갔잖아요. 학생운동권에서 당시 남민전 사건을 어떻게 볼 건지를 놓고 세미나를 했어요. 모험주의 어쩌구 하는 말들이 나왔거든. 그래도 그게 지리산에서 빨치산이 깨진 뒤로 최초의 무장 투쟁 아니냐 했어요.(웃음)

"거룩한 패배는 기어코 승리한다"

'폭도'라는 말이 정말로 맘에 드는 이유

서해성 | 산적이나 동학의 '비적' 이후 가장 피비린내 나는 봉기였죠. 민주주의란 게 진짜 공짜가 아냐. 그것으로 먹물 중심적 운동을 넘는, 뭔가 과감한 생략을 하고 새로운 단계로 나아간 거지. 폭도라는 이름을 얻을 만큼 분노와 깡으로 무장을 한 거죠.

한홍구 | 세계 혁명운동사에서 도시 해방한 게 여러 곳인데 광주처럼 얼떨결에 도시를 장악한 법이 없어요. 전략, 전술, 비전, 조직, 프로그램, 이념 아무것도 없이. 광주에서 처음 시작은 학생들이었지만 진짜 나선 사람은 배달의 기수들이었죠. 신문 배달, 가스 배달, 철가방, 그리고 웨이터, 삐끼…… 부마항쟁에서도 그랬어요. 박정희가 '똘마니'라 부른 사람들.

서해성 | 단박에 깨친다는 말이 있는데, 우연이 필연처럼 왔을 때 순간적으로 사람이 변해요. 그게 광장에서의 깨침이지. 이것보다 센 득도가 없어. 저는 1980년대 내내 5월만 오면 망월동에 갔어요. 그거 자체가 투쟁이었죠. 망월동 참배 투쟁. 수많은 경찰을 뚫고 가야 했으니까. 몇 주년 어쩌고 할 때마다 내가 늘 하는 말이 제사 잘 지내는 놈이 역사에서 이긴다는 거죠.

한홍구 | 그전엔 4월마다 수유리 묘지에 자주 갔죠. 거긴 너무 쓸쓸해요.

서해성 | 수유리 너무 멀어요. 4·19를 너무 멀리 갖다 놓은 거죠. 역사를 유기시켰다고 할까. 항쟁은 시내에서 있었는데 거기다 두면 점차 잊히게 되죠. 민주 묘역을 남산이나 광화문에 조성해야 해요.

한홍구 | 광주 제사도 서울서 좀 지내야 해. 민주 정부 들어서 한 번은 서울에서, 한 번은 광주에서 지내야 했어요.

서해성 | 농 삼아 말하자면 유교·불교가 기독교에 밀린 이유가 있어요. 유교는 1년에 한 번, 불교는 한 달에 한두 번 제사를 지내고, 기독교

가 일주일에 한 번 이상 제사 지내죠. 몇 주년이란 걸 새겨보자는 까닭이 여기 있어요. 이른바 기억 투쟁이죠.

한홍구 | 1980년대는 정말 귀신에 씐 시대였어요. 광주 귀신. 5월마다 귀신들의 홈커밍데이였다고나 할까요. 1980년대에 맨정신 갖고 그렇게 싸울 수 있었나? 그 짓 하다가 감옥 가고 두들겨 맞고 패가망신할 거 다 알면서.

서해성 | 귀신을 불러내는 노래가 있었잖아요. "왜 찔렀지! 왜 쏘았지! 트럭에 실려 어디 갔지!" 그리고 〈임을 위한 행진곡〉. 올해(2010) 기념식 때는 못 불렀잖아요.

귀신들의 홈커밍데이와 돈다발 퇴마사

한홍구 | 귀신 나올까 봐 그런 거지.(웃음) 우리는 광주 귀신들이 무섭지 않잖아요. 조선 후기로 가면 무덤이 집 뒤뜰에 있어요. 원래 무서운 곳이 아니란 말야. 광주 그 처참한 사진이 있어도 그분들이 우리 편이잖아요. 꿈에 볼까 무서운 놈들이 있는 거고.

서해성 | 귀신을 내 편으로 삼아 제사 잘 지내는 게 진보라는 걸 광주가 보여준 거죠.

한홍구 | 1990년대까지 너무 제사가 많았어요. 너무 사람이 죽어갔어요. 그 귀신에 씌었던 시대야. 그래서 그렇게 잘 싸웠고. 그런데 90년대 들어오면서 달라졌어요.

서해성 | 무등산이 낮아진 이유잖아요. 하도 파먹어서.(웃음) 근데 그건 아무리 먹어도 배가 안 불러.

한홍구 | 귀신이 보기에는 낮아진 거지.

서해성 | 염병할, 돈 때문이죠. 자본주의 귀신, 돈.

한홍구 | 돈이란 퇴마사를 불러들인 거지. YS(김영삼)에게 광주가 계룡

이었잖아요. 광주를 높이 평가 안 할 수도 없고, 평가하자니 김대중 띄워주려는 것 같고. 그래서 4·19 묘지와 마산 3·15 묘지를 크게 지었죠. 난 광주가 망하게 된 게 돈 풀리면서였던 거 같아요.

서해성 | 귀신을 중심으로 돈을 써야 했는데…….

한홍구 | 내가 1999년에 미국에서 돌아온 다음 제일 낯설게 생각한 게 '광주의 전국화'라는 구호예요. 언제부터인가 광주가 호남 사람의 광주가 됐고, 남도 사람의 광주가 됐고, 광주 사람의 광주가 됐고, 광주에서도 돈 받은 사람의 광주가 됐고, 그중에서도 돈 많이 받는 사람의 광주가 되니까 "당신들끼리 잘 해보시오" 그렇게 된 거지. 그래갖고는 안 된다 싶으니까 광주의 전국화를 들고나왔죠.

서해성 | 돌이켜 보면 일제에 저항한 광주학생의거가 오늘날 학생의 날 아니에요. 당연히 전국적인 거죠. 근데 그렇게 되지 못했던 거지.

한홍구 | 우리가 광주에 미안했던 게 그거 아니에요. 광주 사람들이 해방 광주에서 처벌 안 당하려면 전두환이 집권 못해야 하는 건데, 그러려면 광주 비슷한 사건이 서울·부산·대구서 터져줘야지. 근데 전혀 소식 없었죠. 그 사람들이 가졌을 그 엄청난 고독감.

서해성 | 타이 시위■를 보면서 고립무원 광주가 떠올랐어요. 같은 5월인 데다. 지도부가 최후에 투항을 했어요. 광주는 도청에서 최후를 맞았지. 그래서 이겼어요. 거룩한 패배는 역사에서 승리하죠.

한홍구 | 이기는 것도 중요하지만 잘 지는 것도 중요해요. 죽어서 살았지. 죽었으니까 부활했지. 살았으면 연명이죠. 제사 잘 지내서, 산 사람들이 잘 싸워서 죽은 사람들이 부활한 거예요. 그때 뵈는 게 없었잖아요. 이해타산 따지다가도 생각이 광주에 미치면 계산기가 멈춰버리는 거죠. 죽는 놈도 있는데 하고.

■ 21명의 사망자와 수백 명의 부상자를 낳으며 유혈 사태로 번진 2010년 봄의 태국 반정부 시위.

서해성·한홍구

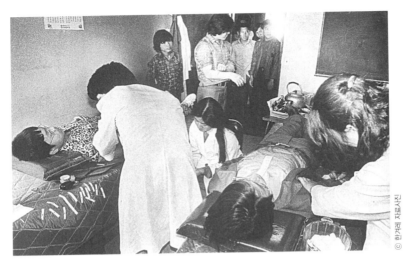

1980년 5월 22일 도청을 장악한 시민군과 시 외곽으로 물러난 계엄군 사이에 곳곳에서 무장충돌이 빚어지면서 광주시내 병원마다 사상자들이 밀려들었다. 치료를 위한 피가 모자란다는 소식에 시민들은 자발적으로 헌혈에 나섰다.

서해성 | 광주가 사람들 뼈에 사무치게 새겨지게 된 건 광주 비디오 덕분이죠. 전두환이 언론통폐합 뒤 컬러TV를 제공해줬어요. 그러자 VCR이 등장했죠. 피는 흑백으론 감도가 떨어지죠. 포르노 보던 VCR에서 광주가 돌아갔죠. 전두환 각하는 색을 하사하시고 색으로 망했던 거죠. 한국 사람들 TV 컬러 바에는 광주 피가 스며 있어요.

한홍구 | 팔레비 왕조를 무너뜨린 이란혁명이 카세트 혁명이라면, 1980년 광주는 비디오 혁명이지. 카세트는 혼자 들어도 비디오는 대개 모여서 보잖아요.

서해성 | '해방 광주'가 대중에게 순식간에 침투될 수 있었던 건 삼성전자 덕분이죠.(웃음) 찌라시도 컬러로 바뀌어갔어요. 그때 광주는 미디어의 최첨단을 달린 거죠.

"거룩한 패배는 기어코 승리한다"

왜 운동권은 '보복'을 생각 못했을까

한홍구 | 영화 〈화려한 휴가〉(2007년 개봉) 감독이 젊은 사람이었죠? 광주는 이제 다 파먹은 김칫독이라 생각했는데, 700만 명이나 보고 울 줄은 생각을 못 했어요.

서해성 | 강풀 만화 『26년』을 읽으면서도 정말 괴로웠어요. 제목도 간편해. 강 『26년』이야. 근데 벌써 30년이네.

한홍구 | 나도 『26년』 보다가 못 보겠더라구요. 국정원 과거사위 있을 땐데. 위원회만 숱하게 만들고 단 한 놈도 감옥에 보내지 못하고 뭐하나 자괴감 들 때였으니까요. 왜 운동권은 '보복'이란 생각을 못 했을까요. 민중 근처로 간다 간다 하면서도 범생이 짓만 했구나 하는.

서해성 | 그 만화를 읽으면서 역사에서 징계가 이뤄지지 않을 때, 그 마지막 날 도청에서 어떻게 했던가. 거기서 답을 찾으면 되는 게 아닌가 싶었어요.

한홍구 | 만화에서 보면 전두환을 쏘는 게 미진인데 그 아버지가 광주에서 부인 죽고 실어증에 걸린 채 어린 딸을 키웠어요. 근데 아버지가 죽기 전 입을 열고는 "너는 네 인생을 살아라" 딱 한마디 하고 죽거든요. 아버지는 엄마 인생을 대신 산 거지. 소름 끼치는 대사예요. 아, 우리는 정말 고통스런 시절을 산 거지.

서해성 | 거대한 망각을 저격했다는 표현이 적당할 것 같아요. '26년.' 먹물 근성을 향해서도 저격한 거예요.

한홍구 | 사실은 우리 역사에서 국가 폭력이 허다한데 왜 광주가 특별하냐. 그건 그날 새벽의 도청 때문이에요.

서해성 | 광주 5종 세트를 꼽자면 '폭도, 밥, 분수대, 최후의 도청, 노래'라고 할 수 있죠. 이 5종 세트를 요즘 콘텐츠로 다시 창조해내는 게 우리네 숙제예요.

서해성 · 한홍구

한홍구 | 얼마 전 광주에서 시민군 소대장 했던 분을 만났어요. 마지막 날 16명을 배정받았는데, 밤 11시쯤 되니까 2명 남았대. 자기도 어머니가 찾으러 왔대. 대학생이 교련복 입고 있으니까 고교생인 줄 알고 지나갔다는 거야. 그렇게 무서울 수가 없는데 왜 남았냐고 물었더니 걍 남았대. 광주에서 배워야 할 것이 '걍 정신'이에요. 텅 빈 도청을 어떻게 전두환에게 넘겨주느냐, 그렇게는 할 수 없다 한 거죠.

서해성 | 그 새벽처럼 역사에 순결한 장면이 있는 법이거든요. 거룩하게 패배하면 끝내는 반드시 이긴다는 거예요. 도청이 가르쳐준 비밀이죠.

한홍구 | 그게 사상으로 된 게 아니라 몸으로 된 거죠. 민중이었기 때문에 몸으로 느낀 거죠.

서해성 | 문자 좀 쓰자면 거듭해서 기억을 재구성해야 해요. 걍 내버려뒀는데 게바라가 멋있게 되었겠어요? 뽀샵질도 좀 하고 해서 장사가 되게 해야죠.

한홍구 | 도청을 등지고 집으로 간 사람들이 이불 펴놓고 쿨쿨 잤겠어요? 이제나저제나 하는데, 좁은 광주 바닥을 총소리가 뒤흔들고, 오래지 않아 총소리가 멎었어. 진압당한 거죠. 그 시간이 한국 5천 년 역사에서 가장 긴 새벽이었을 거예요. 거기서부터 살아남은 자의 슬픔이 시작되는 거지. 그게 돌연변이예요. 돌연변이처럼 살아남은 자의 슬픔에 사로잡힌 놈이 광주의 자식들이 되는 거예요.

서해성 | 4·19와 함께 광주는 그렇게 해서 민주화 운동과 민중사에서 결정적 근육이 되었어요. 근육은 물론 쓰라고 있는 거죠. 가령 올해 5·18 기념식에서는 영령들을 부르는 〈임을 위한 행진곡〉을 빼앗겼죠. 이상화가 일제 때 "빼앗긴 들에도 봄은 오는가" 그랬는데, MB 시대에 '노래를 빼앗긴 들판에서 똥이라도 치워야, 쥐라도 잡아야 하는 게 아닌가'를 고민하는 지경이 되었어요.

한홍구 | 광주가 역사에서 부활했다, 승리했다 했는데 지난 30년 동안

"거룩한 패배는 기어코 승리한다"

단 한 번 그걸 의심하지 않았어요. 근데 요즘 들어 조금씩 불안함과 미안함이 생겨요. 지역아동센터 분들이 불러 강연을 가서 들은 이야기인데, 아이들한테 장래 희망을 쓰라 했더니 정규직이라고 쓴 아이도 있다는 거예요. 옛날에는 가난한 집 애들도 대통령이나 과학자, 사업가 된다 했었는데 말이지. 그 마지막 새벽에 '강' 남은 사람들이 계엄군을 기다리면서 꿈꿨던 대한민국이 있을 것 아니에요. 30년 뒤에 아이들이 장래 희망에 정규직이라고 쓰는 거였다면 총 내려놓고 집에 가는 게 맞지. 그게 바로 도청에서 마지막 죽음을 개죽음으로 만드는 거 아닌가요?

극도의 공포가 분노로 바뀌는 건 순간이야

서해성 | 후배들이 더는 혁명가, 운동가가 되겠다고 꿈꾸는 세상이 오지 않길 빌었죠. 평범한 시민으로 사는 게 자랑이길 바랐어요. 그게 소싯적에 데모 열심히 한 핵심 이유 가운데 하나였는데, 젠장 이걸 물러야 할지도 모르겠어. 일수불퇴인데. 지난 30년 동안 광주는 변화를 갈망하는 사람들에게 약이었어요. 부러 그 약효를 제거해버리겠다는데 어떻게 울화가 치밀지 않겠어. 올해처럼 그 약이 쓴 적이 없어요. 도청에 남은 형들에게 부끄러운 거지.

한홍구 | 유모차 엄마 잡아가고, 미네르바 잡아가고 하면서 저들이 우리에게 주려는 게 공포입니다. 그런데 광주를 봐요. 극도의 공포가 분노로 바뀌는 게 정말 순간이거든. 많이 누적이 돼가는 것 같아요.

서해성 | 요새 전쟁 공포를 팔아대고 있으니 거의 마지막 상품이 진열대에 오른 거죠. 공포는 마약과 같아서 뽕을 더 세게 쳐야 하거든. 곧 가게 물건이 가짜라는 걸 알게 되면 손님들이 가만히 있지 못하는 법이죠. 조금 더 있으면 노래방 기계에서 '솔아 솔아'가 슬며시 빠지지

않을까?(웃음)

한홍구 | 흔히 기억되지 못하는 죽음을 개죽음이라 하지만 기억만 하고 제사만 지내면 뭘 해? 산 놈들이 제대로 해야 죽은 자들이 빛나지. 도청에서 최후를 맞은 사람들을 개죽음으로 만들지 말아야 해요.

서해성 | 동학 때 봉준(전봉준)이 형네들은 낫을 갈았고, 광주 도청 형들은 총을 들었고, 우린 무얼 해야 하나. 그렇죠. 펜대 꼬나잡고 주둥이 제대로 놀리는 것에서부터 시작해야죠.

"거룩한 패배는 기어코 승리한다"

당신이 총을 들지 않았다면……

김지하가 『오적』을 써서 망해가던 《사상계》를 폐간시켜버린 것도 딱 40주년이다. 그때 김지하는 "에라 모르겠다, 볼기가 확확 불이 나게 맞을 때는 맞더라도" "시(詩)를 쓰되 좀스럽게 쓰지 말고 똑 이렇게 쓰랏다"라고 거침없이 내뱉었다. 우리도 비슷한 심정이다. 다른 게 있다면 그때 김지하는 뵈는 게 없는 갓 서른이었고, 지금 서해성하고 난 볼 꼴 못 볼 꼴 다 봐가며 쉰 줄에 들어섰다는 거다. 아, 또 한 가지, 《한겨레》가 좀 어렵긴 해도 《사상계》처럼 망해가는 처지는 아닐 터.

오늘의 화두는 광주다. 1980년대 내내 우리를 짓누른, 그러나 우리도 결단코 피하지 않았던 고통스런 문제. 지난 10여 년 민주 정권의 거짓 '태평성대'에 우리가 잊어버렸던 질문을 다시 꺼내 든다. "그 새벽 도청에 있었다면 난 총을 들었을까?" 이 난은 별걸 다 기억하는 역사학자 한홍구와 별걸 다 기억하는 역사학자보다 더 많은 걸 기억하는 서해성이 지식인의 껍데기를 벗어던지는 자리다. 지식인이란 그날 새벽 도청에서 총을 들지 않은, 않아도 되는, 않았어야 하는 이유를 1초에 7천 836가지를 만들어내는 능력을 발휘하기 마련이니까.

꼭 총을 들어야 한다는 얘기가 아니다. 다만 총을 든 사람들에게 미안하고 부끄러운 마음만은 간직하고 살자는 얘기다. 너무나 많은 이론과 정보를 탐하느라 고슴도치가 아는 딱 한 가지 중요한 사실을 놓쳐버린 어리석은 여우가 되지 말자는 얘기다.

서해성과 한홍구는 이상하게 역사와 세상을 보는 궁합이 맞는 과다. 예컨대 이런 거다. 1991년 참 끔찍한 '분신 정국' 때 그렇게 치열하게 싸우고도 왜 졌는가 결론을 "그때 애들만 죽어서 그래"라고 내리는 식이다. 그 둘이 무슨 병에 걸렸는지 갑자기 쥐를 잡자고 나섰다. 아마도 어린 시절 박정희 대통령 각하의 가르침을 너무 충실히 접수한 탓인가 보다. 이 난은 한홍구와 서해성이 서로 싸우는 자리가 아니다. 독자 여러분은 우리가 어떤 식으로 쥐를 잡는 게 가장 효율적인가 논쟁하는 것을 기대하지 마시라. 쥐약이면 어떻고 쥐덫이면 어떻고 고양이를 키운들 어떤가? 단, 쥐를 없애려면 우리 주변부터 청결히 해야 한다. 같이 놀고, 같이 싸우고, 같이 쥐 잡자.

한홍구

서해성 · 한홍구

2부

분노의
무늬

"책 읽지 말라는 말에
한이 맺혔다"

이숙희, 최숙희, 최옥녀 —홍익대 청소노동자

마땅한 공간이 없어 헤맸다.

홍익대로 찾아갔지만 농성 현장은 시끄러웠다. 노조 사무실 따위는 아예 없었다. 옆 건물에 있는 학생 휴게실로 향했다. 방학 중이라 한산했지만 난방이 되지 않았다. 참아야 했다. 도중에 학생들이 들락거리며 잡담을 나누는 소리가 거슬렸다. 어쩔 도리가 없었다. 옆방에서 공사를 하는지 가끔 귀청을 찢는 드릴 소음도 났다. 항의할 자격이 없었다. 그렇게 불안불안 조마조마한 심정으로 직설을 진행했다. 마치 홍익대 청소노동자들이 처한 현실을 에둘러 보여주는 듯했다.

오늘은 떼 직설이다. 2011년 2월 18일 현재, 47일째 홍익대 문헌관 1층을 점거하고 농성을 벌이는 청소노동자 중에서 세 분을 모셨다. 지난해 12월 2일 출범한 민주노총 산하 전국공공서비스노동조합 홍익대 분회장 이숙희 씨와 조합원 최숙희, 최옥녀 씨다. 이숙희 씨는 170여 명의 홍익대 청소·경비 노동자를 하나로 묶어낸 '주모자'다. 이들은 적게는 1년, 많게는 6년까지 홍익대를 쓸고 닦으며 정을 붙여왔다고 한다.

1월 2일 학교 쪽의 해고 통보로 시작한 농성은 학교 쪽의 무관심 속에서 길게 이어지고 있다. 학교와 노조는 맞고소를 했고, 이들의 열악한 노동 조건에 눈뜬 대학과 시민 사회는 힘을 보태고 있다. 교정 곳곳에 나붙은 수백 장의 플래카드에서 그 함성이 들리는 듯했다. 다가오는 새봄과 함께 이들도 봄을 맞을까? 아직은 모른다. ■

고경태

■ 홍익대 청소노동자들의 농성은 개학을 앞둔 2011년 2월 20일 용역 업체와의 협상 타결로 마무리되었다. 그러나 홍익대는 3개월이 지난 5월 25일 청소노동자들에게 농성 기간 중 들어간 대체 인력의 임금과 교직원 특근 수당 및 임금 등 2억 8천 134만원을 물어내라는 거액의 손해배상청구소송을 냈다.

청소노동자, 봄은 오는가

한홍구 | 안녕하지 못하시죠?(웃음)

이숙희 | 절대 안녕하지 못하죠.

서해성 | 학교에 몇 시에 나오시나요?

최숙희 | 8시부터 오후 6시까지 10시간 일하죠.

최옥녀 | 일이 많은 사람들은 새벽 5시에도 나와요.

한홍구 | 빨리 끝나면 일찍 퇴근하나요? 아니면 수당을 더 받거나.

최숙희 | 청소 구역 특성상 일찍 나오는 거죠. 내가 일했던 P동은 11층 건물인데 4명이 청소해요. 첫 출근 날 7시 반에 왔더니 다른 언니들은 5시나 6시에 나와서 일 다 하고 내려오더라고요.

이숙희 | 일찍 온 날 좀 빨리 퇴근하겠다고 하면 "누가 일찍 나오라고 했느냐"고 하죠.

점심값 300원에 관한 진실

서해성 | 생활이 거꾸로라서 아침에 집에 갈 때, 새벽 출근자들을 지하철에서 봐요. 대개 청소하러 가는 분들입니다. 다음이 시장에 가는 분들, 이어 노가다 뛰러 가는 분들.

최옥녀 | 경비 아저씨들이 더 빨라요. 4시 반에 일어나 마당 쓸고 5시 반에 교대해요.

이숙희 · 최숙희 · 최옥녀

137

서해성 | 사람들을 가장 슬프게 했던 게 하루 점심값 300원 얘기였어요. 근데 그마저 그냥 학교에서 주는 게 아니라면서요?

이숙희 | 요즘 학생들 쉽게 버리거든요. 미대의 경우는 고철, 구리도 많죠. 다들 주우니까 폐지며 고철을 모아서 처분을 했거든요. 마대 자루 하나에 천 원 꼴. 한 달이면 한 사람에 만 원 돈 되거든요. 그런데 어느 날 학교에서 모으지 말라는 거예요. 학생들 장학금으로 쓰겠다고. 그건 좀 아니잖아요. 그러다 어느 날 학교에서 이 돈으로 한 달에 9천 원씩 준다면서 밥값이래요.

서해성 | 스파르타 전사 300명이 페르시아 군을 물리치는 〈300〉이라는 영화가 있는데요, 우리나라에선 300원 받는 아줌마들이 MB와 신자유주의와 맞짱을 뜨고 있습니다.(웃음)

한홍구 | 올해 1월 3일 출근했더니 전원 해고 통지를 받으셨다죠? 전혀 예상하지 못했나요?

최옥녀 | 용역 회사는 계약이 만료됐다고 나가버리고 학교는 용역 회사에서 우리를 썼으니까 자기들하고는 상관없으니 나가라고 한 거죠.

한홍구 | 지난해 12월 2일에 노조를 출범시키자 해고한 건데, 계약이 되고 나서 한 달쯤 뒤 노조가 출범했어도 되지 않았나요?

이숙희 | 6년 일하면서 내내 싸운 게 시간 문제였어요. 10시간 일하는데 돈은 왜 8시간 치만 주냐는 거죠. 휴식 시간에도 못 나가게 해요. 그 시간에 그냥 일할 테니 일찍 퇴근하게 해달라고 해도 안 된대요. 점심시간에도 못 나가요. 혼자 싸워오다 마침 학생들 통해서 민주노총의 제안을 받은 거죠. 11월 20일쯤이었는데, 미화(청소) 쪽 75명한테 가입신청서를 받는 데 일주일도 안 걸렸어요. 그래서 출범식을 빨리 한 건데 이런 사태가 날 줄은 몰랐죠. 용역 회사와 학교 간에 당연히 계약이 연장될 줄 알았죠.

서해성 | 가장 빨리 노조를 만든 경우네요. 단시간에 75명 100퍼센트

"책 읽지 말라는 말에 한이 맺혔다"

가입. 그만큼 문제가 많은 일터였다는 거죠. 노조 만들면서 최저 임금 보장, 폭언 금지, 식비 지급, 식사 공간 확보, 휴가 등을 요구했는데.

이숙희 | 2011년부터 적용되는 법정 최저 임금이 4천 320원(시급 기준)이잖아요. 그거 해봤자 한 달이면 90만 3천 원이에요.

서해성 | 곱하기 170(미화와 경비 포함한 노조원 숫자) 하면 대략 한 달에 1억 5천만 원인데.

한홍구 | 청소노동자들이 억만금을 달란 것도 아니고, 결국 최저 임금 보장해달라는 정도밖에 안 되죠. 재학생들 걱정하는 게 학교 이미지 나빠지는 건데, 지금 받는 것하고 차액 따져봐야 학교 홍보비만 조금 절약해도 되는 돈이죠.

책 읽지 말라는 말에 한이 맺혔다

이숙희 | 생활 임금 5천 180원(노동계 요구 최저 임금)으로 계산해봐야 108만 원이죠. 그 차액을 보고 농성 현장 들렀던 한 의원이 "이사장 점심 한 끼 값"이라고 하더라고요.

한홍구 | 학교가 범법을 해왔다고도 할 수 있어요. 최저 임금도 안 줬으니까. 아침 일찍 출근하는 시간외 수당도 주지 않았잖아요. 보통 1.5배로 치는데. 근로기준법대로라면 108만 원도 넘겠죠.

서해성 | 학교가 밝힌 성명을 보니 "용역 회사에서 노무 관리를 도급해서 아웃소싱하는 것은 비용 절감과 조직의 효율을 위해 불가피하며 윤리적으로도 비난받을 일이 전혀 아니다"라고 하더군요.

이숙희 | 입장 차이 같아요.

한홍구 | 어리석은 일이죠. 청소비 조금 아끼려다 학교 이미지 더러워졌죠.

서해성 | 용역 계약 문제로만 봐서는 곤란하죠. 미화원 포함 교내 고용

과 대우에 대한 내용이야말로 학생들이 배워야 할 중요한 교육 내용이죠.

한홍구 | 대개 5, 60대 분들이 많은데, 아이들 공부시켜놓고 일하는 거 잖아요. 청소하려면 사지 멀쩡해야 하는데 성인 노동 한 달 75만 원이면 이주노동자하고 큰 차이가 없거든요.

최옥녀 | 우리가 더 적어요. 이주노동자들은 먹고 자고 100만 원은 받으니까요.

서해성 | 왜 이들을 외면하고 살았나 하는 미안함이 후원 물결로 이어지고 있다고 봅니다.

이숙희 | 정당이나 단체는 물론 개인적으로 오는 분들도 많죠. 오십이 넘도록 이와 비슷한 일이 있을 때 한 번도 관심 가져본 적이 없어요. 솔직히 이번 기회에 많은 걸 느꼈어요.

최옥녀 | 강원도 산골에서 어린 딸 둘을 데리고 찐빵을 쪄 온 분이 계셨어요. 여수에서 택배로 갓김치, 물김치 보낸 분도 있고.

서해성 | 홍대에서는 학생들 면학 분위기 해친다고 하는데, 먼 곳에서는 자식들 데리고 와서 교육장으로 삼고 있는 셈이네요.

이숙희 | 내가 이거 하면서 느낀 건 '정말 빨갱이가 안 될 수 없다'예요.(폭소) (빨간 조끼를 가리키며) 빨갱이가 따로 있는 게 아니잖아요.

최숙희 | 미대 학생들이 담당 어머니 손 잡고 우유를 건네며 "춥죠? 얼마나 힘드세요" 부둥켜안는 걸 보면서 따뜻한 마음을 지닌 학생들이 많다는 걸 느꼈어요. '내가 자식을 잘못 가르쳤구나' 반성도 했어요. 혹시 이런 데 가담할까 싶어 "가지 마라"고 했거든요.

서해성 | 홍대 총학생회에서 농성을 그만둬 달라고 했잖아요. 연대 총학생회에선 밥솥을 가지고 왔다고 하는데.

최옥녀 | 여러 대학에서 왔어요. 연대 '살맛' 동아리 학생들은 여기서 살다시피 해요.

"책 읽지 말라는 말에 한이 맺혔다"

© 이종천

"기우제를 지내면 비가 온다고 하잖아요. 기우제 지내는 사람에게 어떤 능력이 있어서가 아니라 비가 올 때까지 기우제를 지내기 때문이라고 하죠. 우리에게도 이제 비가 내릴 때가 됐어요."

_왼쪽부터 최옥녀, 최숙희, 이숙희 씨

이숙희 | 우리를 민주노총에 소개해준 건 홍대 학생이에요. 인문경제학부 학생인데, 그 엄마가 얼마 전에 밑반찬을 보냈더라고요. 감사 전화를 드렸더니 자기만 아는 앤 줄 알았는데 대견하다고 오히려 저한테 고맙다는 거예요. 총학생회 분위기 때문인지 걔가 지금 많이 소외돼 있어요.

서해성 | 그 학생 소개 좀.

최옥녀 | 노조 출범 전에 우리가 쉬는 곳을 찾아다니면서 "일하시는 데 어떠냐, 불편한 점은 없느냐" 묻고 다녔어요. 그러면서 민주노총하고 연결이 됐어요.

서해성 | 총학이 대략 이렇게 말했더군요. "사실과 다른 언론 플레이로 학교 이미지를 실추시키기보다는 사실에 근거한 자료들과 타 대학 임금 수준을 학교 측에 제시하자."

이숙희 | 총학은 처음부터 끝까지 학교하고 똑같아요. 면담 첫날 총학생회장 첫마디가 이거였어요. "학교가 잘못하는 거예요, 회사가 잘못하는 거예요?"

서해성 | 영화배우 김여진 씨가 블로그에 쓴 글에, 그 친구가 밥숟가락들 결정권도 없었다는 거 아닙니까?

이숙희 | 처음엔 그저 부잣집 도련님 같았지만 자기도 입술이 터갖고 왔더라고요. 안쓰럽죠.

한홍구 | 이런 일 터질 줄 알았으면 학생회장 안 맡았겠죠. (웃음)

이숙희 | 김여진 씨가 총학생회장과 만난 이야기를 쓴 날 내가 밥 먹으라고 했더니 못 먹더라고요. 그때 걔 표정이 잊히지 않아요.

서해성 | 요구 사항 중에 '폭언 금지'도 있던데요.

이숙희 | 주로 관리자들 입에서 나오죠. 노조 출범 때 관리소장이 "믿을 년 하나 없다", (웃음) "니년들이 그렇게 사람을 배신할 수 있느냐"고 하더군요. 소장 자신한테 말 않고 몰래 노조를 만들었다는 거죠.

"책 읽지 말라는 말에 한이 맺혔다"

미쳤어요?(웃음) 어떤 관리장은 휴지를 타러 갈 때마다 "달래나 볼걸" 하는 질펀한 얘기나 하고, 무슨 말인지도 모르겠어요.(웃음)

서해성 | 쉴 때는?

이숙희 | 처음 왔을 때 공간이 마땅찮아 화단에 나와서 책을 펴니 들어 가라고.(웃음) 학생들 보는 데서 왜 그렇게 하느냐고. 그게 한이 맺혔어요.

서해성 | 용서할 수 없는 이야기군요. 대학은 공부하는 곳인데.

이숙희 | 나중엔 건물 뒤쪽으로 가서 읽다가 포기하고 말았어요.

우리는 왜 총장을 만날 수 없는가

서해성 | 개그맨 김미화 씨가 "어머니도 청소노동자였다. 점심시간이면 빗자루와 대걸레를 넣어두는 비좁은 공간에 신문지를 깔고 옆 칸에서 볼일을 보건 말건 식은 밥을 드셨다."라고 했어요. 화장실이라는 이야기죠. 그걸 읽으면서 밥과 똥이 하나라는 걸 절감했어요.

이숙희 | 계단 밑을 우리 땅이라고 하죠. 고개 들고 오가지 못하는 공간이 많죠. 지금 있는 곳은 비가 새요. 우산을 받쳐놓아야 하죠. 먹을 걸 두고는 퇴근도 못 해요. 쥐가 들어서.

서해성 | 그렇게 '계단 밑에 사는 유령'이라는 청소하는 분들이 41만 명이더군요. 2009년 평균 임금 79만 6천 원인데 여성은 74만 원, 여성 비율은 82퍼센트, 평균 연령 57세, 조합 조직률은 6퍼센트. 조합 조직률만 따지면 삼성하고 비슷해요.(웃음)

한홍구 | 업무 방해, 건조물 침입, 감금 혐의로 이숙희 분회장과 상급 노조 여섯 사람이 학교 측으로부터 고소를 당했습니다. 누굴 감금하셨어요?

최숙희 | 우리가 총장을 만나야겠다고 올라가는데 마침 총장이 계단으

로 내려오다가 부닥쳐서 다시 총장실로 되돌아갔죠. 교직원들이 문을 가로막고 있었어요. 우리는 "나와서 대화하자"고 소리쳤죠.

한홍구 | 밖에선 나오라고 하고, 안에선 문을 걸어 잠그다니, 별 희한한 감금범 다 보겠네요.

서해성 | 나오라는 걸 '감금'이라고. 이런 식 뒤집어 말하기가 MB 체제의 특성이죠.

최숙희 | 조금 있자니 휠체어가 들어가더라고요. 아마 119를 부른 모양이에요. 나중에 제 발로 걸어 나가면서 승용차 탈 때 씩 웃는 것 같더라고요.

서해성 | 건조물 침입은?

최옥녀 | 농성장 양쪽으로 교직원들이 근무하고 있어요. 적과의 동침.(웃음)

서해성 | 1월 3일 이후 학교 쪽에서 공식적으로 노조에 제안한 건 없는데 누리집을 보면 "종전보다 대폭 인상된 임금을 지급받는 데 충분한 조건을 제공했다…… 고용 승계와 처우 개선을 요구하면서 농성을 벌인 종전 근로자들은 그 요구가 모두 수용될 수 있는 여건이 조성됐다."

이숙희 | 우리는 지금 고용 승계가 아닌 고용 보장을 요구하고 있어요. 학교가 용역 회사하고 1년씩 계약하다 보니 1년 뒤 회사가 바뀌면 다른 사람들하고 이런 상태를 또 거쳐야 하는 거잖아요. 그래서 학교 쪽하고 고용 보장 협약서를 써놓자는 거죠.

서해성 | 학교에서는 2년 이상 고용을 하면 정규직으로 전환해야 하기 때문에 용역으로 하는 거죠. 청소노동자 41만 명, 여러분이 그들에게 희망이 되고 있습니다.

최숙희 | 얼마 전 성동구청 계약직이 정규직으로 전환이 됐다고 해요. 마음이 뿌듯하더라고요. 우리 학교에도 정규직이 5명 있어요. 용역

"책 읽지 말라는 말에 한이 맺혔다"

생기기 전에 들어온 분들이죠. 보너스도 있고 떡값에 라면값도 나온 다고. 휴가도 우리보다 자유롭게 더 많이 쓰고, 외출도 있고!

서해성 | 교육부·노동부에선 어떤 관심을 보여왔나요?

이숙희 | 교과위 쪽 국회의원들이 찾아왔을 때 말했어요. "성지 순례하 듯(웃음) 오지 마라." 그냥 왔다만 가면 뭐하냐 이거죠. 정동영 의원이 두 번 찾아왔는데 "도와주려고 왔으면 함께 농성을 하자"고 했어요. 교육부에선 안 왔고, 노동부에선 자주 와요. 학교 쪽이 대화에 나오게 끔 주선을 해보겠다더니 소식이 없어요.

한홍구 | 이 싸움을 모든 청소노동자들이 주시하듯 홍대 총장과 이사장 은 모든 사립대 총장과 이사장들로부터 엄청난 압력을 받고 있을 겁 니다. 홍대만 놓고 본다면 충분히 문제를 해결할 수 있지만, 그렇게 못 하는 건 그쪽 세계의 압력이죠. 여기서 내주면 전체 사학의 총장과 이사장들이 밀린다고 생각하기 때문이죠.

홍대 앞에는 3대 깡패가 있다?

최옥녀 | 우리가 교섭하자고 할 때는 끄떡도 안 하더니 정동영 의원이 오니까 부총장이 영접을 하더라고요. 정 의원이 왔을 때 학교 쪽에서 좋은 조건으로 우리를 대해줄 것처럼 이야기했지만, 가고 나선 묵묵 부답이에요.

서해성 | '홍대 앞' 하면 노는 곳이잖아요. 술집, 카페, 미장원……. 두 리반 투쟁■에서부터 홍대 어머니 투쟁까지, 홍대 앞이 바뀌고 있다는 말이 돌고 있어요.

■ 재개발 강제 철거에 맞선 홍익대 부근 '두리반' 분식점의 투쟁. 530일 만인 2011년 6월, 시행사와 영업손실배상금 보상과 민·형사상 분쟁 중단 등에 합의하는 승리를 거두었다.

이숙희·최숙희·최옥녀

이숙희 | 우리 학교 학생이 그런 이야기를 해요. "요즘 홍대 깡패가 최고"라고. 성미산에도 깡패 오고, 두리반에도 깡패 오고, 홍대 재단이 깡패가 됐다는 거예요.(웃음)

서해성 | 홍대 앞에 3대 깡패가 있군요.

한홍구 | '우리 학교'라는 말이 입에 붙으셨네요.

이숙희 | 제일 피해자는 학생들이에요. 우리 학생들한테 특히 가장 미안해요.

한홍구 | 이제 곧 개학인데, 학교 측이 무작정 외면할 수 있을까요?

이숙희 | 이제 막바지라고 봐요. 지금까지 몸싸움이었다면 이젠 머리싸움이에요. 학교와 해결할 문제도 있고, 고소 고발 취하 건도 있고. 기우제를 지내면 비가 온다고 하잖아요. 기우제 지내는 사람에게 어떤 능력이 있어서가 아니라 비가 올 때까지 기우제를 지내기 때문이라고 하죠. 우리도 이제 비가 내릴 때가 됐어요. 얼마 전 일본 파나소닉 비정규직 해고노동자들이 지지 방문을 했는데 이게 세계적인 문제인 거 같아요.

서해성 | 비정규직과 해고 따위를 신자유주의가 강요하고 있는 거죠. 권력은 이를 옹호하고. 2011년 새해를 청소노동자들이 열었습니다. 여러분은 잘못된 노동 관행을 청소하고 있는 세상의 진짜 청소부라는 말씀을 마지막으로 드리고 싶군요.

최숙희 | 고소 고발 취하하고 고용 승계가 아닌 고용 보장을 해주고, 생활 임금을 주지 않으면 끝까지 가야죠. 다들 기꺼이 싸우겠대요. 45일간 추위에 떨었는데 꼭 이뤄야죠. 영하 20도 때는 정말 너무 추웠어요. 아휴!

이숙희 | 갑자기 봄이 왔더라고요. 안에서 싸우는 동안에.

"책 읽지 말라는 말에 한이 맺혔다"

'홍익'이란 무엇인가

홍대에서 만난 아주머니들은 출근 시간이 둘이었다. 하나는 공식 출근 시간 아침 8시. 학생이나 교직원보다 1시간 먼저 나와 수업과 행정 업무를 보는 데 지장이 없도록 청소하면 된다. 또 새벽 5시에 나오는 사람도 있고 6시에 나오는 사람도 있다. 맡은 구역이 넓다 보니 제대로 수업과 업무가 진행되게 하려면 일찍 나오는 수밖에 없다.

하긴 엄마가 뭐 누가 시켜서 일찍 일어나나? 일이 많으니 알아서 일찍 깨는 거지 뭐. 집에서도 알아주는 사람 없다지만 이거 직장에서는 좀 심하다. 감당할 수 없게 넓은 구역 떠맡겨 놓고 사람을 늘려달라는 호소에는 묵묵부답, 일찍 나온 것 시간 계산해달라면 누가 일찍 나오라고 했냐고 오히려 눈을 부라린단다.

아침 8시에서 저녁 6시까지 10시간만 쳐주는데 그렇게 받는 돈이 겨우 75만 원. 최저 임금 4천 320원으로 20일 계산해도 90만 원이 안 되니 청소노동자들에게 최저 임금이란 사치일 뿐이다. 최저 임금 이하로 돈을 준 건 용역 회사가 한 것이니 학교는 책임이 없다나? 애초에 최저 임금도 못 줄 정도로 최저가 입찰을 해놓고, 그나마 노조 만들었다고 잘라버린 건 누구였던가?

단군 할아버지가 말씀하셨다는 홍익인간은 홍익대학교의 이름뿐만 아니라 우리 교육법의 이념이기도 하다. 홍대 측은 널리 사람을 이롭게 한다는 '홍익'을 "사람과 사람의 관계에서도 마땅히 존재하여야 할 가치 덕목"이라 설명하고 있다. 아주머니들은 이번 일을 통해 '홍익'의 이념을 온몸으로 체화해 가고 있었다.

상급 노조를 '외부 세력'이라 부르는 무지함을 자랑하면서 내부 성원인 아주머니들을 외면하는 학생들도 있지만, 수줍게 찾아와 '우리 동 아주머니'를 찾아 음료수 쥐여주는 학생들을 보면 참 반듯하게 잘 자라주어 고맙다고 했다. 아주머니들은 말끝마다 '우리 학교'를 연발했다. 매일 쓸고 닦던 학교, 새내기들 오기 전에 윤이 나게 닦아놓아야 할 텐데……

한홍구

이숙희 · 최숙희 · 최옥녀

"시혜 노땡큐……
우릴 갉아먹는 한류 노땡큐!"

미셸 카투이라 —이주노동자노동조합 위원장

그는 남자다. 트랜스젠더다. 노동운동가다.
필리핀에선 호르몬을 맞지 않았다. 노동 운동도 몰랐다. 한국에서 여러 변화를 경험하고 있다.

　미셸 카투이라(Michel Catuira), 서울·경기·인천 이주노동자노동조합(이하 이주노조) 위원장을
모셨다. '서울·경기·인천'에 한정됐고 정식 인가를 받지 못한 법외 노조이지만, 국내에서는 하나뿐인
이주노조다. 서울출입국관리사무소는 그에게 "(2011년) 3월 7일까지 한국을 떠나라"고 명령했다. '허
위 취업'을 이유로 들었다. 그는 이 조처가 명백한 표적 단속이라며 서울행정법원에 출국 명령 등 행정
처분 집행정지 신청을 했다. 직설 대담 이틀 뒤인 2일, 서울행정법원은 이를 받아들였다.■

　일주일 안에 한국에서 쫓겨날지도 모르는 형편이었지만 그는 편안해 보였다. 통역을 해준 김동영(이
주노조 자원활동가) 씨는 "다른 매체와 인터뷰를 할 때는 한국에 대해 쌓인 분노가 많아 화를 내기도
했는데 오늘은 정말 분위기가 좋다"고 말했다. 트랜스젠더에 관한 조심스런 질문에도 그는 환하게 웃
으며 답했다. "호르몬 주사를 맞는 것에 대해 필리핀의 가족들이 적극 지지해주고 있다."

　마닐라 남쪽 리살 타나이에서 태어난 미셸은 2006년 한국에 왔다. 2010년 7월 이주노조 제5대 위
원장으로 뽑혔다. 1·2대 안와르(방글라데시), 3대 카지만(네팔), 4대 토르너(네팔) 위원장은 표적 단속
에 걸려 보호소에 가거나 강제 추방됐다. 이젠 그의 몫이다. 대한민국 정부는 또 어떤 방법으로 그를
괴롭히고 못살게 굴까. 고경태

■ 법무부는 2011년 3월 18일, 미셸 위원장의 체류 기간 연장 신청을 불허했다. 미셸 위원장은 출국을 거부한 채 이
주노조 합법화를 위한 캠페인과 노동 상담에 주력하고 있다. 2011년 7월엔 한진중공업 해고노동자와 연대하는 희망버
스도 탔다.

나는 당당한 이주노동자!

서해성 │ 장충체육관은 필리핀이 한국인을 위해 지어준 것인데, 필리핀과 관련된 곳에 가봤는지요?

미셸 카투이라(이하 미셸) │ 혜화동(필리핀 벼룩시장)만 가봤습니다.

한홍구 │ 필리핀의 한국전 참전 기념비도 있죠. 고양시에.

미셸 │ 저희 할아버지도 한국전쟁에 참전했어요. 할아버지는 영웅 대접을 받았는데, 노동자로 온 손자는 빈대 취급을 받고 있죠. 저는 한국이 바나나 공화국이라고 생각해요. 겉은 노랗지만 속은 하얀색.(웃음) 자기들이 백인인 줄 알아요.

한홍구 │ 필리핀은 스페인과 미국 등 백인의 지배를 오래 받았죠. 필리핀 내부도 인종 문제가 복잡하다고 들었는데, 한국에서 겪은 차별과 어떤 차이점이 있는지요.

미셸 │ 필리핀엔 섬이 많아요. 섬끼리 언어도 다를 정도죠. 그래도 외국인이 오면 왕이나 여왕처럼 받들어요.

눌러살까 봐 그렇게 걱정되세요?

한홍구 │ 한국도 1988년 올림픽 전까지는 주로 지위도 높고 돈도 많고 한국 사회 높은 곳에서 필요로 하는 미국이나 유럽 사람들이 왔기 때문에 대우를 잘 해줬죠. 지금은 외국인들이 하층 노동자 신분으로, 한

미셸 카투이라

국인들이 기피하는 3D 업종에 많이 옵니다.

서해성 | 한 해 이주노동자 체불 임금을 대략 200억 원가량으로 추론할 수 있습니다. 평균 월급을 100만 원으로 치면 2만 명이 떼인다는 이야기죠. 근데 2010년 강제 출국당한 이주노동자 수가 공교롭게도 2만여 명이에요.

미셸 | "사장님 나빠요."

서해성 | 그런 사장님들이 입에 달고 사는 말이 "빨리빨리"죠.(웃음) 그분들이 "가족처럼 대해준다"는 말도 자주 하죠?

미셸 | 위선적이라고 생각합니다.

서해성 | '가족처럼'이라는 말 속엔, 가족이니까 밥 먹여주고 옷 사주고 재워주고 같이 논다, 대신 월급은 안 주는 거야. 자식한테 월급 안 주잖아요.(웃음) 사장님들의 그 말씀을 들을 때마다 뜨끔해요.

한홍구 | '가족처럼'은 1960~1980년대 한국 노동자들이 자기 목소리를 내지 못할 때 썼던 말이에요. 노조가 큰 힘을 얻으면서 그 '말씀'이 사라졌죠.

미셸 | 한국에 오기 전 교육받을 때 비디오를 보는데, 중소기업은 '가족처럼' 대해주고, 큰 기업은 급여가 높다고 하죠.

한홍구 | 제가 만난 법무부 관료나 출입국관리사무소 실무책임자들은 묘하게도 반이주노동자 감정을 갖고 있더군요. 이주노동자 때문에 일자리를 잃는 것도 아니고, 이주노동자가 온 건 우리 사회가 필요로 하기 때문인데 말이죠. 왜 그들이 반대 감정을 가졌을까요?

미셸 | 정확히는 모르겠어요. 단속 건수가 많으면 인센티브 포인트가 쌓이기 때문은 아닐까요?(웃음) 이주노동자가 한국 사회의 단일성을 파괴한다고 생각하나 봐요.

한홍구 | 법무부 인권 정책 자문위원을 할 때 고시 패스한 엘리트들인 과장급들과 이야기를 나누다가 깜짝 놀랐어요. "이주노동자들을 왜

"시혜 노땡큐…… 우릴 갉아먹는 한류 노땡큐!"

못살게 구느냐. 노동 허가도 해야지" 했더니 바로 튀어나오는 답이 "그러면 여기 눌러살 거 아니에요? 우리는 단일민족인데"였거든요.

서해성 | 드라마 〈추노〉가 큰 인기를 끈 적이 있어요. 조선 시대 노비 사냥꾼들 이야기죠. 어떤 공무원들은 그 사냥꾼들 노릇을 하는 셈이죠. 드라마를 보면서 추적당하는 이주노동자들이 겹쳐졌어요.

미셸 | 이주노조 3대 위원장이었던 카지만(네팔) 동지가 납치되다시피 잡혀 강제 출국을 당한 것은 〈추노〉와 다를 게 없어요. 단속이 심해질 때면 서대문에 있는 노조 사무실(민주노총 서울 본부 내) 밖에서 밴이 왔다 갔다 하며 감시를 하죠. 지난해 12월 마로니에 공원(서울 혜화동)에서 열린 '이주노동자의 날' 때 제가 이주노동자방송과 인터뷰하는 걸 여자 경찰이 다가와 전화를 거는 척하면서 녹음을 하더라고요.

한홍구 | 미네르바처럼 전기통신법 위반이네요.(웃음)

서해성 | MB 정부는 외국인 노동자를 한국인으로 대체 고용하면 시설 투자비를 50퍼센트까지 지원하고, 한 사람당 120만 원을 지원하겠다는 발표를 한 적이 있어요. 이주노동자 수를 줄이겠다는 거였죠.

이주민 관련 종교 단체들의 권위적 자세

미셸 | 우리가 주로 일하는 분야에선 한국인들이 일하려고 하지 않아요. 결국 올해도 이주노동자 쿼터가 늘어났고요. 한국인 실업률과 관계없이 이주노동자는 계속 필요한 거죠.

한홍구 | 그래서 각하가 눈높이를 낮추라고 했죠.(웃음) 이주노동자들을 지원하는 상담소나 NGO, 종교 단체도 많은데 왜 굳이 어렵고 힘든 노조 활동을 하시는 겁니까?

미셸 | 잘못된 답을 드릴까 봐 조금 두렵습니다.(웃음) 한국의 일부

미셸 카투이라

NGO나 이주노동자 권익 단체들이 이주노동자에게 시혜를 베푸는 듯하는 태도는 깊이 생각해봐야 합니다.

한홍구 | 더 구체적으로.

미셸 | 임신 중이던 미등록 여성 노동자가 해고를 당했는데 남자에게서도 버림받은 상태였어요. 가톨릭 단체로 가서 아이 낳고 보상받는데 도움을 받았죠. 단체에선 아기를 필리핀으로 보내도록 도와주겠다고 했어요. 엄마가 아기를 데리고 있고 싶다고 하자, 그렇게 하면 추방당한다면서 당장 이곳을 떠나라고 했죠. 권위적 자세인 거죠. 사실 고용허가제도 몇몇 종교 단체들이 정부와 협상을 해서 통과시킨 거잖아요. 무엇보다 이주 관련 NGO와 종교 단체들은 이주민 역량 강화보다는 그들의 서비스에 우리를 의탁하게 만들어서 결과적으로는 이주노동자들을 수동적으로 만들어요.

서해성 | 혹시 한국의 헌법을 읽어본 적 있나요?

미셸 | 노동법 관련 구절은 읽어봤어요.

서해성 | 이주노동자 노조 활동은 최소 네 가지 법률적 근거를 갖고 있어요. 헌법 제6조 2항, 외국인은 국제법과 조약이 정하는 바에 의하여 그 지위가 보장된다. 헌법 제33조 1항, 근로자는 근로 조건의 향상을 위하여 단결권, 단체교섭권 및 단체행동권을 가진다. 근로기준법 제5조, 사용자는 근로자에 대해 국적, 신앙 또는 사회적 신분을 이유로 근로 조건에 대한 차별 대우를 하지 못한다. 그리고 요거는 외우기가 쉬워요. ILO(국제노동기구) 협약인데 제111조. 인종, 피부색, 출신국 또는 사회적 신분 등에 의해 차별 대우해서는 안 된다. 이걸 길게 말한 건 이주노동자는 물론, 우리 대통령 때문이기도 해요. '국격'을 위해서.(웃음)

미셸 | 실천이 잘 안 되는 법 조항들이죠. 다음에 번역해서 캠페인할 때 써야겠네요.

"시혜 노땡큐…… 우릴 갉아먹는 한류 노땡큐!"

한홍구 | 현행 헌법이 1987년에 만들어졌는데 이주노동자가 지금처럼 70만 명이 되리라는 걸 염두에 두지 못했죠. 우리 법체계에 이주노동자에 관한 부분을 적극적으로 명시해야 합니다. 이주노조 현황은 어떤가요?

미셸 | 정식 명칭이 서울·경기·인천 이주노조이지만, 이 지역에서 일하다가 부산·울산·창원으로 일하는 곳을 옮긴 분들이 많아 전국에 조합원이 퍼져 있는 셈입니다. 정부 단속이 심해서 현재 250여 명밖에 안 되지만. 한국인 노조에 통합된 노동자들도 많고요. 대구 성서공단 노조에는 이주노동자 사업국이 따로 있죠.

서해성 | 상당 기간 한국에서 일하다 자기 나라에 돌아갔을 때 적응 못하거나 차별받는다는 말을 들은 적이 있습니다. 그 나라도 이미 변해 있을 테고.

미셸 | 자기 나라에서도 외톨이가 되고는 해요. 그래서 나중에 필리핀 돌아가면 그런 걸 도와주는 단체나 재단을 만들어볼 계획이에요. IMWSN(International Migrant Workers Solidarity Network, 국제이주노동자연대네트워크)이라는 기구가 있는데, 이주노조 지도자 중 방글라데시나 네팔로 추방된 분들과 한국에 있는 이주노동자들이 네트워크를 만든 거예요. 본국에서 이주노동자들이 한국 오기 전에 조직과 교육을 하고, 또 한국에서 일하고 난 뒤 돌아갔을 때 지지대가 되어주는 거죠.

한홍구 | 고용허가제로 바뀌면서 3년 더하기 3년 해서 6년밖에 있을 수 없잖아요. 한국말과 문화에 익숙해질 무렵 돌아가는데, 과거에 비해 목소리를 낼 수 있는 기회가 점점 줄어드는 셈이죠. 법무부가 굉장히 불리한 여건을 고안해낸 거예요. 이게 고용허가제의 본질입니다. 이젠 장기 미등록 이주노동자는 많지 않죠. 기간이 짧아서 문제지, 대부분 합법 신분이잖아요.

미셸 카투이라

"저희 할아버지도 한국전쟁에 참전했어요. 할아버지는 영웅 대접을 받았는데, 노동자로 온 손자는 빈대 취급을 받고 있죠. 저는 한국이 바나나 공화국이라고 생각해요. 겉은 노랗지만, 속은 하얀, 자신들이 백인들인 줄 알아요."

한국인 역할 최소화…… 결정은 우리가 한다

미셸 | 고용허가제 이후 들어오는 노동자들은 투쟁 경험이 없을 뿐 아니라 들어오기 전 사회 통합 트레이닝을 강하게 받고 들어오는 탓인지 빨리, 많이 벌고 돌아가야 한다는 의식이 강해요.

서해성 | 몇 년 동안 이주민 어린이들을 위해 9개 나라말로 된 동화책을 만든 적이 있습니다. 한홍구 교수도 평화박물관에서 '엄마나라 이야기'라고 비슷한 사업을 했고요. 한국은 '다문화'라는 이름으로 동화 정책을 쓰고 있어요. '한화' 정책은 제국주의적 폭력성을 안고 있습니다. 이주민들의 모국어, 문화, 자기 정체성을 지켜내고 발전시켜내는 작업이 절실해요.

미셸 | 다문화 정책이 동질화시키려는 시도라는 지적에 동의합니다. 그런 까닭에, 가령 지금 이주노조에서는 한국 활동가들의 역할을 최소화하려는 움직임이 있습니다. 한국의 운동 방법이 이주노동자들에게 필요한 효과를 가져다주지 못하는 점도 있지만, 더 우려스러운 것은 이들을 통해 한국의 운동 방식이 이주노동 운동과 문화를 지배하게 되는 것이죠.

서해성 | 문제를 스스로 인식해서 행동하는 과정이 자기 안에 축적되지 않으면 일시적으로는 몰라도 종국적으로 성공하기 어렵죠. LA에 사는 한국인이 미국인 지도를 받아서 운동한다면 말이 되겠어요?

미셸 | 이주노동자들의 특수성을 살린 고유한 전략과 투쟁이 필요한 거죠.

한홍구 | 냉전 종식 이후 한국 노동운동권 상당수가 이주노동자 문제가 생기면서 그쪽으로 쏠려 갔어요. 운동의 주체를 확립해야 한다는 지적에 전적으로 동의하지만 한국 활동가들과의 건강한 연대 방식을 찾아야 하지 않을까요?

미셸 카투이라

미셸 ｜ 앞에서 말씀드린 이유로 더는 이주노조에서 한국 활동가는 일하지 않게 될 것입니다. 다만 경험 공유나 자원 활동, 교육 프로그램 지원 등은 당연히 필요하죠. 운동과 투쟁의 중요한 결정은 이주노동자들 스스로 내릴 것입니다.

서해성 ｜ 이주노동자 아이들 교육도 심각한데, 보호가 차별이 되는 일들이 일어나고 있어요.

미셸 ｜ 우리는 다문화가정 자녀 특수 교육에 반대합니다. 이는 인종 차별적인 행위입니다. 다문화라는 이름 아래 교환과 공유가 되어야 할 교육을 한국 아이들과 똑같이 되도록 강요하는 것이기 때문이죠. 저는 이 기회에 한국 아이들이 '특수한 교육'을 받을 필요가 있다고 생각합니다.(웃음) 이주노동자 아이들은 여러 언어를 구사하고, 다른 문화를 접해보았고 이해하고 있는 셈이죠. 한국 학생들은 좀 더 다양한 문화를 접할 수 있게 되는 거고요.

서해성 ｜ '한류'를 어떻게 생각하나요. '코리아 판타지'를 생성시키는 매개물인 데다 통속성이 대중에게 끼치는 영향도 그렇고.

미셸 ｜ 저는 한류의 팬이 아닙니다. 한류가 재현하는 한국은 우리들을 현실로부터 멀어지게 해요. 이것은 순간적 만족에 그치기 때문에 사회 정의나 사람들에 대한 관심에서 떼어놓고 물질주의에 집착하게 만들죠. 한류는 모르핀과도 같습니다. 우리들의 고통, 현실을 외면하게 하고, 결국 조금씩 조금씩 우리를 갉아먹을 것입니다.

서해성 ｜ 한국이 부자가 되는 데 결정적 영향을 준 것도 이주노동자로 일할 때였어요. 사우디아라비아, 쿠웨이트 등 중동 건설 노동자로 나가서 큰돈을 벌었죠. 지금도 강남 부자들은 노동은 안 하지만 국적 이주를 계속하고 있어요. 원정 출산.(웃음)

한홍구 ｜ 왜요? 산고(産苦)도 영어로는 레이버(labor)예요.(웃음)

서해성 ｜ 신자유주의 체제에서 자본의 약탈은 국경이 없는데 노동자들

"시혜 노땡큐…… 우릴 갉아먹는 한류 노땡큐!"

의 이동은 막고 있죠. 프랑스·영국 등 유럽에서도 비자법 갱신을 통해 장기 체류를 못 하게끔 하고 있어요.

미셸 | 사람들을 이주하게 만드는 건 자본이잖아요. 자본은 이익에 따라 움직이는데, 그 이익은 몇몇 곳에만 집중되고 있죠. 노동자들이 거기로 이동하는 거죠. 중요한 것은 자원을 분배하면 사람들이 이주할 이유가 없어진다는 거죠.

한국인에 대한 증오·폭력 걱정된다

한홍구 | 앞으로 한국에서 이주노동자들의 분노나 양태가 어떻게 나타날 것으로 보는지요?

미셸 | 우선 다른 나라에 경제적 기회가 생긴다면 상당수 이주노동자들이 한국을 떠나겠죠. 문제 해결이 안 되면 명동성당 투쟁(2003) 같은 게 다시 일어날 수도 있습니다. 이주노동자들 본국에서 한국에 대한 증오와 폭력이 일어날 수도 있어요. 실제로 지금 필리핀에서 그런 분위기가 일고 있어요.

서해성 | 어렸을 적 미국으로 이민 간 한국인(조승희)이 2007년 자기가 공부하던 버지니아공대에서 총을 난사해 여러 사람을 죽게 한 일이 있었지요. 그의 정체성은 비사교, 침묵이었습니다. '사회적 모성'으로 이주민과 공생을 모색해야만 하는 한 까닭이 여기에 있습니다.

한홍구 | 다원성을 인정할 때 비로소 소통과 유대가 가능하죠. 한국인도 아니고 떠나온 나라 사람도 아닌 채 떠도는 일은 어떤 경우에도 도움이 되지 않는 일이죠.

미셸 | 제 할아버지가 한국전쟁에 군인으로 참전한 일이나 제가 일하러 온 것이나 근본적으로 차이는 없다고 봅니다. 함께 싸운 사람들끼리 전우이듯, 함께 일하는 사람들끼리 국경은 없습니다.

미셸 카투이라

서해성 | 비록 오늘 이주노조 운동이 몹시 힘들지만 10년 이내에 중대한 발전이 올 것으로 봅니다. 앞으로 30~40년 뒤엔 한국에 필요한 이주노동자가 천만 명은 돼야 해요. 단지 제 주장이 아니라 유엔에서 그렇게 보고 있죠. 저출산 고령화는 복지 문제와 더불어 이를 사회적 화두로 만들어가고 있습니다. 한국의 미래는 이주(노동)민에 달려 있다고 해도 지나치지 않죠. 그게 싫으면 아이를 많이 낳든가.(웃음)

한홍구 | 머잖아 혼혈과 이주노동자가 한국 사회의 가장 중요한 문제로 대두될 텐데 거기서 단군 할아버지 찾으면 후진 거죠. 한국엔 두 가지 체험의 국제화가 있어요. 하나는 고공의 국제화, 또 하나는 밑의 국제화죠. 시골 가면 첫째 며느리는 베트남, 둘째는 필리핀 출신인 경우 많잖아요.

서해성 | 1970년대 말 필리핀 가수 프레디 아길라가 부른 〈ANAK〉(자식)이라는 노래가 있어요. 타갈로그어(필리핀 언어)였지만 우리도 따라 불렀죠. 한국에도 오곤 했는데 아무도 프레디 아길라를 이주노동자라고 하지 않았습니다. 앞으로 한국에 와 있는 많은 이주노동자들, 혼인이주자들과 새로운 삶의 노래를 만들고 불러가야 하지 않겠어요.

"시혜 노땡큐…… 우릴 갉아먹는 한류 노땡큐!"

이승만도 김일성도……

1860년대에 전국적 대기근이 들었을 때 어디로 튈 데 없는 남쪽 지방에서는 민란이 일어났다. 반면 북쪽에서는 사람들이 두만강과 압록강을 건너기 시작했다. 한국의 이민사는 그렇게 시작되었다. 지금 한민족의 수는 이남 5천만 명, 이북 2천만 명, 해외 각지 700만 명 등이다. 민족 성원 중에서 약 9퍼센트가량이 이주민 신세인 것이다. 해방 당시에는 무려 13~14퍼센트가 조선 반도 밖에 있었다. 이들의 절대다수는 물론 이주노동자였다. 화교가 전 세계에 널려 있다지만 전체 중국 인구에서 2퍼센트도 안 된다. 한민족은 아일랜드 민족, 유대 민족 등과 함께 가장 높은 이주민 비율을 보유하고 있다.

지난 100여 년간 죽어라 하고 이민을 내보냈던 나라가 지난 20여 년간 죽어라 하고 이주노동자와 결혼이주여성을 받아들였다. 우리는 재일 동포가 차별을 받았다거나 LA 폭동처럼 재미 동포들이 쥐어터졌다 하면 엄청나게 흥분하곤 한다. 이 땅에 살고 있는 화교나 이주노동자들이 당하는 차별에 대해서는 쉽게 눈을 감아버린다.

정작 가난한 나라에서 온 이주노동자들의 인구 10만 명당 범죄율은 한국인 범죄율보다 크게 낮다. 미국인 범죄율과 비교하면 거의 10분의 1 수준이다. 이주노동자에 대한 편견과 멸시와 잘못된 분노는 괴물 같은 파시즘의 서식지가 될 수도 있다. 어떤 역사 교과서에서도 가르치지 않지만, 80년 전 이 땅은 최악의 반중국인 폭동에서 희생된 200여 명 중국인들이 흘린 피로 붉게 물들었다. 일본 군대는 이 피를 밟고 만주로 쳐들어간 것이다.

오일쇼크로 전 세계 경제가 휘청댈 때, 한국을 일으켜 세운 것은 중동의 열사에서 이주노동자들이 보낸 돈이었다. 나라를 빼앗겼던 시절, 임시정부를 먹여 살린 돈은 하와이 사탕수수 농장에서 시간당 3~4센트의 저임금에 시달리던 이주노동자들에게서 나왔다. 이승만, 김일성도 다들 이주노동자들을 기반으로 싸운 경력을 토대로 남과 북에 나라를 세우지 않았던가? 이제 한국이 이주노동자들에게 기회의 땅이 되어주어야 할 것이다.

한홍구

미셸 카투이라

159

"청년 백수를
군인 숫자보다 줄여라"

김영경 -청년 유니온 위원장

'노조'라고 하지 않는다.

대신 '유니온'이라고 했다. 뜻은 다를 게 없다. 청년 세대는 '노조'와는 벽이 있다고 했다. '노동자'에
스민 루저의 느낌을 싫어한다고 했다. 영어 이름으로 편하고 친숙하게 다가서기를 원했다.

'청년유니온' 김영경 위원장을 모셨다. 청년유니온은 20~30대 임시직과 실업자들이 만든 조직이
다. 2010년 3월 13일 창립했고, 조직원은 180명▪밖에 되지 않는다. 이들은 꿈틀대는 젊은 약자들의
세력화를 알리는 깃발이다. 민주노총과 한국노총이 챙겨주지 않는 알바와 백수들도 권리 찾기에 나섰
다는 신호탄이다. 그는 지난 10년간 온갖 알바를 거쳐 6년째 학원 강사직을 전전하는 임시직의 한 사
람으로서 그들의 눈물과 아픔을 이야기했다. 어른들이 가르치려들지만 말고 젊은 세대와 진심으로 소
통하길 바란다고 했다. 2010년 주력 목표는 구직자를 위한 구직촉진수당 도입과 자발적 이직자를 위
한 고용보험제도 확대 입법 활동이라고 했다.

직설 사상 최초의 여성이다. 최연소다. 그러나 가장 어두운 이야기가 되고 말았다. 한홍구와 서해성
의 관심사는 분노의 조직화였다. '권리는 하늘에서 떨어지지 않는다.' 때마침 파리의 거리에선 청년 일
자리 악화에 열받은 10대들이 행진하고 있었다.▪▪

고경태

▪ 2011년 8월 현재 청년유니온 조직원 수는 260여 명으로 불었다.
▪▪ 2010년 10월에 벌어진 프랑스 청년들의 연금개혁 반대 시위.

청년이 놀면 나라가 망한다

한홍구 | 오늘은 젊어졌습니다.

서해성 | 첫 여성 손님이자 가장 젊고 가장 뚜렷하게 직업이 없는……

김영경 | 영광입니다.

서해성 | 1980년대에는 청년이 살아야 나라가 산다고 했는데, 지금은 청년이 망한 나라가 돼버렸어요. 청년유니온 구성원의 성분을 소개한다면.

김영경 | 180명인데, 구직자와 취업자 수가 어떻게 되느냐고 물어보면 난감해요.

한홍구 | '일하는 사람이 없다'고 노조 설립 신고서가 반려됐죠?

김영경 | 예, 근로자가 아니라고요. 우리 조합원들 처지가 자꾸 바뀌거든요. 창립 당시 실업자가 지금은 일을 하고, 그때 일하던 조합원이 지금은 실업자죠. 구직자 10명이면 노조로 인정 안 해주고, 근로자 1명이면 인정해준다는 정부 논리가 황당할 따름이죠.

한홍구 | 정부 실업률 통계를 적용하죠. 일주일에 1시간 일하면 실업자가 아닌데, 그렇게 따지면 실업자 아무도 없겠네요.

서빙에서 등판 대여까지 '나의 알바 투쟁기'

김영경 | 노조 설립할 땐 일하는 사업장이나 사장 연락처 다 써야 해요.

김영경

알바 잠깐 하는 사람들이 쓸 수 없잖아요. 그러니 돈을 벌어도 유령인 거예요.

서해성 | 인턴이란 게 유령이죠. 임시 인생·날품팔이. 그래서 이번에 정부에서 새로 공적 일자리를 창출해냈죠. G20 땜에 경찰들을 서울로 빼 올려야 해서 지역 파출소(치안센터)에 한 달 동안 대학생들 일자리 만들어준다고.(웃음)

한홍구 | 이 정권이 일자리 창출만 요란하게 고민하지 일자리 유지를 안 시켜요.

서해성 | 자꾸 "눈높이 맞춰서 가라"고 하는데 앞뒤가 안 맞는 말이죠. 처음부터 눈을 낮추게 아예 신분에 따라 대학을 들어가게 하던가.

한홍구 | 한국이 지난 두 세대 동안 열심히 눈 높이는 작업을 했고 그 완결판이 지금 청년들인데, 눈높이 낮추라는 건 눈을 빼서 발바닥에 박으란 얘기예요.

서해성 | 대학 때까지 거의 20년 동안 펜대만 굴리면 거의 딴 거 할 줄 모르거든요. 이제 와서 갑자기 바꿔보라니. 헬스는 해도 막노동은 쉽지 않거든요.(웃음) 대통령은 그래놓고 자기 아들은 큰아버지 회사인 '다스'에 취업시키고.

한홍구 | '똥돼지 사건'■ 패러디물에 기가 막힌 대사가 있어요. "없는 집 애들처럼 고시 공부 시킬 수도 없고."(웃음)

서해성 | 김영경 씨는 1997년 IMF 맞았을 때 고등학생이었죠?

김영경 | 고1이었는데 대학 들어가면서 심하게 영향을 받았죠.

서해성 | 한번 쭉 소개해주시죠. 나의 알바 투쟁기 또는 생존기.

김영경 | 아버지가 노가다로 나름 자수성가한 분인데. IMF 때 친구하

■ 유명환 전 외교부 장관 딸 특채 파문을 빗댄 말. 대기업에서 직원들이 사주의 이름을 '똥돼지'라고 부른다는 글이 트위터에 회자되면서 화제가 되었다.

"청년 백수를 군인 숫자보다 줄여라"

고 동업하고 계셨어요. 어려웠지만 그래도 날 지방에서 수도권(안산)으로 대학 보내주었어요. 그때까지만 해도 집이 어려운 줄 실감 못했어요. 근데 2학기에 당장 학자금 대출을 받아야 한다는 거예요. 2학년 때 아버지가 실업자 되고, 그때부터 알바에서 알바로. 시작이 학교 식당이었죠. 주말엔 고깃집. 허리를 다쳤죠. 2학년 1학기 마치고 휴학하고 집으로 내려갔어요. 석웃집 경리 하면서 한 달 60만 원, 하나로마트에서 한 달 80만 원, 그렇게 6개월 일했는데도 한 학기 등록금을 못 모았어요. 생활비도 써야 하고. 편의점, 전단지, 엑셀 워드 작업, 전화 설문 안 해본 게 없어요. 4학년 때부터 학원 강사 일을 한 거고.

한홍구 | 계속해보세요. 『흥부전』을 보면 흥부가 한 알바가 다 나오잖아요.

서해성 | 흥부의 마지막 알바가 뭔지 알아요? 매 맞는 거죠. 매 맞는 알바 해서 아이들 밥 사주잖아.

김영경 | 화장품 등판 알바도 해봤어요. 등을 내주고 한쪽만 선크림을 바르는 거예요. 피부를 비교한다고. 전등을 대고 1시간을 있어야 해요. 하루 4만 원.

소비 욕망은 환상적으로 길들여놓고……

서해성 | 특수 용병 수준이군요. 자본주의의 하층 용병이 해야 할 거의 모든 일을 다 했네. 영어유치원, 사립초등학교, 자사고, '일류대', 그리고 외국 연수와 유학. 이런 스펙이 없는 사람이 가는 길이 알바 인생인 거죠. 앞의 건 부모 '빽'이고, 그거 없으면 20대를 임시 인생으로 살아야 하는 거지. 임시 인생의 커다란 문제가 두 가지죠. 우선 저임금 체제를 이 사회에 양산하는 거거든. '순간 노동자'로 살면서 저임금으로 결국 자본가들 살찌우는 거죠. 둘째는 미래를 차압당한다는

김영경

거예요. 카드깡 같은 깡세대죠. 미래를 '땡겨와서' 살아야 하는. 그런 게 '알바' 안에 묻어 있는 거죠.

김영경 | 1년 후도 예측이 안 돼요. 내 주변 백수, 준백수들 상당수가 우울증을 앓고 있어요. 친구들 만나면 잠시 잊어도 자기 방문을 닫고 들어가는 순간 그냥 섬으로 있는 거 같고, 미래가 안 보이는 거죠. 그래서 자꾸만 눈물이 난대요.

서해성 | 일하고 싶은데 일할 수 없는 세대는 연애도 실패하기 십상이죠……. '루저 제너레이션'.

김영경 | 며칠 전 정부가 2012년까지 일자리 7만 개를 늘리겠다고 했어요. '7만'을 엄청 홍보하거든요. 현 정부 들어 청년 일자리 23만 개가 줄었는데 7만이랬자 마이너스 16만인 거죠.

서해성 | 청년 실업과 관련된 말들을 정리해볼까요.

김영경 | 이태백(20대 태반이 백수)은 아실 테고, 청년실신(청년들이 실업 때문에 실신), 십오야(15세 이상이면 20대 때 깜깜해진다), 삼일절(31세 이후엔 절망), 도시락족(돈 없어서 도시락 싸갖고 다니는 처지), 알부자족(알바로 부족한 학자금을 충당). 취업 5종 세트도 있어요. 자격증, 봉사 활동, 해외 연수, 토익 점수, 수상 경력. 스펙으로 안 되니까 여자들은 성형 수술에 매달리기도 하고. 취업 준비하면서 쌍꺼풀 안 깐 사람 없어요.

서해성 | 취업 성형이란, 백수 양산 사회가 여성 스스로 차별을 정당화하게끔 강요하는 박탈적 행위죠. 성형한 여자가 말 잘 듣는다는 게 이거죠. 체제에 순응한 거니까. 예전엔 '20세에서 25세까지 용모 단정한 여성 구함'이라고 노골적으로 내걸었다가 지금은 없어졌다지만 어차피 면접하니까 걸러지는 거죠.

김영경 | 엄마들이 더 난리죠. 면접 보기 한 달 전부터 저녁 쫄쫄 굶고. 여자들 실업률이 남자들보다 두 배 가까이 되다 보니 공무원 고시에

"청년 백수를 군인 숫자보다 줄여라"

매달리잖아요.

서해성 | 20대 백수를 당연시하는 사회가 돼버렸어요. 연속극에서 백수가 등장해도 웬걸 자연스럽고.(웃음) 이 사회가 청년 실업에 대해 숫제 무감각해지고 말았어요.

한홍구 | 서울대 사회대 교수들이 하는 말이, 20년 전에는 학생들이 세상을 뒤엎는 꿈을 꿨는데 지금은 공사 가는 게 꿈이래요. 신이 내린 직장. 개별 회사로서야 공부도 잘하고 스펙도 쌓고 봉사도 많이 하고 얼굴까지 예쁜 사람을 뽑는 게 도움이 될지 모르겠지만 우리 사회 전체가 그로 인해 치러야 할 비용은 어마어마한 거죠.

서해성 | 광범한 백수 사회인데도 분노가 조직화되지 않잖아요? IMF 때부터 노동 시장의 유연성이라는 말을 흔히 사용하게 되었는데, 간단히 말해서 '자본가 맘대로 해고하기'죠. 미디어의 '설득'을 통해 그걸 당연하게 받아들이게 했고. 과거와 달리 스펙이 전적으로 개인의 책임이 돼버린 사회란 시장 이념에 의한 포섭이 교육 과정에서 이미 완성되었다는 걸 뜻하죠. 그에 따라 상실과 분노 또한 개별화하고 있는 거죠.

김영경 | 산업 구조적 변화만 있다면 이들의 고용을 창출하고 재생산할 수 있다고 생각해요. 고학력자는 양산해놓고 그들이 갈 수 있는 일자리는 만들지 않고 있죠.

부유세를 걷거나 국립대학네트워크를 하거나

서해성 | 다수의 고학력자는 있지만, 학력이 신분 상승 통로 기능을 이미 상실한 거죠. 계급이 고착화되어 있어서 진입 불가능이죠.

한홍구 | IMF를 통해 사다리를 완전히 걷어찼지. 인류 역사에서 단 한 번도 이런 문제를 위에서 해결해준 적은 없어요. 정말 그 문제 때문에

김영경

"어떤 분은 '손을 펴보라'고 하더니 손에 기름때도 없으면서 무슨 노조냐고 핀잔을 줘요. '개량이다' '노동운동을 분열시킨다'는 비판도 있어요. 나는 그분들한테 '꼰대'라고 말해주고 싶어요."

못 살겠다는 사람들이 들고일어나야 해요. 말로 들고일어나는 경우도 있고, 우아하게 쓰는 말로 '연장 들고'(웃음) 일어서는 경우도 있고.

서해성 | 지금 청년들이 더 답답하게 생긴 게 소비 욕망은 극단으로 포스트모던해졌죠. 환상적이잖아. 근데 현실은 밑바닥이거든. 박탈감이 이루 말할 수 없는 거죠. 우리 세대로는 체감 못하죠.

한홍구 | 조선 왕조 유교 질서가 500년을 간 게 꼭대기 있는 놈들이 그렇게 사치를 안 했어요. 박정희도 변기에 벽돌 넣고 했다잖아요. 1980년대 후반부터 차차 오렌지족 나오고 조기 유학들 가면서 달라지기 시작했죠.

김영경 | 요즘 친구들은 영화 안 보면 대화가 안 돼요. 밥은 굶어도 인기 영화는 꼭 보죠. 또 6개월 일해서 호주나 유럽을 여행하는 것도 당연해졌어요.

한홍구 | 그러니까 눈높이를 낮추라는 거죠.(웃음) 네가 지금 직장 제대로 못 잡고 시급 4천 원을 왔다 갔다 하는 처지에 유럽이 웬 말이냐.

서해성 | 욕망을 한껏 길들여놓고선 나만 하지 말라고 하니.

김영경 | 너도나도 스마트폰 사는데 못 하면 미치는 거죠. 열등해지는 거 같고.

서해성 | 이렇게 임시 인생으로 미래까지 갈 텐데…… 영어로 '워킹푸어'(working poor)라고, 일을 하지만 한없이 가난한 거지. 그대들은 워킹푸어 제너레이션.

김영경 | 6월에 정부에서 낸 고용 동향을 보면 20대 취업률이 30년 만에 최악이라죠. 일자리가 가장 많이 줄어든 게 건설 분야예요. 4대강 사업이 허구라는 걸 알 수 있죠. 공공 부문 서비스 분야의 일자리가 더 늘어나야 해요.

서해성 | 일 안 하거나 일하기 위해 준비하는 동안 나라와 재벌들이 인심 좀 쓰면 안 될까요. 불가능하지만은 않거든. 사실 대학도 그냥 다

김영경

닐 수 있게 해야 해. 공부해서 취직한다는 게 결국 자본에 서비스하는 것 아닌가요. 4대강 사업비면 중산층 자녀까지 '공짜' 대학 교육 몇 년씩 시킬 수 있죠. 부유세 어때요? 가난은 부자가 해결해야죠. 혜택을 받아야 그 사회를 사랑하죠. 더 양질의 노동력도 거기서 나오죠. 세계에서 청년(동반) 자살 1위인데, 그 핵심 이유가 무엇일까요. 돈이죠. 돈이 없으니 삶이 돌아버리는 거죠. 청년유니온이 투쟁 방향을 잘 잡아야 한다고 봅니다.

한홍구 │ 난 반댈세. '부유세'는 용어 자체로 엄청난 저항을 부를 거예요. 답은 간단해요. 있는 세목에 세율을 조정하자, 재산세·소득세 누진 개념을 정확히 도입하자!

서해성 │ 같은 말인데요, 전기 요금도 누진제가 있는데.(웃음) 심야 전기 쓰면 요금 낮고 말이죠.

한홍구 │ 4대강 사업을 할 게 아니라, 지방에서 망하는 대학을 인수해 '국립한국대' 같은 걸로 통합 네트워킹을 해야 해요. 청년 실업과 교육 문제와 입시 제도를 다 묶어서 큰 방향에서 국립대학네트워크를 현실화시키는 거죠. 등록금 절반 공약이란 게 어떻게 가능하겠어. 이런 방향 없이는 불가능해요. 다음에 청년유니온에서 제기해야 할 게 군대 문제예요. 국가가 차출해서 노동력을 제공했으니까 제대할 때 몇 푼이라도 줘라 이거야. 말도 안 되는 가산점 갖고 싸우지 말고. 대한민국 군필자가 변두리에 원룸 하나 마련할 돈은 주라 말이죠. 최저임금 준다고 치면 되거든요.

서해성 │ 노동 운동은 정치 운동이어야 하죠. 88만 원 세대란, 계급 모순을 세대 모순으로 치환한 거죠. 불행하게도 계급 모순이 특정한 세대에 광범위하게 나타나고 있는 거지. 이전까지는 민주 대 반민주 구도였는데, 진짜 계급 문제가 제기되기에 이른 거죠. 청년유니온이 그 주체를 만드는 계기를 열어가고 있는 거죠.

"청년 백수를 군인 숫자보다 줄여라"

김영경 | 유니온 활동을 하면서 여러 기대와 주목을 받고 있어요. 더 대담하게 가야겠다고 고민하죠. 해야 할 일도 많고 할 수 있는 일도 많은데, 주체 형성이 제대로 안 되어 있다 보니······.

한홍구 | "청년유니온을 왜 만들었냐"고 하자 "억울해서 만들었다"고 한 적이 있죠? 무엇이 그렇게 억울했는지. 기성세대에게 한 말씀, 노동 운동도 좋고.

광장에 있을 것이냐, 골목에 있을 것이냐

김영경 | 어떤 분은 "손을 펴보라"고 하더니 손에 기름때도 없으면서 무슨 노조냐고 핀잔을 줘요. "개량이다", "노동 운동을 분열시킨다"는 비판도 있어요. 나도 학원 강사로서 노동자라고 생각하는데, 기존 노조에서는 내 노동 권리를 보장받을 수가 없잖아요. 나는 그분들한테 '꼰대'라고 말해주고 싶어요.(웃음) 우리들은 새로운 세상을 살아가고 싶어요. 돈 좀 못 벌어도 하고 싶은 일 하면서. 기성세대가 그저 가르치려고만 하지 않았으면 좋겠어요.

서해성 | 조합비는 얼마나 걷히는지.

김영경 | 대학생과 백수들은 3천 원. 알바 포함해서 일하는 사람은 수입의 1퍼센트. 하루에 100원이라도 동참한다는 뜻에 따라. 처음엔 월 30~40만 원 걷혔는데 지금은 100만 원이 넘어요.

한홍구 | 청년이라고 묶었지만 내부 구성은 너무 복잡할 것 같아요. 180명이면 작업 환경이 적어도 50~60개 될 텐데, 일하는 사람들이 파편화될 수밖에 없죠. 고도의 자본주의 전략이지. 현장에서 싸우려다 보면 영세 사업주의 경우 오히려 연대해야 하는 일도 있을 텐데요.

김영경 | 부천에서 편의점 알바 하던 재수생이 최저 임금을 못 받았다고 연락이 왔어요. 어찌어찌해서 가까스로 돈은 받아냈는데 주인아

김영경

주머니가 이거 땜에 가게 문을 닫는다는 거예요. 육십 넘은 분인데…… 알바 구하기도 힘들고 운영비도 안 나온다면서. 참 씁쓸한 아이러니죠.

서해성 | 주체 형성과 함께 싸움의 수준도 필요하죠. 청년 실업자를 몇 명으로 보는지.

김영경 | 정부 통계로 취업준비생을 합쳐 만 29세까지 120만 명 정도요? 39세까지라면 200만이 넘죠.

서해성 | 군인 55만을 합치면 250만쯤 되겠네.

한홍구 | 대학원생도 무지 많아요.

서해성 | 거칠게 셈해서 300만 칩시다. 20, 30대 다 하면 대략 1천만인데, 실업자가 4분의 1인 거죠. 근데 실업자가 군인 숫자보다 많아서야 안 되죠.(웃음) 실업자가 조직화해서 힘이 세지면 어떡하죠.

한홍구 | 싸움은 쪽수로 하는 게 아니지.

서해성 | 민중은 쪽수로 해.(웃음) 청년들이 군대에 갔다 오면 노동자잖아요.

김영경 | 알바 학생들. 군대 다녀오면 등록금 뛰어 있고.

서해성 | 실업자가 의무 복무하는 군인보다 많은 사회는 여러모로 안정이 불가능한 사회죠. 백수는 혁명가와 깡패 사이에서 서성거리는 존재인데, 광장에 있느냐 골목에 있느냐의 차이. 그러니까 국가 권력과 자본은 실업자를 군인보다는 줄이겠다는 약속을 내놔야 해요. "실업자를 군인 숫자보다는 줄이겠습니다"라는 사람을 대통령으로 뽑아야 해요.

한홍구 | 좋은 거 가르친다. 군대 늘겠네.(폭소)

청년유니온 후원계좌 신한은행 110-274-628392 조금득

　　　　　　　　　　　"청년 백수를 군인 숫자보다 줄여라"

전태일 또는 편의점 알바

윌리엄 블레이크라는 고약한 시인은 "이룰 수 없는 욕망을 키워주느니 차라리 아기를 요람 속에서 죽여버려라"라고 외쳤다. 그런데 어쩌랴, 아기들이 훌쩍 커버려 청년이 된 것을……. 청년 백수 문제가 집안의 골칫거리를 넘어 나라의 골칫거리가 된 지 벌써 여러 해다.

단군 이래 가장 화려한 스펙을 쌓고 공무원 시험 합격선을 10여 점이나 끌어올린 세대가 '청년실신'의 경지에 돌입하더니 핸드폰 요금 늘어나는 게 무서워 연애도 못 한단다. 미선이 효순이 촛불집회도, 2008년의 촛불집회도 만들어냈지만 누구는 청년들이 보수화되었다고 혀를 차고, 누구는 20대는 '개새끼'라고 눈을 부라린다.

역사의 중요한 사건은 대개 20대가 저질렀다는 사실이 새삼 떠오른다. 지금 모든 꼰대들이 고개 숙일 수밖에 없는 전태일은 그때 겨우 스물셋이었다. 한문투성이 근로기준법을 한 자 한 자 옥편을 뒤적이며 읽어가면서 전태일은 "내게 대학생 친구가 있었으면"이라는 애달픈 꿈을 꿨다. 그리고 40년, "살기 위해 허리띠를 조인 작업장 안의 꼬마는 너무나도 훌쩍 커버린 지금 우리네 아버지"가 되었고, 대한민국은 어느새 세계 10위권의 경제 대국이 되었다. 그 대한민국에서 지금은 대학생들이 죽어가고 있다.

『소금꽃나무』의 김진숙이 울부짖었던 것처럼 그 대한민국은 1970년에 죽은 전태일의 유서와 21세기에 죽은 김주익의 유서가 같은 나라다. 한 알의 모래 속에서 세계를 보며 한 송이 들꽃에서 천국을 보라고 노래한 블레이크는 새장에 갇힌 한 마리의 로빈새가 천국을 분노케 한다고 썼다. 이 대한민국에서 청년들의 절망에서 대한민국은 무엇을 보아야 할 것인가.

요즘 어린아이들은 만화 『태일이』로, 젊은이들은 MC스나이퍼의 랩을 통해 전태일과 만난다고 한다. 김영경 위원장은 지금의 젊은이들에게 전태일은 어떤 존재냐는 물음에 세월의 차이가 크지만 전태일이 가슴 아파했던 어린 공순이, 공돌이 들의 처지나 편의점 알바생으로 빌빌대는 자기네 처지나 크게 다를 바 없다고 답했다. 청년유니온의 출현은 전태일 40주기를 기념하는 사건이리라.   한홍구

김영경

"가카, 법치가 고작 소송 수류탄이오?"

조국 –서울대학교 법학전문대학원 교수

"말씀 좀 그만하시죠."

서해성이 점잖게 퉁을 쳤다. 한홍구가 초반 제헌헌법이 뒤집어지는 과정을 침 튀기며 길게 설명했기 때문이다. "아니, 손님 불러놓고 우리끼리만 이야기하면 어떡해." "당신이 물어봤잖아." "조국 교수는 아직 한마디도 안 했는데." 정다운 시비의 끝은 한홍구의 여섯 글자 농담이었다. "나 안 해, 나 안 해一." 이승만이 제헌헌법 제정 과정에서 했다는 그 몽니였다.

서울대 법학전문대학원 조국 교수와 함께했다. 서해성은 "세 친구가 모였다"고 표현했다. 동년배라서 가 아니다. 색깔이 비슷한 '생각의 친구'라서다. 그래서 얼굴 붉힐 일 없었지만 싱겁지가 않았다. 질펀 한 유머와 번뜩이는 은유가 끊임없이 터져 나왔기 때문이다.

2010년 7월 17일 제헌절에 즈음하여 유쾌한 헌법 이야기를 선사한다.

고경태

서해성 │ 모두들 1987년 6월에 발로 헌법을 조금씩 썼죠?

한홍구 │ 유인물을 너무 많이 찍다가 우리 집 중고 복사기가 순직했어요. (웃음)

조국 │ 대학원 친구들과 함께 명동 일대를 뛰어다녔죠.

서해성 │ 그렇게 만든 87년 헌법인데…… 오늘은 헌법이 밥입니다.(웃음) 먼저 제헌헌법부터 드시죠.

한홍구 │ 제헌헌법은 태어나기 직전 배 속에서 내각책임제에서 대통령중심제로 성별이 바뀌었죠. 이승만이 몽니를 부렸지. 여섯 글자로 줄이면 "나 안 해 나 안 해"야.(웃음) 결국 우는 아이 달래는 심정으로 대통령중심제를 하게 된 거죠.

'시뻘건' 임정헌법과 제헌헌법을 아십니까

서해성 │ 이승만은 초대 대통령을 두 번 했잖아요. 임정에서도 했고.

한홍구 │ 초대 대통령을 두 번 하다 두 번 다 쫓겨났어요.(웃음)

서해성 │ 임정헌법은 대통령제가 아니었거든. 그런데도 '대통령' 명함을 파서 다닌 거예요.(웃음)

한홍구 │ 왜 직제에 없는 대통령 이름을 팔고 다니냐는 물음에 가까게선 이렇게 말씀했어요. "헌법을 지키는 게 뭐가 어렵겠습니까. 근데

조국

제가 아직 읽어보지 않았습니다."(폭소)

조국 │ 이승만은 끊임없이 자신이 엘리트이고 왕족임을 강조했죠. 법적으로 통제받을 생각을 안 했으니 그런 우스꽝스러운 일이 벌어졌죠. 전쟁 전의 좌우 대립 상황이지만 이게 반영되어 의미 있는 조항들이 많이 들어갔죠. 87년 헌법보다 나은 게 많아요.

한홍구 │ 민주노동당이나 진보신당보다 더 빨갛죠.

조국 │ 이익균점권이 대표적이죠. 우파 노동운동가이자 초대 사회부장관 전진한의 노력으로 기업에서 월급 외 별도 이익을 직원들에게 나눠 주는 걸 헌법화시킵니다. 진보적 흐름을 외면할 수 없는 때였죠.

서해성 │ 헌법의 상당 부분이 이른바 공유 재산, 즉 봉건 청산과 적산 처리 문제를 반영하고 있어요. 그런 점에서 '수꼴'이라는 사람들이 제헌헌법 정신에 대해 깊이 생각해야 할 텐데…… 뇌에서 쥐가 나겠죠?

한홍구 │ '수꼴'들하고 토론 붙어보면 대한민국 정체성을 소리 높여 주장하면서도 제헌헌법을 읽어본 사람들이 없어요. 역시 이승만을 아버지로 모시는 사람들다워요.

조국 │ 단독정부 수립 당시 집권 세력에겐 헌법이 별로 의미가 없었으니까 결국은 이익균점권도 실현되지 못했던 거죠.

한홍구 │ 헌법은 '헌 법'이 됐고, 새롭게 등장한 게 국가보안법이에요.

조국 │ 제헌헌법 전문(前文)에는 임시정부가 안 들어가거든요. 이승만이 원치 않았죠. 그러다 87년 헌법에 비로소 들어옵니다.

서해성 │ 임시정부 건국 강령을 보면 제헌헌법보다 더 강도가 높죠.

한홍구 │ 좌경용공보다 더한 연공(聯共)이에요. 중요 산업 국유화가 임시정부의 일관된 정책이었고, 무상 의료와 무상 교육까지 들어 있죠.

서해성 │ 자유당 정강 정책도 맵고 빨갛죠.

한홍구 │ 자유당이 원래 붙이려고 했던 당 이름이 '노농당'이잖아요.

서해성 │ 도대체 이게 어떻게 가능했는지 한마디씩.

"가카, 법치가 고작 소송 수류탄이오?"

한홍구 | 지킬 생각이 없었으니까.(웃음)

조국 | 헌법 자체가 겉치레인 것처럼 각 당 강령도 겉치레인 면이 있죠. 북에서 진척된 남녀평등이나 토지 개혁 때문에 구호라도 제시하지 않으면 안 되는 상황이었죠.

한홍구 | 전쟁 전후로 수십만을 학살하면서 그 기억을 묻어버린 거지.

조국 | 그게 바로 '오래된 미래'예요. 50~60년 전의 과거가 더 진보적인 건데 그 과거를 얘기하는 게 두려운 상황이 된 거예요. 우리의 경험과 투쟁을 통해 확보했고 지금도 의미가 있는 진보의 자산이 있어요.

한홍구 | 그렇게 거슬러 갈 것도 없어요. 박정희, 전두환 시절로만 가도 돼. MB 정권 들어와 진보 진영이 지키려는 정책은 죄다 박정희, 전두환 때 만든 정책이에요. 여기 오기 전에 어디서 강연을 했는데, 전두환과 박정희 칭찬을 다 했다니까요. 오래 살지도 않았는데.

조국 | 박정희, 전두환은 야만적 폭정을 일삼았지만 정통성 결여를 보완하려고 의미 있는 '진보' 정책을 실행했어요. 국민건강보험, 고교 평준화, 그린벨트, 과외 금지 등. 이명박 정부는 철저히 소수 지지자 계급, 집단의 사적 이익을 위한 대변자·집행자 역할만 하고 있죠.

서해성 | 과외 금지가 조국을 오늘 서울법대 교수로 만들었죠.(웃음) 이 정권은 진짜로 본격적인 자본가 권력이죠. 국가 운영에서 공동체 개념이 휘발한 거죠. 독재보다 못한.

한홍구 | 제헌헌법 전문이란 게 반 페이지도 안 되는데, 거기 두 번이나 나오는 단어가 '균등'이에요. 국민 경제의 균등한 발전, 기회의 균등.

서해성 | 개헌사로 가보죠. 우리 개헌사엔 몇 가지 특성이 있어요. 거의 수능 형태인데, 우선 밑줄 정리가 잘돼 있어. 발췌 개헌. 수학도 있어요. 사사오입(웃음)……. 이런 식이죠.

한홍구 | 체육도 들어 있어, 몸싸움.

조국

서해성 | 개헌 전후로는 주로 계엄령, 비상조치가 이뤄지고 국민투표가 실시되죠. "찬성해라"가 공포 분위기 속에 진행되어서 지지율이 유난히 높고. 그 사람들이 늘 "나는 국헌을 준수하고"라고 일본말 식으로 취임 선서를 하곤 했는데 국헌대로라면 그 전에 이미 사라졌겠죠.

한홍구 | 제3공화국 헌법은 비교적 독소 조항이 없어요. 낙제는 면했죠.

조국 | 유신헌법이 결정타였죠.

한홍구 | 유신헌법이 헌법입니까?(웃음) 옛날엔 권력자가 개헌을 하려하고 야당이 호헌을 하자고 싸웠는데, 헌법이 아닌 걸 헌법이라 부르게 되니 독재자들이 호헌을 외치게 된 거죠. 청백군이 뒤바뀐 거지.

조국 | 유신헌법은 긴급조치의 하위법이었죠. 긴급조치를 보게 되면 정말 재밌는 게, 개헌을 요구하면 처벌하거든.

한홍구 | 유신은 친위 쿠데타였죠. 박정희는 헌법을 두 번 짓밟은 경력이 있는 셈이에요. 5·16과 10·17(유신). 가장 중요한 역사적 교훈이라면 헌법을 짓밟으면 저렇게 머리에 총 맞는구나 하는 거예요. 박근혜 의원이 늘 헌정 질서와 헌법적 정체성을 강조하는데, 헌정 질서를 짓밟을 때 어떤 일이 벌어지는지 비극적으로 체험한 분 아닌가. 헌법 이야기를 할 때 그런 것에 무게를 실었으면 하는 바람이 있어요.

삼청교육대와 4·3 계엄령, 어? 법이 없었네

서해성 | 5공 헌법 때까지 가장 자주 바뀐 게 두 가지예요. 우선 최고 권력의 성격과 기간이고, 다른 하나는 기본권을 얼마나 제약하느냐이지요. 유신과 5공이란 간선제와 체육관 아닌가.

한홍구 | 약간의 차이를 숫자로 표현하면 4천 명이 모이던 걸 5천 명으로 늘린 거죠.(웃음)

서해성 | 체육관이 장충에서 잠실로 옮겨 가죠. 부와 지지 기반의 이동

"가카, 법치가 고작 소송 수류탄이오?"

과 상관있어요. 87년 헌법 이야기로 넘어가겠습니다.

조국 | 헌법 전문에서 대한민국이 어디 서 있는지를 밝혀주고 있죠. 3·1운동, 임시정부, 4·19가 다 들어갑니다.

서해성 | 5·18은 논박 끝에 결국 빠졌죠.

조국 | 4·19가 들어감으로써 저항권을 승인했어요. 5·18은 빠지는 대신에 각종 민주화 운동 보상법 등을 통해 법률적 해결이 이루어집니다. 그 외 유신이나 5공 때 누락됐던 각종 기본권들이 대폭 강화되고 체포·구속이나 압수 수색에 대한 국가형벌권의 행사 방식이 제한되죠. 삼청교육대 경험도 있으니까. 법률적으로 보면 이게 보호감호 처분이었는데, 그 법은 삼청교육이 끝난 뒤에 만들어져요.

한홍구 | 어? 법이 없었네.(웃음) 제주 4·3 계엄령도 마찬가지였죠. 계엄령 선포하고 보니, 어? 법이 없었네.

서해성 | 5·16 쿠데타 직후 강제 근로는 법 없이 했죠.

한홍구 | 유신과 5공의 잔재를 뺀다고 했는데, 그럼에도 타협으로 가다 보니 얼룩이 졌어요. 지금 헌법 지키자고 할 때 지킬까 봐 겁나는 조항이 몇 개 있어요. 국가원로자문회의……

조국 | 전두환을 위한 거였죠. 전직 대통령이 의장을 하는……

한홍구 | 유신 잔재로는 국가배상법(군인과 경찰 등의 국가배상청구권을 제한하는 내용) 조항이 있죠.

조국 | 우리 사법사상 가장 위대한 판결 중 하나가 유신 때의 '국가배상법' 위헌 판결이죠. 그게 뿔따구 나서 위헌 논란을 없애려고 아예 헌법에 넣어버린 거죠.

서해성 | 87년 헌법에서 아쉬운 건 반민주 행위자 처벌에 관한 부분이 언급되지 않은 거죠. 4·19 개헌에는 들어갔는데 말이에요. 김대중, 노무현 정부에 주어진 역사적 책무는 과거사 청산보다는 이거였다고 생각해요.

조국

조국 | 소급효 문제를 형식주의적으로 파악하게 되면 해방 뒤 친일 부역자를 처벌할 수 없어요. 나치도 나치 법률에 따라 유태인들을 아우슈비츠에 보냈거든요. 소급효 금지의 원칙은 국가 권력이 시민들을 소급법으로 조지지 말라는 의미에서 만든 건데, 국가 자신이 불법을 할 때는 달라야 하거든요. 소급효 금지로 보호를 할 수 없다는 게 제 주장이죠.

서해성 | 그와 관련된 조 교수 논문을 읽은 적 있어요. (웃음) 반민주 행위에 대한 기소와 재산권 제한 문제는 역사의 숙제로 남아 있는 셈이죠.

조국 | 아주 세게 이야기하시네.(웃음)

서해성 | 그 논문 내용을 구어체로 바꾼 셈이니 '공동 정범'이군.(웃음)

조국 | 반인권적 국가 범죄 처벌에 대한 대중적인 열망이 있지만, 절차와 범위가 중요합니다. 그렇지 않으면 역풍을 받을 수 있어요.

서해성 | 87년 헌법을 문학적으로 표현하면, 광주의 피와 박종철의 질식되어가는 숨소리와 최루탄 냄새가 함께 섞여 있다고 할 수 있어요.

한홍구 | 조 교수는 87년 헌법에서 개무시되는 조항들이 뭐라고 보세요?

조국 | 경제 조항이라고 생각해요.

서해성 | 헌법 정신만 잘 살리면 한미 FTA도 무력화시킬 수 있어요.(웃음) 시장의 지배와 경제력의 남용 방지, 경제 주체 간의 조화를 통한 경제의 민주화, 농어민과 중소기업의 자주적인 자율과 발전 보장, 균형 있는 지역경제 육성⋯⋯.

"원포인트 개헌이란 친이계의 권력 연장책"

한홍구 | "대한민국은 민주공화국이다"도 위협을 받으니 노래로 불렀죠. "대한민국은 침략 전쟁을 부인한다"는 평화 조항이 개무시된다고 보지요.

"가카, 법치가 고작 소송 수류탄이오?"

© 이종찬

"법치란 '룰 바이 로'(rule by law)가 아니라 '룰 오브 로'(rule of law)입니다. 법을 수단으로 한 지배가 아니라 법 정신에 부합하는 지배인데, 지금 이명박은 '룰 바이 로'이죠. 그 핵심은 '입 닥치고 법 지켜'거든요."

조국 | 87년 헌법의 한계를 한마디로 압축하자면 6월을 반영했지만 7, 8, 9월(노동자 대투쟁)을 반영하지 못했다는 거죠. 전태일의 목소리 말이죠. 경제 민주화나 노동과 복지의 문제가 더 강하게 헌법화되었어야 한다는 거죠. 그러지 못한 채 1997년 외환 위기나 2007년 경제 위기를 맞이한 것이 안타깝습니다. 김대중, 노무현 정부도 사회경제적 민주화를 이루는 데는 한계가 많았지요.

서해성 | 당시 개헌 논의가 시민 헌법의 중심이었는데 민중 헌법 제정 요구도 언급을 해두고 싶군요. CA(제헌의회) 활동. 자, 대통령 5년 단임제를 4년 중임제로 바꾸자는 원포인트 개헌에 대해서도 말해보죠.

조국 | 민간 기업 감사까지 포함하면 대통령이 청문회 없이 2천 명 이상을 찍어 넣을 수 있어요. 대통령 권한이 크다는 데엔 대부분 동의합니다. 하지만 상층 합의를 통해 개헌을 하는 것에는 반대해요. 원포인트 개헌이란 게 친이계의 권력 연장책이거든요. 박근혜도 동의하지 않잖아요.

한홍구 | 1987년 6월 같은 상황이 오지 않는 한 개헌은 어려울 거예요.

서해성 | 5년 단임제는 자음접변하면 '5년 담임제'예요.(웃음) 임기가 준 게 대통령 할 사람들이 줄 서 있어 얼른얼른 차례차례 하자는 거잖아요. 지금 개헌 논의는 헌법의 시민적 민중적 요소 강화에 맞춰진 게 아니라 최고 권력의 성격만 바꾸자는 거죠. 그런 개헌이라면 반대가 마땅하죠.

조국 | 헌법을 얼마나 잘 쓸 것이냐, 그리고 헌법 정신을 살리는 방식으로 법과 제도를 운영하는 것이 더 중요하겠죠.

한홍구 | 해석의 확장을 안 해도 액면가만 지켜도 훌륭해요. 인권 운동 단체 언저리에서 10년 넘게 일했는데도 헌법을 다시 읽어보면 배가 너무 불러.(웃음) 이 많은 권리를 언제 다 누리나. 지금 필요한 건 헌법 안 지키는 놈들을 어떻게 징치(懲治)하느냐죠.

"가카, 법치가 고작 소송 수류탄이오?"

조국 | 과거에는 헌법은 장식품으로 있고 하위 법은 헌법 신경 안 쓰고 돌아갔어요. 과거엔 전두환이 헌법 지키자고 했는데, 한홍구나 서해성 같은 '과격파'들이 헌법 보호 이야기하게 된 이유가 뭐냐.(웃음) 모든 제도와 법이 헌법 정신에 부합해서 운영되길 희망하는 것이죠.

서해성 | 우리가 원래 '보수파'예요.(웃음) 베네수엘라에 갔더니 꼬마 헌법을 길거리에서 팔아요. 식용유나 밀가루 겉봉지에도 기본권이나 재산권 같은 헌법 조항이 붙어 있어요.

한홍구 | 우리 헌법은 120조가 조금 넘는데 이건 300조가 넘네.

조국 | 민주화가 덜 된 나라일수록 헌법이 깁니다. 세세하게 안 하면 다 엎어버리니까.

서해성 | 헌법재판소가 아시아에서 처음이래요. 노 대통령 탄핵 때 이곳이 정말 얼마나 대단한 덴지 절감해야 했지!

조국 | 탄핵과 관습 헌법으로 유명해지기 전까지 시민들은 헌재 위치도 몰랐어요. 시민들이 헌재로 달려가고 여기서 법률이 깨지는 경험을 하면서부터 달라지죠. 한국 헌재의 위헌 심판율이 세계 최고죠.

서해성 | MB 시대 헌법살이나 법치는 어떤가요.

한홍구 | 유신헌법은 박정희 것, MB 시대 헌법은 국민 것. 헌법을 아무리 읽어봐도 헌법에 기대서 MB를 깔 수 있는 건 무지 많아요. MB가 헌법 가지고 우릴 때릴 건 하나도 없더군요.

음치…… 몸치…… 천치…… 생각 없는 법치

서해성 | 요즘 법치를 넘어서는 경험을 자주 합니다. 민간인 사찰. 집권자야말로 법치당해야 하죠. 이거야말로 법치의 참뜻이기도 하고.

조국 | 법치란 '룰 바이 로'(rule by law)가 아니라 '룰 오브 로'(rule of law)입니다. 법을 수단으로 한 지배가 아니라 법 정신에 부합하는 지

배인데, 지금 이명박은 '룰 바이 로'이죠. 그 핵심은 "입 닥치고 법 지켜"거든요. 너의 정치적 기본권을 행사하지 말라는 거고, 그 전제는 형식적으로 선출되는 권력은 무조건 뭐든지 할 수 있다는 거거든요.

한홍구 | MB가 강조하는 법치를 듣다 보면 음치 몸치 바보천치 할 때의 그 법치(法癡)예요.(웃음) 국법 어길 가능성이 큰 게 일반 시민이야 권력 가진 놈이야? 생각이 없는 법치들.

조국 | MB의 법치는 법에 대한 치욕이라는 뜻에서 법치(法恥)예요. 그리고 MB 정부는 마르크스주의 테제를 관철하고자 노력하고 있어요.(웃음) 법은 지배 계급의 도구라는 테제를 실천하고 있다는 거죠. 지난 정부 때 세금 폭탄 운운하며 능멸했는데, 이 정권은 시민들한테 소송 폭탄을 던지고 있어요. 형사 소송은 자꾸 무죄가 나니까 집과 전세금을 뺏겠다는 민사 소송을 넣고 있어요. 배우 김민선, 시민운동가 박원순⋯⋯. '소송 수류탄'입니다.

한홍구 | '신고달'이란 말 아십니까. KBS가 '신 고소의 달인'이라는.■

서해성 | 법으로 먹고사는 사람들 사이에 이런 말이 있어요. "법무부는 법유부로, 사법부는 생법부로, 헌법은 늘 새 법이 돼야 한다." 자괴감 어린 그 말 속에 참다운 법치와 법의 시민적 지향이 들어 있다고 봅니다.

■ 방송인 김미화가 2010년 7월 트위트를 통해 "KBS에 블랙리스트가 실제로 존재하고 돌아다니고 있는 것인지 밝혀주십시오"라고 언급했다 하여 고소한 것을 비꼰 말.

"가카, 법치가 고작 소송 수류탄이오?"

헌법 이해도 일제고사

헌법을 끼고 삽시다. 현행 헌법이 만족스럽지는 않아도 힘없는 놈들이 기댈 곳은 헌법뿐입니다. 헌법이 '헌 법'이 되었다고 해도 이게 처박아두어 시대에 뒤떨어져 낡아버린 게 아니라 우리가 많이 써서 닳고 닳아 낡아버린 것이라면 얼마나 좋을까요? 입만 열면 국가 정체성 떠드는 뉴또라이, 아차, 뉴라이트나 머리에 붉은 띠 매고 팔뚝질하는 '과격' 노동자들이나 고문이 아니라 가혹 행위일 뿐이었다고 우기는 경찰 아저씨들, 오순도순 모여 앉아 헌법 공부하자구요.

교과부 아저씨들, 애들만 학업성취도평가 일제고사 보지 말고 대한민국 국민들 헌법 이해도 평가 일제고사 한번 봄 어떨까요? 에고, 뉴라이트들이 시험 거부하려나? 그래도 '직설'이 미리 모의고사 봅니다.

한홍구

1) 1948년의 대한민국 국민에게는 허락되었으나 2010년의 국민들이 누릴 수 없는 것은?

① 이익분배균점권 ② 평등권 ③ 통신의 비밀을 침해받지 않을 권리 ④ 구속적부심 청구권

2) 헌법은 국민 내부의 다양한 집단 중 어떤 특정 집단에게만 떼거지로 모이고, 떼거지로 우기고, 떼거지로 드러누울 권리를 부여하고 있다. 그 집단은 누구인가?

① 학생 ② 자본가 ③ 중소상인 ④ 노동자

O× 문제

3) 대한민국 국민은 공산당에 가입할 헌법적 권리가 있다.

4) 집회 · 결사에 대한 허가는 인정되지 아니한다.

5) 헌법 제31조 1항 "모든 국민은 능력에 따라 균등하게 교육을 받을 권리를 가진다"에서 '능력'은 부모의 경제력까지 포함한다.

정답 1) ① 2) ④ 3) O 4) O 5) ×

조국

"교육 잘 받은 사람이
대통령 해야죠."

이범─서울시 교육감 정책 보좌관

점잖은 분위기다.

펄펄 끓어오르지 않았다. 간헐적으로 웃음이 터졌지만 왁자지껄함은 없었다. 차분했다. 초대 손님의 캐릭터를 반영하는 듯했다. 그의 '강의형 달변'이 주인장들의 '왕구라'와 낯선 조우를 하는 느낌이었다.

곽노현 교육감 취임 이후 서울시교육청에 입성한 이범 씨. 언론엔 '정책비서관'이라는 타이틀이 소개됐지만 아직 확정된 것은 없다. 그는 "비서관인지 보좌관인지도 모른다. 신원진술서를 내고 기다리는 중"이라고 말했다. "현재는 일용직"이라는 농담도 했다. 정확한 업무 분장이 이뤄지지 않았다는 뜻이다. 직책은 중요하지 않다. 곽노현 교육감의 교육 정책을 가장 가까운 곳에서 거들 것이라는 사실만은 자명하다.▄

'이범'이라는 이름 두 자는 교육계에선 더 이상의 설명이 필요 없다. 1997년부터 7년간 학원 전문 강사로 성가를 높였고, 마지막 2003년 한 해 벌어들였다는 18억 원은 전설로 통한다. 어쩌면 '교육계의 모순 구조가 낳은 영웅'이다. 그 뒤엔 사교육의 폐해에 눈을 뜨며 강남구청에서 인터넷 무료 강의 강사로 활동하기도 했다. 『이범의 교육 특강』, 『굿바이 사교육』 등 10여 권의 저서를 냈으며, 교육 개혁을 위해 정치계와 인연도 맺었다. 2007년 대선 땐 민주당 정동영 후보의 텔레비전 지지연설자로 나섰고, 2008년 총선 때는 진보신당 심상정 후보를 도왔다. 한홍구와 서해성은 이범과 함께 거대한 대한민국 교육 시스템의 뿌리와 가지를 건드려보았다.

고경태

■ 2011년 8월 현재 곽노현 서울시 교육감 정책보좌관으로 일한다.

희망은 교육감을 통해, 실질적 변화는 2012년에

서해성 | 오늘은 한국 교육 행정의 난맥상 덕에 이름 짜한 손님을 모셨습니다.

이범 | 이의 없습니다. 제대로 된 교육 정책이 있었다면 인터넷 과외로 알려지진 않았을 테니.

한홍구 | 교육 문제 잘 풀면 대통령도 될 수 있죠.

서해성 | '과외의 신' 이범이 서울시교육청에 들어갔다는 소식에 다들 놀라고 있는데.

이범 | 곽노현 당선자 쪽 몇몇과 차를 마시다 "교육청 들어가겠다고 생각해본 적도 없지만 안 된다고 생각한 적도 없다"고 한 게 그만…… 우연이었어요. 그렇게 급물살을 탔죠.

전교조의 결정적 문제는 정책연구소의 부재

서해성 | 한 해 18억 원을 벌기도 했다는데. 난 억이 넘어가면 숫자가 다 같아 보여서.(웃음)

한홍구 | 체력으로 감당이 되는지도 궁금하네.

이범 | 학원 수강생이 급증하면서 동시에 온라인 시장이 폭발하며 벌어진 일이죠. 대입생 시장은 2000년대 초반에 이미 온라인으로 완전히 옮겨 갔어요.

이범

한홍구 | 그래도 학원은 성업 중인데.

이범 | 일단 온라인으로 안 되는 애들이 있고, "이거 왜 안 해 왔어" 하고 관리받아야 하는 친구들 말이죠. 어릴수록 온라인에만 의존하기 어렵죠.

서해성 | 자기 고민을 담임보다 학원 강사에게 털어놓는 학생들이 많다고 들었어요.

이범 | 중고생이 교무실 찾아가기보다 농담 따먹기 하던 학원 선생하고 대거리가 편하죠.

서해성 | 족집게 노릇만이 아니라 인간적 유대와 대화에서도 공교육이 패배한 거죠. 일전에 한 여자 아나운서가 텔레비전에 나와서 과외 교사를 찾는 걸 본 적이 있어요. 거기가 진짜 '보고 싶은 선생님'인 거지.

이범 | 정책을 좌우하는 사람들 중에 아이들 일상에 대한 감각을 지닌 분들은 없어요. 학원 강사 하면서 솔직히 머리가 잘 안 돌아가는 애들 세계를 많이 들여다보고 고민하게 됐죠.

한홍구 | '교육 마피아'라는 게 다 고시 패스한 사람들이죠. 공부 못하는 아이들의 심리에 대해 생각해본 적이 없겠지. 사범대 시스템이란 게 높은 진입 장벽을 쳐놓아서 다른 부문의 인재들이 공교육에 편입될 기회가 막혀 있는 것도 말하고 싶어요. 교사보다 학원 강사가 잘 가르치는 경우가 실제로 많거든요.

서해성 | 사범학교라는 게 일본 제국주의 이데올로기를 전파하던 교육 사관학교였죠. 회초리 들거나 칼 찬 훈도. 군복 입은 선생님.

이범 | 아버지 초등학생 때 앨범 보면 선생님이 칼 차고 있죠.

서해성 | 서당 훈장에서 훈도로, 훈도에서 교사로, 거기서 나아가 벗이 되어야 했던 건데……. 어렸을 때 교사에 대한 실감 나는 한마디가 있잖아요. 꼰대.(웃음)

이범 | 교사에게 어느 정도 꼬장꼬장한 기질은 필수죠. 수업 시간에

"교육 잘 받은 사람이 대통령 해야죠."

애들이 자고 있어도 안 깨운다잖아요. 꼰대라면 깨워야 맞거든요.

서해성 | 자, 전교조는 어떤가요.

이범 | 결정적인 문제는 여타 공적 노조들과 달리 정책연구소가 없다는 거죠. 가령 대안적 교장 제도와 승진 제도 같은 것도 새로운 관점에서 연구해야 해요. 그게 없는 상태에서 교원평가제가 들어오니까 거버넌스(협치) 수준에서 담론이 없는 거죠. 그 분위기를 주도한 게 강경파고. 교원 평가는 '그냥 반대'인.

서해성 | 반공 독재 체제에 맞서 잃어버린 교육 주체를 세우는 데 크게 기여한 전교조가 새로운 대중성을 확보해야 하는 게 아닌가 싶어요.

모든 모순을 입시 제도로만 환원 말라

이범 | 일단 인격 모독 안 하고 촌지 안 받는 선생님, 이것만으로도 학생들에겐 훌륭했죠.

한홍구 | 처음에는 학생들 지지율이 7~8퍼센트가 나왔는데, 지금 까놓고 물어보면 얼마나 나올까. 얼마 전 폭력 동영상이 뜨고 했지만 체벌이 많이 준 건 사실이죠. 그런 면에서 전교조와 비전교조 선생님의 차별성도 줄었어요. 전교조 조합원 숫자도 엄청 늘었고, '저 양반이 왜 전교조에 있을까' 싶은 이들도 있고.

이범 | 전교조 내에서 한나라당 지지율이 10퍼센트나 나온다는데.

서해성 | 참교육 핵심이 민족·민주·인간화인데, 그 대부분이 시험에 잘 안 나온다는 게 딜레마일 거예요. 내세우는 모토와 다른 입시 경향이 계속되는 한 학교 안팎에서 전교조의 힘이 줄어들 수밖에 없는 건 아닌지.

이범 | 전교조 명단을 여당 의원들이 깠을 때 관심 있는 애들 반응이 대체로 '아니 별거 아니잖아?'(웃음) 전교조 선생님이라고 다르지도

이범

"진보, 보수 떠나서 임진왜란을 배운다고 해봐요. 명량해전이 먼저냐 노량해전이 먼저냐보다 『난중일기』 같은 걸 보면서 토론을 할 수 있어야 하거든요. 이건 김대중, 노무현 정부 때도 불가능했습니다."

않은데 저 난리냐는 거지. 이게 위기 상황의 한쪽 측면이죠. 이걸 돌파하려면 전교조가 성찰에 그치지 말고 개혁을 해야 해요. 그 지표가 정책연구소라는 거고.

서해성 │ 전교조가 태어날 무렵, 교과별 교사 모임에 자주 불려갔는데, 어떻게 수업안을 짜느냐가 중요한 고민거리였어요.

이범 │ 교과 모임은 현장에서 실험한 대안 콘텐츠를 많이 쌓아놓았죠. 문제는 전교조에서 이들이 비주류라는 거죠. 주류는 이걸 제도화시키는 데 힘을 쏟지 않았어요.

서해성 │ 현장 교사들 말을 들어보면 실제 쓸 만한 수업을 하기 어렵다고 하는 점도 알아둘 필요가 있겠어요. 교무주임, 교장들이 교안 제출이나 수업 내용에 구체적으로 개입하는 상황인 데다 평가에서 불이익을 줄 수 있는 게 현실이고요.

한홍구 │ 선생님들이 역사 교육 어떻게 했으면 좋겠는지 물어보면 고등학교의 경우 달리 해줄 이야기가 없어요. 이 입시 시스템 아래선.

이범 │ 진보, 보수 떠나서 임진왜란을 배운다고 해봐요. 명량해전이 먼저냐 노량해전이 먼저냐보다 『난중일기』 같은 걸 보면서 토론을 할 수 있어야 하거든요. 이건 참여정부 때나 김대중 정부 때도 불가능했죠.

한홍구 │ 몇 해 전 학교운영위원을 해봤는데, MB나 교육 관료도 나쁘지만 한국 교육 최고의 적은 옆집 엄마라는 거였어요. 엄마들의 욕망이 입시를 부추기고, 입시가 또 학교 행정을 지배하고 있다는.

이범 │ 토론형 수업이 제도로 정착이 왜 안 되는가. 우선 내신 성적에 등수를 매기죠. 그러니 다른 반도 똑같이 가르쳐야 해요. 논술형·토론형 수업 하면 등수 매기기가 힘든데. 또 교육 과정에 대한 관료적 통제가 굉장히 세심해요. 수업을 교사 맘대로 하기 어렵게 돼 있어요. 양도 많죠. 입시 제도는 말할 것도 없고. 그런데 입시만의 문제는 아

이범

니에요. 대학 입시에서 상대적으로 자유로운 중학교와 초등학교를 보세요. 대학이 평준화되는 천지개벽이 일어난다 해도 과정 평가와 토론식 수업이 이뤄질 수 있을까요.

서해성 | 모든 걸 입시 제도로 환원하지 말라는 이야기네요. 시스템, 교사 역량 부족 등도 숨길 수 없죠.

이범 | 전교조의 큰 과오 중 하나가 참여정부에서 내신 석차 중심으로 대학 가게 하는 제도를 지지했다는 거예요.

서해성 | 오늘 손님은 교육 제도의 모순이 낳은 영웅인 셈인데, 사교육이란 게 대체 무언지.

이범 | 명문대 진학 가능성을 높여준다는 부모와 아이의 기대를 최대한 활용하는 영리 활동이죠.

한홍구 | 영리 활동이지만 교육 활동이기도 한 거겠죠.

서해성 | 큰 틀에서 보면 입시제도사라는 게 과외 퇴치의 역사라고 해도 지나치지 않은데, 정작 정부가 발표하는 교육 정책은 사교육을 유인하는 삐끼 역할밖에 못 해왔어요. 교육 자본이 파고들고 확장해가는 그 시장을 한 번도 이긴 적이 없거든.

이범 | 주입식 교육에서 벗어나서 교사에게 최대한 자율성을 줘야 그나마 현존 시스템에서 사교육을 줄일 가능성이 생겨요.

서해성 | 해방 후 한국 사회의 특성을 딱 한마디로 줄이면 '땅과 학교'죠. 부동산 투기와 8학군 가기.

한홍구 | 한국은 지금 그 둘이 합쳐져 있어.

서해성 | 그게 강남의 실체라는 거죠. 재테크와 교테크.

한홍구 | 보수 입장에서 보면 한국현대사를 이끌어온 추동력의 상당 부분은 '북괴의 남침 위협'이었다고 볼 수 있거든요. 그거보다 훨씬 중요한 게 땅과 학교였죠. 북한이 쳐들어올까 봐 일반 중산층 가정에서 생활 패턴을 바꾸는 일은 없잖아요. 아이들 고3 되면 모든 집 생활 패

"교육 잘 받은 사람이 대통령 해야죠."

턴이 바뀌거든.

서해성 | 땅과 학교를 붙여놓고 보면 한국은 3벌 사회예요. 우선 재벌과 학벌의 사회죠. 여기에 미벌이 추가됐어요. 얼굴! 근데 미벌은 자본(재벌)에 종속되니까 독립적인 벌이 아니야. 마지막 진짜 벌이 뭐냐면, 그냥 벌이죠. 재벌과 학벌에 못 끼면 평생 푸대접 '벌'을 받고 살아가야 해요.(웃음) 돈 없는 건 그렇다 치고, 학벌이 스카이(서울대·연대·고대)냐 아니냐로 구분되는데, 로스쿨까지, 이건 거의 인종 차별 수준이죠. 이 체제에서는 다시는 노무현이 못 나와요.

'북괴 남침 위협'보다 중요한 땅과 학교

이범 | 학벌이 그토록 강해진 건 한국의 국가 주도 발전과 깊은 관계가 있겠죠.

서해성 | 현대사 전공자께서 시험 역사를 수능형 요점 정리로.

한홍구 | 아흔에 가까운 친척 할아버지가 "내가 20년대에 재수했다"는 이야기에 깜짝깜짝 놀라요. 시험 봐서 관료 뽑는 전통은 우리가 천 년, 중국이 1천 3, 400년쯤 됐나? 세계에서 가장 오래됐다고 할 수 있죠. 한국은 지식인이 권력을 쥐는 전통을 가진 몇 안 되는 나라죠.

이범 | 나름 합리성이 있었죠.

한홍구 | 개천에서 용이 많이 났는데 이제 그 시스템이 다양하게 막히고 있어요. 다시 조선 시대로 돌아가고 있어요. 초기엔 문이 많이 열려 있더니 갈수록 좁아져서 양반만 해먹고, 동인 서인 나뉘고 노론 소론 나뉘고 노론 혼자 해먹다가, 그중에서 세도 정치로 몇 집만 해먹는 시스템으로 가는 거거든요. 조선이 그러다가 망한 거지.

서해성 | 개털도 범털 될 수 있는 게 교육이어야 하죠. 이른바 신분 상승에 대한 기회 균등. 그런데 지금은 범털들이 털 관리하는 꼴로 바뀌

이범

고 말았어요. 기득권 유지 수단이 된 거죠. 대체 사교육 시장은 얼마나 큰가요. 또 사교육을 받아본 적은 있는지.

이범 | 20~30조……. 정부에서 대는 공교육 예산만 30조 원이고. 자부담 공교육비가 또 10조 원에 이르죠. 전두환 때 중고등학교를 다녀서 학원 갈 일이 없었죠.

서해성 | 7년 동안 누비고 다닌 사교육 현장을 한 줄로 압축해 회고한다면.

이범 | 입을 벌리고 있으면 거대한 돈 소용돌이가 입으로 빨려 들어오는 느낌!(폭소)

한홍구 | 사교육을 줄이는 방법으로 공교육을 강화하자는 게 대안이 되나요.

이범 | 대학 서열화 상황에서 결국 더 높은 대학을 가기 위해 별도 투자를 하게 되죠. 대학 시스템 상향 평준화라는 기조가 제일 중요하죠.

서해성 | 근래 특목고, 자사고가 더 부각되고, 사실상 돈 있는 집, 과외받는 학생들만 입학할 수 있는 걸로 바뀌고 있어요. 과거 명문 고교가 고스란히 부활한 셈이죠. 고액의 사교육이 초등학교 때부터 나오고 있는데.

이범 | 사교육이 늘어나는 걸 방치한 게 국민의 정부, 참여정부였어요. 다양한 교육이라는 명목 아래 특목고가 10년 동안 빠르게 늘었고. 외고 8천 명 선, 과학고 1천 500명, 영재고는 500명.

한홍구 | 민주 세력 집권과 함께 각종 규제를 완화하면서 사교육을 완전히 놓쳐버린 셈이죠.

이범 | 평준화를 어떻게 회복할 것이냐가 중요한 화두입니다. 특목고가 필요 없을 정도로 다양한 교육이 일반 학교에서 가능하게 해야 해요. 그런 로드맵 아래 특목고를 줄이거나 없애야죠.

서해성 | MB 정부 출범 뒤 시행되고 있는 일제고사에 대한 반발이 센데.

"교육 잘 받은 사람이 대통령 해야죠."

이범 | 일제고사를 보느냐 마느냐는 중요하지 않다고 봐요. 학업부진 아를 가려내기 위한 제한적 의미의 시험이라면 말이죠. 쉬운 문제만 내는 거죠. 지금은 객관식에다 '기초 미달, 기초, 보통, 우수' 네 등급 으로 나누게 해 교장들을 무한 경쟁시키고 있죠. 내신 교육 선진화는 물 건너가는 거죠.

서해성 | 실질적으로는 전국 석차가 나오는 셈 아닌가요. 학교든 집단 으로든.

이범 | 일제고사를 반기는 쪽은 대략적이나마 우리 아이의 전국 순위 를 알 수 있다는 거 때문이죠.

서해성 | 시험이란 게 단지 대학 가기만은 아니거든요. 성적 확인시키 기를 통해 사회적 주종 관계를 예비 학습시키는 효과가 크거든요. 가 난하게 사는 걸 받아들이는 박탈과 체념을 학교에서 예행연습하는 거 죠. 전형적인 구별 짓기에 해당하는데 문제는 그게 다수라는 거죠.

한홍구 | 일제고사로 등급을 나눈다는 게, 두뇌와 상관없이 아이들로 하여금 공부를 진작에 포기하게끔 하는 경우가 많다는 거겠죠.

서해성 | 서울시 교육이 바뀐다는 건 상징적 의미가 제법 큰데.

이범 | 바꿔야 할 건 많은데 바꿀 수 있는 건 많질 않아요. 초중등 교 육을 개선하는 수준에서 가능하겠죠. 중앙정부에서 직접 통제하는 게 많으니 결국은 2012년에 잘해야 한다!(웃음) 그런데 정치권에 그런 복안이 있는지 의문이네요.

한홍구 | 2010년 교육감 선거에서 무상 급식 이슈가 전면화되면서 성 패가 갈린 측면이 있는데, 피부에 와 닿는 교육 현장의 어젠다를 계속 발굴해야겠죠.

이범 | 선명하게 드러난 게 무상 급식, 학생인권조례, 혁신학교죠. 무 상 급식은 워낙 많이 얘기됐고, 학생인권조례나 혁신학교는 못하면 교육감 탓이 되겠죠. 그러니 혁신학교에 매진해서 공교육의 혁신을

이범

보여줄 필요가 있죠. 그러면 "우리 동네도 만들어달라"는 요청이 쇄
도하겠죠.

한홍구 | 이 입시 제도 안에서 고등학교가 얼마나 혁신이 가능할까요.

교복을 찢는 아이들, 교과서를 찢는 MB

이범 | 참 어렵죠. 혁신학교를 통해 희망의 맹아를 보여줄 순 있지만,
중앙정부 차원에서 대학 시스템과 선발 제도의 개혁으로 진행해야 한
다는 거죠.

서해성 | 김상곤 교육감 사례에서 보듯 진보 교육감이라고 해서 일이
뜻대로 풀리는 건 아니거든요. 교육위원이나 행정 기관과 부딪쳐온
걸 다들 알고 있고. 서울시교육청이 앞으로 중앙정부와 맞닥뜨리면
어떻게 대응할지도 궁금하군요. 암튼, 이만 정리해보죠.

이범 | 희망은 교육감을 통해, 실질적 저변의 변화는 2012년에.(웃음)

한홍구 | 2012년이 잘되기 위해선 진보 교육감이 잘해야 해요. 역시 진
보 교육감이 들어서니까 이런 게 주어지는구나 하는 성과를 보여주어
야겠죠. 우리가 이명박 정권 살면서 느낀 게 뭡니까. 중앙정부 내어주
면 큰일 나는구나, 역시 위험하구나, 교육 잘 받은 사람이 정말 중요
하구나.

서해성 | 작년에 사회 교과서에서 근현대사가 빠지는 걸 보면서 이런
생각이 들었어요. '학생들은 졸업식 때 교복을 찢어왔고, MB는 교과
서를 찢는구나.' 회를 떠내듯 좋은 부위, 그러니까 역사에서 민주적인
중요한 기억들을 낡은 냉전의 곡괭이로 파내는 일을 하고 있는 거죠.
한국인에게 공식적인 기억 상실을 요구하는 듯합니다. 교과서가 기록
이 아니라 지우개 노릇을 하고 있다고나 할까요.

"교육 잘 받은 사람이 대통령 해야죠."

차렷 못하는 남자

나는 차렷 못하는 남자다. 차렷이나 부동자세를 취할라치면 묘하게도 곧 삐딱해지고 만다. 신체 일부에 힘이 들어가는 순간 벌써 어딘가 기우뚱하고 비틀리고 있다. 소싯적 애국조회는 따라서 지독한 고욕이었다. 자세에서 이미 '애국심'이라곤 찾아볼 수 없었다. 열사병을 얻은 듯 쓰러지는 여학생들이 외려 부럽기마저 했다. 줄을 서도 볼품없이 삐뚜름했고, "전우의 시체를 넘고 넘어"에 맞춰 행진할 때면 발이 맞지 않아 어긋나기 일쑤였다. 무엇 하나 반듯한 게 없었다. 체력은 국력이라는 말에는 본능적으로 몸이 꼬여버렸다. 내 몸이 나라 것이라고? 내 허락도 없이? 그건 '국대'(국가대표)들에게나 해당될 일이었다. '건강한 몸에 건강한 정신'이란 말도 믿기 어렵기는 마찬가지였다. 근력 없어도 지혜 넘치는 이를 딴에 봐온 터다.

누가 가르쳐준 적도, 의식화당한 적도 없지만, 예령과 동령으로 분절되는 몸짓을 몸이 알아서 거역한 셈이었다. 대한민국에 죄송스럽게도 헝겊에 그림 그려놓고 절을 하라니 그도 쉽지만은 않았다. 심장박동을 빼고 움직이는 모든 게 멈춰야 했던 국기하강식은 그래서 고문이었음을 어찌하랴. 민방공훈련이 있는 날은 여러 번 '상학'을 포기해버리기까지 했다. 벌써 국민학교 때 싹수가 보였던 거다. 교련 시간과 군 시절에 거수경례를 하면 조막손이로 오그라들거나 손끝이 바깥쪽으로 빳빳하게 휘어 나갔다.

박정희가 죽고 전두환이 물러나면서 이 증세는 차츰 사라졌다. 그 시대 교련과 체육은 개인의 신체를 국가에 귀속시켜가는 과정이었다. 일제에게 물려받은 독재 교육은 먼저 몸을 빼앗아 '앞으로 나란히' 종대화했다. 교육이 명령을 닮아갈 때 차렷 못하는 아이에게 내려오는 게 체벌이다. 적어도 몸은 내 것이라는 것쯤은 일깨워줘야 인권이고 교육의 출발 아니겠는가.

서해성

"나라가 그 꼴 된 게
다 일제 탓이랴"

이만열 —숙명여대 사학과 명예교수

인터넷 조선왕조실록을 아시는가.

간단한 키워드 검색 하나면 뚝딱이다. 방대한 한문투성이 사료들의 번역본을 입맛대로 찾을 수 있다. 학생이든, 기자든, 소설가든, 종친회 관계자든 누구나 쉽게 애용한다. CD로 500만 원까지 하던 게 무료가 됐다.

초대 손님은 바로 그 인터넷 조선왕조실록을 최초로 제안해 만든 장본인이다. 이만열 숙명여대 명예 교수. 그는 국사편찬위원회 위원장(2003~2006)을 지내는 동안 대중적 역사 교육의 필요성을 절감하고 20억 원의 재원을 마련해 이 프로젝트를 완성시켰다. 역사에 관심이 있는 독자들이라면 모두 그에게 몇백만 원씩의 수혜를 받은 셈이다.

그는 친일인명사전편찬위원회 위원장, 외국인의 인권과 의료봉사를 위한 (사)국제민간교류협회 대표 등 책임 있는 역사학자로서 왕성한 사회 활동을 했지만, 복음주의 교단에 적을 둔 신앙인이자 교회사를 연구한 학자로도 유명하다. 그가 1973년에 발표한 논문 「한말 기독교인의 민족의식 형성 과정」은 알 만한 이들에겐 초기 기독교사의 고전으로 꼽힌다. 이는 1991년 그와 김진홍 목사가 주축이 된 기독교 월간지 《복음과 상황》의 창간으로 이어졌다. 그를 생각할 때마다 '역사'와 함께 '기독교'가 떠오르는 이유다. 직설의 큰 주제는 2010년 8월 29일로 100년을 맞는 '경술국치'였지만, 자연스레 '기독교 이야기'를 피해 갈 수 없었다.

고경태

서해성 | 오늘은 평생 공부만 해온 분을 모셨습니다.

이만열 | '공부만'이라고 하니 부담스럽군요. '꽁생원 중 처음'이라고 하면 모를까. (웃음)

한홍구 | 기독교사의 태두이시니 종교 이야기로 말문을 터보죠. 일제강점기 신사 참배 문제가 한국 기독교 분열에 어떤 영향을 끼쳤는지.

이만열 | 해방 뒤 신사 참배에 대한 회개 움직임이 교계 안에서 벌어졌지요. 그런데 '나와 하느님의 문제이지 교단 문제가 아니다', '옥에 간 사람들보다 우리가 더 괴로웠다'는 식의 변명이 굳어가면서 분열로 이어졌지요. 장로교 내에서 신사 참배 거부한 사람들이 고신파라는 소수파로 떨어져 나오게 되고, 이듬해(1952)엔 성경 해석을 놓고 '기장'(한신)이 갈라지죠.

뉴라이트 김진홍 목사와의 인연

한홍구 | 1970년대 민주화 운동에서 개신교의 역할을 빼놓을 수 없는데, 요즘은 교회 내부에서 왜 진보적 목소리가 축소됐을까요.

이만열 | 안타깝게도 김대중, 노무현 정권 들어오면서 주요 기독교인들이 권력에 가까이 다가갔죠. 제3자적 거리를 유지했어야 했는데. 절로 예언자적 목소리도 줄어들 수밖에 없었지요. 오늘날에는 '열린 보

이만열

수' 쪽에서 상당한 역할을 감당하고 있지요.

서해성 | 장기려 박사 같은 경우 철저히 보수적이었지만 자기 헌신을 전제로 비판하니까 더 힘이 컸다고 여깁니다. 북에서 면회 신청이 왔는데도 모든 이산가족이 다 만난 뒤에나 가족들과 만나겠다는 고집이 대표적이었죠. 종교인의 발언에 현실 없는 것도 문제지만, 헌신 없는 종교인의 발언은 '말씀 사기'에 가까워요. 요즘은 '돈의 크기'만큼씩 말씀하고들 있죠.

이만열 | 설교란 성경을 현실에서 육화시키는 거거든요. 현실이 없는 말씀은 공허할 수밖에.

한홍구 | 뉴라이트 일부 목사들 설교 테이프에 '5·18은 인민군이 내려와 학살한 것'이라는 게 있어요.

이만열 | 나도 대책이 없습니다.(쓴웃음) 어떤 정권이나 세력이 제 마음에 안 들면 과장을 해서 설교를 하지요. 그렇게 해서 형성된 생각을 바꾸려고도 하질 않아. 하느님이 가난한 자와 소외된 자에 깊은 관심을 갖고 계시다는 기본적인 생각만 하더라도 그토록 무모한 말을 할 수야 없죠.

서해성 | 종교적 맹신이 발전하다 보니 올해 6·25 60주년 기념일에 조지 부시를 불렀죠. 누가 봐도 세계사적으로 반평화적인 인물인데.

이만열 | 옳습니다. 도대체 정신이 있는지 모르겠어.

한홍구 | 한동안 뉴라이트 김진홍 목사와 함께 진보적 기독교 잡지《복음과 상황》을 만들어오셨는데 언제부터 생각이 갈렸는지요.

이만열 | 김 목사는 김대중 정부 때까지는 북한을 많이 도왔어요. 노무현 정부 때 정권의 아마추어리즘으로 사회 갈등이 증폭된다고 생각한 듯해요. 곧 한나라당 대통령 만들기에 앞장을 섰지. 이래저래 몇 번 만나 만류하는 말도 하고, 메일을 보내 "제3자적이고 예언자적인 입장으로 돌아가라"고 충고를 했는데, 그 때문인지 동기는 잘 모르지만

"나라가 그 꼴 된 게 다 일제 탓이랴"

두 주 전에 MB 정부를 비판하는 성명을 발표했더라고.

서해성 | MB를 '먹통 권력'이라고 말한 적이 있는데요.

이만열 | 남의 소리를 전혀 듣지 않잖아. 지식인들이 그렇게 성명 내고 하면 듣는 시늉이라도 해야지.

한홍구 | 종교적인 확신이 지나치면 아무것도 보이지 않는다고 하는데…… 신자로서 MB는 어떤가요.

이만열 | 맹신주의에 들면 그렇게 되죠. 오히려 MB는 건설, 토건을 통해 쌓아온 자기 확신이 있지 않나. 그 심성은 종교성하고는 관계없어요.(웃음)

한홍구 | 한국 침탈 100년을 맞아 일본 총리가 담화를 발표했는데.

이만열 | 실망스럽기 짝이 없어. 일본으로서는 '100년'이라는 사죄하기 아주 좋은 기회였는데. 2010년 5월 한일지식인공동성명에서, 강제에 의해 이뤄진 조약은 원천적으로 무효라고 했어요. '1948년 한국 정부 수립 뒤부터 무효'라고 주장해온 일본의 논리가 설 자리가 없게 된 거죠. 이 해석에 붙여 앞으로의 문제를 풀어갈 수 있는 좋은 기회를 살리지 못했어요.

'친일 행적' 털고 갈 기회를 놓친 《조선일보》

서해성 | 우리가 '한일 병탄 무효' 내지는 '사과' 요구 중심으로만 매달려온 게 아닌가 하는 생각도 들어요. 식민지 뒤처리 과정에서 만들어진 분단이나 민주적 과제를 온전히 수행해내서 사과받은 것 이상 힘을 갖추었어야 하는 게 아닌가 싶은 거죠.

이만열 | 이제 일본에 더 이상 기대하지 않았으면 해요. 앞으로 식민지적 고통과 울분을 민족적 '자산'으로 승화시킬 필요가 있습니다. 오히려 역지사지해서, 가령 (한국군이 참전한) 베트남 문제를 솔선해서 해

이만열

결할 수 있지요. 일본에 사과 요구를 하면서 베트남에 대해 무시한다면 이중적인 것이죠. 외국인 근로자 차별도 마찬가지고.

서해성 | 동북아시아에는 놀랍게도 네 가지 체제가 존재합니다. 입헌군주제 일본, 시장사회주의화한 중국, 남한의 부르주아 민주주의, 북한이라는 독특한 체제. 내용과 형태가 다른 이 4개 체제의 뿌리가 결국 식민지와 맞닿아 있거든요. 일본의 제대로 된 과거 청산은 이 상이한 세력에 쓸 만한 공통분모 하나를 만들어내는 일이 될 수 있을 텐데요.

이만열 | NAFTA(북미자유무역협정), ASEAN(동남아시아국가연합), EU(유럽연합) 등 지역 연맹이 많잖아요. 동북아에서만 그게 안 돼요. 환경 문제 해결하려고 해도 3국이 협력해야 하는데. 일본이 먼저 솔직하게 '식민지 원천 무효'를 해주면 오늘날 중국 패권주의에 대해서도 당당하게 말할 수 있게 될 텐데 말이죠.

한홍구 | 『친일인명사전』 만들 때 초대 위원장을 하셨죠.

이만열 | 처음에는 1년 안에 후딱 내겠다고들 하고 있었어요. 내가 일을 맡으면서 앞으로를 생각해 정확한 증거 위주로 하자고 늦췄어요. 친일할 적에 대개 개인보다는 단체를 통해서 하기 때문에 먼저 단체 사전을 만들었는데, 2~3년이 지났더군요. 국사편찬위원장으로 가는 바람에 더는 못 했지.

서해성 | 『친일인명사전』은 시민, 민중이 만들어낸 대단한 기록물이죠. 그런데 정작 돈을 냈어야 하는 이들은 친일한 사람들 후손이었어야 하지 않나 싶어요. "아버지의 부끄러움을 돈 주고 사마." 이게 아직 없지요. 도리어 사전 제작 작업을 방해했지.

이만열 | 『친일인명사전』을 편찬하게 된 계기가 임종국 선생의 친일문학론이잖아요. 그분이 먼저 자기 고백부터 했거든. 아버지가 친일파였노라고. 사전은 친일반민족행위진상규명법을 만들면서 본격화됐어요. 국사편찬위원장 할 때 한 신문사 사주한테서 만나고 싶다는 연락

이 왔어요. 공직에 있는 사람으로 사적 만남은 곤란하다고 했더니 뒤에 그쪽 기자들이 찾아왔길래 이런 이야기를 했어요. "당신들이 먼저 고백을 해라. 그러면 일이 굉장히 쉽게 풀리고 민족적으로 화해가 될 가능성이 있다." 그 신문사는 신간회와 관련해 노력을 많이 한 편이고…….

한홍구 | 아, 《조선일보》.

이만열 | 자꾸 변명을 해대니까 민족 운동 한 부분도 친일 쪽으로 무게가 더 가는 거 아니냐고 했더니 그쪽 기자들도 맞다면서…… 근데 지금은 때가 아니라는 거야……. 친일을 했던 신문사에서 앞장서 자기 고백을 하고 자기 수치를 드러내면 우리 사회 분위기가 달라질 텐데.

한홍구 | 한국 보수 세력부터 친일 문제에 관해 털고 갈 수 있으면 싶습니다. 일본에 붙어 "전쟁 나가라, 정신대 나가라"고 한 짓은 같은 민족이 집권했을 때도 안 되는 거잖아요. 당사자들이 있었으면 진작 반성했을 텐데 마름들이 정권을 잡아 못 하는 건지.(웃음)

이만열 | 스스로 까발릴 필요는 없겠지만 이런저런 부분에 대해서 잘못한 거 인정한다고 얘기하면 오히려 조상 허물을 벗겨주는 일이죠.

한홍구 | 지금 뉴라이트들은 일제가 근대 문명의 초석을 놓았다고 미화하잖습니까.

서해성 | 어떤 작가가 위인전적 전기를 써왔는데 아부를 하느라 청년 박정희가 광복군 활동을 한 것처럼 미화했어요. 그걸 본 박통이 화를 버럭 내며 "이건 아니다"라고 했다는 기록을 읽은 적이 있어요.

한홍구 | 지금은 그런 최소한의 염치조차 없어졌죠.

다 일본 책임? 그럼 느그는 뭐 했나?

서해성 | 우리가 국치를 당한 까닭을 말할 때 근대 주체를 언급하지 않

이만열

을 수 없는데요. 위정척사, 개화파, 민중의 한계를 각각 지적한 글을 읽은 적이 있습니다.

이만열 | 나라가 그 모양이 된 걸 몽땅 일본한테 책임을 미뤄버리면 역사를 타율적으로 보게 되죠. 일본이 강해서 영국, 미국, 러시아, 중국과 합작해서 우릴 먹어버렸다고 하면 "그럼 느그는 뭐 했냐"고 돼버리잖아요. 결국 민권을 제대로 신장시키지 않아서 그런 거죠. 일단 1894년 동학농민혁명 때 외세에 의존하지 않았어야죠. 갈등이 되더라도 농민군의 요구를 할 수 있는 데까지 수용했어야 해요. 또 독립협회가 민권 신장을 통해서 국권을 지켜보자고 했잖아요. 동학혁명 문제를 잘 풀고 독립협회 운동 일어났을 적에 민권을 강화시켜 1910년까지 14~15년 동안 잘 했더라면 여러모로 달라졌을 거라고 여깁니다.

한홍구 | 독립협회 회장이 이완용이었잖아요. 나중에 딴 방향으로 돌아서 버리는데, 그런 중요한 운동에서 책임 있는 자리에 있었던 사람들이 운동의 이상이나 지향과는 다른 길을 걸었단 말이죠.

이만열 | 민중과 역사 발전에 대한 확신이 없어서 그렇지요. 백성의 힘을 키우지 않아서지요. 결국 도적 떼들이 와서 보고 윗대가리들만 조종하면 된다고 판단한 거예요.

서해성 | 파리 코뮌 72일에 비하면, 동학 세력은 집강소를 통해 호남 53개 군을 6개월 동안 다스렸어요. 문자 그대로 단군 이래 최초로 민중이 자기 땅과 자기들을 다스린 거죠. 어쨌든 상당한 자치 능력을 보여준 셈인데, 서울의 민권 운동과 잘 결합할 수만 있었더라면 하는 상상도 하게 되는군요.

한홍구 | 독립협회가 동학농민전쟁에서 자극도 받았지만 위기감이 더 컸죠.

서해성 | 우리 둘(한, 서) 다 황현을 퍽도 좋아하는데 동학농민군을 '비도'라고 했어요. 《독립신문》이나 필립제이슨(서재필)도 마찬가지였죠.

"나라가 그 꼴 된 게 다 일제 탓이랴"

"이제 '치욕'을 넘어 식민 지배의 경험을 자산으로 삼아 동력화 해야 합니다. 제국주의 국가 사람들은 도저히 가질 수 없는 것이 지요. 도처에 식민지적 상태에서 고난받은 사람들이 있잖아요. 그들의 눈물을 씻어주고 고통을 덜어주는 데 적극 나서야 해요."

붓만 쓰는 자들은 낫 든 자들이 무서운 법이죠.(웃음)

이만열 | 1897년 광무개혁이 이뤄지는데, 민권보다 황제권을 강화시켜요. 1905년 을사'조약'이나 1910년 강제병합'조약'을 보면 '황실의 안녕'이니 뭐니 하는 말들만 있어요.

한홍구 | 입헌군주제나 공화제 논의가 나라 망하기 전부터 있기는 했어도 미약했는데, 대한민국 임시정부 수립은 한 큐에 됐거든요. 고종이 죽으니까!

이만열 | 오해의 소지가 있지만, 결국 황제가 죽었기 때문에 '민국'이 나올 수 있었죠.

서해성 | 숱한 역사책에서 고종의 책임을 묻는 글을 본 기억이 없어요. 나는 국치 전후해서 고종에게 가장 많은 책임이 있다고 생각하거든요. 오늘날도 대통령이 다 내린 (잘못된) 결정인데 "각하께서 그러셨겠나" 하는 말을 들을 때가 있어요. 기가 막히죠.

한홍구 | 이런 말 해도 되나 모르겠지만…… 고종은 명나라 마지막 숭정 황제처럼 1910년 나라가 망할 때 돌아가셨어야 하는 게 아니냐. 그때 조선이라는 500년 된 나라가 망하는 걸 실감할 수 없었잖아요. 살아도 살아계신 게 아니었죠.

이만열 | 근대라는, 과거 왕들은 할 수 없었던 일을 할 기회였는데 그걸 살리지 못한 군주가 됐죠. 나라는 망하고, 자신의 명예도 지키지 못한 군주.

한홍구 | 김일성은 회고록 『세기와 더불어』에 "한 나라의 왕비가 궁중에서 외국 테러단의 칼에 맞아 죽고, 왕이라는 것은 남의 나라 공사관에 가서 1년 동안 갇혀 있고, 왕의 아버지는 외국에 납치되어 가 있고, 왕궁을 지키는 것도 남의 나라 군대에 맡겼으니 이 나라는 누가 지켜주고 돌보겠는가"라고 간단히 정리했지요.

서해성 | 왕족은 나라에 책임이 있는 사람들인데, 일제강점기 동안 뭐

"나라가 그 꼴 된 게 다 일제 탓이랴"

라도 했어야 해요. 탈출에 기어코 성공해서 망명을 하든, 하물며 연필 칼로라도 위협하고 '자해'라도 해서 분기를 일으켰어야죠. 한국에 노블레스 오블리주가 없는 중요한 근거 중 하나라 생각합니다. 나라님도 책임을 안 지는데 백성이야……

한심한 고종…… 1907년에 끝까지 버텼어야

이만열 | 1907년 7월 16일 양위 요구 때 고종이 끝까지 버텼어야 한다고 봐요. 헤이그 밀사 사건 책임 추궁을 당할 때도 "모른다"가 아니라 "내가 그랬다"고 당당하게 나갔어야지. 을사조약을 비준하지 않았다고 세계 각처에 보냈잖아요. 조약은 무효다, 그래서 사람을 보냈다고 큰소리치고 끝까지 싸웠어야 했어요. 황제를 죽이기야 했겠어요? 유폐당하거나 하면 민중이 일어날 기회가 생기기도 할 텐데. 협박하니까 흐지부지…… 에이그!

서해성 | 난세의 지도자감은 아닌 거죠. 태평성대면 모를까. 근데 통치를 너무 오래 했어.

한홍구 | 오죽했음 대원군이 아들을 쫓아내려 했겠어.

서해성 | '일제 강점'이 법적, 인적으로 청산된다 해도 이른바 '감각적 청산'은 도장을 찍는다고 해서 이뤄지는 게 아니잖아요. 이는 오리엔탈리즘 등 포스트 식민주의 문제와 깊게 맞물려 있습니다.

이만열 | 이제 '치욕'을 넘어 식민 지배의 경험을 자산으로 해서 동력화해야 합니다. 제국주의 국가 사람들은 도저히 가질 수 없는 것이지요. 도처에 식민지적 상태에서 고난받는 사람들이 있잖아요. 그들의 눈물을 씻어주고 고통을 덜어주는 데 적극 나서야 해요.

한홍구 | 식민지였던 나라에서 비록 분단으로 귀결되었지만 민주화와 산업화를 동시에 달성했지요. 사실상 민주화의 힘으로 산업화를 견인

이만열

해낸 거죠.

서해성 | 앞으로 100년은 적어도 100년 뒤에 자랑할 만한 것이어야 할 텐데요. 그러려면 최소한 분단 극복, 제국주의의 간섭에서 완전한 자주를 이뤄내야만 합니다. 그것이 국치 100년의 명백한 명령이라고 믿습니다.

"나라가 그 꼴 된 게 다 일제 탓이랴"

국치 101년

이대로는 100년이 오지 않기를 바랐다. 국치 99년을 며칠 앞둔 날 한홍구와 서해성은 남산 북쪽 기슭을 얼쩡거리고 있었다. 예장동 2-1. 교통방송 지나 왼쪽으로 꺾으면 나오는 굵은 나무 두 그루가 서 있는 바로 앞쪽 풀밭이 한국통감 관저 터다. 거기 목조 건물 2층에서 이완용은 데라우치 마사타케에게 문서에 써서 나라와 백성을 바쳤다. 둘은 여러 방송, 신문 기자들에게 그걸 설명하고 있었다. 그곳과 연결된 한 뼘 떨어진 둔덕에서 '중정'이 시작되었다는 말도 빼놓지 않았다. 서울시는 '남산 르네상스' 플랜으로 일대를 새로 조성하고자 하고 있었다. 자칫 통감 관저 터도, 분단 독재의 집행자 중앙정보부 흔적도 사라질 판이었다.

그 자리에 가장 고통스런 기억 하나를 재조립하고자 했다. 조선이 식민지로 전락하던 순간을 치욕으로 일으켜 거울로 삼고자 했다. 통감 관저는 경복궁 뒤로 옮기기 전까지 당연히 총독 관저였다. 일제강점기의 기차 역사, 소금 창고 한 채도 근대 문화유산이라고 보전하는 판에 조선을 통째로 먹어치운 목조 건물 두 동을 짓는 일이 그토록 어려우랴 싶었다. 정말 이대로는 국치 100년을 맞고 싶지 않았다.

서울시는 강제병합 100년 공동행동 한·일실행위원회가 이곳에 통감 관저 터라는 표지석을 세우고자 한 일을 실질적으로 막았다. 집은커녕 여전히 돌 하나도 세울 수 없는 형편이라니. 대체 식민지 기억은 왜 여전히도 두려운가.

100년 전 스스로 목숨을 버린 황현은 지지리도 향촌 보수였다. "나는 사실 죽을 의무가 없다…… 선비 기르기 500년인데 나라가 망하는 날 한 사람 죽는 자 없다면……." 그 의연한 결기가 우리네 치욕을 오늘에도 가까스로 덜어주고 있기에 절로 머리 숙이지 않을 수 없다.

국치를 기록하는 이런 일이야말로 내남없이 나서야 마땅하지만, 어쩌면 보수에게 더 빛나는 몫이 아닐까. 서울시의 결정을 황현처럼 나서서 꾸짖을 보수 한 사람 없다니 도리어 딱하기만 하다. 이 땅 보수들의 식량은 분단이라는 동족의 피가 묻은, 저질 식품뿐인가. 그렇다면 그들은 세상과 권력을 갉아먹는 벌레일 뿐이다.

이대로 국치 100년을 보낼 수는 없다. 다시 맞을 101년이 벌써 두려운 까닭이다.

서해성

이만열

"최열이 죽거나
이명박이 죽거나"

최열 –환경재단 대표

"벌써 다 살고 나오셨어요?"
하마터면 그렇게 물을 뻔했다. 긴가민가했다. 2008년의 기억이 어슴푸레했다. 당시 검찰은 그와 관련
을 맺은 환경 단체 사무실 두 곳을 압수 수색했다. 구속 영장을 청구한다는 소리가 들렸다. 무고함을
호소했지만 곧 묻혔다. 그는 대중의 시야에서 사라졌다. 그사이 감옥에 있느라고 안 보였단 말인가.

최열 환경재단 대표가 돌아왔다. 감옥에는 다녀오지 않았지만 "돌아왔다"고 하고 싶다. 이번 '직설'
로 침묵을 깼기 때문이다. 그는 3시간 동안 4대강 공사에 관해 조목조목 따지며 열변을 토했다. 그동
안은 왜 조용했을까. 감옥은 다녀오지 않았다. 검찰의 구속 시도는 두 번의 영장실질심사에서 좌절됐
다. 그는 공금횡령범으로 몰린 재판에서 무죄를 받는 게 우선이었다고 했다. 한데 이렇게 늦어질 줄 몰
랐다. 2년 동안 열세 차례의 공판이 열렸으나 아직도 1심 결과는 안 나왔다.■

그에게 이명박은 어제의 동지다. 청계천 파헤치는 사업을 할 때 '위원장 이명박, 부위원장 최열'이었
다. 이명박 시장이 대통령 후보가 되면서 둘은 돌아올 수 없는 다리를 건넜다. '대운하 반대'가 결정적
이었다. 얼마 뒤 이명박 정부는 그에게 한칼을 날렸다. 파렴치범으로 몰려고 했다. 이젠 최열이 한칼을
날릴 차례다. 그는 "최열이 죽거나, 이명박이 죽거나"라는 표현까지 썼다. 4대강 공사 저지를 위해 온
몸을 바치겠다고 했다. 돌아온 환경 운동의 대부, 최열의 입을 주목하자.
고경태

■ 2011년 1월 28일 1심 판결에서 재판부는 최열 대표에게 징역 8월에 집행유예 2년을 선고했다. 그러나 환경센터
건립과 관련해 1억 6천만 원 횡령 혐의 중 대부분의 공소 사실에 관해서 모두 무죄를 선고해 사실상 무죄라는 평가를
받았다. 검찰과 최열 대표 양측이 모두 항소 의사를 밝혀 재판은 계속 진행 중이다.

우아한 고문, 4대강 살리기

한홍구 | 이명박 대통령하고 한때 가까우셨죠?

최열 | 서울시민으로서 청계천을 옛날보다 나은 상태로 만든다고 하니까 참여했어요. 시장이 위원장, 내가 부위원장이었는데, 자동차 요일제나 지하철 연장 운행 같은 제안을 했는데 흔쾌히 받아들였지. 이명박, 문국현, 최열 셋이서 KBS 음악회에 나가 노래도 불렀어요. 지금 요렇게 됐지만.(웃음)

서해성 | 대선 때 문 후보가 이 후보를 공격하는 중요한 근거를 최열이 제공하고 있다고 미움을 샀다는 말들이 있었는데.

최열 | 문국현은 오랜 친군데, 캠프를 직접 돕거나 한 적이 없어요. 이 후보로선 문국현이 21세기 일자리 창출로 가는데 자기는 토목으로 나가니까 유쾌하지 않았겠죠.

서해성 | 결정적인 건 대운하 반대 때문 아닌가요.

최열 | 다른 건 몰라도 대운하는 안 맞다고 했죠. 그건 환경 운동을 해온 최열의 존재 이유고. 대선 직전 박계동이 '대운하 반대 왕초'라고 해서 되물으니 한나라당에 다 그렇게 퍼져 있다는 거예요. 대운하를 하려면 어떻게든 최열을 묶어둬야 한다고 판단한 건 확실해요. 광우병도 최열이 배후에 있었다는 건데…… 내가 배후 조종할 나이야? 아이들이 그렇게 돼요?(웃음)

최열

'대운하 반대 왕초'를 횡령으로 넘어뜨려라?

서해성 | 여기저기서 식품 이야기를 자주 해왔잖아요?

최열 | 수류탄을 식탁에 놔둔 채 안전핀 안 빼면 절대 안 터지니까 안심하고 먹으라는 건 말이 안 되죠. 광우병 안심하고 미국산 쇠고기 먹으라는 거. 암튼 촛불이 일정하게 세를 보여줬을 때 정부에 구체적인 요구를 하고 2차로 가는 게 맞다고 봤어요. 유인촌 장관하고 농성장도 가고 했던 거죠. 정권은 그때부터 강경책으로 간 건데. 그 무렵 노무현과 지원 기업을 친다, 대표적 시민 단체와 상징 인물을 친다, 권력 내부도 치는 척한다 따위의 말을 들었어요.

서해성 | 2006년에 오세훈 서울시장 인수위원장도 하지 않았나요?

최열 | 오세훈은 공해추방운동연합(1991) 때부터 인연을 맺어서…… 법률 상담 역도 하고, 정치 입문 과정에서 충고도 하는 사이였죠. 인수위원장 한 건 실현 불가능한 공약 잘라내고 인사에 도움이 되도록 하는 거였어요. 그때도 좌파 최열 물러나라고 야단이었죠.

서해성 | 집권 세력과 가까운 셈인데 이렇게까지 당하리라 여겼는지?

최열 | 이 정부에서 어떤 활동을 했다면 감수해야겠지만…… 차라리 보안법이나 집시법이라면 잘못된 법이라도 들어가겠어요.

한홍구 | 횡령으로 걸리면 파렴치범이지.(웃음)

서해성 | 수경 스님이 섭섭한 이야기를 한 적 있는데요, 줄여 말해 환경운동을 대표하는 최열이 그 능력을 왜 그렇게 쓰나, 이것저것 정리하고 백의종군으로 4대강 사업 못 하도록 나서라고 말이죠.

최열 | 우선 무죄를 받는 게 1차 승리라고 생각했어요. 검찰 특수부가 후원자, 친구들까지 100여 명을 조사했죠. 횡령죄로 처넣어 재기 불능하게 만들겠다는 저쪽의 작품은 될 수 없다고 다짐했어요. 환경운동을 시작한 사람으로서 국토가 절단 나도록 두는 건 죄악이죠. 재

"최열이 죽거나 이명박이 죽거나"

작년 환경운동연합 새해 인사에서 "대운하 추진되면 최열이가 물에 빠져 죽든지, 이명박이 빠져 죽든지, 최열하고 이명박이 같이 빠지든지 할 수밖에 없다"고 했죠. 환경련 압수 수색을 보면서 저들이 나를 물에 빠뜨리려고 하는구나 절감했죠. 40년 넘게 운동해온 사람이 횡령으로 물에 빠져 죽을 수 없잖아요. 그걸 막아야 했던 거고.

한홍구 | 청계천은 어떻게 생각해요?

최열 | 청계천은 애초에 원하는 수준까지 갈 수 없다고 생각했어요. 하천 밑이 너무 썩어서 복개를 뜯어내야 하는 건 맞아요. 지금 청계천이 이상적이라고는 생각 안 하죠. 청계천 뜯어내면서 지방에서 복개 공사가 중단된 건 성과죠.

서해성 | 4대강이 나온 중요한 근거가 청계천에 있어요. 청계천이 4대강의 '어버이 강'이잖아요. 한강을 전두환이 한 번, 지금 오세훈이 또 한 번 뒤집는 건데, 청계천 '성공'이 결정적 모멘텀을 제공한 셈이죠.

최열 | 아시안 게임(1986) 때 건설 회사들이 한강의 서울 구간 36킬로미터를 잘라서 골재 채취한 돈으로 공사했거든요. TV 톱뉴스에 한강이 되살아났다며 물고기 잡는 게 나왔어요. 한 트럭 싣고 와서 붓고 시청 직원들이 낚은 거거든요. 실제로는 정작 10센티미터 앞이 안 보였어요. 사기당한 거죠. 자동차 타고 드라이브하면 한강이 멋있게 보였죠. 젊은이들은 한강에 모래밭 있던 시절을 몰라요.

서해성 | 드라이브하기엔 한강이 좋아졌고, 걷기엔 청계천이 좋아졌지. 강이 시각 소비물이 된 거죠.

최열 | MB는 4대강도 청계천처럼 공사 끝나면 국민들이 좋아할 거라고 확신할 겁니다. 한강에 시멘트 발랐는데 되살아났다고 하고, 청계천도 물 끌어올려 보여주는데도 일단 좋다고 하는 거 아닌가요. 4대강도 불도저로 밀고 조경 쫙 해놓고 선착장 만들고 그런 뒤에 버스 대절시켜 보여주면…… 잠깐 보는 데는 무진장 좋거든요.(웃음)

"MB는 4대강도 청계천처럼 공사 끝나면 국민들이 좋아할 거라고 확신할 겁니다. 불도저로 밀고 조경 쫙 해놓고 선착장 만들고 그런 뒤에 버스 대절시켜 보여주면 …… 잠깐 보는 데는 무진장 좋거든요."

원상복구공사 해도 토목업자들만 신난다

서해성 | "잠깐 보는 데는 무진장 좋거든." 거기가 함정이죠. 조감도의 나라. 그게 자칫하면 오감도가 되죠.

최열 | 다음 총선, 대선 때 가장 나쁜 상태 사진과 조경한 걸 비교해 보여주면서 "봐라 이렇게 좋아지지 않았느냐" 하고 정권 재창출로 가는 거죠.

서해성 | 그동안에는 청계천이 누워 있는 가장 큰 정치광고탑이었는데, 4대강은 국토 자체를 정치광고탑으로 만드는 거네요. 청계천 개발로 가장 고통받는 이들은 거기 살던 사람들이죠. 도심 유일의 생산 기지이자 가난한 동네를 쫓아내고 중산층에 헌납한 거죠.

최열 | 충분하지는 않지만 상계동, 목동, 최근 용산처럼 하지는 않았어요. 잘못된 건 지적해야 하고…… 아주 비민주적이지는 않았다고 봐요.

한홍구 | 시장 이명박하고 가까웠다가 지금은 얻어맞고 있는 처지인데, 겪어보니 무엇이 시장 이명박을 대통령 이명박과 다르게 만들었는지.

최열 | 내각이나 참모진이란 게 결국 대통령의 얼굴이에요. 이번 개각도 같아요.■ 국방부 장관이 국방을 저버리고, 환경부 장관이 환경을 저버리고. 서울시 때는 그런 거까지 몰랐죠. 중앙정부나 권력을 운영하기에는 맞지 않는 거죠.

서해성 | 지금 환경부 장관과는 잘 아는 처지 아닌가요?

최열 | 대통령 빼면 다 기능공일 뿐이죠. 국민총생산 30퍼센트(300조 원) 정도가 국가 예산인데, 그걸 쓰는 사람들이 국민 생각 안 하고 한

■ 이른바 '8.8 개각'으로 불린 2010년 8월 8일의 개각 인사. 김태호 총리, 신재민 문화체육관광부 장관, 이재훈 지식경제부 장관 후보자가 부동산 투기 의혹과 부적절한 처신으로 인사청문회의 벽을 넘지 못했다.

최열

사람만 섬기는 거지. 최악의 기능공이죠. 임기 내에 4대강을 완공한다고 했잖아요. 장관은 더 빨라야 하고, 업자는 더 빨리, 하청업자는 더 더 빨리. 반대가 많으니까 더 빨리. 우리나라에선 대통령을 무조건 찬성하는 비율이 30퍼센트이니까, 4대강 찬성이 20~30퍼센트이니 실제 지지는 -10퍼센트인 셈이죠. 완전 반대 30퍼센트 포함해서 거의 7할이 반대 아닌가요. 대통령이 군대를 안 갔다 왔잖아요.(웃음) 공격을 하려면 상대방보다 화력이 세 배여야 해요. -10퍼센트인데 그걸 추진하는 건 돌이지.

한홍구 | 잘못되었을 때 바로잡을 비용까지 감안하면 어마어마한 토목공사인데.

최열 | 옛날에 라인 강도 다 토목으로 했어요. 다시 복원하는 데 열 배 이상 들고 있잖아요. 비가 온다고 할 땐 보의 물을 다 빼야 하고, 갈수기엔 채워놔야 하고. 보가 16갠데, 이걸 다 열어놓으면 병목 현상이 생길 수밖에 없어요. 일단 완공되면 계속 그대로 간다고만 생각하는데. 물이 소통 안 되면 최악의 경우 보를 폭파해야 하는 일이 생길 수 있고, 그때 이명박도 같이 '폭파'되는 거예요.(웃음)

한홍구 | 빚을 내더라도 만기 상환이 내 임기 때 안 돌아온다는 거죠. 그럴 때는 국민들이 다 뒤집어쓰잖아요.

최열 | IMF 때도 잘못된 정책 결정이 법률로 처벌받지 않았어요. 4대강 역시 같은 생각인 거죠. 시화호 때, 부천 면적만 한 바다를 막으면 썩는다고 했는데 당시 정종택 장관은 괜찮다는 거예요. 종말처리를 하는 데 수천억을 들이고도 안 돼서 결국엔 텄어요. 우리가 수원지검에다 공사 추진자 8명을 고발했는데 다 '혐의 없음'으로 나왔어요. 정말 기가 막히게도 환경 운동이 업자들 돈 벌게 하는 결과를 만들어주기도 했어요. 4대강도 만약 복구하게 되면 또 토목업자들이 원상 회복 공사를 하는 거죠.

"최열이 죽거나 이명박이 죽거나"

한홍구 | 토건족들이 몇 대를 먹고사는 거네요.

서해성 | 대체 정권은 왜 이렇게까지 4대강에 집착하는 거죠?

최열 | 확신이 있어요. 그게 젤 무서워. 지금 하고 있는 내 말도 부분적으로 틀릴 수가 있거든, 그걸 인정해야 하는데. 충분히 토론하고, 먼저 강 하나를 해본다거나 하는 방식을 쓰자는 말을 하고 싶어요. 2010년 5월에 '4대강 사업 반대 77인 선언'을 한 뒤에도 면담 요청을 했는데 답이 없어요. 환경 쪽에서 반대하는 사람들 불러다 설득해보라는 거지.

한홍구 | 알리바이라도 만들어야 하는 건데 그런 쇼도 안 해요.

최열 | 4대강 파낼 돈으로 국민 잘살게 할 대안을 제시하는 게 시급해요. 우리 경제는 수출 중심 구조인데 4대강으로 팔아먹을 게 뭐가 있나요. 땅값 오르면 양극화만 심해지고. 적자 나면 위락시설 만든다는데, 업자한테 갈 뿐 아니라 부가가치가 없어요. 대졸 여성들 4대강으로 고용할 부문 있나? 공사 현장에서 여자 한 명도 못 봤어요.(웃음) 4대강 개발비 22조로 창출할 녹색일자리는 무궁무진하죠.

"너네들, 문제 생기면 연금도 포기할 거지?"

서해성 | 해방 직후 반민특위가 좌절됐잖아요. 그 뒤 친독재 학자들에 대해 역사적 징계가 없었죠. 엉터리 논리로 4대강에 대해 정부와 토건 자본을 대변하는 지식 사기꾼들에 대해 언젠가 되었든 사회적 징계가 있어야 하는 거 아닌가.

최열 | 공사가 강행된다면 도표를 만들어야죠. 새만금 사업 추진자 명단도 환경운동연합 건물에 타임캡슐로 묻어놨어요. 4대강 공사 주장하는 사람들한테 지금 다 약속을 받아야 해요. 문제 생겼을 경우 연금 포기해라, 민사상 책임도 다 져라.

최열

서해성 | 이포보에서 보듯이 경찰력까지 동원해서 공사를 할 텐데, 어떤 사람은 "이렇게 좋은 명품 보를 반대하는 건 이적 행위가 아니냐"고도 하고.

최열 | 5공 때 "폭력으로부터의 해방"이란 말이 있었어요. 자기가 폭력으로 정권을 잡았는데 폭력으로부터의 해방? 4대강 '살리기'라니 '살리기'가 아니란 걸 아는 거지. 4대강 사업은 그냥 4대강 토목 공사예요. 시멘트와 덤프로 저탄소 녹색 성장을 하겠다는 말은 '우아한 고문'이란 말과 같아요. 토목은 본질이 환경 훼손입니다. 이건 고탄소 산업. 시멘트 자체가 고탄소야! 수질 오염 땜에 4대강 공사한다는데, 이때까지 저들이 강이 죽었다는 말을 한 적이 없어요. 우리 말을 가져다 쓴 거지. 1980년대엔 금호강·태화강이 단팥죽처럼 부글부글 끓었어요. 그래서 우리가 강이 죽었다고 싸운 거 아닌가요. 근데 이제 와서 저들이 강이 죽었대.(웃음) 1991년 페놀 사건 이후 20년 가까이 수질 정화에 30조를 썼어요. 악취 나고 그런 곳 거의 없어졌고.

한홍구 | 죽어가는 환자 살려놨더니 사망진단서 떼어 온 셈이네요.

최열 | 준설도 많이 해서 평균 수심 4미터예요. 지금은 홍수가 4대강 본류에서 안 나요. 3퍼센트야. 거기만 공사를 하자 이거야. 수량 확보 운운하는데, 우리는 물 부족 국가가 아니에요. 정수장·취수장도 절반을 안 쓰고 있을 정도고. 보를 4개 만든다고 했다가 16개로 늘렸는데, 보 만들어 물 가득 채우면 수량이 많아져서 수질 좋아진다는 그런 멍텅구리 같은 이야기…… 그만합시다.

서해성 | 물 흐름을 수평으로 맞춘다는 거 자체가 물이 안 흐른다는 거 아닌가요. 그러면 절로 썩을 테고.

최열 | 물은 높은 데서 낮은 데로 흘러야죠.

서해성 | 그러니 이게 결국 대운하 예비 단계가 아니냐 싶은 거죠.

최열 | 개인적으로는 아니라고 믿고 싶어요. 대운하는 경제성이 있을

"최열이 죽거나 이명박이 죽거나"

수 없거든. 서울서 부산 가는데 큰 배로 바닷물로 가면 되죠. 근데 보마다 물 채워 올리고 내리고…… 이게 할 짓인가. 한강과 낙동강을 연결한다니, 서로 물 깊이가 다른데, 상상을 할 수 없는 거죠. 설사 재집권한다고 해도 부작용이 생기면 바꾸게 돼 있어요. 전두환, 노태우 둘이 그토록 가까웠지만 친구를 백담사로 보냈잖아요.(웃음)

한홍구 | 이명박 정권 아래서 신개념이 참 많이 나와요. 토건 하면서 저탄소 녹색 성장, "고인 물은 썩는다"가 "고인 물은 맑아진다"로, 이제 "물은 높은 데로 흐른다"는 말이 나오겠네요.

서해성 | 환경 운동 하는 후배들이 많을텐데요.

최열 | 이포보에서 농성하고 내려온 환경연합 후배들은 4대강 영웅입니다. 생명을 살리기 위해 제 한 몸을 던진 거거든요.

왕토, 국토, 민토, 박토……

서해성 | 4대강은 토건족, 투기족을 위한 마지막 부동산 투기장이죠. 새만금으로 갯벌마저 해먹었죠. 이제 남은 건 하늘뿐이죠. 박통이 국토와 국민에게 불호령 내리는 불의 독재였다면, MB는 생태계와 국민에게 물의 독재를 감행하고 있는 거죠. 땅이란 게 왕조 시대 왕토에서 국토가 되고, 시민 사회가 발전하면서 민토가 되었어야 하는데. 이대로 강행하면 녹색 독재가 될 가능성이 높죠.

한홍구 | 민토가 아니라 박토가 됐죠. 고인 물이 맑아진다고 우기는 세력하고는 어떻게 싸워가야 할까요.

최열 | "나무가 나무에게 말했습니다. 더불어 숲이 되어 지키자"라는 말이 있는데, "사람이 사람에게 말했습니다. 더불어 힘을 합쳐 4대강을 지키자" 이렇게 나가야죠.

한홍구 | MB 정권의 최열 죽이기는 실탄이 떨어진 것 같습니다. 이미

최열

술래가 바뀌는 게 아닌가 싶어요. 4대강 지키기 맨 앞에 선 최열 환경운동가를 자주 보게 되리라 기대합니다.

서해성 | 세계 문명 발상지를 흔히 4대 강으로 꼽는데, 문명과 생명의 어머니 강을 더는 죽이지 말라는 말을 꼭 귀담아들었으면 합니다.

"최열이 죽거나 이명박이 죽거나"

'공그리' 강의 역류

신동엽의 '금강'이 죽어버리고, 조명희·김정한의 '낙동강'도, 김원일의 '명상'도 더는 혁명에 대한 확
신이나 역사의 파수꾼, 또는 고발도 아니게 되었다. 신경림의 '남한강'마저 별수 없이 배 허옇게 뒤집
힌 채 구토하고 있다. 박화성·문순태의 '영산강'은 신음을 토하며 뒷걸음치고 있다. 채만식의 '탁류'를
거쳐, 이 땅을 적셔온 강물은 오늘 역류하고 있다.

벗섬(반도)인 우리 땅에서 산 흐름(山經)은 곧 물 흐름(水經)이다. 이 땅 모든 강은 산 사이를 흐른다.
산자분수령(山自分水嶺). 산은 물을 가르고, 물은 스스로 산을 넘지 않는 법이다. 믿기 어렵게도 한강은
사잇재(새재) 이화령을 넘으려 하고 있다. 거기서 낙동강과 한 꿰미로 꿰질 거라는 해괴한 말이 떠돈다.
물길로는 서울에 이르지 못해 일찍부터 사잇재였다. 하물며 〈진도아리랑〉에 문경 새재가 나오는 까닭
이 다 무엇이겠는가. 스스로를 한국 특산 어름치라 이름했던 최기철은 분수령이 곧 물고기를 갈래짓는
다며 이 땅 생명의 거룩함을 말 삼곤 했다. 이미 벗섬이 형성될 때 예정된 생명 살림이었다. 이마저 흐
트러지고 교란될 판이다.

대동강 물을 팔아먹던 봉이 김선달은 더는 우스갯소리나 풍자가 아니다. 물장수, 공기 장수가 대자본
이 된 지는 오래다. 청계천처럼 보상 없이 손댈 수 있는 내수면이라고 해서 4대강을 투기장으로 개발
하는 일은 한반도라는 대지에 대한 모욕이자 생태계에까지 명령을 내릴 수 있다는 방자한 오만이다.

문명은 강에서 왔다. 강은 시작이되, 강이 끝나면 모든 설화는 끝난다. 생명이 살아야 강이다. '공그
리' 강에서 설화는 생성되지도, 꿈꿀 수도 없다. 생명이 꿈틀대지 않는 곳에서는 위대한 서사시도, 소
설도 갈 길을 잃는다. 거대 양어장에는 괴담이 도사릴 뿐이다. 이무기만 살게 될 끔찍한 괴담을 물려주
지 않아야 하는 건 내남 없는 몫이 되었다.

거슬러 흐르는 물을 풍천이라 했다. 배역지세. 거기 바람내에 사는 장어가 이름난 건 역류를 헤쳐
갈 수 있는 억센 몸짓에 있다. 그 역동성으로 민심이 요동치고 있는 까닭을 알아야 한다. **서해성**

최열

219

"바보야,
평화가 밥이야!"

이종석 —전 통일부 장관

미안해요, 미안해요, 미안해요.

미안하다고 자꾸 말하니 듣는 사람이 미안하다. 그는 틈만 나면 자책했다. "저희가 더 잘해서 정권을 넘겨주지 말았어야 하는데……." "결과적으로 국민을 설득하지 못해……." 요즘 '초상집 상주'의 기분이라고 했다. 주변 사람들이 "바쁘겠다"고 한마디씩 던지는 게 오히려 불편하다고 했다.

이종석 전 통일부 장관을 모셨다. 참여정부에서 국가안전보장회의(NSC) 사무차장(3년)과 통일부 장관(1년)을 지낸 인물이다. 총 4년간 노무현 대통령 외교안보 라인의 핵심 참모였다. 2007년 퇴임 이후엔 한반도평화포럼(공동대표 임동원·백낙청)의 상임이사를 맡고 있다.

전쟁에 대한 공포가 슬슬 사람들의 신경을 건드리고 있다. 연평도 포격 사태 이후 '평화 관리'는 한반도와 동북아시아의 긴급 과제로 떠올랐다. 한국의 대표적인 '북한통'에게 고견을 들었다. 그는 두 가지를 말할 때 특히 힘을 줬다. 중국, 그리고 6자 회담!

고경태

6자 회담, 절대적으로 소중하다.

서해성 | 연평도 포격도 지난 정권 탓이라고들 하는데요.

한홍구 | 잘못을 인정하십니까?

이종석 | "잘되면 내 덕, 못되면 조상 탓"이란 말, 그건 혈통이라도 같으니 그렇지.(폭소) 3년 전 취임하면서 "난 이 혈통 필요 없다"고 햇볕 정책 침몰시켜놓고 햇볕 탓을 하면 안 되죠.

한홍구 | 포용 정책이 세긴 세네. 3년 뒤에도 계속 만사의 원인이 되니.

이종석 | 안보 사안에서 문제만 발생하면 그러잖아요.

서해성 | 통일부 장관으로 한 일들이 '안보'인가요, '국방'인가요.

이종석 | 국가를 수호하는 포괄적 개념인 안보 속에 국방이 존재한다고 볼 수 있죠.

한홍구 | 포괄적이라기보다는 모호하다고 봅니다. '안 보이는' 게 안보죠.(웃음) 안보전문가 100명한테 물어봐도 정의가 제각기 다를 수밖에 없어요. 그런데도 무지 중요해 보이고 절대 우선순위를 두어야 할 거 같은 거.

MB 정부의 탓, 탓, 탓, 탓 시리즈

이종석 | 현대엔 더 그렇죠. 금융 시스템이 마비되어도 '안보'라는 말을 씁니다.

이종석

서해성 | 경계가 없다 보니 자칫 위험하게 적용될 수 있죠. 특히 보안법과는 떼어내기가 퍽 어렵거든요.

한홍구 | 안보를 중시하는 보수 정권이 국가 안보 중대 사태에 왜 이리 허둥대죠?

이종석 | 위기관리 시스템이 제대로 작동하려면 대통령이 모든 안보 상황을 직접 관장할 수 있도록 이를 보좌하는 컨트롤타워가 있어야 합니다. 그게 NSC나 통일외교안보정책실이었죠. 그 밑에 위기관리센터가 있었지만, 이 정권 들어 유야무야됐죠.

서해성 | 컨트롤타워만의 문제일까요. 동네 건달도 싸움이 붙었다는 소식 들으면 곧장 깡이 좋은 아무개를 보내라고 하죠. 조직과 상대, 조건을 훤히 꿰고 있어야 하는 건 기본이고요.

이종석 | 대통령이 주재하는 안보관계장관회의만 잘해도 상황 파악하고 바로 필요한 조처를 취할 수 있죠. 위기관리센터가 없다고 못할 거는 없죠.

한홍구 | 군 당국의 말이 너무 자주 바뀌니까 신뢰에 문제가 생겨요. 천안함 때 보면 대통령이 상황을 잘 파악하고 있는지 의심이 들 정도로.

이종석 | 군이란 자기가 기망하는 줄 모르고 대통령을 기망할 수가 있어요. 참여정부 때도 대통령 질문 한마디에 군이 지레 겁먹고 자체 교신 기록을 지운 적이 있어요. MB를 보면서 저 양반 아무것도 모르고 지나갈 수 있겠다는 생각을 가끔 해요.

서해성 | 모시고 있는 지휘관에게 작은 약점이라도 되는 정보는 걸러서 올라가기 십상인데, 크로스체크(교차점검)하는 체제가 온전히 작동해야 하는 거죠.

이종석 | 대통령이 그런 경험과 리더십을 갖든지, 시스템을 운영하든지, 어떤 참모가 그런 일을 맡든지.

한홍구 | 통일세■ 보면 대통령이 참모 말을 안 듣는 거 같아요. 북한 붕

"바보야, 평화가 밥이야!"

괴론은 거의 종교적 신념 수준이고. 참여정부에서 대통령과 자주 대화했을 텐데 참모 말도 안 듣는 대통령, 어떻게 하면 좋죠?

이종석 | 노 대통령은 북한이 신의를 어기는 행동을 할 때마다 언짢아했지만 정책에 반영하진 않았어요. 정책은 이성에 기초해야 하잖아요.

서해성 | 이 정권은 모든 걸 노무현 탓으로 돌리면서 탄생했죠. '탓 정부' MB 정부의 '탓'을 마구 정리해도 쉬 몇 장이 될 거예요.(웃음)

이종석 | 임기 마지막 날까지 참여정부 탓할지 몰라요.

서해성 | 누군가 병역 면제 정권을 '당나라 군대'라고 했던데, 당나라 군대는 이 땅에 와서 패악을 저질렀어요. '당하는 군대'보고 '당나라 군대'라고 하면 상찬이지. '탓' 시리즈 몇 개만 읊어보자면, 삼팔선이 녹슨 건 이승만 탓이고, 경부선 교통사고는 모두 박정희 탓이고, 한국인이 영어 못하는 건 주한 미군 탓이고, 연평도 대포 고장 난 건 햇볕 탓일 수 있죠. 햇볕이 레이더 장비에 이상을 일으켰을지 모르니.

한홍구 | 이명박 뽑은 건 국민 탓이고.(웃음)

서해성 | 마침내 불탄 소주병(송영길 시장의 폭탄주 발언) 탓을 하고 있어요.(웃음) 국민들이 지금처럼 대통령 잘못 뽑은 걸 절감할 때가 없었죠. 박정희, 전두환 때는 위기를 팔아먹었다면 이번엔 진짜 위기가 온 거예요. 평화 관리는 아예 접고 분단 관리조차 못 해서 위기가 일상화되고 있어요. 암튼 북한은 대체 왜 대포를 쏜 거죠.

이종석 | 사람들이 나한테 "바쁘시죠" 하고 물어요. 상주한테 "대목 맞으셨어요"(웃음)라는 거 같아요. 이번 야만적 도발이 상당 기간 남쪽 사람들뿐 아니라 전체 민족에 큰 상처로 남는다고 봅니다.

한홍구 | 6·15 공동선언 이후 10년간 남쪽에서 해온 모든 평화 구축을

■ 이명박 대통령은 2010년 8월 15일 광복절 경축사를 통해 평화·경제·민족공동체 구축이라는 3단계 통일 방안을 제시하면서 이를 이루기 위해 통일세에 대한 논의가 필요하다고 말했다.

이종석

거덜낸!

서해성 | 세상에서 가장 비싼 폭탄이 날아왔어요. 평화와 화해와 미래까지 먹어치우는.

따져보자, 누가 더 국방에 신경 썼냐!

이종석 | 단순한 갈등의 상승 결과였다고는 보지 않아요. 김정은 리더십을 이런 식으로 결합시키고자 하는 의도가 있었다고 봐요. '강성 결단'을 대내적으로 부각시키는 측면이 있겠죠.

서해성 | 역사적·인민적 동의 과정이 생략된 김정은 체제로의 이행이 맞물려 있다고 할 수 있겠죠. 경제력으로 2012년 강성대국은 이미 어렵고, 결국 물리력에 기초한 상징 형성이고, '포병 천재 장군님' 이미지와 부합하는 짓을 한 셈이죠.

한홍구 | 진보 진영 일각에서 KAL기(대한항공) 폭파 사건(1987)을 안기부 소행으로 몰아갈 때 나는 북이 했다고 생각했어요. 그런데 천안함은 북이 그렇게 감쪽같이 할 능력이 있나 의문이에요. 이북에서는 남쪽이 덮어씌운다고 주장해왔죠. 오히려 연평도 포격으로 확실하게 뭔가 보여주어야겠다 하지 않았을까 싶어요. 천안함 사건의 역효과랄까.

이종석 | 1996년 총선 때도 신한국당이 장학로(청와대 제1부속실장) 수뢰 사건으로 코너에 몰렸는데 인민군 1개 중대가 비무장 지대를 들락날락하면서 총풍을 일으켰잖아요. 나는 북한이 남한 민주 세력을 돕는다고 생각지 않아요. 북의 호전성을 감소시키고 도발 빈도를 완화시켜야 하는지라 대화를 하는 거죠.

서해성 | 예전엔 남북이 사고를 치면서도 "우리가 안 했다"였잖아요. 대통령을 직접 노린 1·21 사태(1968)나 아웅산 테러(1982)도 그렇고. 이번엔 대놓고 "쐈다", "응징했다"고 하잖아요. 민간인이 사는 곳에

"바보야, 평화가 밥이야!"

포탄을 날린 것도 그렇지만 자신들의 공격 행위를 노골적으로 자랑삼는 점이 심히 우려스러워요. '꽃게 전투'와는 명백히 다른 점이죠.

이종석 | 의도적으로 정전 협정을 위반했죠.

한홍구 | 《로동신문》 사설에 "우리 군대는 빈말을 하지 않는다"고 했어요. 내가 쓰는 표현으로 '미친놈 전략'인데, 나 미쳤으니까 건드리지 말라는 거죠. 빈털터리와 만석꾼이 서로 집에다가 불 싸지르기 하면 누가 손해 보겠어요?

서해성 | MB 정부가 하도 민주 정권 10년 탓을 해서 묻건대, 굳이 말하면 연평해전에서 남측이 우세했던 거 아닌가요.

이종석 | 이겼다기보다 대응이 허술하지 않았다고 생각해요.

서해성 | 민주적 역량이 도리어 국방의 힘을 강화한다는 뜻입니다. 당시 상황이 거의 생중계된 것도 그렇고. 의심할 게 없었죠.

이종석 | 지휘관들이 정치적 눈치 안 보고 소신대로 일하는 분위기가 튼튼한 국방을 만들죠.

서해성 | 대포 6문 중 3문이 안 나갔단 소식을 접하면서 귀신은 잡는지 몰라도 해병대가 대포는 못 쏘는구나 하면서 할 말을 잃고 말았어요. 분단 세력들이 전위로 내세우곤 하는 게 해병인데, 귀신 잡는다는 말은 선민적 병영 문화 자체를 거의 국가 종교화한 거거든요. 이럴 때 어떻게 해야 하죠.

이종석 | 지휘 체계에 분명 문제가 있는 거죠.

서해성 | 사병 둘과 인부 둘이 죽었는데, TV로 보아하니 포탄이 '없는 사람'에게만 날아오는 게 전쟁이구나 싶었어요. "배야 꼭 떠라, 휴가 좀 가자"는 병장이 남긴 말이 평화와 안식을 빼앗긴 보통 사람의 처지를 들여다보는 듯해서 섬뜩하도록 미안해요.

이종석 | 포용 정책을 쓴 참여정부 때 매년 국방 예산을 8~9퍼센트씩 증액(1980년대 이후 최고)시켜서 한 교수 같은 분들에게 "너희들이 평

이종석

화 세력이냐"고 욕 많이 먹었죠. 대통령이 진보 쪽에 서 있다 해도 자기 가치와 다른 걸 받아들일 수밖에 없었어요.

한홍구 | 덕분에 남북 국방 격차를 가장 심화시켰죠.(웃음)

이종석 | 누군가 노 대통령에게 잠실에 제2롯데월드 세우면 2만 8천 개 일자리가 생긴다고 건의했어요. 내가 공군 고위 간부들과 별별 기술적 검토를 다 했는데 대통령은 마지막에 공군 수뇌부의 판단을 따랐어요. 빌딩 들어서면 성남비행장에서 계기 비행이 위험하다는 거예요. 그걸 이 정권에서는 허가해줬죠. 국방비까지 줄여서 4대강 한다잖아요.

격렬비열도는 격렬해지면 안 돼요

서해성 | 연평도가 터지면서 대포폰(사찰), 4대강 등 핵심 의제들이 일시에 밑으로 내려갔어요. 한나라당은 이 틈에 예산안 통과시키겠다, 한미 FTA 재협상하겠다니, 불난 집 불로 콩을 구워 먹겠다는 거죠. 문제는 그게 자기 집이라는 거죠.

한홍구 | 전쟁의 힘이죠. 전쟁은 이성을 마비시키죠. 남북이 온 힘을 다해서 붙으면 북은 없어질지 모르겠지만 우리도 팔다리 하나씩 날아가는 거죠. 정말 이제는 국가 기구를 평화를 추구하는 사람들에게 맡겨야 해요.

서해성 | 어느 신문에, 이 판국에 4대강 반대하면 매국노라는 식의 표현이 있더라고요. 절차마저 뭉개버리는 대중 통제 과정으로 밀고 가겠다는 거죠. 야당은 이럴 때 존재 이유를 보여주어야 하죠.

한홍구 | 위기의 일상화, 이게 아주 더러운 거예요. 이북 체제가 저렇게 내리막길을 걸은 게, 위기 상황 닥치니 총동원해놓고 그게 안 풀리니까 버틸 수 없었던 거잖아요.

이종석 | 1967년부터 팍 꺾였죠.

"바보야, 평화가 밥이야!"

© 강재훈

"극단적으로 북한이 무너졌다 쳐요. 어디다 대고 '저기는 우리
영토'라고 할 거죠? 유엔? 6자 회담은 대한민국 국익에 절대적
으로 소중한 존재예요."

한홍구 | 1950년대까지만 해도 북이 여유가 많았잖아요. 《로동신문》 봐도 재미있고. 그런데 1970년대 《로동신문》을 보면 어떻게 저런 표현만 골라 쓰나 싶은데, 요번에 남쪽에서 나오는 성명서가 똑같아요. "천백 배로 갚아주마" 등등. 우리 사회에 진짜 전쟁을 부추기는 세력들이 나오기 시작했어요. 전쟁 나면 처리해야 할 명단도 나오고.

이종석 | 분쟁이 상시적으로 발생하면 한반도가 제2의 중동처럼 보일 수 있어요. 우선 경제가 엄청난 타격을 입게 되죠. 상황을 잘 관리해야 합니다. 북한이 공격했을 때 곧장 되받아쳤어야 하고, 그러지 못한 상황에서는 한반도를 분쟁 지역으로 보지 않게끔 만들어가야죠.

한홍구 | 냉전이 끝날 무렵과 비교하면 중국의 위상이 비교할 수 없이 높아졌죠. 1994년 미국이 영변 폭격하자고 할 때하고도 비교할 수 없죠. 하루가 달라요. 한국 집권층은 그 현실을 인정하지 않고 미국 일변도로만 가고 있어요.

이종석 | 냉전 해체 직후(1990) 전체 수출액 가운데 중국 수출이 0.9퍼센트, 미국 수출이 29퍼센트였는데, 지금은 중국 25퍼센트, 미국은 10퍼센트에 훨씬 못 미치죠. 한국은 미·일을 합친 것보다 더 많은 수출을 중국에 하지만, 중국의 한국 수출은 다섯 번째예요. 중국에 대한 우리의 의존도가 크게 높아졌죠. 이걸 가져가면서도 당당하려면 한중 협력과 함께 동북아 다자 협력과 한미 동맹을 하나의 국가 안보 전략 틀에서 유기적으로 조합을 시켜야 해요.

서해성 | G20 회의에 오기 전부터 오바마가 거듭 위안화를 물고 늘어졌죠. 북한에 대한 중국의 영향력도 돈을 뺄 수 없죠.

이종석 | 지난해 원자바오가 북한에 가서 1990년대 이후 가장 폭넓은 여러 경제 협정을 맺었죠. 결과적으로 유엔안보리결의 1874호(2009년 6월의 대북제재결의안)가 무력화되는 거죠. 어느 나라도 제대로 비판을 못 했어요.

서해성 | 다이빙궈 중국 특사가 와서 6자 회담 제안하니 MB는 고개를 젓고, 곧이어 격렬비열도까지 미 핵항모가 올라왔어요. 격렬비열도는 서쪽 끝이잖아요. 거의 중국에 닿는 국경인데, 서해가 끓어넘치는 수가 있어요. 격렬비열도는 격렬해지면 안 돼요.(웃음) 비핵화를 중심으로 한 한반도 평화를 이뤄낼 핵심 틀로서 6자 회담 전망은 어떤가요?

이종석 | 미국의 목표가 정말 북한 비핵화인지, 비확산인지가 불분명해졌어요. 이거 정말 위험한 거예요. 연평도가 터졌다고 북핵 위기가 가시기는커녕 더 고조돼 있단 말입니다. 남북 사이 재래식 전투가 벌어지는 동안에도 저농축 우라늄에서 보듯 북은 지속적으로 핵 능력을 강화하는 쪽으로 간다는 겁니다. 6자 회담을 걷어차면 언제 다시 북핵을 다룰 거냐는 거죠.

한홍구 | 이명박 정부가 퍼주지도 않았는데 어떻게 핵 개발을?(웃음)

극단적으로, 북한이 무너졌다 치면……

이종석 | 6자 회담이란 북핵 문제 해결에서 나왔지만 한반도 평화 체제, 나아가 동북아에 다자안보협력구도를 만들 수 있는 유일하면서도 현실성 있는 기구죠. 극단적으로 북한이 무너졌다 쳐요. 어디다 대고 '저기는 우리 영토'라고 할 거죠? 유엔? 6자 회담은 대한민국 국익에 절대적으로 소중한 존재예요.

한홍구 | 북은 미국과 일대일로 딜을 해야 하는데 6자 회담은 거추장스럽죠. 만약 미국이 북을 핵 몇 개 가진 꼬마 깡패로 인정해주고 확산만 막겠다고 하면 우린 어떤 지렛대가 있죠?

이종석 | 미국이 비확산 쪽으로 돌아섰다는 게 확인되는 순간 우린 엄청난 충격을 받을 겁니다. 김태영 국방장관이 미국 핵을 들여온다는 발언 자체도 문제지만 북핵 인정을 전제로 하는 거라서 더 문제죠. 미

이종석

국을 지속적으로 비핵화에 묶어두도록 우리가 중심이 돼서 일해야죠.

서해성 | 어떤 형태로든 6자 회담을 내치지 말자는 얘기죠? 정리 차원에서 '퍼주기'에 대해 반박 한 말씀.

이종석 | 개성공단만 해도 6·25 때 남침 통로였죠. 북한과 대치선을 공단 위쪽으로 밀어낸 거잖아요.

서해성 | 이번에 타격을 준 방사포 위력을 우선 사거리 면에서 약화시킨 셈이네요.

이종석 | 비분강개하면서도 냉철한 이성으로 전략을 생각하고 미래를 봅시다.

한홍구 | 천안함 뒤 치러진 지방선거 때 북풍을 일으켰는데도 국민들이 성숙하게 막아냈는데, 이젠 이북이 직접 북풍을 일으키니 이렇게 답답할 수가!

서해성 | 우리 이명박 대통령이 장례를 참 많이 치렀어요. 장례 자주 치르는 대통령이 좋은 대통령이기는 어렵죠. 가카(각하), 전쟁 옹호 세력 말 따르지 말고, 평화 세력 좀 만나보세요. 민주 정부 탓 좀 그만하고! 짜증 나니까.

"바보야, 평화가 밥이야!"

또라이와 꼴통

군대에서 보면서 또라이 짓을 하는 친구들이 하나씩 있었다. 한번 또라이 짓을 할 때마다 그 대가는 무지무지하게 컸다. 공인받기는 엄청 어렵지만, 일단 또라이로 공인받고 나면 그다음은 편했다. 아무도 그를 건드리지 않았고, 무시하지도 않았다. 또라이 역시 적당한 선이 있어 아무 때나 난리를 치지는 않았다. 공인된 또라이는 그런 의미에서 관리가 가능했다. 부대의 일상의 평화를 위해 일정하게 '존중'만 해준다면.

국제 정치에서도 약자가 강자를 상대로 자신의 존재를 인정받으려 할 때 남들이 감히 못하는 또라이 짓을 자행할 때가 있다. 요즘 인터넷에서 자주 사용되는 '미친 존재감'과는 차원이 다르게, 계산된 미친 짓을 통해 자신의 존재를 과시하는 것이다. 이승만이 미국 애먹이려고 정전 협정 체결 직전에 반공 포로를 석방한 것은 그 대표적인 예다.

아무리 또라이라도 시도 때도 없이 또라이 짓 하지는 않는다. 또라이를 또라이로 만드는 것은 무시와 업신여김이었다. 위키리크스를 통해 다시 한 번 확인되었지만, 이명박 대통령은 남북 관계를 얼어붙게 해놓고 아주 편안해했으며 임기 내내 이를 개선할 생각이 조금도 없었다고 한다. 철저한 대북 무시 전략에 우려를 표하면 청와대 주변에서는 "전쟁밖에 더 나겠어? 전쟁 나면 누가 이기는데"라는 말만 들려왔다. 압도적인 국력 차이를 바탕으로 또라이에게 꼴통 짓을 한 것이다.

영화 〈투캅스〉에 보면 조사받다 자기 얼굴을 막 때리며 "형사가 사람 친다"고 소리치는 또라이를 형사가 더 심한 또라이 짓을 하여 제압하는 장면이 나온다. 또라이를 제거할 수도 없고, 완전 무시하는 꼴통 짓을 하다가는 또라이가 난리를 칠 것이고, 그렇다고 더 심한 또라이 짓을 해서 제압할 수도 없다면 어쩔 수 없이 또라이가 난리 치지 않도록 하는 법을 찾아야 하지 않을까. 잃어버렸다는 지난 10년처럼.

한홍구

이종석

"탐욕은 줄이세요,
약자들이 멍듭니다"

문용식 – 나우콤 의장, 민주당 유비쿼터스위원회

피자를 공격하는 바퀴벌레,

라는 표현이 적절할지 모르겠다. 문제는 그 피자가 어떤 피자인가, 그 바퀴벌레가 어떤 바퀴벌레인가다.

이번 초대 손님 문용식 나우콤 대표는 자신이 경영하는 인터넷 기업을 바퀴벌레에 비유했다. 밟아도 밟아도 안 죽고 끝까지 살아남은 사이버계의 바퀴벌레라는 이야기다. 인터넷 선사 시대라고 할 만한 1992년에 '나우누리'라는 PC 통신 브랜드로 시작한 나우콤은 초고속 인터넷 시대에도 살아남았다. 2008년 촛불시위 정국에선 이명박 정부의 '도움'으로 인터넷 방송 서비스인 '아프리카'를 널리 알리기도 했다. 심지어는 덕산그룹, 한창그룹, 삼보두루넷으로 이어지는 3개의 모회사가 쓰러질 때마다 꿋꿋이 버텼다. 현재 300여 명의 직원을 고용하는 연매출 800억 원 규모의 중소기업이다. 문용식 대표는 "기업은 사람 공동체"라는 말을 강조했다. "공동체를 운영할 땐 가치관이 중요하다"고 했다. 나우콤에서 비정규직을 모두 없앴다는 사실은 그 가치관의 작은 조각을 드러낸다.

얼마 전(2010년 10월) 문 대표와 신세계 정용진 부회장 간의 트위트 논쟁이 화제가 됐다. (이후 8개월 만인 2011년 6월 문 대표가 트위트 끝장 토론에 나설 의중을 밝혔다.) 문 대표는 이마트에서 파는 피자를 '탐욕'으로 보았다. '영세 상인들이 흘릴 눈물'로 보았다. 이 논쟁에 많은 사람들이 가세했고 "누구의 논리에 공감이 가느냐"는 트위트 투표까지 진행했다. 정 부회장은 트위트에서 문 대표에게 "분노는 줄이도록 하세요. 사회가 멍듭니다"라고 썼다. 오늘 트위터 밖에서 문 대표가 날린 직설을 정 부회장의 화법으로 요약하면 다음과 같다. "탐욕은 줄이도록 하세요. 약자가 멍듭니다." '피자 전투'는 이제부터 시작이다.

고경태

'피자 전투'는 계속된다

한홍구 | 오늘은 모처럼 사성장군을 모셨습니다.(웃음)

서해성 | "검색해보니 이분 그럴 만도 하네요"라고 정용진 부회장이 전과를 암시하듯 비아냥거렸죠? 약점인 양 깐 셈인데, 자칫 잡범으로 오해받을 수도 있으니 설명을.

문용식 | 1980년대에 세 번 구속됐어요. 전두환이 광주학살 뒤 체육관에서 대통령 취임하기 전에 정치인·언론·학생 다 잡아넣었으니 아무 문제 없을 줄 알았겠지. 취임 보름 지난 1981년 3월 19일 대학가 첫 시위로 '축하 이벤트'를 벌였죠. 그때 1년. 학교 잘린 뒤 광주에 내려가 고등학교 강사를 했는데 전남대 시위에 얽혀 또 1년. 1984년 1월 복학해서 노학연대 주장하는 민추위 결성하고 《깃발》을 발행하다가 3년여. 세 번째 징역 사는 중에 6·29 항복이 나와도 안 내보내주데. 88 올림픽을 성공적으로 치른 덕에 10월에 나왔어요.(웃음)

한홍구 | 올림픽이 6월항쟁보다 세구나.(웃음)

문용식 | 20대에 독방에서만 5년 1개월을 살았죠.

한홍구 | 데모꾼 중에서도 징역 복이 터진 경운데.

"20대에 5년…… 그래 나 징역 복 터진 사람이다"

문용식 | 징역 힘들게 사는 사람도 많은데 난 감옥에 가면 묘하게도 마음

문용식

이 편해져…… 책도 보고 영어 공부도 하면서 신나게 징역을 살았죠.

서해성 │ 마지막 징역이 중요한데, 지금 현실 문제랑 연결되니까.

문용식 │ 징역 복 끝났다 생각했는데, 웬걸 2008년 6월에 서울구치소를 또 갔어요. 20년 만이었죠.(웃음) 웹스토리지 사업을 하니까 저작권자들이 자주 항의를 해오죠. 영화인협회에서 업체 몇을 검찰에 고소해서 4월에 조사를 받았어요. 저작물 보호 조치를 한 부분이 있어서 담당 검사가 불구속 기소될 거란 언질을 줬죠. 한데 하필 5월에 촛불시위가 터지자 시위 현장을 '아프리카'가 생중계하고 하루 평균 70만 명이 접속하면서 대검에서 구속 수사 지침이 내려왔다고 하더라고요. 한 달 반 살고 왔죠. 한나라당이 '잃어버린 10년'이라는데, 실제로는 너무 좋아진 거라. 교도소 화장실, 수도꼭지, 선풍기 같은 건 물론이고 신문, 방송 맘대로 보지, 글도 쓸 수 있지. 옛날엔 "신문 한 쪼가리하고 볼펜 한 자루만 주면 평생 징역 살겠다"고 했거든요.(웃음)

한홍구 │ '직설'이 지식인 100명만 감옥 갈 각오로 싸우면 어떠한 정권도 두려울 게 없다고 주장하는데 문 대표는 딱 오성장군 예약해놨네요.(웃음)

서해성 │ 감옥이 좋아진 건 민주 정부 10년의 결과물이죠. 보편적 인권의 확대. 잃어버린 건 보수들이 볼 때 독재죠. 자기 맘대로 해먹을 수 있는.

문용식 │ 징역 덕에 아프리카는 '캐즘'(chasm)의 벽을 뛰어넘어 버렸어요. 얼리어답터가 쓰다가 보편적 서비스로 성장하기까지 간극을 '캐즘'이라고 하는데.

서해성 │ EPL(잉글랜드프리미어리그) 경기를 중계한 덕도 크죠? 박지성 선수한테 감사패라도.

문용식 │ 이명박 대통령한테도 드려야지. 이렇게 구속시켜주셔서 고맙다고.(웃음)

"탐욕은 줄이세요, 약자들이 멍듭니다"

서해성 | 아프리카, 다음 아고라, 그리고 미네르바. 당시 인터넷 표현 문제에서 크게 이슈가 됐던 것들인데, 당사자로서 돌이켜 보면.

문용식 | MB 정권이 인터넷에 무지하달까 무서워한달까. 대한민국 역동성이 인터넷에서 나오는데 활용은커녕 적극 배척만 하니. 며칠 전 안상수 대표가 인터넷에서 한나라당 여론이 2대 8로 불리하다, 앞으로 1만 디지털 지도자를 양성해서 승리로 이끌겠다고 했죠.

서해성 | 직업 알바를 육성하겠다?

문용식 | 여론이 안 좋으면 정책을 바꿔 설득할 생각을 해야지 알바를 키워서 조작하려고 드는 이런 사람이 집권당 대표라니요.

서해성 | 트위터는 언제부터 했나요?

문용식 | 올여름인데, 대표의 중요한 일이 조직 관리라서. 젊은 직원들에게 트위터가 트렌드잖아요.

서해성 | 어쩌다 정 부회장하고 트위트질을 하게 됐나요. 트친은 아닐 테고요.

문용식 | 누가 리트위트한 걸 우연히 봤어요. 경제 신문에 신세계 복리후생에 관한 기사가 났다고 자랑했다더라고. 그래서 "주변 상권은 다 붕괴시키면서 회사 직원 복지만 챙기면 되는 거냐구여?"라고 가볍게 잽을 날렸죠.

한홍구 | 정 부회장이 조국 교수와 '피자 논쟁'을 할 땐 가만히 있다가 왜 뒤늦게 '욱' 했어요?

문용식 | SSM(기업형 슈퍼마켓)이 민감한 때에 자기들 복리후생 자랑만 하고 있으니까.

서해성 | 이마트에서 피자 파는 게 뭐가 잘못이죠?

문용식 | 한국 최고 유통기업이면 글로벌하게 경쟁해 비전과 전략을 찾아야지 피자 팔아 얼마나 벌겠다고……. 유럽 마트에서는 술도 못 팔게 해요. 영세 상인 보호하려고.

문용식

"신세계 같은 대기업이라면 서민과 더불어 사는 상생과 사회적 책임을 고민하면서 경영을 해야죠. 윤리 경영이란 게 뇌물 안 받고, 그런 소극적인 의미가 아니에요."

대기업 오너는 '소통하는 척'만 하는가

서해성 | 월마트 논쟁이라고, 대형 유통 회사가 들어왔을 때 인근 중간 규모 슈퍼마켓과 구멍가게가 소멸하는 게 과연 미국 경제에 도움이 되느냐를 따지는 논쟁이 있었어요. 독일은 소규모 상가의 10퍼센트 매출 하락이 예상되면 입점이 안 돼요. 프랑스는 91평 이상의 점포가 도심에 들어올 땐 허가가 너무 까다로워 파리 중심부엔 대형 마트가 없어요. 하지 말라는 거지.

한홍구 | 그게 '베니스의 상인법'이지. 미국은 생필품 파는 월마트하고 식료품 파는 세이프웨이에서 파는 물건 종류가 달라요. 한국은 그게 한 건물 안에 있어. 근데 이게 하나 들어서면 구멍가게 몇 개가 문을 닫느냐는 거죠. 요즘은 일부러 동네 구멍가게에서 물건을 사요.

서해성 | 정 부회장이 소비를 이념적으로 하느냐고 했는데, 모르고 하는 이야기죠. 음식에서는 이데올로기가 맛의 상당 부분을 차지하죠. 피자만 해도 이탈리아계 이민자들이 숫제 거리에서 팔아대면서 퍼진 거잖아요. 감자, 옥수수 내력을 알면 절대 그 소리 못 하죠. 프랑스 혁명은 곧 "빵을 달라"죠. 대중은 칼로리만 채워 넣는 게 아니라 거기 깃든 다양한 문화와 가치도 소비하는 거거든. 근래 커피니 하는 게 비물질적 기호 사냥 요소가 강하죠. 공정 무역, 착한 소비는 다 뭔가요. 그마저 대형 유통 자본이 '이념'을 먹는데. 이마트의 싼 피자에는 노조 무력화 경영이라는 '거룩한 철학'과 저임금 비정규직 노동자의 눈물이 스며 있어요.

문용식 | 신세계 같은 대기업이라면 서민과 더불어 사는 상생과 사회적 책임을 고민해가면서 경영을 해야죠. 윤리 경영이란 게 뇌물 안 받고, 그런 소극적인 의미가 아니에요.

서해성 | 신세계가 원래 이상의 「날개」에 나오는 '미쓰코시 백화점'이

문용식

죠. 식민지 한국의 허영과 사치, 소비 유통을 상징하는 르네상스식 건물. 윤리가 없으면 자본은 깡패나 마찬가지죠. 빅3 백화점 매출에서 신세계가 22퍼센트(2008)로 롯데에 이어 2등이죠. 이마트는 전체 할인점 매출 35퍼센트로 1등, 연매출 10조(2009)가 넘죠. 대형 유통 회사들이 고용한 노동자 중 70퍼센트가 여성인데, 그중 80퍼센트가 비정규직이에요. 그런데 후생복지 운운하면……. '알바'라고 부르는 나쁜 일자리(여성 노동의 주변화, 성 불평등 등)가 유통·서비스를 중심으로 일반화하고 있어서 큰일이죠.

한홍구 | 비정규직 80퍼센트는 '우리 직원들' 문제가 아니다라는 거지. 여기서 '우리'란 용역이나 파견직 빼고 정규직만을 지칭한 거죠.

서해성 | 피자 논쟁을 대하면서 노동법 기조를 바꿔야 한다는 생각이 강하게 들었어요. 기존 노동법이 공장제 체계의 산물이라면, 이미 유통과 서비스 분야가 너무 커졌잖아. 이제 이쪽으로 이동해야 해요. 노동법의 질적 전환이 필요하다는 거죠.

한홍구 | 정말 중요한 지적인데, 전태일 40주기를 맞아 또 노동자(금속노조 구미 지부장 김준일)가 분신을 했잖아요. 전태일이 "근로기준법을 지켜라"라고 한 게 그때 근로기준법이 좋았거든요. 지킬 생각 없이 만들었으니까.(웃음) 지금 이마트의 비정규직 여성 노동자라면 뭘 지키라고 하면서 싸워야 할까. 그 사람들을 보호해줄 법적 체계가 없어요.

서해성 | 한 교수가 평소에 하는 말처럼 "헌법을 지켜라"라고 해야죠. 현행 헌법 제119조 "시장지배력 남용하는 일 막기 위해서 규제와 조정을 할 수 있다."

한홍구 | 그래서 개헌한대잖아요. 대통령 중임제가 핵심이지만 속마음은 119조를 없애는 걸 거야.

문용식 | 이번에 본의 아니게 설전하면서 대기업 오너의 소통이란 게 뭔지 알았죠. '어, 나 트위터도 해.' 내가 지적한 문제는 피하고 '반말

"탐욕은 줄이세요, 약자들이 멍듭니다"

했다'만 물고 늘어져.(웃음) 듣기 싫은 말 하면 트위터에서 언팔하고 블록하고. 쓴 이야기를 들을 귀가 있어야 소통이죠.

서해성 | 소통 제스처, 소통 쇼죠. 지배 세력의 케케묵은 상투적인 대중 지배 전술.

문용식 | 정 부회장 말에서 뺄 수 없는 게 "아무리 왼쪽에 서 계셔도 분노는 줄이도록 하세요. 사회가 멍듭니다"라는 거였어요. 대기업 폐악이 얼마나 많아요. 배임, 횡령, 비자금, 탈세, 불법 상속……. 가진 자들의 탐욕과 부패가 대한민국을 멍들게 하는데 그걸 항의하고 개선하라는 요구가 멍이라니 적반하장이죠.

초강력 모바일 시대, 저작권의 갈 길은

서해성 | 부패를 검경, 세무, 관료, 국회의원 등 정치인이라는 재벌 장학생 나으리들이 법과 제도와 애정으로 보필해주시니 대개 무죄이자 죄를 지어도 곧 특사죠.

문용식 | 가진 자들이 도덕성과 책임성을 높이지 않고서 선진국이 될 수 없어요. 노조도 못 만들게 하면서 무슨 글로벌을 말해요.

서해성 | 자본의 야만성인데, 야만의 정당화에 빠다 칠을 한 게 '비즈니스 후렌들리'죠. 강자가 다 처먹는 게 법과 세상이라고 까놓고 말해버리면 차라리 낫죠.

한홍구 | 흔히 "사자와 토끼를 한 우리에 넣어놓고"라고 하는데 원래 (윌리엄) 블레이크가 비유할 때는 '사자와 소'였죠. 동물원에서 사자에게 야성을 잃지 말라고 산 채로 던져주는 '음식'이 토끼지.(웃음) 정 부회장 입장에선 '낚였다'고 볼 수 있겠어요. 반말에 흥분해서.

문용식 | 욱해갖고 내 과거를 들이대는데 참담한 분노를 느꼈어요. 자기가 대기업 하면서 큰소리칠 수 있는 오늘의 역사를 누가 만들었느

문용식

냐는 거죠. 독재 시절에 감옥 가고 고문당하면서 세상을 바꾼 사람들이 없으면 불가능했죠.

한홍구 | 민주화해서 죽 쒀서 개 준 거죠. 그런데 '분노'가 많은 건 사실 아닌가요?(웃음)

문용식 | 출산율 최저, 자살률 최고…… 죽음의 구렁텅이로 빠져드는 이 모순 덩어리 생명을 죽이는 사회에 살면서 어떻게 분노하지 않을 수 있어요.

한홍구 | 1980년대에 "슬픔도 분노도 없이 살아가는 자는 조국을 사랑하지 않는 자"라는 말이 있었죠. 문 대표는 PC 통신 시절부터 통신업 일을 하다 사양길로 접어드는가 싶더니 부활했는데.

문용식 | 나우누리는 선사 시대 브랜드인데 여전히 살아 있죠. 통신 환경의 비약적 발전이 있었고, 지금은 초고속 인터넷에서 무선인터넷으로 확장되어가는 또 한 번의 전환기로 메가트렌드가 시작되고 있죠. 세상에 미치는 영향을 따져본다면 유선이 10이라면 모바일은 곱하기 10이죠.

서해성 | 인터넷에서 정작 표현의 자유는 거꾸로 가고 있죠.

문용식 | 댓글을 쓰려면 10만 명 이상 사이트에선 반드시 실명 인증을 해야 해요. 정보통신망법상의 불법 정보 유통 금지 조항을 자의적으로 해석해 게시물 삭제 처리를 제멋대로 하고. 수사 기관이 개인 통신 기록을 거의 무제한 열람하죠. 검찰, 경찰, 군, 국정원, 국세청, 금감원, 공정위, 문광부 저작권 특별수사팀까지. 자동차가 막 발명되었던 빅토리아 시대에 우스꽝스런 법(Red Flag Act)이 있었는데 이런 겁니다. "자동차 한 대엔 반드시 운전수 3명이 있어야 한다. 1명은 붉은 깃발을 들고 55미터 앞을 달리면서 자동차가 온다는 걸 알려야 한다. 최고 속도는 6.4킬로미터."

한홍구 | 저작권에 대해서도 할 말이 많을 텐데요.

"탐욕은 줄이세요, 약자들이 멍듭니다"

문용식 | 인터넷이 삶의 3대 축이라 할 학습, 노동, 오락을 다 바꾸고 있어요. 지금 저작권법은 콘텐츠가 굉장히 귀할 때 만들어진 거예요. 아날로그적 관점에서 콘텐츠 유통 체계와 질서를 보호해주는 게 저작권의 기본 뼈대죠. 디지털 시대엔 어떻게 그 문화 향유를 장려할 거냐는 마인드가 있어야죠.

서해성 | 디지털 시대엔 저작권 문제에 새롭게 접근해야 해요. 사실 콘텐츠 대부분을 제국주의가 생산하고 있어요. 여러모로 카피레프트 운동은 필요합니다. 지식 정보 사회에선 지식 독점이 계급 독점, 국가 단위 독점으로 이어지는 거죠. 지식 독점 해체 없이 선량한 사회는 어렵죠. 그걸 유지하는 게 베른협약(1886)에 기초한 저작권법인데, 저작물의 비영리적 접근과 사용은 전면 허용해야 합니다. 고작 개인 블로그에 사진 올리는 게 무슨 상업 행위라고 통제합니까.

한홍구 | 학생 때부터 알아온 사이지만 촌놈 문용식이 인터넷 시대 선두 주자가 되었어요. 당면 투쟁을 회피하지 않는 정신과 새로운 변화에 자신을 내던지는 자세가 배어 있다 보니 의도하지 않게 논란의 중심이 되었네요.

서해성 | 이번 트위트 논쟁은 단지 문-정 사이의 대거리가 아니에요. 이참에 SSM 규제법을 사회 이슈로 쟁점화해 묵히고 있는 법안을 통과시켜야 해요. 자본의 최소 윤리성, 서민 보호를 명확히 해야죠. 문 대표는 싸움을 거두지 말고.(웃음) 서민 운운하는 정당들은 존재 이유를 증명해야 하고.

"트위트만 하지 말고 사이버 피자 팔아보라"

한홍구 | 비정규직과 여성 노동, 그 첨단에 대형 유통 자본이 서 있죠. 이랜드와 뉴코아백화점 등 최근 벌어진 주요 비정규직 투쟁의 상당수

문용식

가 유통이거든요. 이건 진보 진영의 재구축과 민주 진영 재집권 전략에서 핵심입니다. 이거 빼놓고 정치 공학이나 민주 진영 이합집산 골백번을 해봐야 소용없어요.

서해성 | 이걸 한마디로 묶어 '피자 전투'라고 이름 붙이고 싶습니다. 비정규직, 소상인 등 핵심 문제가 유통·서비스업에 있는 만큼 피자 전투에서 기필코 승리해야 합니다. 문 대표는 트위트를 접지 말고 계속하라!(웃음) 정 부회장은 물론 독자들에게 트위트를 날린다면.

문용식 | 기업도 사람이다.

서해성 | 좀 더 길게, 140자로.

문용식 | "기업은 사람 공동체다. 이 시대의 화두는 '함께 살자'. 정규직과 비정규직, 대기업과 영세 상인이 모두 함께! 기득권자들의 사회적 책임이 정말 중요하다."

한홍구 | 트위트만 하지 말고 문 대표도 사이버 피자 팔아봐요.

서해성 | '아프리카 피자' 판매하세요.(웃음)

문용식 | 사이버 피자를 팔아야겠네. 별풍선(현금화하는 사이버 머니) 말고 피자 아이템을 한 판 주는 걸로.

서해성 | 지금 국회에서 자본·보수·친외세(FTA 관련)가 연합해서 서민과 500미터 경주를 하고 있는 셈이거든요. 구멍가게 500미터 이내 SSM을 규제하자는 법. '이마트가 저 마트가 될 때까지.' 피자 전쟁에서 승리하시길.

"탐욕은 줄이세요, 약자들이 멍듭니다"

구멍가게의 슬픔

구멍가게는 큰 점방을 낼 돈도 없고 시장에 나가 좌판을 펼치기에는 힘도 부치는 할머니, 할아버지들, 살림도 하랴 애도 보랴 밖에 나가 가게 하기 힘든 아주머니들이 담 한쪽을 헐어 담배도 팔고 이것저것 추억의 불량 식품도 팔던 곳이었다. 시장까지 가기 귀찮은 동네 사람들은 가깝고 외상을 달 수 있는 이곳을 애용했다. 꼬마들도 눈깔사탕과 딱지와 구슬을 통해 여기서 처음으로 돈의 위력과 시장 경제를 만났다.

서울 사대문 안이었던 우리 동네에는 내가 초등학교 3~4학년 무렵이었던 1960년대 말, '슈퍼마켓' 이란 것이 처음 생겼다. 지금은 서울경찰청에 경희궁의 아침과 같은 요란한 건물이 즐비하지만, 그때는 우리 바로 옆집은 초가집이었고, 집 앞으로 우마차가 다니곤 했다. 민족중흥과 조국 근대화가 우리의 역사적 사명이던 시절인지라 상호도 '근대화 슈퍼'였다. 얼마 지나지 않아 '체인'이라는 말까지 붙더니 서울의 웬만한 곳에는 '근대화' 간판을 단 연쇄점이 들어서기 시작했다. '근대화 슈퍼'는 대개 골목 모퉁이 구멍가게의 대여섯 배 되는 크기였지만, 미국 유학생인 외삼촌은 미국에 가면 슈퍼마켓이란 이런 가게의 100배쯤 된다고 가르쳐주었다. 우리네 골목이 '근대화'되면서 작은 가게들은 사라지고, 조금 큰 가게들은 간판을 ○○슈퍼로 바꿔 달았다.

한국에 '편의점'이라는 새로운 형태의 가게가 미국에서 수입된 것도 그럭저럭 20년쯤 되었다. 슈퍼마켓과 편의점의 대공세를 이겨내고 간신히 살아남은 동네 슈퍼들은 지금 슈퍼슈퍼마켓(SSM)의 대공세에 허덕이고 있다. 2001년부터 2006년까지 편의점과 대형 마트에 밀려 문을 닫은 동네 슈퍼가 1만 1천 곳이라고 한다. 물이 발목까지 차면 파도가 쳐도 그럭저럭 버틸 수 있지만, 이미 물이 턱에까지 차 있으면 잔물결에도 물을 먹게 된다. 대형 마트 424개의 매출이 8만 7천 개가 넘는 구멍가게들 매출의 네 배가 넘는 31조라고 한다. 구멍가게가 단지 추억의 공간이라면 그건 인천의 수도국산 박물관에 가서 얼마든지 만나도 된다. 그러나 구멍가게에서 일하는 15만 종사자들을 모두 박물관에 보내버릴 수는 없지 않은가.

한홍구

문용식

"페이스북
저렇게 무방비로
놔둬도 됩니까?"

안철수 –서울대 융합과학기술대학원장

안철수 교수■는 본인이 설립한 안철수연구소의 이사회 의장이기도 하다. 서울 여의도에 있는 연구소 사무실엔 가끔 들른다. 그날 중 하루를 골랐다. 1년에 쏟아지는 강연 요청이 3천여 건에 이르는지라 직설 약속을 잡기가 쉽지 않았다. 100건 중 98건을 거절할 수밖에 없어 미안하다고 했다. 안철수 교수와 함께 한국 사회를 치유할 '소셜 백신'을 찾아보았다. 바이러스에 대한 개념에서부터 아직 난 한국 IT 벤처산업의 현실, 소셜네트워크의 위험성을 거쳐 '정의란 무엇인가'에까지 이야기는 흘러갔다.

본문에 넣지는 못했지만, 그는 뜻밖에도 '386세대의 숙명'을 말했다. 에피소드도 하나 들려주었다. 1980년 서울대 의대에 입학하자마자 이념 서클에 가입해 공부했다고 한다. 한데 고향인 부산에 잠깐 내려간 사이 휴교령이 떨어졌다. 그 탓에 한참을 서울에 못 올라왔고, 서울의 친구들과 '진도'(!) 차이가 나면서부터 끼지 못했다는 것이다. 그는 "처음의 성향이 어디를 가겠냐"며 웃었다.

그처럼 성실하게 남의 말을 경청하는 사람은 처음 봤다. 상대방이 이야기할 땐 약 5초 단위로 "네에 네에 네에" 하는 추임새를 이어나갔다. 그러곤 낮고 차분한 목소리로 되받았다.

고경태

■ '직설'을 할 당시에는 카이스트 기술경영전문대학원 석좌교수였는데, 2011년 6월 서울대 융합과학기술대학원으로 자리를 옮겼다.

한국 사회에서 제일 필요한 것은 '정의'

서해성 | 디지털 화타(옛 중국의 명의), 이제마, 허준 중에서 고른다면?

안철수 | 요즘 이런 느낌인데요. 혼자 열심히 공부하는데 뒤에서 웅성 웅성 소리가 나서 돌아봤더니 사람들이 저를 쳐다보고 있는 거예요.(웃음) 부담스럽죠.

한홍구 | "얘가 전교 1등이래" 하는.(웃음)

서해성 | 대중적 관심에 대한 피로도 같은 거겠죠. 바이러스란 대체 무엇인가요?

안철수 | 디지털 쓰레기죠. 자기만 쓰레기 행동을 하는 게 아니라 치우는 사람까지 끌어들여 뻥 하고 사라지는. 요즘은 돈벌이로도 하지만.

한홍구 | 구체적으로 어떻게 돈벌이가 되지요?

안철수 | 예전에는 광고를 누르면 검색 회사가 돈을 벌었는데, 요즘은 돈을 더 많이 벌기 위해 '대리점'을 운영하거든요. 사용자 클릭을 가지고 오면 수수료를 더 주게 되어 있습니다. 아예 그런 프로그램들을 심어놓고 모으기도 해요. 중국 같은 데에 개인 정보 암시장까지 생겼고요. 옛날엔 아마추어가 해킹을 취미로 하다가 관심이 없어지면 끝났는데 요즘은 조직화됐죠. 러시아 마피아 같은 데서 돈을 대고 프로페셔널을 고용하고요.

해커가 공격할 전기밥솥 또는 원전?

한홍구 | 요즘 보니 만약에 해커들이 원전을 공격 대상으로 삼게 되면 더 치명적이 될 텐데, 바이러스의 장래는 어떻게 진화할까요?

안철수 | 나중엔 전기밥솥 같은 것도 인터넷으로 연결될 텐데, 밥 태우는 바이러스가 나올 수 있죠.(웃음) 병원에 있는 환자의 심폐소생기가 연결돼 있으면 사람도 죽일 수 있고요.

서해성 | 정치적 의도를 가진 카슈미르나 팔레스타인 활동가들이 인도나 이스라엘 정부, MS 서버를 공격하기도 하고, 사파티스타(EZLN, 멕시코 무장혁명단체)가 CIA(미국 중앙정보국)하고 해킹 전쟁을 선언한다거나 하는, 약자의 정치적 제스처로서 바이러스 공격은 어떻게 봐야 할까요. DDos(분산서비스 거부) 공격자로 북한을 지목하기도 하는데.

안철수 | 인터넷이 가져다준 제일 큰 효과 중 하나가 슈퍼 인디비주얼의 등장 아니겠습니까? 그 사람들이 쓸 수 있는 부족한 리소스를 가지고 최대한의 효과를 낼 수 있는 방법이겠지요. 그래서 오바마 정부도 백악관 내에 사이버 전쟁 담당 부서를 신설했고요.

한홍구 | 슈퍼 인디비주얼의 등장도 중요하지만 국가도 무한 감시가 가능해졌죠. 이런 변화는 민주주의에 어떤 영향을 끼칠까요?

안철수 | 인터넷도 21세기 들어 웹2.0이나 위키피디아로 넘어가면서 제대로 활용법을 찾은 거 같아요. 리비아나 이집트에서 새로운 현상이 나타나게 된 것은 결국 인터넷이 가진 풀 포텐셜(잠재력)을 발휘했기 때문이죠. 정보에 대한 억압이나 독점이 아니고 오히려 더 널리 퍼지는 거대한 흐름을 못 막을 것 같습니다.

서해성 | 안철수연구소는 1995년에 생겼고, 웜 바이러스를 처음 퇴치한(1988) 걸로 치면 23년 되었는데, 정부로부터 물질적 지원을 받은 적이 있는지요. 미국에서 '모리스 웜' 바이러스가 네트워크 컴퓨터 6

천여 대를 감염시키자 펜타곤이 대응했거든요. 한국에선 디지털 의사 안철수 혼자죠. 왜 그런 차이가 나는 걸까요?

안철수 | 한 번도 지원받은 적 없습니다. 이른바 우선순위에 밀렸겠죠.

한홍구 | 바이러스 감염으로 컴퓨터를 날려버린 경험을 지닌 정책 결정 권자들이 없어서?(웃음)

서해성 | 개인 병원 있다고 국가가 병원 안 짓는 격이죠. 정작 어려울 때 국가가 개인 병원을 찾고.

한홍구 | 안 선생이 바이러스를 만든다면 가장 잘 만들 수 있을 텐데요. 모든 바이러스의 진화 과정을 꿰고 있고 어떻게 막는지도 잘 알 텐데.

안철수 | 의사가 전염병 많이 돌면 좋겠다고 생각하면 안 되잖아요.(웃음) 그래서 돈벌이로 생각하는 사람들이 이쪽 분야에 들어오면 안 되죠. 그래도 억울하지 않은 게, 10년 전만 해도 보안 쪽 하는 회사가 200개도 넘었습니다. 지금은 10개도 안 남아 있어요. 흑색선전도 하고 그러다가 돈이 안 벌리니까 접고 나가더라고요.

서해성 | 일본은 이런 기관이 있나요?

안철수 | 국가 기관은 없고 민간 업체가 하나 있었는데 맥아피(미국의 IT 회사)가 사버렸죠. 현재 백신 회사가 없어요. 한국을 부러워하죠. 다행히 일본은 DDos 같은 사고가 난 적이 없지만, 그래서 더 두려워 합니다. DDos가 공격 방향을 일본으로 틀면 당하게 되거든요.

서해성 | 맥아피가 안철수연구소도 팔라고 제안했던데.

안철수 | 1천만 달러. 그때 회사가 적자였거든요. 매출 20억 원 정도. 지금은 총액 2천억 원 정도 되죠.

서해성 | 심리적으로 한국인들이 안철수연구소 때문에 안심하는 걸로 치면 가격이 더 크겠죠. '우리 동네 의사 있다'는 건 다른 거거든요.

안철수 | 돈만 벌려고 했다면 무료로 백신 배포 안 했겠죠. 돈은 더 벌었겠지만 존중받는 기업이 됐을까 의문입니다.

안철수

다시 부는 세계적 IT 붐…… 한국만 쏙 빠져

서해성 | 같이 일하고 싶은 CEO 1위잖아요. 이건희 회장이 2위.(웃음) 그나저나 한국이 여전히 IT 강국입니까?

안철수 | 아니죠. 소비 강국입니다.(웃음) 이미 8년 전에 그렇게 말을 했죠.

한홍구 | 노무현 정부 때부터 내리막길로 들어갔다는 얘기네요.

안철수 | 한국 IT 산업의 문제는 첫째 대기업 위주, 둘째 하드웨어 위주, 셋째 정부든 기업이든 초단기 목표를 향해서 나아가요. 삼성전자가 차지하는 수출액 비중이 너무 커서 그 회사가 기우뚱하면 한국 경제 자체가 충격파를 크게 받게 돼 있어요. 정부가 방조했죠. 중소기업과 벤처기업을 튼튼히 해놓아야 대기업이 힘들어도 장기적으로 안정된 구조로 갈 수 있어요.

한홍구 | 동반성장위원회를 만들어 정운찬 전 총리를 위원장으로 앉혔잖아요. 정 위원장이 초과이익공유제를 말하자 이건희 회장은 들도 보도 못한 거라고 했죠.

안철수 | 이 정부 초창기에 대기업들에 많은 지원을 하면서 일자리를 만들어달라고 기대했던 것 자체가 잘못된 거라고 봅니다. 대기업들은 글로벌 경쟁에 뛰어들면 가능한 한 공장을 해외로 이전하고 효율성 높이는 쪽으로 가니까 일자리를 늘릴 수 없습니다. 동반 성장 이야기는 3년쯤 늦은 거 같고요. 초과이익공유제라는 건 과실 다툼이지 않습니까? 그 전에 불법부터 정리하고 투명하고 공정한 시장을 만드는 게 우선순위가 아닐까요?

서해성 | IT 벤처 하면 거품이었다는 식의 인식이 많잖아요.

안철수 | IT 벤처 업계가 꼭 사업 아이템만 벤처가 아니고 경영 관행에서도 투명성을 보여줄 기회였는데 참 아쉽죠.

"페이스북 저렇게 무방비로 놔둬도 됩니까?"

서해성 | 10년 전처럼 벤처가 활동할 수 있는 토양이 다시 필요하기도 하지요.

안철수 | 실리콘밸리로 대표되는 IT 쪽 벤처가 새로 붐을 이루고 있습니다. 거품인가 아닌가 논쟁이 일 정도로 열풍이죠. 미국뿐 아니라 중국, 인도까지.

한홍구 | 새로운 사이클에서 핵심 영역이 뭔가요?

안철수 | 모바일, 소셜(네트워크), (소셜)커머스, 클라우드(컴퓨팅), 네 가지가 서로 접목되면서 새 영역이 생기고 있는 상황입니다. 한국은 거기서 완전히 빠져 있어요. 실패를 용인하지 않는 대기업 위주의 구조 때문에 한국만 철저히 소외된 갈라파고스 섬이 되고 있습니다. 대기업은 그동안 남이 해온 것 중 가능성이 검증된 분야만 빠른 속도로 쫓아가서 모방하는 식이었죠. 퍼스트 무버가 아니었던 겁니다. 이마저도 중국 추격으로 한계에 부닥쳤습니다.

한국 경제는 '삼성 동물원'에 갇혀 있다

한홍구 | 일본이 19세기 말부터 '레이트 커머'로서 쫓아가다 보니 어느새 1등 근처에 와서 쫓아갈 데가 없어지고 그다음부터 헤매게 됐죠.

안철수 | 이대로 가면 일본처럼 되는 것 같습니다. 이걸 바꿀 수 있는 유일한 방법은 중소기업이나 벤처기업 생태계를 형성해서 자유롭게 일할 수 있는 장을 마련하는 겁니다.

서해성 | 가령 페이스북이 싸이월드를 베껴 갔다는 게 업계에 떠도는 이야긴데요, 이를 SK텔레콤이 인수한 뒤 수백만 명이 만들어내던 소셜네트워크 기능은 거의 소멸돼버렸죠. 페이스북 가격은 지금 헤아릴 수 없는 지경이지 않습니까?

안철수 | 80조 원.

안철수

"대기업들은 가능한 공장을 해외로 이전하고 효율성 높이는 쪽으로 가니까 일자리를 늘릴 수 없습니다. 초과이익공유제라는 건 과실 다툼이지 않습니까? 그 전에 불법부터 정리하고 투명하고 공정한 시장을 만드는 게 우선순위가 아닐까요?"

서해성 | 삼성은 애니콜 때문에 아이폰을 못 들어오게 했죠. 결국 3~4년 늦게 들어왔는데 다급해져서 베끼기에 급급하고 있죠.

안철수 | 삼성한테 독이 됐죠. 기득권이 과보호되면 기득권에도 치명적인 독이 되죠.

서해성 | 아이폰에 맞서거나 뛰어넘는 기획을 했어야 하는데, 자기 시장 방어에만 몰두한 거죠.

안철수 | 미국의 예를 들면 포레스터가 생기고, 마이스페이스가 포레스터를 제치고 1위가 되었는데, 페이스북이 나오면서 1위가 바뀌었습니다. 절대 강자 구글도 빙(마이크로소프트)이 위세를 떨치자 검색 알고리즘을 재정비하는 등 치열한 경쟁이거든요. 과보호석에서 그냥 편하게 1위 하는 게 아니고 실력으로 1위를 유지하죠. 그게 건강한 생태계입니다.

서해성 | 사자가 쫓아오니까 100미터를 9초에 달리는 격이죠.(웃음)

안철수 | 한국에선 편하게 1위 하고, 이익 챙기고, 노력 안 하고, 몇 년 지나 외부에서 들어온 적 때문에 기반이 흔들려서 나라 전체가 살기 힘들어지는 구조가 반복되는데 참 안타깝습니다.

한홍구 | 빌 게이츠에게 "누가 경쟁자냐" 했더니 대기업보다는 허름한 차고에서 학교 중퇴하고 컴퓨터 뚝딱거리는 놈이라고.

안철수 | 삼성이나 SK, LG는 자기들한테만 납품하도록 조건을 묶어버립니다. 한국 시장이 작다고 하는데, 아니에요. 세계에서 십몇 위 되는 시장을 가졌는데, 그중 일부인 삼성 동물원에 갇혀 있으니까 너무 작아지는 겁니다. 크지도 못하고.

서해성 | 한국의 기업들이 에버랜드에 갇혀 있는 거네요.

한홍구 | 의사, 컴퓨터 프로그래머, 기업 경영자, 교수까지 정말 다양한 스펙을 쌓아왔습니다. 슈퍼 엄친아로 하는 일마다 성공하면서 젊은이들의 롤모델이 되었는데, 스펙이란 무엇인가요?

안철수

안철수 | 대기업, 공공 기관에서 스펙 보고 뽑으면 거기에 맞춰 청년들도 스펙 쌓게 돼 있죠. 젊은 사람들이 안정을 추구하게 된 것은 사회의 인센티브 시스템을 반영하기 때문인 것 같구요. 요즘 청년들, 도전 정신이 없지 않아요. 사회 구조가 이들을 더 보수적으로 만드는 거죠. 우리 사회의 커다란 인센티브 시스템을 고쳐야죠.

서해성 | 스펙이라는 게 창의성 가지는 걸 일정하게 일탈적으로 여기도록 만들어버리는 거죠. 시장 논리(스펙)에 포섭된 청년들이란 자본의 예비 사병 같은 거죠. 근데 국방부와 IT의 공통점이 뭔지 아십니까?

안철수 | 글쎄요?

서해성 | 국방부에는 NSC가 없고, IT에는 정보통신부가 없습니다.(웃음) 둘 다 컨트롤타워가 없어요. MB 정부 들어 정통부가 여러 부처로 쪼개졌죠. 안 선생은 '잃어버린 3년'이라는 표현을 쓰기도 했죠.

안철수 | 아이폰 출시되고(2007) 3년 동안 완전히 흐름에 뒤처졌거든요. 곧 아이패드로 연타를 맞아 재기 불능 상태에 빠졌죠. 또 하나는 세계적인 IT 벤처 붐이 불면서 매출 10조 이상 되는 회사가 3년 만에 여러 개 탄생했는데, 거기서 한국이 소외된 거죠.

한홍구 | 어떻게 해야 전망이 있습니까?

안철수 | 기본적으로 벤처 창업이 성공 확률이 높고, 창업에서 실패하더라도 재기할 기회가 주어지는 인프라가 갖춰져야죠. 정부 내에서 이게 내 일이라 여기고 쫓아가는 데가 없으니 아까 말한 세계적 흐름을 몰랐던 거구요.

서해성 | 소셜네트워크에 대한 평가가 다양합니다. 트위터에서 어젠다 세팅의 일방성도 그렇지만, 상품화와 맞물려 있어서 우려되는 면이 큰데요.

안철수 | 인류 역사상 불가능했던 타깃 마케팅이 열 추적 미사일처럼 (웃음) 정확하게 원하는 사람에게 광고를 밀어 넣을 수 있게 되었죠.

"페이스북 저렇게 무방비로 놔둬도 됩니까?"

페이스북이 더 무섭죠. 물어보지도 않은 개인 정보를 다 쏟아내니까. 정확하게 한 사람에게 가는 타깃 마케팅이 가능해졌어요. 굉장히 위험하죠.

서해성 │ 자본이 개인의 소비는 물론 취향을 탐색·축적하고, 프라이버시까지 침해하면서 상품 판촉을 하는 거죠. 기계 문명의 그늘이 짙은데…… 디지털 새도라고나 할까.

중앙정보부와 빅브라더보다 더 위험한……

안철수 │ 기업은 이익을 내는 방향으로 움직일 수밖에 없는데, 아직 페이스북은 자기가 가진 포텐셜을 일부밖에 못 쓰고 있지만 세계 인구 10분의 1(6억)이 가입돼 있거든요. 이렇게 무방비 상태로 계속 한 사기업의 양심에 맡기고 내버려 둘 거냐, 심각하게 고민해야 할 숙제 중 하나죠.

한홍구 │ 옛날 중앙정보부가 정보가 많았다지만 평시에는 알고 있는 게 많지 않더라고요.(웃음) 일이 터졌을 때 뭐든지 알아낼 수 있는 능력이 있겠지만. 『1984』의 빅브라더 같은 경우도 열심히 노력해서 들여다봐야 정보를 알 수 있잖아요?(웃음)

안철수 │ 이건 자진해서 내주는 거죠. 그 대책에 관한 논의가 외국에선 되고 있죠.

한홍구 │ 국가가 개인 신상 정보를 가장 많이 알고 있는 나라가 한국이죠. 흔히 이북이 밤낮 들여다보고 감시하는 걸로 알지만 이산가족 찾기 명단을 교류하면 북쪽은 비교도 안 되게 느려요.

서해성 │ 주민등록증은 세계 최악의 신분증이죠. 2차 대전 당시 영국이나 프랑코 독재 때 에스파냐 수준이죠. 얼마 전에는 혈액형을 넣자는 말도 돌았고. 페이스북은 그에 비길 바가 아니죠.

안철수

안철수 | 사명감 없는 이들이 소셜네트워크서비스(SNS)를 운영하면 바이러스보다 부작용이 더 클 겁니다.

서해성 | 페이스북이라는 새로운 형태의 시장 국가가 출현하고 있다는 느낌을 지우기가 어려워요. 그물 국가, 초상업적인 그물 국가, 자본과 네트워크를 쥔 세력이 이를 먹어치우게 되는 거죠. 이에 대응하는 국제 협약 같은 게 필요한 시점이죠.

안철수 | 1995년에 낸 수필집에서 "초등학교 때부터 정보화 시대 윤리를 가르쳐야 한다"고 썼어요. 아직도 그 윤리 도입이 안 되고 있지만.

서해성 | 인터넷상 프라이버시나 정보 침해는 거리에서 침 뱉는 것보다 더 위험할 수 있죠. 최고의 바이러스 전문가로서 한국 사회에 가장 필요한 백신이 무엇이라고 생각하는지. 소셜 백신!

안철수 | 추상적으로 말씀드리면 정의죠. 역시 정의로운 사회가 젤 중요한 거 같아요.

한홍구 | 정의가 뭡니까?

안철수 | 상식적으로 보면 힘없는 자 편에 서는 게 한국 사회의 정의 같거든요. 강한 사람들은 국가 필요 없잖습니까? 국가가 해야 할 일은 약한 사람 보호하는 건데요. 안 그러면 약육강식 동물 사회랑 똑같죠.

서해성 | 두 번째 백신은 뭡니까?

안철수 | 계속 그, 그, 그거.(웃음) 두 번째, 세 번째도 정의!

바이러스와 그물 국가

1990년대 초반 시인 최영미는 "컴퓨터와 씹하고 싶다"고 했다. 기계의 물성에 압도당할 물질 사회에 대한 통렬한 자각과 선언은 대중적 현기증을 불러일으켰다. 1980년대와 청춘의 종언만이 아니라 그 잔치의 끝은 아날로그 사회의 종언이기도 했다. 한국 사회는 빠르게 디지털 사회로 돌입하고 있었다. IBM의 굳은모와 MS의 무른모 논리가 결합하여 지배하는 사회는 곧 보이지 않는 그물로 연결되었다. 자연 생태계를 흉내 내듯 컴퓨터 바이러스는 그 망을 타고 흘러들었다.

한국에서 바이러스가 처음 나타난 게 1988년이란 건 우연만은 아니다. 그해 여름 열린 올림픽을 기점으로 한국(인)은 '국제화'되었고, 본격적 소비자로 등장했다. 오늘날 늘 입초시에 올리곤 하는 세계화 혹은 글로벌화를 가속적으로 촉진해온 매개는 바로 이 기계, 컴퓨터이다. 금융 자본은 이들 선로를 타고 옮겨 다니며 국경 없는 약탈을 감행하고 있다.

기계와 기계의 일부가 된 인간을 좀먹는 바이러스는 금융 자본의 욕망 구조와 다분히 닮았다. 인간성의 부트섹터를 파먹더니, 파일에 더부살이로 기생하고, 메모리에 들어앉거나, 트로이 목마가 되어 정보를 빼 가고, 이윽고 분노를 표현할 참이면 존재가 없는 양 스스로를 은폐한다. 시스템을 파괴하는 데 이르면 자본의 미래를 생생히 보는 듯하다. 걸핏하면 나타나는 금융 위기란 생산성 없는 '산업'의 엽기적 본질이다. 금융은 마침내 제 살을 먹어치우기에 이르렀다.

오늘날 우리는 디지털 감시 사회라는 '흐린 감방' 속에 살고 있다. 쇠창살은 가까이 다가갈수록 희미해지는 법이다. 감시의 일상화가 가져다주는 마비 상태는 정점으로 치달아가고 있다. 소셜네트워크를 통해 사적 관계와 취향, 내면까지 노출된 개인들을 하나로 묶은 '그물 국가'는 이미 출현했다. 소셜커머스는 중간 과정 없이 자본이 개인을 직접 수탈하는 새로운 형태의 공격적 시장이다. 자본의 끈끈한 거미줄을 찢고 이에 맞서는 '인터내셔널'(시민 연대)한 그물을 짜야 할 때다.

서해성

안철수

"그래, 실컷 들여다봐라 이놈들아"

보이기 싫다.

이런 글을 쓸 때조차 그렇다. 누군가 뒤에서 들여다보는 기척이 살짝만 느껴져도 마음속의 보안 장치가 작동한다. 자기만의 공간을 침해당하는 일은 유쾌하지 않다.

이명박 정부 집권 뒤 웬만한 민주주의 퇴행 사례에 관해선 면역력이 생겼다. 일일이 핏대를 세우기엔 일상이 피곤하다. 관성적으로 '그러려니' 여기는 불감증에 휩싸일 정도다. 그러한 가운데서 충격이었다. 정보기관도 아닌 총리실에서 민간인을 사찰한다? 사람들은 이 사건을 접하며 '아무리 그래도 MB 정부가 이 정도의 저질 행위를 일삼을 줄 몰랐다'고 안타까워한다. 24시간 등 뒤에서 자꾸만 인기척을 내며 자신을 감시할지도 모르는 정부를 상상하게 됐으니 말이다.

한홍구와 서해성은 사찰이야말로 가장 끔찍한 국가 폭력임을 상기한다. 한국 역사에서 사찰의 끝엔 무엇이 있었던가. '보도연맹'으로 상징되는 대량 학살이었다. 두 사람은 온 국민을 피해망상 신경증 환자로 내모는 사찰에 관해 성찰했다.

고경태

사찰을 성찰한다

서해성 | 혹시 걸릴까 봐 뭐 걱정하는 거 있나요? 한 가지만 솔직하게 털어놔 봐요.

한홍구 | 누구에게 걸리느냐가 중요해요. 세상 사람한테 다 걸려도 되는데 마누라한테 걸리면 안 되는 게 있고. 다 괜찮은데 MB에게 걸리면 안 되는 게 있죠.

서해성 | 김종익▪ 씨는 정작 걸릴 게 별로 없었던 것 아닌가.

한홍구 | 난 BBK 동영상 최초로 올린 사람인 줄 알았어요. 만약 그랬다면 이명박 정권이 미워할 만하다고 최소한 이해는 해줄 텐데.

서해성 | 전두환·박정희 때는 중정·안기부·보안대·정보사·경찰 등이 했는데, 이건 뭐.

한홍구 | 여기도 국가 기관이죠. 공직윤리지원관실? 윤리를 지원한다고 해놓고, 윤리 차원을 넘어 범죄를 저지른 거지.

털면 다 나와, 김종익 씨 만난 적 있죠?

서해성 | 김종익 씨를 만난 적 있죠? 털면 다 나와요.(웃음)

한홍구 | 2년 전 가을 교토였어요. 평화박물관 대회에 갔다가 우연히

▪ KB 한마음 전 대표. 2010년 국무총리실 공직윤리지원관실에 의한 불법 사찰 피해자.

만나 지금 나오는 얘길 들었는데 믿기지가 않았어요. 지분까지 넘겨 줘야 했다는데 납득이 가겠어요? MB 정권이 그렇다고 이렇게까지 할까 싶었어요.

서해성 | 1988년이었어요. MBC 뉴스데스크 진행하는 주조정실에 한 사내가 들어와서 "내 귀에 도청 장치가 돼 있다"고 했던 적이 있죠.

한홍구 | 많이 공감했는데,(웃음) 약간 이상했던 건 왜 귀에 도청 장치가 있을까, 주둥이가 아니라 말이야.

서해성 | 20년이 흘러 어떤 가수가 〈내 귀에 캔디〉라는 노랠 불렀어요. 이건 달콤한 사랑의 말을 들려달라는 걸 텐데 난 그 도청 장치가 먼저 떠올랐다니깐.

한홍구 | 나도요.(웃음) 우리 세댄 어쩔 수 없어요.

서해성 | 김종익 씨 같은 평범한 사람을 국가 권력이 사찰하면 권력에 속하지 않는다고 여기는 불특정 다수가 거대한 신경증에 시달리게 되죠. 이럴 땐 다른 문학적 수사가 무색해져요. 걍 슬퍼요.

한홍구 | 그게 한국형 정신병의 특징이에요. 내가 국정원 과거사위에 있을 때도 그런 메일이 많이 들어왔어요. 인터넷에서 조금만 검색해 보면 "국정원이 나를 죽이려 한다"는 식의 글이 무진장 많아요. 명색이 민주화를 20년 가까이 해온 나라에서도 아직 그런 일들이 숱하게 벌어지는 거예요.

서해성 | 프란츠 파농이 정신과 의사였는데, 알제리에 가서 보니 허다한 사람들이 우울증을 앓더라는 거죠. 이번 사건은 김종익 개인은 물론, 다수 대중에게도 거대한 망상증의 먹구름을 안겨준 셈이죠.

한홍구 | '공직윤리지원관실'이라는 공조직의 탈을 쓴 사조직이 참 웃기는 거죠. 총리실 산하 기구인데 보고를 총리가 아닌 청와대 고용 담당 비서관에게 했다는 거고. '영포회'를 챙겼다는 거 보니까 영일·포항 사람들의 고용만 챙긴 모양이야.(웃음) 옛날 하나회보다 훨씬 나쁘

"그래, 실컷 들여다봐라 이놈들아"

다는 생각이 들어요. 하나회는 육사 출신 중 지역에 관계없이 장래가 촉망되는 장교를 미리 뽑는 거였거든요. 이건 고향으로 뽑으니까 훨씬 폐쇄적이 될 수밖에 없죠.

서해성 | 동질감은 더할 테죠. 사찰은 가부장적 권위주의 권력의 질병인데, 대중에 대한 노이로제에서 출발해요. '불특정한 모든 것을 의심하라'쯤 되죠.

한홍구 | 촛불시위와 관련해서 반성해야 할 딱 한 사람이 있잖아요. 그 사람이 반성을 안 했기 때문에 벌어진 일이에요. 촛불시위 한창일 때 MB가 중국 갔다 온 뒤 청와대 비서관들이 촛불시위에 관해 통상 수준의 보고를 하니까 말을 끊으면서 "그거 말고 배후가 누구야, 누가 돈 댔어?" 했다는 거죠. 이럴 때 정보기관의 습성상 최고 권력자가 원하는 정보를 찾기 마련인데, 비선 사조직의 경우에 그걸 찾아나가는 과정에서 먼저 '그림'을 찾아내기가 십상이죠. 어떤 정치인과 동향, 사업가, 노사모. 이런 사람들을 여럿 선상에 올려놓고 주목하다가 하나씩 털어보았겠죠.

서해성 | 몇십 년 동안 이야기해온 게 '배후' 아닌가. 권력을 비판하고 저항하는 대중, 그 개별자들의 인격과 사회의식을 전면 무시해버리는 데서 나오는 발상이죠. 대중은 소, 말처럼 오직 순치의 대상일 뿐이라는 무의식도 같이 작동하는 거죠. 4·19, 5·18, 6월항쟁, 촛불의 진짜 배후가 누굴까요.

한홍구 | 그 사람들은 진짜로 촛불시위에 돈이 풀렸다고 믿는 거죠. 단 한 번도 자기 이익에 관련된 거 말고 공익을 위해 자발적으로 한 게 없으니까. 가스통 할배들도 일당 받고 나오는 거고. 강남 아무개 교회 나가면 철석같이, 촛불시위 때 유모차는 20만 원, 예비군은 10만 원 하는 식으로 받았고 그게 노무현 비자금에서 나왔다고 믿어요. 그렇게 해서 합리화를 해야만 이 상황이 자기들에게도 납득이 되는 거예요.

한홍구·서해성

서해성 | 민간인을 이렇게 사찰할 정도면 주요 야당 정치인, 시민활동 가들에게는 거의 현미경을 들이대고 있으리란 짐작이 그저 무리만은 아니겠네요.

찌지직 소리 나던 유선 감청 시절이 그립다?

한홍구 | 요즘엔 사찰이 편해졌어요. 1970년대엔 사람 붙여 미행하고 도청하고 사진 찍고 했잖아. 그런데 김종익 씨의 경우 신용카드 자료 3년 치를 한꺼번에 뽑아버렸어요. 신용카드와 휴대전화만 뒤져도 이 사람의 모든 게 나오는 거죠.

서해성 | 인터넷 패킷 감청으로 전자우편과 극히 개인적인 관심사까지도 말갛게 알게 되는 거고.

한홍구 | 옛날 유선 감청 시절엔 도청을 하면 전화 감도가 확 떨어지잖아요. 찌지직 소리가 나던 그 시절이 오히려 그립네.(웃음)

서해성 | 가끔 학생들과 서울 역사 유적을 답사하는데, 안국동 윤보선전 대통령 집 건너편에 낡은 4층 건물이 있어요. 거기 가건물 같은 게, 윤통 감시 초소라고 해요. 역사 유물이니까 보존할 필요가 있다고 말한 적이 있는데, 웬걸 그게 현재로 부활할 줄 몰랐어요. 이젠 그 길을 지나가는 것마저 끔찍할 것 같아.

한홍구 | 중정 감찰실장 방준모 씨가 미국에서 증언했는데. 1967년 대통령 선거 때 그 건물에 저격수까지 배치했다는 거죠. 박정희가 압승해서 실행을 안 했지만.

서해성 | 그게 망루잖아요. 박정희, 전두환 정권 시절을 한마디로 압축하자면 망루 사회였죠. 거기에 선전 기관인 확성기가 붙어 있고. 이제 신경증적 디지털 감시 사회로 전환한 셈이죠. 망루에서 디지털 파놉티콘 사회로.

"그래, 실컷 들여다봐라 이놈들아"

한홍구 | 부채꼴처럼 된 방사형 감시 구조라는 건데, 한 명이 여럿을 한 꺼번에 감시할 수 있는 사회. 감시에서 중요한 건 내가 감시당하는 기분이 들게 만드는 거죠.

서해성 | 권력이 감시, 사찰을 통해서 노리는 고도의 효과가 바로 이것이죠.

한홍구 | 거기에 맞서 싸우는 가장 좋은 방법이 "봐라, 이놈들아"죠.(웃음) 전화 도청이 횡횡하던 시절에 짓궂은 선배들이 전화 감도가 떨어지면 갑자기 "이놈아, 도청하려면 똑바로 해"라고 고래고래 소리 지르곤 했죠.

서해성 | 감시 사회라는 걸 섬뜩하게 느끼게 만든 단어가 있어요. 혹시 'AF006'이라고 들어봤어요? 실제로는 안국포럼에서 여섯 번째라는 뜻으로 부여받았다고 하는데, 이번 사건과 관련한 기사에서 그걸 대하는 순간 코드명처럼 읽혔어요. 영화에서나 보던……. 인격과 가치관 같은 게 완전히 소멸된 게 코드거든요. 당연히 주민등록번호가 곧이어 떠올랐어요.

한홍구 | 일본이 재일 동포들한테 지문 날인을 시킨다고 궐기대회도 하고 그랬는데…… 거기는 왼손 검지 하나고, 우리는 열 손가락 다 찍잖아요.

서해성 | 자조적으로 "피아노 찍는다"고 하죠. 먹으로 침묵의 피아노를 치는 거지. 국가가 신체의 주요 부위를 '컬렉션'하는 거죠. 지난 민주 정부 때 이 문제가 개선되었어야 하는 건데. 여권보다 주민등록증을 통해 알 수 있는 정보량이 비길 수 없이 많죠. 국민 보호를 위해 필요하다면 외국 나가는 사람에게 정보를 더 담아야 하는 것 아닌가. 결국 민증이란 게 내국민 통제용이란 게 명백하다는 거죠.

대학 때 친구들과 찍은 사진이 없어요.

한홍구 | 그간 약간의 문제 제기가 있는 정도였지.

서해성 | 금융실명제 같은 것도 당연히 순기능은 좋은데, 개인 감시와 반대파 무력화에 활용되고 있는 건 검토와 제약이 필요한 시점이 되었어요.

한홍구 | 그래도 조금은 진전이 됐죠. 김씨 사찰을 위해 총리실 이름으로 경찰에 공문을 보냈잖아요. 옛날처럼 정보기관을 동원할 수 없으니까 경찰에 지시했는데, 경찰 쪽에서 봐도 문제가 생길 것 같으니까 공문을 요구한 거죠. 이런 문건들이 정보공개청구를 통해 사찰당한 쪽으로 다 넘어가게 되는 제도가 만들어진 거죠.

서해성 | 근데 역사학자 한홍구는 일기를 쓰나요? 자기 역사인 셈인데.

한홍구 | 대학 때는 일기도, 편지도 쓰지 않았어요. 사진도 안 찍었지. 선배들이 그러라고 했거든. 대학 때 친구들하고는 함께 찍은 사진이 없어요.

서해성 | 1980~1990년대 초까지는 그렇게 하는 게 자연스러운 걸로 생각했는데, 무슨 대단한 일을 해서가 아니거든요. 대중 통제와 감시가 낳은 비극이죠.

한홍구 | 어디 가서 서류에 교우 관계 쓰라고 하면 반드시 모르는 놈을 써라. 친한 놈을 쓰면 그놈이 다친다, 그런 교육도 받았어요.(웃음)

서해성 | 사찰은 망각을 조사하는 거죠. 일상에서 모든 걸 기억하면 어떻게 살겠어. 망각을 조사하고 다시 구성해서 그 사람을 파탄으로 몰아가는 게 사찰이거든요. 일기를 쓰면 자신의 기억이 타인에 의해 재조립될까 두려워 괜히 뭔가 드러나지 않을까 쓰지 않던 시대였는데, 다시 그런 시대가 돌아오는 건 아닌가 싶어요.

한홍구 | 요즘은 블로그에 다 모아놓잖아요.

"그래, 실컷 들여다봐라 이놈들아"

서해성 | 지금도 휴대용 메모리 카드(USB)에만 자료를 저장하는 사람을 알아요. 하드디스크에 무얼 저장하는 게 늘 마음에 걸린다고 하더군요. 얼마 전엔 지메일 망명 사건도 있었죠. 일기도 없는 시대, 국내 이메일도 안 쓰는 사람들, USB에 저장하는…… 이런 공포가 더 확대될 것만 같은데.

한홍구 | 학생운동권 시절엔 모든 명사를 필담으로 했어요. 필담하고 난 다음엔 종이를 태우거나 씹어 먹기도 했고. 염소도 아닌데 종이 많이 먹었지.

서해성 | MB 정부 이후에 대표적인 사찰이 기무사의 쌍용차 파업 사찰이죠.

한홍구 | 그럴 수밖에. 옛날에 만들어놓은 감시 기구들을 실업 대책 차원에서 안 줄였죠. 앉아서 뭐 해. 결국 파업 현장까지 따라가고…… 근데 망신을 당했죠. 이젠 당하는 쪽에서도 바로 주머니에서 카메라를 꺼내 동영상을 찍어요. 기무사가 딱 걸린 거죠.

서해성 | '국사인볼트'도 마찬가지고. 시민 단체 압수 수색 현장에서 MBC 기자인 척하다가 걸리자 그야말로 빛의 속도로 도망가는 장면이 찍혔죠.(웃음)

한홍구 | 표현의 자유 유엔감독관이 왔는데 국정원이 따라다닌 걸 동영상으로 찍었어요. 근절은 못 시켜도 현장을 찍어서 고발할 수 있는 세상이 됐다는 게 재밌는 거예요.

서해성 | 기무사가 쌍용자동차를 사찰한 지 딱 1년 됐어요. 2009년 7월에 강호순 사형 판결 확정도 있었어요. 성폭력 범죄자에 대한 전자 발찌 착용, DNA 일부 보관 이야기도 나오고. 그때마다 인권 침해에 관한 말이 나오곤 하는데, 이러한 것들이 사회 전체의 감시 기능을

쉽게 강화하는 측면이 있어요. 무엇보다 뺄 수 없는 게 CCTV죠. 우리나라도 300만 대가 넘었다는데. 간단히 말해서 내 하루를 CCTV로 재구성할 수 있죠. 문제는 진짜 범죄는 보이지 않는 곳에서 일어난다는 점이죠. 특히 권력을 사유화한 공적 범죄는. 이들이 진짜 '퍼블릭 에너미'죠.

한홍구 | 이제 투표함 밑에도 감시 카메라가 달리는 게 아닐까.(웃음)

서해성 | 옛날 우리 동네 아줌마들 정말 그렇게 생각했어요. 협박성 소문에 붙들린 거죠. 공포란 게 그거죠. 투표함 뒤에서 누가 보고 있다, 공화당 찍어야 한다.

한홍구 | 군대에서 소원수리 쓰면 누가 어떻게 썼는지 윗사람들이 다 알잖아요.

서해성 | 국정원이 과거에 이런 사찰 많이 하지 않았나.

한홍구 | 이런 걸 하기 위해서 만들었죠. 주한 미국 대사를 한 그레그는 먼저 CIA 한국지부장을 했어요. 그가 언젠가 말했는데, 1970년대 중앙정보부는 정말 이상했다는 거죠. 자기네가 이북 최고 첩보를 입수해서 줘도 고마워하지도 않고 관심도 없고 건성이었대요. 그때 최고의 정보는 김대중이 누구를 만나는가였다는 거죠.

서해성 | 사찰 사건을 밝히기 위해 다음 정권 때 과거사위가 구성될 가능성이 있을까요. 과거사위가 구성되더라도 별로 겁을 안 먹을 것도 같고. 과거사 조사를 통해 온전한 징계 한번 못 했으니 말이죠.

한홍구 | 필시 꼬리 자르기를 할 텐데, 이건 몸통과 꼬리가 혼연일체가 돼 있어서 잘라내지 못할 것 같아요. 양천서 고문 사건■과는 질적으로 달라. 권력 핵심에서 "이대로! 나가자!"(이명박을 대통령으로! 나라

■ 2010년 6월 양천경찰서에서 발생한 고문 사건. 경찰관 2명이 허위 자백을 받기 위해 피의자 6명에게 휴지를 물리고 수갑을 채운 채 팔을 꺾어 올리는 가혹 행위를 해 구속되었다.

"그래, 실컷 들여다봐라 이놈들아"

와 가정과 자신을 위해서!)라고 하는 사람들인데. "우리는 이대로 못 나간다" 하겠죠. 정말로 엄격해지고 철저하게 대응해야 하는 게, 사찰과 감시의 끝이 어디였나를 한국 역사에서 우리가 반드시 기억해야 하거든요. 한국전쟁 전 사찰의 끝이 무엇이었는지, 학살이었죠. 보도연맹.

서해성 | 인터넷 Wi-Fi 기반 사회에서 사찰은 범위도 넓고 기능적으로도 쉬워요. 디지털은 DJ 때 터를 닦고, 노무현 정권 탄생에 기여했어요. 6·2 지방선거 때 스마트폰 시대를 이야기했는데, 지금 감시와 사찰 기능은 더욱더 고도화되고 있죠.

쉬워진 만큼 비싼 대가를 치르게 하라

한홍구 | 쉬워진 만큼 대가를 비싸게 치르게 해야 해요.

서해성 | 푸코 식으로 말하자면, 국가 전체를 그물 감방화한 셈이죠. '흐린 감방.' 그물이나 철조망이란 게 가까이 다가갈수록 창살이나 그물코가 안 보이게 되죠. 감시를 망각하게 되는 지점이죠.

한홍구 | 징치는 무슨. 이건 형사 사건이죠. 처벌을 해야지. 국무조정실장이 이번 사건에 대해 "나는 몰랐다"고 하는데, 몰랐다면 그게 죄죠. 대통령 민정수석실이라는 게 대통령 동향이나 친인척, 선후배를 관리하는 덴데 그 민정수석실 기능을 일부 떼어서 공직윤리지원관실을 만들었다니. 이건 권력 차원의 조직범죄라는 거지.

서해성 | 권위주의적인 권력일수록 자기에게 도전하는 행위에 발작을 일으키죠. 그런 신경증 자체가 권력이 병들어 있음을 증거하는 거죠. '가스통' 안쪽이 어떤 재질인지 보여주었다고 할까. 권력을 사용할 때 언제나 이성적일 거라는 생각을 바꾸어야 해요. 사유화된 권력은 이미 이성을 상실한 조폭의 힘에 지나지 않죠. 국격, 국격 하는데 사찰

이야말로 국격 떨어지는 가장 저질스런 폭력이죠. 민주주의와 인권에 대한 저주이고.

한홍구 | 생리 현상은 감춰지지 않죠. 도전하는 자를 용납 못하고, 가까운 놈 통해서 쥐어 패는 것! 부하들은 그걸 통해서 가깝고 충성을 바치고 유능하다는 걸 증명하고 싶어 하죠.

서해성 | 사찰하는 권력은 스스로를 사찰(성찰)할 줄 몰라서 더 위험하죠. 지금이 그 순간이죠.

　　　　　　　　　　　　　　"그래, 실컷 들여다봐라 이놈들아"

우리가 너희를 찍으리라

사찰을 몰카로 찍는다! '몰카'로 웃을 수 있는 시대는 가버렸다.

텔레비전 오락물에서 몰카는 대중 광대가 이윽고 몰래카메라임을 깨닫고 당황하는 걸 즐기는 방식이었다. 실제 현실이 몰카가 되는 순간 대중은 웃을 수 없게 된다. 웃음이 피어나던 자리에 공포가 들어서는 까닭이다. 진짜 '몰카'의 시대다.

바야흐로 감시 사회의 '마법'이 꽃을 피우고 있다. 누군가 나를 지켜볼지 모른다는 불안은 그 사회의 영혼을 뼛속에서부터 좀먹는다. 영혼의 이름은 인권이다.

권력이 국민을 '스토킹'할 때 그 권력은 시들고 있다는 걸 방증한다. 권력 윤리에 대한 모종의 자기 부정이 없다면 스토킹은 필요하지 않기 때문이다. 연애나 정권이나 이 점에서 같다. 민주 사회란 국민이 권력을 스토킹하는 시스템이라야 옳다. 이른바 견제와 감시. 그들이 잠시 위임받은 권력을 사유화할 위험을 막고 그걸 집행하는 데 세금을 쓰는 까닭이다.

생각을 바꿔, 우리가 사찰을 몰카로 찍어보면 어떨까. 선글라스가 금방 떠올랐다면 3, 40대 또는 그보다 위거나 촌티 떠는 거다. 망원경이라고? 굳이 분류하지 않겠다. 필기구 형태의 감청·촬영 장비라면 엿보기, 엿듣기에 제법 관심을 가진 것인지도 모르겠다. 실제 녹음 기록이 필요한 일도 있을 게다. 구두에 장비가 달려 있다고? 그대는 틀림없이 영화를 너무 많이 보았습니다.

사찰은 결코 유쾌하지 않다. 그들은 어떤 예절도 없이 내 삶을 들여다보고, 자기 목적에 맞는 증거를 수집하거나 때로 조형하고, 주변을 윽박지른다. 그들은 외형적으로는 음습하기보다는 도리어 때깔이 난다고 해야 할 게다. 일단 감시를 허가받으면 그들은 매우 대범하게 행동한다.

비밀을 좋아하는 권력은 감시받기를 싫어하고, 기어이 부패한다. 누가 권력의 목에 CCTV를 달 것인가. CCTV는 다른 어느 곳보다 거기에 필요하다. 그건 오직 시민의 힘뿐이다. 그 뜻을 제도화하는 게 국회요, 정치고, 사회적 힘이다.

디지털 사회의 감시와 사찰은 문명의 흑마법이다. 우리는 숱한 판타지물을 통해 흑마법의 최후를 이미 잘 알고 있다. 경고하건대, '몰카'를 거두어라. 우리가 너희를 찍으리라.

서해성

3부

시대의
생각들

"디자인하라,
시민이 기업이자
정부인 세상!"

박원순 -소셜 디자이너

갖은 일에 관여하는 오지랖 넓은 사람 셋이 별명을 두고 다투는 일로 '직설'은 시작됐다. 손님 박원순 변호사는 시민운동, 동네 경제, 정치 등을 넘나드는 화제를 꺼내면서 자신의 별명이 '여러문제연구소장'이 됐다고 밝혔다. 서해성은 '여러가지문제연구소장'은 이미 십수 년 전 황석영 작가가 자신에게 붙여주어서 신문 등에 '공표'된 직함이라고 했다. 근래에는 《한겨레》 지면에 칼럼을 쓰는 김정운 명지대 교수가 등록을 해서 쓰고 있다는 말까지 나오자, 박 변호사는 그렇다면 '온갖문제연구소장'으로 하겠다며 물리려 하지 않았다.

인권변호사, 참여연대 사무총장, 아름다운재단 이사장, 희망제작소 소장을 거쳐 '소셜 디자이너'로 진화한 박 변호사. 그를 특정 직함이나 영역으로 규정하는 일은 쉽지 않아 보였다. 새로운 이야기를 끄집어낼 때 그는 소년의 눈빛이었다. 누군가의 명예를 훼손하기에는 언어가 너무 선량했다.

'별걸 다 기억하는' 역사학자 한홍구 또한 갖은 방면에서 활동을 하는지라 셋의 대화는 온갖 것을 섭렵하는가 싶더니, 문득 한군데로 몰입해 들어갔다. 박 변호사가 아직 한 번도 도전하지 않고 있는 영역, 정치. 한홍구·서해성은 집요했지만 이 대목에 이르면 박 변호사는 웬걸 의뭉스러워졌다. "모든 일엔 양면이 있다"며 자신은 중간 지대에 있는 게 운명이라고 응수했다.

그의 바쁜 일정 때문에 동틀 무렵 시작된 직설은 예정을 넘겨 점심 무렵에야 끝이 났다. 아침을 함께 고구마로 때운 그는 곧장 희망을 전파하러 경기도 양평을 향해 달려갔다.

참, 숱한 호칭 중 가장 맘에 드는 건 '원순 씨'라고 했다. 호칭이 공평할 때 세상사가 공평하단 뜻일 게다, 필시.

이경미

온갖문제연구소장 '원순 씨'

서해성 | 아직 국정원과 소송이 진행 중이죠?■

박원순 | 국가라는 건 주권자인 국민의 비판과 감시 아래 작동하는 기구이고, 비판을 수용해야 하잖아요. 그걸 재판부에서 받아들인 겁니다. 논리 이전에 상식이란 게 있죠.

한홍구 | 정부 비판은 군사 독재 시절에 더 많이 했는데도 명예 훼손으로 잡아들인 적은 없죠.

서해성 | 국가가 인격체라서 명예 훼손을 당했다면 국가에 양복을 입히거나 수갑을 채울 수 있거나 해야 하는 거 아닌가요. MB 정부 들어 기이한 소송이 제기된 사례가 유독 많은 까닭은 뭘까요?

박원순 | 그걸 나한테 물어보면 어떡해.(폭소)

한홍구 | 여러가지문제연구소장과 온갖문제연구소장이 모였는데 (그런 것도) 얘기해야지.(웃음)

MB 씨, 원순 씨 아이디어에 로열티 내셨나요

서해성 | MB 정부가 걸핏하면 하는 얘기가 법치인데요.

■ 2009년 "국정원 사찰로 시민 단체 사업이 어려워졌다"는 박 변호사의 발언에 대해 정부가 명예 훼손 소송을 제기했고, 1심에서 박 변호사가 승소했으나 정부의 항소로 2심이 진행 중이다.

박원순 | 법 앞에 만인이 평등한데 권력과 돈 있는 사람은 법망을 피해 가잖아요. 법치 강조가 힘없는 서민만 법 지키라는 얘기가 될 가능성이 높죠. '법 지키면 손해'라는 인식이 대부분인데, 이건 정상적인 사회가 아니죠. 법 불신, 사회 불신, 불신 공화국이죠.

한홍구 | 자기 공약을 뒤집고 신뢰의 위기를 자초하는 양반이 대통령을 맡고 있으니.

박원순 | 자동차 운전할 때 신호등을 믿고 직진하잖아요. 아니면 길은 엉망이 되죠. 오늘 한국 사회가 그런 게 아닌가 싶어요.

서해성 | 노무현 정부를 흔히 좌회전 깜빡이 켜고 우회전했다고들 했는데, MB 정부는 비상등 켜고 신호 무시한 채 자기 친구 몇 태우고 마구 달리는 격이죠.

한홍구 | 희망제작소 활동 등이 현 정부와 대립각을 세울 이유가 없는데도 왜 '간택'됐을까요?

박원순 | 거기다 물어보셔야지. 오늘 주인공 잘못 선택한 것 같아.(웃음) 희망제작소 하면서 아이디어와 혁신으로 새 세상을 만들 수 있겠다 싶었어요. 마이크로크레디트(저소득층 소액대출)를 통해 소기업을 진작시켜보자고 했고. 이런 생각을 하나은행 강연 때 했더니 다들 좋아해서 1년 준비 끝에 '하나희망재단'을 만들었어요. 행장 두 번 바뀔 동안에 기자 회견도 두 번이나 했는데…….■

서해성 | 그 소식을 들었을 때 참 아쉽고도 안타까웠어요.

박원순 | 지역의 다양한 축제와 특산물 정보 등을 한 번에 알 수 있는 '지역홍보센터'를 만드는 사업도 날아가 버렸고.■■ 또 마을 기업을

■ 하나은행은 희망제작소와 추진하던 사업을 중단하고 현 정부와 하나미소금융재단을 만들었다. 그 과정에서 외압 의혹이 제기됐다.
■■ 박원순 변호사의 제안으로 행정안전부와 함께 프레스센터에 지역홍보센터를 설립하고 희망제작소가 3년간 위탁 운영하기로 했으나 1년 만에 계약이 해지됐다.

"디자인하라, 시민이 기업이자 정부인 세상!"

만드는 '커뮤니티 비즈니스'를 주창했어요. 2010년 지식경제부가 그 사업을 시작했고, 이번에 행안부가 1천억 원을 풀어요. 은퇴한 베이비붐 세대의 경험과 네트워크를 비영리 단체로 모시는 '행복설계아카데미'도 있어요. 이것도 보건복지부가 일부 가져갔다고 하더라고요. 크게 보면 되긴 됐죠. 허허.

한홍구 | 정권 바뀔 때 희망제작소가 프로젝트를 수주하는 데 영향이 있을 거라고 예상했나요?

박원순 | 오히려 잘될 거라고 봤죠. 희망제작소 정책 중에 한국 사회의 도약에 결정적으로 필요한 것들이 많다고 여겼어요. 정부가 싫어하면서도 우리 정책들을 가져가기도 했잖아요.

서해성 | 아이디어 공유 정신이 너무 빼어난 분들이 많아요.(웃음) 그런 경험이 저도 있고, 또 많이 들어서 알고 있죠.

박원순 | 어차피 아이디어는 나누기 위한 거니까.

서해성 | 최소한 "원순 씨네 생각을 빌려 쓴다"고도 안 하니까 문제죠. 자기 것은 철저히 틀어쥔 채. 실은 그게 '지적 절도'에 해당하는데.

박원순 | 로열티 좀 받아주세요.(웃음)

정치? 대체재 부족한 여기 있을래요

한홍구 | 원순 씨야 정말 좋은 일 많이 해오셨는데, 조금 아쉬웠던 점이 있어요. 촛불시위 이후 유모차 엄마들 불러다 조사할 때 나서주셔야 했는데……. 그렇게 무기력하게 밀리다 보니 정부가 방자해져 시민을 상대로 명예 훼손 소송을 걸게 됐잖아요.

박원순 | MB 정부가 권위주의적 정책을 편 것에 대해 발언하는 게 맞다고 생각해요. 제가 하고자 하는 일들이 방해를 받고 어려워졌지만, 그렇다고 과거로 되돌아가서 투쟁을 이끌거나 하는 게 적절할까 하는

고민이 심각했던 건 사실이죠. 시민 사회든 사회 전체로든 역할 분담이 있다고 생각해요.

한홍구 | 역할 분담이라. 아이고, 나는 직설만 떠들어댈 팔잔가 봐요.

서해성 | 용산참사나 쌍용자동차 파업 뒤 열네 분이 돌아가시는, 생존권과 생명권이 박탈되는 위기의 시대거든요. 올해 말 가계 부채가 국가 예산의 거의 세 배인 900조 원에 이를 거라고 예상할 정도죠. 빈부 격차 가속화에, 사실상 국가 부채가 1천 637조 원을 넘을 거라는 주장(이한구 한나라당 의원)마저 있어요. 지역 갈등에 기초한 선거라는 분할 통치 수준으로 (이런 상황을 덮는 게) 통할지 의문이죠. 조건만 보면 폭동 전야라고나 할까. 시민운동으로는 한계 같은 걸 느끼게 되는데요.

박원순 | 지금 위기는 본래 신자유주의 정책이 양극화를 심화하는 측면과, 이 정부가 외환 정책을 통해 수출 대기업들만 잘되게 하는 두 가지 측면이 있죠. 시민 경제를 소중하게 생각하고 사회 진보나 복지를 중시하는 정부가 필요해요. 시민이 주체가 되는 경제 틀을 만들고 확대하는 건 시민 사회의 몫이죠. 여야를 들여다봐도 그런 준비나 대안을 만드는 과정이 없지 않나 싶어요.

한홍구 | 대안과 준비라는 게 결국 정책과 인물일 텐데, 원순 씨에게 기대가 쏠리는 면도 있고요.

박원순 | 아직도 있나요!(웃음) 정권 창출을 넘어 우리 사회가 채워가야 할 시민 가치를 실현하기 위해 누군가는 일을 해야 되잖아요. 기본적으로 새로운 시민 경제, 시민 자본을 만들어내는 일을 해야겠고, 좋은 정부를 만드는 일에 도움을 드리고 할 생각입니다.

서해성 | 항간에선 "박원순이 나서는 게 낫지 않나" 하는 말들이 돌곤 하죠.

박원순 | 이러니까 국정원이 저러고 있는 거지! 날 좀 자유롭게 해주세요.(웃음) 이런 얘기들이 나와서 괜히 시비 걸고 먹칠하려는 일들이

"디자인하라, 시민이 기업이자 정부인 세상!"

"어찌 보면 소꿉장난 같은 일들이 영감과 변화를 만들어내거든요. 시민사회운동은 임기에 상관 없이 지속할 수가 있잖아요. 정부나 정치 쪽 일은 평생 신나게 할 수 없어요."

생기는 게 아닌가도 싶어요.

한홍구 | 희망제작소에서 기획한 것들은 나눠 주고 원순 씨는 밖으로 나와야 한다는 요구가 있다는 거죠.

박원순 | 아무리 유도해도 안 돼!(폭소) 정치권은 사람도 많은데 시민 사회는 대체재가 부족하지 않나, 이런 생각을 해요.

한홍구 | 20여 년 전 태어난 시민 사회의 영욕을 최일선에서 지켜본 사람으로서, 그간 무엇을 잘하고 무엇을 못했다고 보시는지?

박원순 | 한국 사회가 워낙 중앙집중적이다 보니 국회나 정부를 압박해 제도나 정책을 바꾸는 운동은 잘해왔다고 봐요. 상대적으로 풀뿌리 운동이 성장하지 못했어요. 2000년 낙선 운동의 경우 중앙 정치를 완전히 흔든 거잖아요. 그게 지역에서 유권자를 조직화하고 정치인들이 그들을 두려워하게 했다면 정치가 완전히 달라졌을 거예요.

한홍구 | 지역이 희망이라는 점은 동의하지만, 현실을 보면 지방자치와 지방분권화의 과실은 토호들이 다 따 먹었죠. 민주화되고 제일 덕 많이 본 게 재벌과 수구 언론인 것처럼.

박원순 | 그 말이 곧 풀뿌리 강화론의 근거가 되기도 하죠. 반대로 전북 완주나 진안의 선진적인 마을 만들기, 농업기술학교를 중심으로 한 충남 홍성의 농촌유기체, 서울 마포 성미산공동체 등은 좋은 사례죠. 서울 관악·강북·도봉구 등에서도 주민들이 개미처럼 움직이면서 새로운 걸 만들어가고 있어요.

시민운동과 민중운동, 따로 또 같이

서해성 | 풀뿌리와 생활이 강해야 사회도, 정치도 튼튼해진다는 말로 일단 정리해두겠습니다. 1987년 6월항쟁 이후 절차 민주주의는 확보되었지만, 자본 지배력은 더욱 강화되고 있는데요. 그 무렵 한국 사람

"디자인하라, 시민이 기업이자 정부인 세상!"

들 중 7할이 스스로 중산층이라고 했어요. 민주화 달성이 그런 꿈과 가능성을 열어준 거죠. 그 기대와 확신은 지금 곤두박질치고 있죠. 민중운동과 분화된 뒤 시민운동이 갖는 한계나 연대 같은 걸 짚어보죠.

박원순 │ 중요한 지적인데, 참여연대를 처음 시작할 땐 민주노총과 1년에 한 번 정책조정회의를 했어요. 상호협의체죠. 민중운동도 주택·교육·물가 같은 과제를 함께 풀어나가면 좋을 텐데, 현장 문제에 집중하면서 대중의 보편적 관심사로부터 멀어졌잖아요. 반대로 노동 3권만큼 중요한 시민권이 어덨습니까. 함께 풀어야 할 것들이 참 많죠.

한홍구 │ 시민운동이 처음 등장할 때 민중운동을 공격하면서 입지를 세웠잖아요. 원래 하나였다가 시민운동이 떨어져 나가니 노동 운동은 더 현안 중심으로 싸울 수밖에 없게 된 거죠.

서해성 │ 노동 쪽에서는 지난 정권과 MB 정권의 차이를 체감하기 어렵다는 말들마저 있죠. 한진중공업의 경우 1991년도엔 박창수 위원장이, 노무현 정권 때는 김주익 위원장이 골리앗 크레인에서 세상을 떠났죠. 이 순간에도 김진숙 운동가(민주노동 부산본부 지도위원)가 100일 가까이 거기 올라가 농성 중이고요.

박원순 │ 맞아요. 어쨌든 사회적 연대를 할 수 있는 구조를 만들어야 한다고 생각해요.

서해성 │ 솔직히 원순 씨가 그 역할을 해야 하는 것 아닌지. 경험이나 명망성 등에서 두루.

박원순 │ 내가 A형이에요.

서해성 │ 혈액형까지 나오네!

박원순 │ 난 조그만 내 일을 해나가는 게 꿈인데, 앞장세우려고 하는 것 때문에 늘 괴로웠어요. 난 그런 사람이라니까. 더구나 시민운동 핵심 부문으로 보면 뒷방 마님이 된 것이고요.

한홍구 │ 시민운동 1세대, 주창자, 나이에 맞지 않게 이미 '원로'가 되어버린 입장에서 시민운동과 민중운동이 하나가 되는 데 역할을 해주셔야 한다는 거죠.

박원순 | 못할 일은 아닌데, 그러면 후배라는 사람들이 뒤에서만 얘기할 게 아니라 구체적으로 제안을 해서 나를 업던가 해야지.

한홍구·서해성 | 등판 넓은 사람을 찾아야겠군.(웃음)

박원순 | 제가 그런 자격이나 리더십이 있는지 모르겠지만, 그게 중요한 일이라면 못할 건 없죠. 사실 시민운동은 재정 위기를 겪는 데 반해, 민중운동은 자기 대중이 확실히 있고 더 강하죠. 둘이 함께하면 시너지 효과를 낼 수 있다 생각하고요.

서해성 | 자유무역협정 등 국경 없는 자본의 약탈에 맞설 수 있는 시민운동의 역할은?

박원순 | 가령 아름다운가게는 영국의 구호 단체 옥스팸과 함께 갠지스강 연안의 홍수 예방을 돕는 '나마스테 갠지스 프로젝트'를 하고 있어요. 2006년에 막사이사이상을 받았는데 정작 아시아에 한 게 없어 죄책감이 있었지요. 앞으로 '아시아민주주의학교'를 만들고자 합니다. 일본과 형성하고 있는 네트워크 협력 체제를 중국과도 가져야죠. 중국 시민 사회가 성장해야 동북아 평화가 정착될 수 있다고 보거든요. 개별적 국제 이슈 참여를 넘어 한국 시민 사회는 충분히 세계를 이끌어갈 수 있다고 봐요.

한홍구 | 민주화와 경제 발전을 거의 동시에 이뤄낸 한국의 경험이 균형 있게 전달되는 게 아니라 개발 독재 모델로 돼버린 것에 대해 시민 사회가 바로잡아야 할 책임이 있죠.

박원순 | 우릴 뒤따라오는 사회에 대한 책임을 져야만 된다고 생각해요. 그런 고민이 있다니까요. 그러니 여러문제연구소장을 안 할 수가 없죠. 하하.

서해성 | '박원순' 하면 떠오르는 것 중 하나가 기부죠. 징세가 제대로

"디자인하라, 시민이 기업이자 정부인 세상!"

된 사회는 기부의 역할이 줄어들 수밖에 없는데요.

박원순 | 정부의 세금 정책이 제일 중요하죠. 그게 세상을 바꾼다고 생각하거든요. 동시에 정부가 아무리 잘해도 틈새가 많아요. 이걸 메우는 역할을 기부 문화가 만들어내거든요. 캐나다 시민 단체 '커뮤니티 파운데이션 캐나다'는 준정부 역할을 하고 있어요. 밤길 안전을 강화하고 대안교통수단의 비율을 높이는 방법까지 고민해요. 영국 정부는 '자산양여법'을 만들어 마을 회사에 국가 재산을 넘겨요. 정부가 무엇인가에 대해 다시 생각해봐야 해요. 시민 사회 시대인 21세기는 정부와 시민 사회가 함께 가야 한다는 거죠.

서해성 | 그 말을 종합하면 '어나더 거버먼트'라고 할 수 있습니다. 별명 하나 더 붙여드립니다.

박원순 | 온 세상이 그렇게 움직이고 있어요. 기존 정부 역할이나 한계는 늘 지적되어왔잖아요. 선진적인 나라일수록 시민 사회가 '어나더 거버먼트' 같은 기능을 하고 있단 말이에요. 또는 '어나더 코퍼레이션', 또 다른 기업인 거죠. '어나더 월드', 또 다른 세상. 자꾸 정부에 나를 묶어두지 마세요.(웃음) 정부 외에는 공공적인 일을 하지 말라는 법이 없고, 기업이 아니니까 영리 활동을 하지 말라는 법도 없죠.

한홍구 | 거의 5년마다 새 영역을 만들어왔습니다. 희망제작소도 정착 단계인데, 다음은 뭔가요?

헌법 제1조를 '모든 국민은 소기업 사장이 될 수 있다'로

박원순 | 우리나라는 대기업만 있고 지역에는 기업이란 게 없어요. 특히 온 주민이 하나씩 기업을 만들어야 해요. 기업이 별게 아니에요. 집에서 컴퓨터 한 대만 놓고도 시작할 수 있어요. 그런 생각이 '1천 개 직업 만들기' 사업으로 실현됐고요. 제가 늘 사람들한테 대한민국

박원순

헌법 제1조를 '모든 국민은 소기업 사장이 될 수 있다'로 바꾸자는 농담을 해요. 제가 '돈독'이 좀 올랐다니까요.(웃음) 또 우리는 늘 소비자로서 경제 활동을 하는데 이게 뭉치면 큰 위력을 발휘할 수 있어요. 100만 명이 뭉치면 학교·법률·의료·주거·장례까지 모든 게 가능하잖아요. 협동조합, 사회적 기업이라든지 시민 경제, 시민 자본, 은행도 만들려고 해요. 단, 착한 은행.

서해성 | 시민이 주체가 되는 길을 열어가는 새로운 희망, 어나더 거버먼트!

한홍구 | 정치하겠다는 이는 많은데 대개 구체성을 갖고 있지 못하죠. 여러 정책 중 하나만 제대로 시행돼도 세상은 크게 바뀌는 거잖아요. 사람들이 원순 씨에게 기대하는 게 그런 거죠.

박원순 | 어찌 보면 소꿉장난 같은 일들이 영감과 변화를 만들어내거든요. 시민 사회 운동은 임기 같은 거 없이 지속할 수가 있잖아요. 정부나 정치 쪽 일은 평생 신나게 할 수 없고.

서해성 | 몇 해 전 국회의원들에게 물으니 여야에서 다들 가장 친한 사람으로 원순 씨를 꼽았습니다. 박원순을 롤모델로 삼는 젊은이들이 많은데.

박원순 | 우리 사회에 각자의 역할이 있잖아요. 나더러 시민 사회 지도자, 아이콘이라고들 하는데 어떻게 제가 그렇게 될 수 있나요. 시민 사회는 각개약진하는 거고, 각자가 중요한걸요.

서해성 | 각개약진이든 뭐든 더 많은 원순 씨들이 등장하길 바라면서 이야기를 맺습니다.

박원순 | 아무튼 오늘 잘 넘어갔죠?

"디자인하라, 시민이 기업이자 정부인 세상!"

반가운 그 말 "노동 3권은 시민권이다"

본인은 부담스러워하지만 '박변'은 이미 오래전부터 시민운동의 아이콘이었다. 허명을 얻은 사람도 많지만, 박변처럼 내실 있게 명성과 신뢰도를 쌓아온 사람도 없다. 나보고 그 많은 일을 언제 다 하느냐는 사람이 더러 있지만, 박변에 비하면 나 바쁜 건 놀고먹는 수준이다. 참여연대, 아름다운재단, 아름다운가게, 희망제작소만이 아니다. 역사문제연구소를 만든 것도 박변이고, 내가 지금도 매달리고 있는 국가보안법, 조작 간첩, 과거사 문제 등을 처음 시작한 이도 박변이고, 거기서 가장 뚜렷한 학술적 업적을 남긴 이도 박변이다. 그가 쓴 『국가보안법』(전 3권)과 『야만시대의 기록』(전 3권)은 필독서를 넘어 고전으로 자리 잡아가고 있다.

10년간의 미국 생활을 마치고 돌아왔을 때 적응하기 힘들었던 건 민중운동과 시민운동이 확연히 갈라져 있는 점이었다. 민주화 이후 우아한 '시민'들은 과격한 '민중'과 선을 긋더니 결국 딴살림을 차렸다. 노동자 10만 명이 머리띠 두르고 팔뚝질 열심히 해도 신문에 한 줄 나지 않는데, 참여연대 회원이 '1인 시위'를 하면 세상이 바뀌고 신문에 사진이 대문짝만 하게 실렸다.

둘은 원래 하나였다. 둘이 하나였을 때, 김주익은 피고인으로 노무현은 변호사로 한 팀이었을 때 그들은 승리했고, 각각 노조위원장과 대통령이 되었다. 자신의 무죄를 주장해주던 변호사가 대통령이 될 만큼 세상이 바뀌었는데 노조위원장은 85호 크레인에 올라가야 했고, 128일을 버티다가 목을 맸다. 대통령이 된 노동변호사는 옛 의뢰인의 죽음에 "이제 죽음이 투쟁의 수단이 되는 시기는 지나갔다"고 말했다. 그러던 그도 퇴임 뒤 바위에서 몸을 던졌다.

왜 하나여야 하는가는 분명하다. 그런데 어디서 하나가 되어야 할까? 누가 누구에게 다가가야 할까? 박변이 노동 3권만큼 중요한 시민권이 어디 있냐고 먼저 말한 건 너무나 반가운 일이었다. 노동자의 시민적 권리를 위해 시민운동은 무엇을 해야 할까? 김주익이 목을 맨 그곳에서 김진숙이 농성 100일을 맞고 있다. ■

한홍구

■ 2011년 8월 현재 고공 농성은 200일 넘게 계속되고 있다.

박원순

"명동성당은
순복음교회가 되길 원하는가?"

김인국 —천주교정의구현사제단 총무 신부

거룩하다. 묵상부터 해야 할 분위기다.

신부님은 스마트폰의 '성경 찾기 앱'을 검색하며 말씀을 인용했다. 강론을 하듯 느릿느릿 조용조용 말했다. 그럼에도 그 누구보다 직설적이었다. 그대로 써도 되느냐고 물어봐야 할 정도였다. 때로는 지나치게 솔직한 표현에 상대방이 웃다 쓰러졌다.

천주교정의구현전국사제단(이하 사제단) 총무인 김인국(청주 금천동성당) 신부를 모셨다. 사제단 대표인 전종훈 신부와 함께 '거리 미사'의 최전선에 섰던 인물이다. 삼성 비자금 폭로(2007)−광우병 쇠고기 반대 촛불집회(2008)−용산참사 거리 미사(2009)−4대강 공사 반대 기도회(2010)의 중심엔 늘 그가 있었다. 얼마 전엔 '추기경의 궤변'이라는 성명 발표■를 주도하여 가톨릭 내부를 발칵 뒤집어놓았다. 그에게 좀 더 속 깊은 이야기를 들었다. 교계의 높은 어르신들이 들으면 뼈마디가 쑤시겠지만, 가난하고 힘없는 서민들에겐 '성탄 메시지'가 될 만한 선물이다.

2005년까지 사제단 신부들은 숯가마 찜질방에 몰려다녔다. 매주 월요일 친목 모임이었다. 박종철 고문치사 은폐 조작 폭로로 상징되는 현실 참여의 전통을 가진 사제단이지만, 더 이상 거리로 나갈 이슈는 말라가는 듯했다. 재시동을 건 것은 2006년 이른바 '대추리 투쟁' 때부터. 뒤이은 이명박 정부 출범 이후부터는 '일거리'가 쏟아졌다.

이젠 숯가마 대신 여의도다. 사제단 신부들은 매주 월요일 저녁 7시 30분 국회의사당 맞은편 거리에 모여 시국미사를 연다. 민주주의의 회복, 남북 화해, 4대강 사업 중단 촉구를 위해서다. 이 정권이 끝날 때까지 간다고 한다. 직설 대담이 끝난 뒤, 김인국 신부도 짐을 챙겨 여의도로 떠났다.■■ 고경태

■ 2010년 12월 10일 천주교정의구현사제단은 "주교단은 4대강을 반대한다고 안 했다"고 한 정진석 추기경의 발언을 '궤변'이라고 반박하는 성명서를 발표했다.
■■ 사제단 신부들의 거리 시국미사는 2011년 8월 현재에도 변함없이 계속되고 있다.

'거리 사제'의 크리스마스

서해성 | '빨갱이 신부'라고 막되게 퍼붓고 그러던데요.

김인국 | "머리 좀 잘라"라는 말도.(웃음) 원래 곱슬입니다.

한홍구 | 저보고는 수염 자르라 하는데요.(웃음)

서해성 | 광주에서 신학부를, 대학원은 대구에서 마쳤는데. 정의구현사제단에 대구교구 신부도 있는지요.

김인국 | 최근에 한 분이 나타났어요.(웃음) 권혁시 신부. MB 정부가 탄생시킨 유일한 대구 출신. 대구는 주교들이 신부들에게 사제단 하지 말라고 엄명을 내리는 분위기였죠.

한홍구 | 천주교란 데가 위계질서가 엄격한데. 추기경을 정면 반박하는 일은 전례가 없었죠?

김인국 | 사람들이 '추기경에게 반기를 들었다'는 식으로 말하더군요.

한홍구 | "정부를 편드시는 남모르는 고충이라도 있는 것인지 여쭙고 싶다"는 대목에선 비아냥도 묻어나더군요.

주교단조차 용납하지 못한 '말씀의 위기'

김인국 | 교회에서 윗분들을 '장상'이라고 하는데 신부들은 장상에 대한 순명이 뼛속까지 스며든 고분고분한 사람들이에요. 그런데도 이런 일이 나온 것에 대한 위중함, 막중함을 봐야죠.

김인국

서해성 | 이 말에 앞서 지난 3월 천주교 최고 의사결정기구인 주교회의가 '4대강 사업은 난개발'이라는 성명을 냈다는 걸 전제해야겠지요.

김인국 | 주교회의의 합의를 추기경이 꼭 실천할 의무는 없어요. 다만 주교회의의 결정에 대한 합의 정신은 있어요. 주교회의의 의견과 다른 견해가 있다 해도 사사로이 말하지 않는 거죠. 그걸 깼다는 겁니다. 사제단 견해가 그저 추기경과 다르기 때문에 이의를 단 게 아니라는 거죠. 교회 안의 중요한 절차에 따라 주교회의의 결정이 있었고 곧 신자 대중에 공포됐는데 그걸 추기경이 뒤엎었다는 충격이 있었던 거죠. 이를 바로잡고자 사제단이 성명을 냈습니다. (목소리를 높이며) '반기를 든 게' 아닙니다. 주교님들의 결정을 보호하고 지지한 거죠.

한홍구 | 주교단이란 원래 대단히 보수적인 집단인데, 군사 정권 시절에도 주교단이 합의로 입장을 발표한 사례가 없었는데 4대강 문제에 관해 뜻을 밝히고 나와 내심 놀랐어요.

김인국 | 경술국치로 나라가 망할 때도 주교들은 침묵했어요. 여간해선 침묵하는 분들이 보기에도 이 정부의 거짓말이 너무 심했던 거죠. 또, 주교단의 세대교체가 어느 정도 이뤄진 점도 입장 표명을 가능케 한 기반이 되었고.

서해성 | 성명서를 굳이 영문으로 번역한 까닭이 있나요.

김인국 | 사제단에 관해 굴절된 정보가 교황청으로 올라가곤 해요. '사제단을 이해시킬 필요가 있다'고 해서 성명서를 영역해 보냅니다.

한홍구 | '봉은사 땅 밟기'니 난리를 치는 사람들도 예수를 따른다고 하잖습니까? 사제단이 보는 성경하고 그들이 보는 성경이 다른 것 같아요.

김인국 | 성경은 제대로 읽으면 위험한 책이죠. 문제는 자기가 만나고 싶은 예수를 지어내서 만나는 데 있죠. 천주교의 경우 제2차 바티칸 공의회 문헌이 성경에 준하는 지위를 가져요. 그 문헌 정신에 준해서

출간된 사회 교리 가르침에 교회의 현실 참여를 명시적으로 요구해요. 한국 천주교 사목지침서에도 현실 참여를 해야 한다고 나오죠.

서해성 | 제2차 바티칸 공의회 정신일 텐데, 바오로 6세가 "인간의 기본권을 유린하고 공동선을 극도로 해치는 폭군적 압제가 오래 지속될 경우에는 혁명적 봉기나 무력 저항이 가능하다"고 했어요.

김인국 | 위험한 거죠.(웃음) 사제단이 우리 사회에서 행하는 저항은 무척 평화롭죠. 조약돌 하나 쥐어본 적 없는걸요.

서해성 | MB 정부 뒤 일어난 삼성 문제─촛불집회─용산참사─4대강 등 가장 중요한 사회적 쟁점의 중심에서 '광장 기도'를 이끌어왔습니다. 이른바 예언자적 길로 고난에 찬 행보인데.

한홍구 | 사제들이 길바닥에 나가는 일이 1970~1980년대보다 많아졌어요.

김인국 | 그때보다 민주주의와 인권이 더 망가진 거죠. 교회가 신도들에게 헌금 받고 사회적으로 지불하는 역할은 말씀 봉사거든요. 박종철 고문치사 은폐 조작 때도 사제단 역할은 말하는 거였죠. MB 정부는 강을 죽이기 전에 말을 죽였죠. 강을 죽이면서 살린다고 하고 있잖아요. 이 지점이 주교단조차 용납할 수 없는 말씀의 위기였다고 생각합니다. 광장 미사를 두고 불편하게 생각하는 사람들도 있죠. 미사를 정치 집회로 만드느냐고. 그게 아니라는 건 용산에서 판명이 났어요. 지붕도 없는 '남일당성당'에서 유가족과 철거민들을 1년 동안 위로하고 지켜줬어요. 예수도 성전에서 일한 적이 없어요.

서해성 | 성전에서 물건 파는 사람들을 후려쳤죠.

이문열 · 김원일 · 김성동, 그리고 정진석

김인국 | 5월에 명동성당에서 '4대강 사업 중단을 촉구하는 전국 사제

"'세상의 꿈과 희망, 고통과 슬픔은 온전히 우리 그리스도인의 것'이라는 게 제2차 바티칸공의회 사목헌정 정신이에요. 세상이 울고 있는데 그 슬픔을 나눠야 합니다."

단식노숙 시국기도회'를 했어요. 성당 측이 천막을 치지 말라고 하니 노숙이 되었죠. 개막 미사를 하는데 성당 밑에서 어버이연합 할아버지들은 "성당으로 들어가라", (웃음) 뒤에서 명동성당 사목회 임원들은 "각 성당으로 돌아가라"고 했어요. 명동성당 들머리가 교회도 거리도 아닌 경계였죠. 우리 시대 사제들의 자리가 경계일 수밖에 없구나 했어요.

한홍구 | 명동성당은 누구 겁니까?

김인국 | 정 추기경님 것이죠. 재단법인 천주교회유지재단 이사장이니.

한홍구 | 1970~1980년대를 산 사람들에게 너무나 소중했던 명동성당이란 네 글자의 의미와 권위가 등기부등본 속에 들어가 버린 셈인가요?

서해성 | 역사의 대장에 등기된 건 지울 수도 바꿀 수도 없는 법이죠.

김인국 | 정 추기경님은 나를 신학교 들어가라 허락했고 신부로 만들어주셨어요. 이분이 청주교구장으로 계시다가 서울교구장으로 가실 때 송별회 사회를 보며 질문 10개를 준비했는데, 마지막 질문이 "앞으로 명동성당 주인이 되시는 건데, 명동성당에 대한 세간 평가는 박해받는 자들을 품어주는 민주화 성지다. 주교님이 살아온 삶을 보면 그런 기대를 충족시킬지 모르겠다"는 거였어요.

한홍구 | 갑자기 반기를 든 게 아니었군요.(웃음)

김인국 | 그때 말씀이 "시대가 바뀌었고 김 추기경님이 했던 일과 내 할 일은 다르다"였죠.

서해성 | 명동성당에 학생들과 가끔 답사를 갑니다. 성당이 3·1운동 지지를 안 해서 신도 수가 줄어들었죠? 태평양전쟁 나고 공출당할 때 성당이 자랑으로 여기는 게 고작 종 지켜낸 일이거든요. 사제단이 결성되고 6월항쟁 거치면서 여기까지 왔습니다만 명동성당이 과연 먼저 손을 내뻗는 사랑을 베풀어주었는가 하는 생각이 들곤 합니다. 게

김인국

다가 그 역사는 사실 짧아요.

김인국 | 시민들이 명예롭게 섬기는 사연들을 서울대교구는 부끄럽게 여기는 거 같아요. 성당에 찾아오는 농성 천막들을 번거롭다고 허무는 건 무서운 일이죠. 큰 영적 자산을 망가뜨리는 거죠. 교회 영성에 따르면 가난한 자는 예수의 친구요 교회의 귀부인입니다. 성당이 천막을 뜯으니까 더는 아무도 안 가게 되는 거죠.

한홍구 | 가톨릭교회가 왜 그렇게 보수화되었나요?

김인국 | 교회가 부자 된 다음부터 그랬을 거예요.

서해성 | 천주교는 정의와 평화에 이바지하는 활동을 통해 신도 수가 빠르게 늘었는데.

김인국 | 여론 조사나 종교사회학자들은 한국 천주교의 성장 이유로 사제단과 김수환 추기경님이 상징하는 성직자들의 열렬한 사회 참여를 첫손에 꼽습니다. 요즘 교회는 그걸 진정 원하지 않는 것 같아요. 명동성당이 순복음교회 정도 되기를 원하는 건지.(한홍구·서해성, 웃다 쓰러짐)

서해성 | 정 추기경이 사제단 대표 전종훈 신부를 두 번씩이나 소환했죠? 강제 '안식'년을 보내고, 또 거듭해서 석삼년 안식년을 주고.

김인국 | 정 추기경님이 성령의 인도하심을 받은 거예요. 전 신부가 사제단 일만 할 수 있도록 놔준 셈이거든요. 그게 아니었다면 용산 미사에 그렇게 투신할 수 없었을 테고 4대강도 마찬가지죠. 징계성 안식년이지만 실질적으로는 추기경님이 그런 사제단 활동을 배후에서 용인하고 조종한 게 아닌가.(웃음) 당신은 반공주의자로 처신하려고 해도 성령께서 그걸 선용하시는 거죠.

한홍구 | 정 추기경 아버지께서 일제 때 공산주의 운동 하다가 북으로 가서 고위직을 지내셨죠? 그런 아버지를 둔 자식들 반응이 극과 극으로 나뉘는 편인데……

"명동성당은 순복음교회가 되길 원하는가?"

서해성 | 월(납)북자를 둔 아들의 세 가지 반응이 있어요. (이념적) 아비 부정과 살해를 통해 자기 존재를 입증하는 오이디푸스형, 일상을 통해 아비 부재를 확인시켜 현실에 없는 아비를 현실로 불러내는 망각 호출형, 아비의 삶과 가치를 적극 옹호하는 아비 되찾기형. 대개 이는 산문(작가)을 통해 잘 드러나는 편인데 이문열/이문구·김원일/김성동 등의 조응 양태에서 엿볼 수 있죠.

안중근을 부인한 뮈텔 주교의 그림자

김인국 | 정 추기경님이 청주 교구에 계실 때 사제단 일에 예스나 노를 않고 모르는 체해주었죠. 상당한 지혜죠. 평양교구장(겸임)으로 북한 사회를 대하는 건 냉정했어요. 아무래도 가난한 사람들과 벗할 기회가 없었던 게 원인이 아닌가 싶어요. 서른여덟 즈음 주교가 되었고.

한홍구 | 김수환 신부도 일찍 주교가 되었는데…… 의식적으로 약한 자와 가난한 자, 힘없는 자들의 목소리를 들으려는 귀를 유지하느냐 못 하느냐 문제겠죠. 아버님 문제가 나중에 밝혀졌지만, 처음에 가톨릭 뉴스 같은 데는 세 살 때 대학생이던 아버지가 돌아가신 걸로 나오더라구요. 아버지를 지우다가 너무 많이 지우신 거 같아요.

서해성 | 2010년 12월 19일은 대통령 당선 세 돌이 되는 날인데 MB는 3년 쇼를 이튿날 연평도 불꽃놀이로 한 셈이죠. 갈등에 불을 붙일 수 있는 포격 훈련을 감행하는 등 위기가 정점에 와 있습니다. 한미 FTA 양보한 일을 두고 이미 조지워싱턴호에 실려 있었다는 말도 돕니다. 21세기 첫 10년을 보내고 맞이하는 크리스마스의 의미를 짚어보죠.

김인국 | 예수 탄생은 새로운 질서의 도래를 뜻하죠. 예루살렘의 지배 세력은 술렁거렸고, 베들레헴 사람들은 여관방 한 칸도 안 내줬죠. 헤로데스(헤롯 왕)는 끝까지 예수의 싹을 없애기 위해 칼질을 했죠. 그리

김인국

스도라고 하는 새로운 질서를 2010년만큼 열심히 거부할 수가 없죠. 예수는 태어날 때부터 그랬고 일생 동안 성전 세력에게 배척당했죠. 그래서 길에서 사람을 만났죠. 성전 사건에서 보듯 그들과 서로 화해할 수 없는 데까지 간 거죠. 그게 예수 죽음의 원인이 되는 거고.

한홍구 | '화해할 수 없는'이라고 했는데 MB 정권과 민중, 자연과는 어떤 관계인지.

김인국 | 화해하기 어렵습니다. 추기경은 4대강 문제에서 그걸 억지로 양립시키려 했어요. 발전적 개발과 파괴적 개발이 있다면서.

서해성 | 그걸 '궤변'이라고 한 거잖아요. 사제단이 주교회의의 결정을 재확인하면서 4대강 사업을 "창조주의 질서를 거스르는 일"이라고 했거든요. 실로 지엄한 말이 아닌가 싶습니다.

김인국 | 세간 사람 입을 통해 "창조주의 질서를 거스른다"는 말을 들으니 두려움을 새삼 느낍니다. 성탄 사건이 뜻하는 건 하느님의 거처는 사람들 사이라는 겁니다. "보라, 나의 거처는 사람들 사이다!"

한홍구 | 용산참사 때 "여기 사람이 있다"고 외친 건 "여기 하느님이 계시다"는 말과 같죠.

김인국 | 그래요, 용산참사는 "여기 하느님이 있어요"라는 거죠.

서해성 | 남일당 건물 옥상에서 불이 치솟을 때 외친 마지막 말이 "여기 사람 있어요"였죠. 신부님은 광장 기도가 이 시대 대중의 부름에 대한 화답이라고 했는데, 그 말엔 대중 구원의 뜻이 들어 있다고 봅니다. 노무현 전 대통령이 스스로 떠났지만 사회적 타살로 볼 수 있기 때문에 구원의 여지가 있다는 말도 했는데요.

김인국 | '세상의 꿈과 희망, 고통과 슬픔은 온전히 우리 그리스도인의 것'이라는 게 제2차 바티칸 공의회 사목헌장 정신이에요. 세상이 울고 있는데 그 슬픔을 나눠야죠. 교회가 불행을 막고자 '자살하면 구원 없다'고 하지만 정말 숨 쉴 수 없어서 스스로 떠난 자에게 구원이 없

다고 하면 무서운 폭력이죠. 성경 정신이 아닙니다.

한홍구 | 천당 문 앞에서 자살한 사람더러 "저리로 가"라고 하겠어요, "너 힘들었구나" 하겠지.

서해성 | 정 추기경 발언 직후 김 신부께서 당시 조선교구장이던 뮈텔 주교(파리외방전교회 소속)가 안중근을 외면한 일에 빗대었더군요. 웅칠다묵(안중근의 옛 이름과 세례명의 조합)이 신도가 아니라고 두 번씩 부정한 일은 큰 죄가 아닐까 싶은데요. 그 뒤 뮈텔은 슬픈 마음으로 '이또 공'(히로부미) 조문을 갔죠.

김인국 | 황해도 청계동성당은 안 의사의 아버지 안태훈 진사가 지은 거고, 뮈텔 주교가 거기 묵은 적이 있어요. 해주 오가는 길엔 총을 멘 안 의사가 호위하고. 뮈텔과 안 의사는 정 추기경과 저 이상으로 가까운 사이였죠.

서해성 | 뮈텔 주교와 정 추기경은 100년을 사이에 두고.

김인국 | 명동성당 주인의 내력인 거 같아요.(웃음) 뮈텔 주교는 식민지 백성의 애환을 나누지 않았죠. 오히려 자비와 사랑으로 백성들의 아픔을 끌어준 토마 안중근을 배척했죠.

추기경은 뭐가 무서워 눈치를 보는가

서해성 | 천주교는 오랫동안 안 토마의 행위를 인정하지 않았는데.

김인국 | 겨우 김 추기경 시절에 했죠. 올해 순국 100주년 미사를 정 추기경께서 주관했고.

서해성 | 이제야 회복된 거군요.

김인국 | 완전 회복인데, 그 정신은 계승하지 않고 브랜드만 가져온 거죠.(서해성, 쓰러짐)

한홍구 | 삼성 비자금 폭로하고 사제단이 압력을 받은 게 있는지요?

김인국

김인국 | 별로……. 전종훈 신부가 안식년을 강요받은 게 피해라면 피해겠죠.

서해성 | 한국 가톨릭에 한 분뿐인 추기경이라면 자신 있게 진리와 정의를 말할 수 있을 터인데 왜 눈치를 보는 느낌을 주는 건지.

김인국 | 나도 그게 궁금한데요.(웃음) 한국 천주교가 과분하게 누리는 도덕적 권위와 힘이 어떤 건지 아직 모르시는 거 같아요.

서해성 | 마지막으로 성탄 메시지를.

김인국 | 흔히 성탄 때 "하늘에는 영광, 땅에는 평화"라고 하죠. 여기서 평화란 정치적인 말이에요. 팍스로마나에 대응하는 마구간의 평화. 성탄 때 평화라는 말을 쓰는 건 지배 체제가 구성해놓은 '평화'를 뒤엎겠다는 뜻이죠. 예수가 주려고 한 평화는 오늘날 그저 말하는 평화와 크게 다르다는 것만큼은 알고 성탄 인사를 했으면 싶습니다.

서해성 | 교회가 말씀 봉사를 한다고 했는데, 가장 좋아하는 말씀 한 줄이 "정의가 강물처럼 흐르리라"거든요. 창조주를 거스르는 배역의 강물인 4대강 사업을 돌아보는 데 딱 어울리지 않는가 싶습니다.

한홍구 | 〈내게 강 같은 평화〉라는 노래도 있죠. 노무현 대통령이 어느 방명록에 "강물처럼"이라고 남겼는데, MB가 4대강 사업 하며 강을 죽일 줄 미리 알았나 보네요.

김인국 | "평화가 내 원이건만 그 말만 하여도 사람들은 싸우고자 달려들더라." 시편 120편 7절입니다.

"명동성당은 순복음교회가 되길 원하는가?"

백화점 삐끼, 산타

산타클로스는 백화점 삐끼다. 그는 태어날 때 벌써 자본의 썰매에 올라탄 소비의 신이었다. 사슴 루돌 프는 미국 백화점 체인 몽고메리 워드의 홍보 찌라시에 실린 이야기 시로 등장(1939)했다.

이 소비 신은 동지절을 나타내는 듯한 22개 탑에 올라서서 지금 대중을 부르고 있다. 대한민국 지름 신 강림 성소인 강남역 거리는 이 왕의 행차로 자못 화려하다. 탑을 세운 건 코카콜라다. 애초에 둥글 둥글하게 살집 좋은 병을 닮은 몸매에 빨간 옷을 입힌 것도 코카다. 인자하게 웃고 있는 얼굴을 뒤덮은 풍요로운 흰 수염은 콜라 거품을 나타낸다.

산타는 1931년생으로 대공황이 쓸어가고 있는 아메리카의 자본 광장에서 완성되었다. 그는 콜라와 자본의 비수기에 금융 버블을 닮은 눈을 타고 뉴욕에 수직 강림했다.

자선 이미지를 파는 선전 캐릭터는 해마다 강한 재현성을 가지고 재림하듯 자본의 일상적 횡포로 파 편화된 스위트 홈의 배후(굴뚝)를 타고 침투해왔다. 그건 자본주의 자체의 인간적 궁핍과 위기를 메우 는 위안에 찬 활강이었다. 산타가 둘러멘 보따리는 인정이 가파른 사회일수록 커 보인다. 인정이란 자 본의 팽창만큼씩 메말라왔고 나막신이나 양말에 선물을 넣어줄 것이라는 자선 환상은 비대해졌다. 교 회가 그 산타를 삐끼로 차용해 간 건 스스로 어디에 기대어 사는지 명증케 자복하는 일이었다.

위안이란 모순의 틈바구니에 잠시 피어나는 꽃과 같다. 자칫 기만이 되는 까닭이 여기에 있다. 어묵 을 한 점 물고 친서민을 외치면서 3세기께 니콜라우스 설화에서 말미암은 착한 선인 이야기의 주인공 인 양 행세하던 사내를 기억할 게다. 찬 바람 부는 새벽 시장에 나가 제 팔목에서 시계를 풀어주거나 하던 이가 어디 그뿐이겠는가.

소비 사회 전령사로 탐욕을 전파하는 거짓 신이나, 정치 모순을 은폐하는 가면, 위안을 판매하는 행 위로 대중의 피로에 기생하는 산타는 추방해야 한다. 25일이면 죽었던 태양이 살아나듯 약동하는 생명 의 주체로서 어둠을 함께 견뎌내고 새 세상을 안내하는 '삐끼'야말로 진정한 선인이다. 서해성

김인국

293

"글로벌 호구에서
글로벌 민폐 국가로"

이해영 — 한신대 국제관계학부 교수

축 영토 확장!

거리에 나붙은 한미 FTA 재협상 타결 축하 광고를 보다가 광개토대왕이 떠올랐다. 만주는 시시해 보인다. 이제 대한민국은 미합중국으로 간다. 이 '거사'는 후대에 이명박 대통령이 달성한 불멸의 치적으로 기록될까?

이번 직설은 광개토대왕 대신 코맥 매카시의 소설 『더 로드』를 떠올리게 한다. 잿더미가 된 세상을 굶주림 속에 떠도는 어느 난민 부자의 공포가 느껴질지도 모른다. 그 종말의 위협은 국가의 소멸과 시민권의 증발로 구체화된다. 경제 영토의 확장과 정반대 개념인 '식민화'다. '먹는다'가 아니라 '먹힌다'다.

한미 FTA 분야의 대표적 전문가인 이해영 한신대 국제관계학부 교수를 모셨다. 그는 정부가 FTA 사안을 들고나오기 전부터 이 문제에 천착해온 학자다. 1995년부터 신자유주의의 위험성을 설파했고, 영화인들의 스크린쿼터 사수 투쟁을 매개로 한미 투자협정 반대 운동의 논리를 제공해왔다. 2005년부터는 한미 FTA 가는 길에 그가 있었다고 해도 과장이 아니다. 10년 가까이 치열하고 끈질기게 물고 늘어졌다. 『낯선 식민지, 한미 FTA』(메이데이)를 썼고 『한미 FTA 국민보고서』(그린비), 『한미 FTA는 우리의 미래가 아닙니다』(강)를 묶어냈다.

한미 FTA는 머리 아픈 문제라고 접어놓지 말자. 그 본질을 꿰뚫는 이야기들을 가장 쉬운 언어로 풀어보았다.

고경태

한미 FTA의 노스트라다무스적 공포

서해성 | 2011년 새해 첫 손님인데, 한미 FTA를 맞은 국민 여러분께 덕담을 좀.

이해영 | 여러 역술가들도 힘들 거라고 예상했던데, 누가 보더라도 만만치 않죠.

한홍구 | 2010년 연말 예산안 통과가 FTA 날치기 예행연습이 아니길 바랄 뿐이죠.

이해영 | 미 의회가 3월 휴회하니까 4월로 넘어가서 행정부가 이행 법안을 제출하면 90회기일 안에 처리해야 하거든요. 늦어도 가을엔 일을 치러야겠죠.

서해성 | 우리는 미국이 의회에서 비준 못한다고 했을 때 덜컥 혼자서 혼인 신고(2009년 4월 날치기 통과)를 한 적이 있잖아요.

이해영 | 그렇게 하면 미국의 재협상 논의를 차단할 수 있다고 본 거죠. 정부가 거짓말을 하거나 판단 착오를 한 셈인데 여전히 아무런 해명이 없어요.

소 한 마리 주고 닭 한 마리 받아와, 만세!

한홍구 | 재협상이니 추가 협상이니 하는데 도대체 뭐가 다른 겁니까?

이해영 | 정부가 재협상 아니라고 우기는 것뿐이죠. 이미 FTA 비준동

이해영

의안이 국회 외교통상위(외교통상통일위원회)를 통과하고 본회의 표결만 남겨뒀는데, 이번 재협상 결과는 상임위에서부터 거쳐야 하죠. 난리 치면서 통과시킨 걸 폐지하고 다시 하려니 너무 민망할 거예요.

서해성 | 경술국치 100년(2010) 기념으로 FTA를 맺었다는 설에 대해서.(웃음)

이해영 | 해방 이후 그나마 쓸 만한 외교 노선이 참여정부 때 '동북아균형자론'이라고 보거든요. 말을 그렇게 해놓고는 한미 FTA로 자기 부정을 해버렸죠.

서해성 | 재협상 타결 무렵에 환영하는 쪽에서 나온 이야기가 "우리 경제 영토가 확장됐다"는 거예요. 아, 한일합방도 (경제) 영토 확장일 수 있다는 걸 이번에 새로 알았어요.(웃음)

이해영 | 소아병적인 영토주의죠. 19세기 사고의 전형적인 연장.

한홍구 | 칠레, 싱가포르, 아세안이랑 했고 유럽연합과도 FTA를 하니 '세계는 한가족, 한영토'라고 덮어버리면 되겠네요.(웃음)

서해성 | 재협상 전후해서 돼지, 소, 닭 들이 고생이 많았죠?(웃음)

이해영 | 한 290억 원(수입냉동돼지고기 관세 철폐 연장으로 얻는 이익) 되죠. 구제역까지 덮치는 바람에. 미국산 쇠고기 수입하려고 그런다는 음모설이 파다해요.(웃음)

한홍구 | FTA 최고 전문가가 음모설 먼저 말씀하시면 어떡해요. 음모설이야 우리가 이 교수에게 물어봐야지.

이해영 | 남아 있는 유일한 쟁점이 쇠고기죠. 정부에선 12월에 완전 개방할 참이었는데 정부 고위층 누군가가 나서서 일단 막았다는 거예요. 황당한 건 오바마가 재협상 다음 날(2010년 12월 4일) 한국과 쇠고기 풀 액세스(완전 개방)를 위해서 계속 논의할 거라고 말해버렸다는 거죠. 너무 좋아서. 대통령이 그런 표현을 했다는 건 지시라는 얘기죠.

서해성 | 오바마가 재협상을 '랜드마크 딜'(이정표가 되는 거래)이라고

"글로벌 호구에서 글로벌 민폐 국가로"

했어요. 그 양반이 취임한 뒤 이렇게 자신감 있게 이야기한 적이 없었죠. 질질 짜기만 했더랬는데.

이해영 | 오바마가 다음에 또 해먹어야 하는데 외교적으로 한 일이 없어요. 이란과 북한도 나름대로 큰 건수였는데 다 놓쳤고.

한홍구 | 한미 FTA가 오바마에게 왜 그토록 중요했던 거죠?

이해영 | 경제적으로 그동안 우리가 '글로벌 호구'였는데(웃음) 이번 일로 '글로벌 민폐 국가'로 전락했어요. 미국이 통상에서 다른 나라를 압박하는 데 한국이 모델이 돼버린 거죠. 오바마 안보팀에서 동아시아에서 세력 균형을 복원해야 한다는 4개년 방위보고서를 낸 직후에 천안함 사건 터졌고 이어서 연평도……. 그 와중에 김종훈 본부장을 미국에 불러서 결재시킨 거죠.

한홍구 | 왜 이렇게 타이밍이 딱딱 잘 맞을까.(웃음)

서해성 | 포를 쏘면 연기가 생기죠. 물건이 오고 가도 잘 안 보여. 연기 속에서 퍼주기죠.(웃음)

이해영 | 정상적인 경우라면 이런 국면에서 협상하지 않죠. 절대! 거래란 타이밍이 절반은 먹고 들어가는 건데. 불려가 백지 수표에 사인하고 돌아와서는 '이익의 균형'을 맞췄다!

서해성 | 앞으로 '이익의 균형'은 '퍼주기'로 바꿔 번역해야겠어요. 미국에 퍼주면 안보, 북에 퍼주면 핵이 되는 이유가 뭔지.

한홍구 | 우리가 북에 준 걸 교역액까지 포함해 40억 달러라고 해요. 미국엔 얼마쯤 퍼준 걸까요.

이해영 | 다른 건 두고 단적으로, 자동차 협상(2007년 4월)을 잘해서 매년 1조 정도 이익이 있다고 했죠. 재협상에서 관세 철폐를 4년 연기했으니 4조 원 손해 본 거죠.

서해성 | MB가 라디오 연설에서 이렇게 말씀하셨죠. "우리 자동차 경쟁력이 우수하기 때문에 양보를 통해 더 큰 경제적 이익을 얻고자 한

이해영

297

다."(웃음) 이 국어가 성립되는 말인가요.

이해영 | 소 한 마리 주고 닭 한 마리 받아 와서 만세 부른 거죠.(웃음)

한홍구 | 대등한 교역이죠. 한 마리와 한 마리.(웃음)

'위헌'보다 더한 '위FTA' 나올 판

서해성 | 미국산 자동차는 매연을 20퍼센트 더 뿜어도 된다는 계약도 해주었죠. 그걸 보면서 옛날 말이 생각났어요. 미제는 똥도 미제(좋다)! 매연도 미제라 이거지.(웃음)

한홍구 | 그런데 재벌 말고 일반인 입장에서 FTA를 해서 좋은 일은 안 생기나요.

이해영 | 땅콩버터를 좀 싸게 먹을 수 있고, 기저귀값 떨어지고, 미국산 벤츠 같은 거 살 때.

한홍구 | 경술국치 때는 산천초목, 새짐승까지 슬피 울었다 했거든요.(웃음) 지금은 대체 뭐가 어떻게 되는 건지 사람들이 알지를 못해요.

서해성 | FTA라는 말부터 협상 용어, 내용 하나하나 다 어렵기만 하죠.

한홍구 | 몰라야 외교지.(웃음) 순진한 사람이 이게 뭔가 생각하는 사이에 털리는 거죠.

서해성 | 어산지(위키리크스 최고 책임자)가 이걸 열어줘야 하는데.(웃음) 세상이 바뀔 때는 말이 먼저 바뀌죠. 세상이 지금 뿌리째 바뀌고 있는 중이거든요. 자유무역협정을 포함한 신자유주의 체제 말이죠.

이해영 | 데이비드 하비(영국의 지리학자)는 "신자유주의의 본질은 탈취에 의한 축적"이라고 했어요. 이렇게 후안무치한 탈취, 이토록 노골적인 재벌 밀어주기가 역사상 있었나 싶어요.

서해성 | 미국에서 FTA 전략을 만든 로버트 졸릭(세계은행 총재, 미국무역대표부 대표)이 "한미 FTA는 단순한 관세 협상이 아니라 상대 국가

"글로벌 호구에서 글로벌 민폐 국가로"

의 규제 완화, 민영화를 되돌릴 수 없는 상태로 하는 걸 목적으로 한다"고 했는데, 말인즉 한국의 '피'를 바꾸겠다는 거죠. 통상교섭본부장은 청와대 브리핑에서 "한미 FTA는 선진적인 법과 제도를 받아들이는 것을 목표로 한다"고 했어요. 제2의 경술국치라는 게 이런 대목에서 나오는 거거든요.

이해영 | 식민화죠. 19세기 제국주의적 점령을 통한 식민화가 아니라 초국적 자본에 의한 민중의 식민화, 민중 생활 세계의 식민화.

서해성 | 공적 영역의 위축 등으로 "국가는 서민 경제를 진작시켜야 할 책임이 있다"는 헌법 제119조 2항에 따르자면, 위헌 또는 사문화하는 셈인데요.

한홍구 | 곧 '위헌'보다 '위FTA'(웃음)라는 말이 더 힘이 세지겠네요. 공부하고 활동하면서 '헌법 위에 국가보안법이 있다'는 걸 깨달았어요. 이제는 '국익보안법'이 초헌법적인 힘을 갖게 되는 거지.

이해영 | 국민 주권의 의미가 없어지는 거죠. 자본은 이미 주권이 미치지 않는 치외 법권 지역으로 이동하고 있어요. 자본이 국내에서 돌아가야 투자도 이뤄지고 복지도 같이 움직이는 건데, 지금 한국 경제 정책의 핵심이 통상이에요. 복지 담론을 이야기하는 사람들은 FTA를 봐야 해요. 산업 정책이 있어야 노동자 권리가 담보되고 나눠 먹기(복지)가 가능한 건데.

전 세계 시민 주권 대 초국적 자본의 일대 싸움

한홍구 | MB가 "이미 우리는 복지국가"라고 한 얘기가 이젠 더 이상 복지에 신경 쓸 필요가 없다는 선언으로 들리더라고요.

서해성 | 우리가 이번에 한미 통상조약을 두 번째 맺고 있어요. 고종에 이어서 MB.

이해영

이해영 │ 조미수호통상조약(1882) 제12조에 '거중조항'▪이 있어요. 고종이 이걸 믿었어요. 일본이 쳐들어오면 미국이 도와줄 거라고. 근데 미국이 태프트-가쓰라 밀약으로 조선을 넘기죠.(을사늑탈) 미국에 의탁한 결과가 식민화였죠. 이번에도 경제 좀 손해 보더라도 안보가 있지 않으냐고 하는데, 130년 만에 유사한 오류가 되풀이되고 있죠.

한홍구 │ 결정적 차이를 모르시네요. 그땐 일본을 막고자 미국에 의탁했는데, 이번엔 미국이에요. 의탁한 곳에 먹히는 거죠.(웃음)

서해성 │ 한미 FTA 비준하고 나면 국내법을 여러 군데 뜯어고쳐야 하죠.

이해영 │ 금융, 서비스, 지적재산권 등등 26개나 바뀌죠. 통상 관료들한테 법률 개폐권까지 준 적이 없는데 국회는 뭐하는 데냐는 거죠. 미국 의회에서도 같은 비판이 나와요.

서해성 │ 쇠고기 협상뿐이 아니라 주권 문제는 ISD(투자자-국가소송제)가 더욱 중요하죠.

이해영 │ 이건 국제법적인 반혁명이에요. 글로벌 체제의 자본이 어느 정부든 통제하겠다는 거거든요. 정부가 설명하는 것처럼 단지 우리 기업이 진출해서 피해를 보거나 하는 문제를 다루는 게 아니라는 거죠. ISD는 전 세계 시민 주권 대 초국적 자본의 일대 싸움이에요.

서해성 │ 근대 국가의 존립 근거 자체가 희미해지고 있어요. 대의제 통치, 군대·경찰 등 폭력 기구에 의한 국가 유지와 그 합리적 판별 수단으로서 재판권이 존재하는 건데. 이게 글로벌 자본가에게 넘어가고 있는 상황이니 '회장님'들이 세계를 운영, 판결하는 꼴이 되는 거죠.

한홍구 │ 자본가가 된다는 게 글로벌 사법 시험이군요.(웃음) 시험 패스해서 그들 스스로 재판권까지 갖게 되는 거고.

▪ 당사자가 외침을 받는 등 국가 안위를 보장하기 힘든 상황 등에 놓였을 때 상대국이 지원해준다는 내용이다.

"글로벌 호구에서 글로벌 민폐 국가로"

"복지 담론을 이야기하는 사람들은 FTA를 봐야 합니다. 산업 정책이 있어야 노동자 권리가 담보되고 나눠 먹기(복지)가 가능하거든요."

© 김태형

서해성 │ 주권의 의미와 소재가 시민에서 자본으로 명백하게 이동하고 있어요. 프랑스 혁명 이래 동의해온 시민 주권 자리에 자본 이익이 이데올로기화해서 전면적으로 들어서게 되는 거죠. 공동체가 야만적 이익체로 퇴화하고 있는 중대 국면이죠.

이해영 │ 현대 국제법 체제에서 개인이 다른 나라 정부를 상대로 소송을 제기하는 건 유엔인권규약밖에 없어요. ISD라는 건 자본의 지위가 인류 보편적 권리인 인권의 지위를 넘어서게 되었다는 걸 잘 말해주고 있죠.

한홍구 │ 민간인 학살을 포함해서 국가가 여러 부도덕한 짓을 해왔음에도 나름대로 긍정적인 역할이 있었는데 그마저 사라진다는 거잖아요.

이해영 │ 포괄적으로 말하자면 일종의 재봉건화(re-feudalization)라고 할 수 있어요.

한홍구 │ 프랑스 혁명부터 다시 시작해야 하는 겁니까?

서해성 │ 공적 기능이 축소·소멸·왜곡된 국가란 세금 걷기와 징벌적 위엄밖에 존재하지 않게 되는 거고, 지구엔 자본가 단일 시스템(정부)이 생기는 거죠. 지구인의 반 이상은 거대한 농노가 되는 거고.(웃음)

이해영 │ 이래서 FTA를 통상 문제로만 보면 안 된다는 거죠. 외교 전략 문제이자, 민주주의 문제이고, 공공성의 문제이기도 합니다.

서해성 │ 자꾸 말이 어려워지고 있긴 하지만 신자유주의라는 게 앞으로 끼칠 영향이 얼마나 큰지 꼭 알아둘 필요가 있어요.

이해영 │ 21세기 초입의 신자유주의 결절점으로서 FTA를 이해한다면 전혀 다른 게 보이죠. 국가의 소멸이죠. 프롤레타리아가 아니라 부르주아에 의한.

한홍구 │ 프롤레타리아의 숙원을 부르주아들이 이루는 셈이네요. 마르크스는 노동자에겐 국경이 없다고 했는데 자본이야말로 국경이 없죠.

이해영 │ 지상에서 정녕 자유로운 건 돈하고 바람이라는 말이 있어요.

"글로벌 호구에서 글로벌 민폐 국가로"

사실 바람은 길이 있어요. 이놈의 자본은 그것도 없어!

서해성 │ 역내 자유무역과 FTA를 비교해보죠.

이해영 │ 우리에겐 아시아가 없죠. 한국의 외교 전략이나 인식 속에선 지역으로서 아시아가 없었어요. 남북은 분단, 일본과는 과거사, 중국은 공산국가였죠. 이렇게 아시아를 매개하지 않고 글로벌로 접속해버린 거예요. 친미밖에 없었던 거야.

서해성 │ 무규제, 시장 완화를 필두로 신자유주의의 자유(free)라는 게 자본이 맘껏 할 수 있는 자유일 뿐이죠. 자유라는 이름을 내건 자본의 폭압인 거죠. 그 '자유' 덕에 노동자에게는 해고당할 자유(노동 시장 유연성)와 가난할 자유가 주어지는 거고.

한홍구 │ 비준동의안이 국회를 통과하려면 얼마 안 남았는데요.

이해영 │ 본회의에서 막을 가능성은 없고, 외교통상위 통과를 다시 시도할 때 진통이 있겠죠. 내년이 선거라서 야당이 적극적으로 붙을 가능성이 높고, 정부 여당에서도 막무가내로 못 갈 거예요. 또 재협상 의제는 아니었지만 쇠고기 문제는 여전히 남아 있어요. 2011년 4월에 미국이 이행 법안을 의회에 낸다면 그 전에 끝을 봐야 할 거예요.

강력한 정치 세력이 정권 잡은 뒤 버티면……

서해성 │ 광우병 취재를 갔다가 콜로라도에 있는 전미쇠고기수출협회에서 부회장을 만난 적이 있어요. "30개월령 쇠고기가 한국에 들어갈 것 같으냐"고 물었더니 웃으면서 말하더군요. "(한국은) 먹게 되어 있다!" (웃음)

이해영 │ 특히 곱창!

서해성 │ 곱창 등은 위험(SRM, 광우병특정위험물질)할 뿐 아니라 미국은 안 먹는 쓰레기잖아요. 그걸 팔아 큰 이익을 보는 거거든요.

이해영

이해영 | 한국은 곱창도 사실상 수입을 허용한 셈이죠. 글로벌 민폐 국가란 게 우리 때문에 다른 나라도 피할 수 없게 생겼다는 거죠.

한홍구 | 한미 FTA를 막을 수 있는 방법은?

이해영 | 강력한 정치 세력이 '한미 FTA 반대' 공약을 내세워 정권을 잡은 뒤 취임과 더불어 "FTA 못하겠다"고 통보하면 됩니다. 그 석 달 뒤부터 효력이 있어요.

서해성 | 대선 후보 결정됐네. FTA 못하겠다는 사람을 후보로.(웃음)

이해영 | 한국 상황에서 이게 가능하겠느냐는 거죠. 논리적으론 그래요. 협정문에 씌어 있어요.

한홍구 | 셋이서 노스트라다무스적 종말론을 이야기한 느낌이네요.(웃음) 그래도 재봉건화의 종말론적 공포에서 빠져나올 길이 전혀 없는 건 아니구나 싶군요.

서해성 | 4년 6개월 만에 한미 FTA 협상을 마쳤는데, 협상과 관련해서 숱하게 들어온 '점 하나, 콤마 하나'가 460년 동안 영향을 줄 수도 있는 중대한 상황이죠. 이 파도를 헤쳐나갈 지혜와 용기가 필요한 때입니다.

이해영 | 공포를 과장할 필요는 없지만 FTA는 그저 통상·수출 문제만은 절대 아니라는 겁니다. 신자유주의를 과연 종식시킬 수 있는가 하는 문제는 좀 더 인간답게 살 수 있을까를 가름하는 일로 봐야 합니다.

"글로벌 호구에서 글로벌 민폐 국가로"

심우도를 따라서

소를 찾아서 미국에 간 적이 있다. 천축은 거기도 있었다. 콜로라도에서 로키 산맥을 따라 소실점을 몇 번이나 지우면서 내달려 네브래스카 사막과 초원과 언덕을 넘어갔다. 8만 5천 마리의 소 떼가 노지에서 망연히 비를 긋고 있었다. 오물과 사료가 섞인 썩은 늪을 서성거리거나 배설물 둔덕을 기어오르면서 미끄러지는 무리도 있었다. 그네들이 꿈틀거리는 긴 능선과 벌판에서는 비강이 터져나갈 듯 냄새가 끓어올랐다. 공장형 축산 현장이었다. 상당수 소들은 길어야 30개월, 짧게는 15개월을 살다 갈 팔자를 타고난 생명들이었다.

'고기가 열리는 농장' 현장은 좀처럼 접근하기 어려운 내륙 깊숙이 박혀 있었다. 거기 어디에서도 초원의 집이나 알프스의 소녀, 플랜더스의 개 따위는 찾을 수 없었다. 자본주의 초기 축산업에 부응해 만들어낸 목축, 낙농, 우유 짜기 등속에 얽힌 환상은 감히 들이밀 구석이 없었다. 축산, 도축, 부산물 처리로 이어지는 대형 생명체에 대한 집약적이고 거대한 압살은 실로 끔찍했다. 소를 생구라 부르는 농본적 순진함으로 감내할 수 있는 경지가 결코 아니었다. 광우병, 항생제, 성장호르몬 이전에 그것은 단백질 숭배와 생명 착취가 낳은 처연한 광경이었다.

21세기 심우도 또한 보이지 않는 소를 찾아내는 데 있다. 삼장법사, 혜초를 비롯한 숱한 나그네들은 깨달음을 구하고자 했다는 점에서 지금보다 분명 행복했다고 해야겠다. 오늘 심우는 국경을 뭉개버리는 초국적 축산 자본의 탐욕과 이를 비호하는 세력의 노골적인 음모를 밝혀내고 저지해야 하는 일이기 때문이다. 그해 봄 한국인은 광화문을 거대한 식탁으로 삼았다. 이는 대중 득도라는 전대미문의 거룩한 수도 행위였다. 그 촛불의 나날들에 광장은 생명의 외양간이자 도량이었다.

광우병은 단백질 윤회가 낳은 저주다. 한미 FTA는 그 마지막 경계를 허물려 하고 있다. 아울러 석유와 단백질 문명, 근대는 근본적인 성찰을 요구받고 있다.

서해성

"분노 대신
'장판 밑 벌레'에서 배워라"

양길승 —녹색병원 원장

1991년 4월 26일. 명지대 1학년생 강경대 씨가 시위 도중 전경이 휘두른 쇠 파이프에 맞아 목숨을 잃었다. 그 뒤 6월 말까지 학생·노동자 등 13명이 차례로 스러져갔다. 박승희(전남대), 김영균(안동대), 천세용(경원대), 김기설(전민련), 윤용하(성남피혁), 김철수(전남 보성고), 이정순(주부), 정상순(보성고 졸업자), 석광수(인천 택시노동자) 등이 분신했다. 박창수(한진중공업)는 구치소에서 의문의 죽음을 당하고, 김귀정(성균관대)은 경찰의 시위 강경 진압 도중 시위대에 깔려 질식사했다. 이른바 '분신 정국', 1991년 5월 투쟁이다.

양길승 녹색병원장은 당시 강경대 씨를 비롯한 희생자들의 사망 원인을 밝히는 사인규명진상조사단에서 활동했다. 스무 해 전을 회억하는 그의 미간은 때로 심하게 짜부러졌다가 이내 다시 평심을 되찾곤 했다. 그는 의대 시절 학생 운동을 하다가 제적된 뒤 아일랜드에 가서 공부를 마치고 돌아와 노동자 밀집 지역인 서울 구로동에 병원을 열었다. 노동과 건강, 질병에 대한 관심을 여기서 구체화하고 확장했다. 1988년 역대 최대의 직업병 사건인 원진레이온 사태를 주도적으로 이끌 수 있었던 힘은 이러한 경험에 기초한 것이었다. '원진 싸움'은 마침내 원진재단을 만들어내기에 이르렀고, 녹색병원 설립으로 열매를 맺었다.

공교롭게도 '직설'을 하기로 한 날 새벽 양 원장의 장인이 세상을 뜨면서 대화는 서울 신촌 세브란스 병원 빈소 옆 복도에 놓인 의자에서 진행됐다. 이곳은 강경대 씨의 주검이 안치됐던 장소이기도 하다. 묘한 인연이었다.

이경미

서해성 | 오늘은 두 털보 사이에 끼었습니다.

한홍구 | 수염 가닥수를 보니 도력에 차이가 있는 것 같습니다.(웃음)

서해성 | 이 자리가 바로 1991년 강경대 학생이 누워 있던 세브란스 병원 영안실 들머리입니다.

한홍구 | 1991년 5월 투쟁 때 여러 번 부검에 참여하셨는데.

양길승 | 강경대 학생 시신을 이곳 세브란스 병원으로 옮겼는데, 학생들이 경찰 접근을 막고 있었어요. 검찰 쪽에서 부검을 요구했죠. 부검 안 하고도 사인을 규명할 수 있다며 엑스레이를 찍었는데, 부러진 갈비뼈가 심장을 싸고 있는 막을 찢는 바람에 그 안에 피가 고여 심장이 멎은 게 나타났어요. 그쪽에서 더는 부검하자는 말을 못 했죠.

서해성 | 한국의 경우 부검은 검찰 권한인데, 당시에 검찰이 주도하는 부검에 대한 사회적 불신이 심각했습니다. 더구나 경찰에 의한 타살이었잖아요. 부검은 망자를 두 번 죽이는 일이라는 전통적 시신관도 있었고.

양길승 | 국립과학수사연구원(국과수)이 자유롭게 자기 의사를 표현할 수 없다는 사회적 공감이 있어서 가능했죠.

양길승

그해 5월, 열세 번에 걸친 죽음의 의미는?

서해성 | 당시 노태우 정권에 대한 분노와 군부 독재의 연장으로 보는 권력 불인정 태도가 팽배해 있었지요. 강경대 씨 사망으로 민심은 이쪽으로 급격하게 쏠렸습니다. 문제는 그 뒤 어째서 열세 번에 걸친 죽음이 있었는가인데…….

양길승 | 한 시대가 반성하지 않은 걸 '직설'에서 하려니 부담스러워지네요. 한 사람의 죽음으로 한 시대가 열리는 때가 있었거든요. 전태일의 경우, 한 사람의 죽음이 10년간 운동을 만들었어요. 1991년으로 치자면 4년 전 연세대 이한열 학생의 죽음을 통해 다음 역사를 이끌어갈 힘이 끓어넘쳤는데, 이걸 남은 사람들이 제대로 해내지 못한 채 한 시대가 마감됐죠. 결국 그게 많은 죽음을 불러왔다고 생각했어요.

서해성 | 우선 1987년 대선에서 '양 김'의 단일화 실패로 민주 진영이 분열된 일을 꼽아야겠죠. 3당 합당(1990)은 상실감의 정점이었지요. 지금 한나라당이 거기서 나온 거죠. 문익환·임수경·황석영 제씨의 방북과 공안 통치, 범죄와의 전쟁 선포 등 정권을 유지하기 위한 강권 통치에 대한 염증도 컸습니다. 반독재 운동 내부에는 '이 한 몸 살라' 식의 고도의 헌신성과 윤리성이 깔려 있었지요. 이런 것들이 엉켜 강경대 학생의 죽음을 계기로 터져 나온 거죠.

한홍구 | 동구권의 몰락과도 떼서 얘기할 수 없을 겁니다. 국내 정치에선 양 김한테 책임을 물을 수 있지만, 젊은이들은 그걸 넘어서는 비전을 찾는 데 좌절했지요. 이 죽음의 행진이 마지막이 되길 바라는 마음에 자기 목숨을 던졌는데…… 결국 물살을 멈출 수 없었죠. 연속적으로 사람들이 죽어갔음에도 참담하게 패배했던……. 어떤 죽음은 세상을 바꿨는데 어떤 죽음은 왜 세상을 바꾸지 못했을까요?

서해성 | 1991년 투쟁은 6월항쟁의 연속선상에 놓여 있습니다. 항쟁으

"분노 대신 '장판 밑 벌레'에서 배워라"

로 헌법은 바꾸었지만 헌법적 가치가 실현되지 못했거든요. 피 흘려 새 헌법을 만들었는데 군부 독재가 연장되니 대중적 좌절과 절차적 민주주의에 대한 회의가 클 수밖에 없었죠. 다른 한편, 대중의 직접 투쟁에 기초한 운동이 일정하게 퇴조기적인 특성을 보이고 있었죠. 생생하게 기억나는 건, 강경대 씨 장례식을 치르기 위해 명지대에서 유인물 원고를 쓰다가 며칠 만에 학교 앞 밥집에 가서 찌개를 떠먹고 있는데, 텔레비전에서 미스코리아 대회를 하고 있더라고요. 5·18 때는 미스유니버스 대회, 밥이 넘어가질 않았죠.

한홍구 | 1991년 이후 김대중 씨가 집권하기까지 6년 반밖에 안 되잖아요. 1991년에는 졌다고 하더라도, 그 이후 민주 정권이 들어섰는데도 왜 91년 5월을 지금도 불러내기 힘든 아픈 기억으로 묻어둘 수밖에 없었던 것일까요?

서해성 | 현장에서 느낀 건, '혁명의 시대'가 끝나는 과정을 보는 것과 같았다고나 할까요. 불밭을 맨발로 달렸던 5월…… 그 뒤에 마석 민주 묘역 묘비명을 썼는데, "지나는 이 있어 스스로 빛을 발한 이 영혼들에게서 삼가 불씨를 구할지어니"라고 새길 때 참으로 가슴이 아팠습니다.

한홍구 | 많은 사람이 충격받고 상처받은 것이지만, 김지하가 "죽음의 굿판을 걷어치워라"라고 썼죠. 그것도 하필 《조선일보》에.

양길승 | 김지하의 「타는 목마름으로」는 절창이었거든요. 굿판 하나하나에 얼마나 많은 아픔과 좌절이 있었는지 아는 사람이 그랬다는 게 충격이었죠. 더 큰 문제는, 그 말이 일정한 울림을 갖고 확산될 정도로 운동이 퇴조기였다는 거죠.

서해성 | 죽음을 헛되이 하지 말아야 한다는 강박이 있던 걸 부인할 수 없어요. '죽음의 독점'도 일정하게 있었고요. 그게 이윽고 대중과 괴리감을 낳고, 그 자리를 '굿판'이 타격한 거죠.

양길승

한홍구 | "죽음을 부추기는 어둠의 세력"이라는 말을 박홍과 검찰이 써먹고, 강기훈 유서 대필 사건…… 이렇게 됐는데, 가슴 아픈 건 이런 일들이 대중에게 일정 부분 먹혔다는 거죠.

서해성 | 잊지 말아야 할 건 그 일로 강기훈 씨는 억울하게 옥밥을 3년이나 먹어야 했다는 사실입니다. 이 사건은 현재 대법원의 재심을 기다리고 있죠. 그동안 삶이 송두리째 파괴되고, 지난해 어머니마저 암으로 돌아가셨죠.

한홍구 | 그 어머니가 성공회대에 정식으로 입학해서 제 강의를 들었는데, 아들의 억울함을 풀겠다는 그 눈빛을 잊을 수 없습니다.

여러 갈래길로 나뉜 사회 변혁에 대한 감수성

한홍구 | 도대체 패배란 무엇일까요? 양 원장님은 그때 책임 있는 장수였잖아요. 힘 대 힘이 총력으로 부딪쳤는데, 무너져가는 대오를 지켜봐야 했던 느낌이 어땠나요?

양길승 | 그때 사수대장 했던 서해성 작가하고 1년에 한 번은 만나서 술을 먹어요. 그 상처 때문에. 운동을 하다 보면 관성이 생겨요. 어느 한 부분이 닳아져가는 게 있어요. 그걸 깨닫고 눈 돌릴 건 돌리고 과감히 새로운 걸 받아들여야 하죠. 연속되는 죽음을 지켜보면서 멈춰야 한다고 거듭 말했지만 뜻대로 되지 않았죠. 촛불도 마찬가지예요. 어느 정도 지나 촛불로 끝낼 수 있는 게 아니라는 걸 받아들여야 했는데.

서해성 | 시위 현장에서 대중의 지지 강도를 짐작하는 바로미터 같은 게 있습니다. 모금함 10개를 돌려서 모두 꽉 차서 돌아오면 계속 싸움을 해도 돼요. 밀가루 투척 사건이 터졌을 때 2~3개가 돌아왔어요.■ 지하철 시민이 돈을 안 내는 거죠. 모금함 가지고 간 친구도 안 나타나버리고.

"분노 대신 '장판 밑 벌레'에서 배워라"

양길승 │ 이거 보면 모금함 돌린 사람들 다 찾아오겠네.

한홍구 │ 그 사람들 이름 이니셜로 내보내.(모두 웃음)

서해성 │ '패배'로 인상화된 결정적 요인은 정권과 검찰, 언론, 동조 지식인들이 합작해낸, '강경대 씨 타살 정국'이란 수세 국면을 돌파하기 위한 공작과 깊게 연관돼 있다는 점입니다. 다른 하나는 범국민대책회의가 이름은 '범'이었지만 투쟁 목표가 공안 통치 종식에 그치거나, 민주 정부 수립을 내세웠음에도 정작 높은 차원의 투쟁에 주저한 지점입니다.

양길승 │ 단일한 대오로 가던 운동이 1987년 이후 전문 분야별로 재편성되죠. 역할은 나뉘었는데 이걸 제대로 소화해 이끌어가는 걸 만들어내지 못한 상태였죠. 전체적으로 오버뷰로 가는 사람이 있었는가 하면 단위 속에 침전돼 전망을 보는 부분이 떨어진 지점도 있었죠. 운동이 갈라지면서 그걸 일정한 성장·발전이라 생각하는 쪽도 있고, 생활인이 되어가는 걸 운동하고 있는 것으로 생각하기도 하는, 1991년은 그런 때가 아니었나 싶어요.

서해성 │ 양 원장님의 전문 분야 이야기를 좀 해보죠.

한홍구 │ 원진레이온 시설이 지금도 중국에서 가동되고 있죠? 중국에서도 환자가 생기고 있는 건가요?

양길승 │ 일본 도레이레이온에서 쓰던 기계인데, 1930년대부터 미국에서 문제가 되어 문 닫은 걸 일본이 전후에 가져다 쓰다가 환자가 나오자 중단하고 안 쓰던 겁니다. 그걸 우리가 가져와서 10여 년 되니까 환자가 나왔죠. 단둥으로 팔려간 게 1993년이니까 20년 가까이 되었죠. 환자가 나올 것 같아서 몇 해 전 공장에 들어가 봤어요. 위험한 쪽

■ 1991년 6월 3일 정원식 국무총리 내정자가 한국외대에서 마지막 강의를 하고 나올 때 학생들이 달걀과 밀가루 등을 던진 사건. 언론은 이를 '패륜'으로 몰아갔다.

양길승

"분노로 운동하는 시기는 지났어요. 장판을 들추어내면 벌레가 바글바글한 걸 봐야죠. 새로운 체험을 하고 새로운 감수성을 늘리는 경험을 하지 않으면 다른 게 안 됩니다. 감수성이란 게 계속 닳아져가는 건데, 문제는 닳아져가는 것에만 계속 매달린다는 거예요."

은 안 보여줘서 제대로 못 봤죠. 위험하다는 말을 중국의 보건복지부 간부쯤 되는 사람에게 했는데 "사람 많은데 (문제가 생기면) 바꾸면 된 다"고 하더라고요.

미안하지만 분노로 운동하는 시기는 지났다.

서해성 | 그 기계를 들여온 게 일제강점기 때 비행기 헌납한 친일파 박흥식(화신백화점주)이죠. 미국, 일본 도레이, 한국의 흥한화섬(원진레이온)을 거쳐 중국 단둥까지 가는 기계의 여정은 '노동 식민지가 공해 식민지'임을 더 잘 보여주는 경우를 찾을 수 없을 만큼 전형적이죠.

양길승 | 비스코스레이온(인조견사)이 양복 안감이거든요. 지금도 일본은 만들어요. 공정을 개선했죠. 우리는 공장을 닫아서 전량을 수입하고 있어요. 지금은 인도·중국에서 많이 만드는데 직업병이 아직 사회 문제가 되지 않는 나라로 흘러간 거죠. 원진 싸움에 대한 여러 소회가 있지만, 어쨌든 원진 피해자를 위한 기념 병원(녹색병원)을 만들어낸 건 큰 성과죠.

한홍구 | 당시 산업 재해로 1년에 2천 명가량 죽었죠? 지금도 숫자는 비슷하죠.

양길승 | 내용은 달라졌는데, 전엔 직접 재해 환자들이 대부분이었고 근래는 심혈관계 이상이 대부분이에요. 즉 업무상 질병으로 죽는 일이 점점 많아져요. 전 같으면 통계에 안 잡혔던 거죠.

서해성 | 아덴만 사건■ 때 총상 입은 선장을 오만까지 날아가 치료했던 이국종 아주대병원 응급의학과 교수 말인데요. 선장이 평소 자신이

■ 해군 청해 부대가 소말리아 해적에게 피랍된 삼호해운 소속 선박 삼호 주얼리호를 소말리아 인근 아덴만 해상에서 구출한 작전.

치료하는 환자들 중 상위 30퍼센트 정도에 드는 상태였다는 겁니다. 몸이 기계에 눌리고 잘려나간 것에 비하면 약과라는 거죠. 노동층은 외상으로 죽을 확률이 사무직보다 스무 배 이상 높고, 그중에는 불법 체류 이주노동자들이 많다는 겁니다.

양길승 | 노동과건강연구회를 처음 만들었을 때에 비하면 산재 발생률은 5분의 1로 줄었어요. 이는 국내 노동자를 기준으로 하는 것이고, 이주노동자 산재 비율은 포함이 안 되죠. 이주노동자 재해 문제에 눈을 돌려야 해요.

한홍구 | 노동자가 이렇게 죽어나가는 건 아무도 관심 안 가져요. 원시적인 산업 재해가 줄었다는 게 성과라면 성과겠지만, (쌍용차 구조조정 노동자들처럼) 가족들이 자살하는 건 새로운 현상이죠.

서해성 | 고등학생은 입시로, 대학생은 등록금 때문에 한 해 200~300명이 죽고 있어요. 자본과 반값 등록금 거짓말과 결탁한 미래가 현재를 타살하는 겁니다.

양길승 | 우리 사회가 평균으로 보면 많이 좋아졌지만 일선에서 일하다 보면 심각한 경우를 정말 자주 보게 됩니다. 병원 직원들이 방충망 달아주거나 청소해주는 봉사 활동을 나가곤 하는데, "평생 그렇게 많은 벌레는 처음 봤다"는 말들을 자주 합니다. 우리가 운동권 이야기를 많이 했죠. 미안하지만 분노로 운동하는 시기는 지났어요. 장판 들추어내면 벌레가 바글바글한 걸 봐야지. 새로운 체험을 하고 거기서 새로운 감수성을 늘리는 경험을 하지 않으면 다른 게 안 되요. 감수성이란 건 계속 닳아져가는 거죠. 문제는 닳아져가는 것에만 자꾸 매달린다는 거예요.

한홍구 | 약발이 떨어져 옛것에 매달릴 때의 특징이 뭐냐면, 더 세게 해요. 사람들은 센 얘기에 질려서 돌아서는 건데.

양길승 | 사람 말이 들리게 하려면 목소리를 낮춰야 되거든요. 소리를

"분노 대신 '장판 밑 벌레'에서 배워라"

높이는 건 자기가 난청 있다는 고백인 거잖아요.

한홍구 | 어떻게 다시 일어나서 구체적인 활동을 할 수 있었나요?

양길승 | 인도주의실천의사협의회를 1987년 만들었는데요. 거기서 제일 먼저 만든 책이 『장애인의 권리』예요. 변호사 단체에서 낼 법한 책인데 의사 단체에서 처음 냈어요. 그게 우리 사회에 새로운 의미를 던졌다고 봐요. 장애에 대한 제 나름의 정의를 말하자면, 비장애인은 '장애인과 살아보지 못한 장애를 가진 사람'이에요. 장애인과 같이 살아보지 못한 사람은 남을 배려하지 못하는 장애가 있는 거예요.

서해성 | MB는 소통 장애가 있고. 용산참사, 쌍용차 사태처럼 죽음이 내지르는 소리를 못 듣고 있는 거잖아요. 엄청난 청각장애이거나 난청이죠.

한홍구 | 하나 더 있어요. 모든 것을 안다고 착각하는 장애. 요즘 십팔번이 "내가 해봐서 아는데"잖아요.(웃음)

만인이 자연사하는 사회가 민주 사회

서해성 | 오늘 죽음에 대한 이야기를 나눴는데, 죽음이 죽음다워야 정상적인 사회라고 할 수 있죠. 모든 죽음은 사회적이죠. 가르시아 마르케스의 소설 『아무도 대령에게 편지하지 않았다』 첫 단락이 이렇게 끝나죠. "몇 년 만에 보는 자연사였다." 얼마나 많은 타살이 있었다는 뜻인가요. 죽음이 원통한 사회가 나쁜 사회거든요. 어떤 자살도 타살적 요소를 가지고 있는 법이죠. 만인이 자연사하는 사회가 곧 민주 사회인 거죠.

양길승 | 죽음을 주제로 말하자면 지금이 그때와 느낌이 비슷해요. 요새 자살이 흔한 사회적 현상이라고 해서 쌍용차 노동자분들이 돌아가시는 게 안 드러나고 있는데, '쌍용차 싸움'은 보기 힘든 치열한 양상

양길승

이었어요. 죽기 직전까지 굶었던 기륭전자, 용산은 말할 게 없고. 싸움이 치열한 만큼 엄청난 희생을 당하고 있죠.

한홍구 | 한국 사회가 역사에서도 그렇고 죽음과 대면하는 훈련을 너무 못했어요. 한국전쟁 때의 학살을 봐요. 수십만 명이 죽었는데도 내놓고 슬퍼할 수도, 어디다 하소연할 수도, 기억할 수도, 추모할 수도 없었죠. 죽인 자들만 거룩해졌고. 운동 진영 내에서도 그래요. 'ㅇㅇㅇ 등 열사'란 표현도 있잖아요. 한 분 한 분 그 죽음의 의미를 우리가 온전히 간직하지 못해요. 특히 91년 5월처럼 줄초상이 났던 때에는. 시간도 울퉁불퉁한 것 같아요. 20년이라면 아주 긴 시간인데 너무 아파서 그런가, 1991년의 죽음을 추모하기엔 너무 짧은 시간인 것 같습니다.

양길승 | 20년을 그대로 비워놓고 사는 사람도 있어요. 잊어버리지 않으려고 자기가 흔적을 만드는데, 기가 막힌 건 각주구검이라고 배에다 흔적을 기록하는 이들이 있어요. 자기 혼자 배에다 새김질을 해놓고 그걸 찾는 사람이 꽤 많아요. 그걸 또 반성이라고 해요. 잊히는 건 역사의 문제가 아니고 우리 문제죠. 오늘 참…… 희망을 말해야 할 시기에 그렇지 않은 걸 말하는 건 솔직히 피했으면 했어요. 저는 사람들이 다시 강력한 무엇을 찾기보다는 따스함을 찾아 다른 곳에 나누는 게 더 의미 있지 않을까 해요. 20년 만에 이 이야기를 하는 평계가 그거였으면 좋겠어요.

한홍구 | 상을 당한 어려운 시간에 너무 아픈 이야기만 여쭤봤습니다.

양길승 | 술 먹어야 할 수 있는 얘긴데 맨정신에 하려니…… 허허.

"분노 대신 '장판 밑 벌레'에서 배워라"

20년 만에 쓰는 부검입회보고서

5월은 영하 4도로 누워 있었다. 긴 쇠서랍을 앞으로 당기자 5월이 머리부터 밖으로 나왔다. 머리카락은 엉켜 있었다. 그 젊은 5월은 얼굴 군데군데 멍이 들었고, 말을 하려다 만 듯 조금 비틀려 있는 입술 가에는 피가 맺혀 있었다. 스물다섯 5월을 수술용 베드로 옮길 때 쇠바퀴가 바닥에 끌렸다.

바퀴를 걸쇠로 고정하자 5월에 대한 검시가 시작되었다. 위아래, 앞뒤로 뒤집어가면서 육안으로 점상 출혈을 확인한 뒤 검시관은 메스로 몇 군데 살갗을 벗겨보았다. 희미하게 눈을 감은 채 5월은 아무런 움직임이 없었다. 피 한 방울, 김 한 줄기 나지 않았다.

메스가 곧 이마 가운데를 가로로 선명하게 찢어나갔다. 두개골에 붙어 있던 두피를 떼어내 벗기는 소리가 질겼다. 고무장갑은 흐물거리는 두피를 까더니 이리저리 상태를 살폈다. 지방질에 뿌리를 내리고 있는 모근은 구불구불했다. 이윽고 선명하게 드러난 5월의 두개골에 톱을 들이댔다. 뼈를 썰어대는 톱질 소리가 비좁은 시신보관소를 함께 썰어나갔다. 백열등에 비친 뇌 주름 사이 지방질이 아직 맑았다. 흉부 윗부분 양쪽으로 옮아간 칼날은 가슴 가운데에서 직선으로 내려가 배꼽을 지나갔다. 5월을 Y자로 절개한 뒤 가슴뼈를 벌리자 장기가 노출되었다. 장시간 두느라 영상에서 보존하지 못한 5월을 녹여내기 위해 두 사람이 번갈아가면서 손으로 한동안 심장을 감싸고 있어야 했다. 뜨거웠던 5월의 심장은 얼어붙어 있었다. 비린내와 소독약 냄새와 침묵이 시멘트 바닥에 끈끈하게 눌어붙고 있었다.

이어 허파·콩팥 따위에서 떼어낸 샘플을 담은 검은 가방을 들고 검시관이 출출하다며 고깃집으로 가자, 남은 사람이 5월을 말끔히 꿰매어 나갔다. 그해 5월은 그날 사망했다.

모든 시신은 죽어서 말한다는 말은 무상했다. 며칠 뒤 시위 도중 사망한 성균관대생 김귀정의 사인은 흉부압박 질식사로 발표되었다. 그 5월은 압박질식당한 채 여적지 깨어나지 못하고 있다. **서해성**

"맥아더가 인천을 대표한다는 건 있을 수 없죠"

지용택 — 새얼문화재단 이사장

모두가 "지역이 중요하다"고 얘기하는 시대에, '직설'은 조용하게 퍼지는 지역운동의 저력이 무엇인지 알기 위해 지용택 새얼문화재단 이사장을 만나러 인천으로 갔다. 그는 1975년 노동자 자녀를 돕기 위해 '새얼장학회'를 만들었다. 1983년 '시민의 힘으로 운영한다'는 원칙 아래 '새얼문화재단'으로 확대했다. 36년이 흐른 2011년 5월 현재 1만 명이 넘는 회원이 동참하고 있다. 해마다 여는 '가곡과 아리아의 밤'은 27년, '국악의 밤'은 20년, '새얼백일장'은 26년째 이어가고 있다. 계간 《황해문화》는 18년째다. 무엇보다 25년 동안 한 달에 한 번 명사를 초청하는 '새얼아침대화'는 최근(2011년 3월 9일) 300회를 돌파하는 저력을 보여줬다. 그 무엇도 꾸준함을 이길 수 없다.

이경미

황해처럼 사람 껴안은 지역운동 마중물

서해성 | 오는 길에 떠오른 말이 "인천 다마(당구)는 짜다"였습니다.(웃음) 당구 칠 때 인천내기들이 자기 점수를 깎아 말한다는 뜻이죠.

지용택 | 염전이 많은 탓인가요.(웃음) 짜지 않고 오히려 맹물 아닌가. 그래도 그 말이 맞다면 아마도 어려울 때 인천 사람들이 아끼고 산 까닭이 아닌가 싶어요. 사람이 아니라 삶이 짜야 했던 거죠.

한홍구 | 토박이만이 아니라 전쟁 통에 여러 지역 사람들이 섞여 살아가다 보니 여러모로 삶이 짜질 수밖에 없었겠죠.

지용택 | 북에서 피란 내려온, 아무래도 황해도 출신들이 많았죠. 지척이 고향이잖아요. 부두만 나가면 먹고살 거리가 있었어요. 서울하고도 가까웠고.

서해성 | 인천은 길(경인철도·항구)과 맛(자장면)은 물론 좋든 싫든 근대의 들머리여야 했습니다. 일본인을 포함한 식민지 침략자, 서양인, 선교사, 의사, 일찍부터 와 있던 청나라 사람들, 피란민, 근래에는 중국인과 중국 동포, 이주노동자들이 섞여 살고 있는 터전입니다.

학생 운동을 하다 노동 운동 현장으로

지용택 | 인천 사람들은 오랜 경험에서 나오는 것인지 몰라도 바깥 사람이라고 박대하기보다는 함께 잘 지내왔다고 봅니다. 늘 좋은 일만

지용택

있었던 것은 아니겠지만 말이죠.

한홍구 | 가령 만보산 사건▪으로 불거진 한국인의 중국인에 대한 테러는 평양이 가장 셌고, 인천이 그다음쯤 된다고 볼 수 있습니다. 이 문제는 꼭 한번 짚어봐야 하는 중요한 내용을 담고 있습니다.

서해성 | "호떡집에 불났다"는 말이 그때 나온 '고사성어'죠.

지용택 | 그 일은 겪지 못했고 들어서 알고 있지요. 그건 '특별한 오해'에서 비롯된 가슴 아픈 식민지 기억이지요. 그런 경험까지 인천은 자양분으로 삼아서 성장해왔다고 봅니다. 인천 자체가 역사적으로 국제적인 운명을 지니고 있다고 해야겠죠.

한홍구 | 그때 중국 사람이 200명이나 죽었어요. 우리가 다른 인종과 더불어 살아가기 위해서는 잊지 말아야 할 가슴 아픈 대목이죠. 지금은 이주노동자나 결혼이주여성과 그 자녀가 급속히 늘고 있잖아요. 경제가 어려워지니까 이들에 대한 추방 운동도 나오고요.

서해성 | 자장면의 원조라는 '공화춘'의 옥호는 중화민국 출범을 기념해 붙인 이름인데요, 산둥 면을 오래도록 한국인들이 먹어왔잖습니까. '공화'를 모색해나갈 수 있는 지혜 같은 게 인천에 있지 않을까 싶습니다. 한국이 이미 다양한 족속이 섞이고 모여 사는 곳이 되었으니 말이죠. 오늘 그런 걸 얻어 가고 싶습니다.

한홍구 | 잘 모르는 독자들을 위해 살아오신 내력에서 얘기를 끌어내기로 하죠. 5·16 쿠데타 직후 이른바 혁명 검찰부에 끌려갔죠.

지용택 | 3·15 부정선거 당시, 몇 해 전에 만들어서 활동하고 있던 '창사회'가 인천 최초로 공회당 앞에서 규탄 전단을 뿌렸지요. 혈기가 넘쳤죠. 신흥초등학교 운동장에서 이권을 서로 나누는 사람들을 고발하

▪ 1931년 중국 지린성 만보(완바오) 산 지역에서 일제의 술책으로 조선 출신 농민과 중국인 농민 사이에 벌어진 유혈 사태.

"맥아더가 인천을 대표한다는 건 있을 수 없죠"

는 청년 대회도 개최했어요. 나중에 검사가 그러더군요. "대한민국에서 네가 사회 고발 1호다."

한홍구 | 4·19혁명을 주도한 학생 지식인들 중에서 드물게 노동 운동에 뛰어들었는데요. 특별한 계기 같은 게 있었는지요?

지용택 | 어떤 이들은 정치인 비서로 들어갔어요. 그런 게 탐탁지 않더라고. 능력도 없었지만, 결국 평생 정치에 몸담지 않게 된 거죠. 자동차 노조 운동을 시작했는데 '준법 운행 투쟁'을 했어요. 모든 교통 법규를 그대로 지켰지. 학교 앞 속도 제한 있으면 그대로 따르고. 그러면 월미도에서 용산까지 세 배나 더 오래 걸려요.

서해성 | 도로교통법 다 지켰더라면 한국 산업 발전 속도가 그만큼 늘어졌겠죠. '빨리빨리' 나라에서 속도 준수 투쟁은 무기죠.(웃음)

지용택 | 근데 사 쪽에서 불법 파업이라고 고발해서 약식 명령으로 벌금 5천 원이 나왔어요. 정식 재판을 청구했죠. 그때 판검사가 노조법이 뭔지를 모르는 거야. 노조법을 달달 외워서 법정에서 큰소리쳤죠. 그러다 법정 구속되고.(웃음)

한홍구 | 요즘 노동 운동 하는 분들과 어떤 차이 같은 걸 느끼는지요?

지용택 | 후배들에게 자주 하는 얘기가 "노동 3권이 있다고 해서 그걸 전가의 보도처럼 휘두르지 말라"는 거예요. 파업을 함부로 하지 말라고 해요. 제도적인 걸 연구하면 여러모로 허점을 잡아낼 수 있는데, 노사 교섭 들어갈 때부터 파업을 전제하고 들어가요. 처음에야 시민들도 박수를 보내지만 두세 번 하면 그게 되겠어요? 내 경험에 비춰 보면 그렇거든요.

서해를 황해라는 고유명사로 불러야 하는 이유

서해성 | 지식인이 노동 현장을 택하는 경우는 대개 사상적 결단이나

지용택

개인적으로 특별한 인연 같은 게 있어야 하는 법인데요.

지용택 | 내가 노동자 아들이에요. 아버지도 지금으로 치면 항운 노조 분회장쯤 됐어요. 어려서부터 톨스토이를 즐겨 읽었는데, 항상 약자 편에 서야 한다는 의식이 가슴에 있었어요.

한홍구 | 당시는 농민이 절대다수였습니다. 학생 운동도 농촌 활동 중심이었죠. 일제부터 노동 운동이 있었는데, 해방 정국과 한국전쟁을 거치면서 전평(전국노동자평의회)이 완전히 말살되고, 한국노총이 노동 귀족으로 등장했죠. 4·19 세대는 노동 문제에 대한 관심이 어느 정도였는지요?

지용택 | 거의 없었던 것 같아요. 노동 문제를 해봐야겠다고 했을 때 친구들이 존중은 해주면서도 자기네들이 할 만한 일은 아니라고 했어요. 노동 운동이 부각되고 나서는 잘 간 거 아니냐고들 그랬죠.

서해성 | 한국전쟁 시기 빨치산 입산자들을 보면 국졸 이하 농촌 출신이 다수였다는 기록을 본 적이 있습니다. 노동자 출신이 유일하게 많은 지역이 인천이더군요.

지용택 | 인천에는 노동자도 많았고, 노동 운동 전통도 남다를 수밖에 없죠. 부두 노조는 인천항의 역사만큼이나 대단했죠.

한홍구 | 근대사에서 인천은 격동을 겪었고 큰 인물도 많았습니다.

지용택 | 죽산 조봉암, 장면(제2공화국 국무총리) 같은 이들이 인천 출신이에요. 해방 이전 사람들이죠. 묘하게도 북으로 가거나, 온전히 성공하진 못했어요. 해방 이후로는 그다지 큰 인물이 안 나왔고. 인천이 한반도 중심인데 분단이 되면서 중심 역할을 못 하고 있죠. 김대중 정부 이후로 기대를 걸고 있던 참인데, 인천과 해주 사이에 물류가 오고 가면 황해 섬들은 황금 섬이 될 거예요.

서해성 | 휴전선이 희미해진다면 남북만이 아니라 중국·일본을 포함한 동아시아의 지중해로서 황해와 인천은 물적·인적 거점으로 지금

"맥아더가 인천을 대표한다는 건 있을 수 없죠"

과 비길 수 없는 위치가 되리라고 봅니다.

지용택 │ 우리나라 바다는 동해, 서해, 남해 모두 보통명사예요. 바다 이름이 없는 거나 다름없어요. 일본은 동해를 일본해로 부르죠. 고유명사예요. 서해를 황해라고 불러야 해요. 이런 이름을 우리가 확보해야 하는 거죠.

한홍구 │ 어디 가서 계간 《황해문화》 얘기를 하면 사람들이 바다를 떠올리기보다 '황해도' 연고를 가진 사람들이 내는 책으로 생각하는 경향이 있죠. (웃음)

서해성 │ 인천의 자랑인 새얼문화재단의 모태랄까요, 새얼장학재단은 어떻게 탄생했는지요? 박정희 대통령이 준 돈으로 시작했다는 얘기도 있던데요.

지용택 │ 당시에는 교통사고가 나면 운전기사를 무조건 구속했어요. 교도소에는 운전기사 600명 정도가 항상 갇혀 있었죠. 그들에게 담요를 주는 운동을 하다 그 자녀들에게 도움을 주자고 새얼장학회를 시작했죠. 노조가 아니라 바깥에서 돈을 모았죠. 장학재단을 만든 뒤 노총 간부들이 청와대에 갔는데, 박 대통령이 노동자들이 재단을 만든 게 진짜냐고 세 번이나 묻더라고요. 그때 통치 자금에서 15억 원 타냈죠. 그 돈으로 한국노총 장학재단을 만들었어요. 새얼장학회는 그 돈과 상관없이 순수하게 민간에서 모금한 거고요.

한홍구 │ 1980년 5·17 이후 한국노총 사무총장을 본의 아니게 그만두고 역할을 전환하게 되는데요.

지용택 │ 한땐 자동차 노조의 뜻에 따라 한국노총 위원장이 정해진다고 할 정도로 힘이 있었어요. 노총 사무총장직은 오래는 못 했어요. 외부 견제가 심했고, 하는 일마다 제동이 걸렸어요. 전두환이 대통령 되던 1980년 8월, 결국 산별노조 자체가 해산되고 말았어요.

서해성 │ 학생 운동 출신으로 노동 운동을 하면서 장학재단을 만들고,

지용택

길이 막히자 지역운동으로 바꿔 36년이란 긴 세월을 활동해왔습니다. 이처럼 꾸준하기가 결코 쉽지 않은 일인데요.

지용택 | 별거 없어요. 뭐든지 쌓여야 한다는 뜻으로 꾸준히 했어요. 인천에서 돈 벌고 서울 가는 사람들이 "인천에 정체성이 있나, 원로가 있나" 이런 얘기를 해요. 인천은 사람도, 뿌리도 있어요. 그걸 알리고자 시작했지요. 인천이라는 깃발을 든 사회단체가 지금은 200개가 넘지만 당시에는 하나도 없었어요.

인천은 사람도, 뿌리도, 정체성도, 정신도 있습니다.

서해성 | 한 사회의 문화적 정체성이 어떻게 형성되는가를 보는 듯합니다. 그동안 가장 어려웠던 점은 무엇인가요?

지용택 | 항만에 군사 물자가 들어오면 영어 몇 마디 알아서 그걸 분류하는 일을 하는 사람이 돈 버는 시대였어요. 인천항에서 석탄 실은 기차가 서울로 출발하면 청년 하나가 화차로 뛰어 올라가요. 삽으로 막 석탄을 퍼내는 거야. 그러면 '치마 부대' 아낙들이 흩어진 석탄을 주워 모아 팔아서 생계를 유지하고 그랬어요. 그때는 그런 걸 도둑질로 여긴 게 아니라 수완이 좋다고 여기던 때였어요.

서해성 | 항만으로 이어지는 철로를 따라 담을 친 이유가 바로 그것이지요. 암튼 그 청년은 어찌 되나요?

지용택 | 어느 정도 눈감아준 게 아닌가 싶어요. 그렇게라도 먹고살아야 했으니까. 붙잡으러 올 때쯤 청년은 기차에서 뛰어내리지. 그가 누군지 모르겠단 말이야. 그 청년 몫은 얼마나 됐을까.

서해성 | "삽으로 석탄을 푼 청년을 찾습니다!"하고 광고라도 내야겠군요.(웃음)

지용택 | 그렇게 물자 빼내서 돈 번 사람들은 자기들끼리 사돈 안 맺었

"우리나라 바다는 동해, 서해, 남해 모두 보통명사예요. 바다 이름이 없는 거나 다름없어요. 일본은 동해를 일본해로 부르죠. 고유명사예요. 서해를 황해라고 불러야 해요. 이런 이름을 우리가 확보해야 하는 거죠."

죠. 자기가 한 일은 잊어버리고 말이죠.(웃음) 그렇다고 인천의 뼈대 있는 집안과 엮일 수 있었던 건 더더욱 아니고. 그런 사람들이 인천을 뜨더라고. 그러다 보니 인천에 정체성이 뭐 있냐는 소리도 들리고요. 그래서 인천 정신 같은 걸 만들어보자고 했던 거죠.

서해성 | 신도시가 된 송도가 일본말 '마쓰시마'에서 유래된 거잖아요. 서울 여의도 윤중로(강섬 둘레를 둘러서 쌓은 제방길)는 박정희 정권 때인데도 일본식으로 이름을 지었어요. 그냥 강둑길이면 되는데.

지용택 | 부끄러운 얘긴데, 지명 고치는 게 생각보다 복잡하다고 하더

지용택

군요. 송도에 대해 시민들이 항의하고 있어요. 여러 사례를 묶어 한꺼번에 해결하는 게 좋다고 봅니다.

한홍구 | 지명 바꾸는 게 어렵다지만, 집값 문제가 걸리면 다 바꾸더라고요. 서울 관악구의 신림동·봉천동 다 바뀌었잖아요.

서해성 | 제가 사는 아파트는 영어로 이름이 바뀌었어요.(웃음)

한홍구 | 인천 시민운동의 독보적인 존재이지만, 280만 시민들 중에 새얼문화재단의 존재를 얼마나 알까요?

지용택 | 며칠 뒤면 백일장이 있는데 중고생보다 초등생 참가자가 적어요. 교사들이 인솔하기 귀찮아서 안 오는 거거든요. 이 말로 대신하겠습니다.

서해성 | 강화군청 고용원, 면서기, 대서보조원 일을 하다 민족해방운동을 하고, 해방 뒤 농지 개혁을 주도한 죽산 조봉암 선생을 기리는 사업을 해오셨습니다.

지용택 | 높은 빌딩이 많은 게 좋은 도시는 아니죠. 좋은 사람이 살아야 좋은 도시입니다. 인천 지역에서 먼저 살았던 분들이 좋은 분들이어야 해요. 장면과 조봉암이 뒤집어쓴 오해는 벗겨줘야 할 일이 아닌가 싶어요.

서해성 | 죽산 선생이 줄기차게 주장해온 민주주의가 6월항쟁을 통해 그 최소한이 확보되었다면, 균등 경제와 평화 통일은 여전히 현재 진행형입니다.

지용택 | 죽산은 김구·김규식 선생을 이은 평화통일운동을 한 사람이지요. 나로선 인천에서 출생해서 가난한 사람들을 위해 일하고 평화통일을 말해온 이분을 기려야겠다는 생각을 안 가질 수 없었죠. 죽산 선생이야 재판받을 때 학생 신분으로 법정 가서 뵌 게 전부죠. 11년 전에 강화에 추모비를 세웠어요. 머잖아 동상도 만들려고 합니다. 우리 동네 어른을 후학들이 기리겠다는 겁니다.

"맥아더가 인천을 대표한다는 건 있을 수 없죠"

한홍구 | 추모비를 세웠다고 추모가 되는 건 아니죠. 생각이 다른 세력들이 추모비를 부수거나 한다면 오히려 욕보이는 거잖아요. 가슴 아픈 일이지만 그런 일들이 실제로 일어났어요. 노무현 전 대통령 추모비 하나는 세울 곳을 못 찾아 정처 없이 떠돌았죠. 죽산 추모비는 우파들도 참여했다는 게 뜻깊습니다.

서해성 | 김대중·노무현 전 대통령 무덤에 모욕을 가하는 사람들이 있습니다. 조봉암 선생은 재심으로 무죄가 났습니다만, 기부 액수나 이념을 떠나 함께 추모하는 일은 분단 이후 갈등을 치유하는 의사 같은 역할을 하게 된다고 여깁니다.

지용택 | 조용하게 잘 해볼게요.

어떤 물도 마다 않는 바다처럼 지역운동을 하겠다

서해성 | 죽창 든 고부 동학군을 이르는 말에 "서면 백산, 앉으면 죽산"이라고 했는데, 죽산 선생은 지난 50여 년 동안 백산으로 누워 있어야 했습니다. 비로소 죽산으로 돌아오게 되는 듯합니다.

한홍구 | 며칠 전 재보궐선거■가 있었습니다.

지용택 | 야당이 아니라 실은 유권자가 이긴 거죠. 거창한 얘기가 아니라 시민들은 정말 내 어려움을 해결할 사람이 누군지를 찾아요. 야권통합만 하면 이긴다는 안일한 생각들을 하고 있는데, 그걸 유일한 방법으로 갖고 있다면 결국 지는 거예요. 이건희 삼성 회장이 이명박 정부 경제에 대해 "낙제점은 면했다"고 한 적이 있는데, 난 대단히 불쾌했어요. 재벌이 너무 오만하단 말이죠. 야당도 그 발언에 대해 같이 비판해야 마땅한 거죠.

■ 2011년 4월 27일 열린 국회의원과 광역·기초자치단체당 재보궐선거.

지용택

한홍구 | 역사에서 눈여겨볼 건 해야 할 일을 안 한 사람들입니다. 죽산이 죽을 때 이승만 혼자 했겠습니까. 말릴 위치에 있는 사람들이 그저 방관한 직무 유기가 있죠. 민주당도 삼성이 이명박 정부 비판했다고 좋아만 한 거죠. 그렇게 얄팍하게 가다간 다음 대선에서 이겨도 금방 정권 내줄 겁니다.

서해성 | 인천을 대표하는 인물이 맥아더 장군이라는 말이 있습니다.

지용택 | 동상이 세워진 거야 그렇다 치고, 맥아더 장군이 인천을 대표한다는 건 있을 수 없죠.

서해성 | '해불양수'(물을 마다 않고 받아들여 바다를 이룬다)를 지표로 삼아오신 줄 아는데, 인천이 가지고 있는 다양한 사람과 문화를 포용하는 용광로적 특성을 잘 말해준다고 봅니다.

지용택 | 북에서 온 아이들은 물론 이주민 자녀들에게도 관심을 베풀어야 합니다. 어느 재단에 가서 "이 사람들을 껴안고 살아야지, 외면하면 앞으로 큰 문제가 된다"고 말해서 지원을 하게 한 적이 있어요. 인천 정신이죠. 그나저나 나 같은 사람을 '직설'이 찾아와서 참으로 고맙습니다.

한홍구 | 인천 시민들은 동네 어르신 제사를 많이 모신 어른이자, 아이들을 위해 일한 분으로 기억할 겁니다.

지용택 | 벌써 일흔다섯 살인데 난 참 부끄러운 게 많은 사람입니다. 다만 덜 부끄럽고자 애쓰는 사람으로 알아준다면 더없이 감사할 따름입니다. 변치 않는 한 가지는 항상 약자 편에 서자는 겁니다.

서해성 | 인천은 근대 한국의 관문이었고, 인천 사람들은 시대를 여는 마중물이었습니다. 새얼문화재단 같은 마중물이 다른 지역에서도 두루 샘솟아 올랐으면 합니다.

그리고 성냥 공장이 있었다

통속적으로 인천은 네 가락이다. '인천 앞바다에 배만 들어오면'은 '인천 앞바다에 사이다는 떠 있어도 고뿌 없이는 못 마십니다'로 허세 좋게 이어지다 '인천 다마(당구)는 짜다'와 짝을 이룬다. 이들은 다 100년 묵은 인천 저잣거리의 근육이다. 그리고 '인천에 성냥 공장'(1886)이 있다.

근대가 하역된 인천은 이방 배에서 표 안 나게 '뽀리'친 물건이나 '똥도 미제'라는 미군 물자가 넘쳐 났고, 밀수꾼들 시글대던 '천혜의 바다'였다. 한 건 올리기를 고대하던 사내들이 연안 다방에서 감미 탄산음료를 사이다(1905)로 알고 마시면서 한세월을 버젓이 거품 죽인 것만은 아니었다. 인천부두노조, 정미소 파업은 무시로 식민지 포구를 팔뚝질로 번들거리게 했다.

짠 다마에는, 놀이에서도 한껏 손맛이 모질어야만 하는 포구살이가 깃들어 있다. 흐릿한 물다마로는 이래저래 물봉 노릇 면치 못하는 게 타관 신세다. 바닷물을 끓여 얻는 염벗이나 걷어 먹는 소금버캐를 천일염으로 처음 바꾼 게 주안 염전(1907)이기도 하다. 짜디짠 식민지 근대의 맛은 여기서 비롯되었다.

근대 휴대용 불은 금곡동에서 본격 시작되었다(1917, 조선인촌주식회사). 성냥을 묻히는 이들은 대개 어린 소녀들이었다. 하루 13시간, 1만 개비를 손으로 붙여야 60전이었다. 조선의 성냥 2할을 대던 550명 직공들의 거듭되는 파업은 항일 운동이자 노동기본권 확보(8시간 노동, 임금 인상)를 위한, 불을 쥔 소녀들의 투쟁이었다. 성냥팔이 소녀 이전에 성냥 공장 소녀가 있었다. 이 소녀들에게는 제 종족 사내들의 오랜 지분거림이 이어졌다. "인천에 성냥 공장/ 성냥 공장 아가씨/ 하루에 한 각 두 각/ 1년에 열두 각/ 치마 밑에 감추고서 정문을 나설 때"는 진중 열창 1번이었다. 젓가락을 두드리는 곳이라면 두루 마찬가지였다. 자기모멸에 기초한 전형적인 식민지 속류다. 이는 민주화, 노동자 권리 확대와 함께 시나브로 스러져갔다. 불의 역사를 열어젖힌 소녀들은 그보다 먼저 잊혀졌다. **서해성**

"계속 피워?
말어?"

서홍관 –국립암센터 의사, 한국금연운동협의회 회장

직설 현장은 굴뚝이다.

두 사람이 피워 올리는 연기는 쉼이 없다. 자주 창문을 열어 환기를 하지 않으면 숨이 막힌다. 비흡연자인 기자와 대다수의 초대 손님들은 간접흡연의 치명적 피해자다.

한국 금연 운동의 대표 선수인 한국금연운동협의회 서홍관(국립암센터 가정의학과 전문의) 회장도 피할 수 없었다. 2시간 동안 금연 메시지를 설파하던 공간은 유난히 연기가 자욱하고 매캐했다. 국립암센터 금연클리닉 소장, 대한금연학회 부회장, 아시아태평양금연학회 이사를 겸직 중인 그에게는 역설이었다.

서홍관 회장도 한때는 골초였다. 1977년부터 12년간 피웠다. 인도주의실천의사협의회에서 일하던 1988년, 양담배 수입 개방 반대성명서를 쓰기 위해 담배에 관한 자료를 조사하다가 그 해악을 깨닫고 끊었다고 한다. 2000년부터 한국금연운동협의회 이사로 활동했고, 2010년 3월 회장에 취임했다. 『어머니 알통』 등 세 권의 시집을 낸 시인이기도 하다. 공교롭게도 그의 1985년 등단 작품 제목은 「금주 선언」이다. 오늘 그의 결론은, 좌우간 담배는 끊어야 옳다! 특히 의사로서 서해성의 병력을 자세히 물어본 뒤엔 무시무시한 경고를 보냈다.

우습지만, 서해성은 직설이 끝난 뒤 '금연 선언'을 했다. 그러고는 꿀 같은 '마지막 한 개비'를 피워 물었다. 부디 기만이 아니기를.■

고경태

■ 기만이었다. 서해성은 변함없이 담배를 피운다.

담배 뚝! 국가의 담뱃세 착복도 뚝!

한홍구 | 금연운동협의회 회장님을 모시고서 피우는 이 담배 맛이라니.(웃음)

서해성 | 국립암센터에서 금연상을 주는 게 맞느냐고 기사가 나오고 하던데요.

서홍관 | 암으로부터 국민을 보호하는 게 국립기관인 암센터가 하는 일이죠. 한국인 암 사망 원인의 30퍼센트를 차지하는 게 담밴데, 암 예방하려면 당연히 해야 하는 일이죠.

서해성 | 어이쿠, 오늘은 이래저래 지는 게 맞아!(웃음)

한홍구 | 담배와 폐암의 인과 관계가 얼마만큼 입증된 건지요.

서홍관 | 흔히 말하는 역학적 방법이 있어요. 흡연자가 담배를 안 피우는 사람보다 폐암에 더 걸리는 사실을 입증하죠. 영국 남자 의사 3만 명을 50년 동안 추적했어요. 1951년부터 2001년까지.

서해성 | 집요한 조사군. 니코틴처럼.(웃음)

서홍관 | 의사들 사망 자료라서 정확하죠. 누가 담배를 얼마나 피우고 무슨 병으로 죽었는지를 본 거예요. 흡연과 관계없이 암에 걸리기도 하지만 흡연자는 폐암은 10배 차이, 평균 수명은 10년 차이가 나요. 제3세계 국가에선 또 달라요. 가난한 나라에서는 다른 병으로 먼저 많이 죽으니까. 선진국일수록 담배의 비중이 커지죠. 우리나라 사망 원인이 1위 암, 2위 뇌혈관, 3위 심혈관인데 공통점이 담배죠.

서홍관

국가가 권해놓고 이제 와선 개인 책임?

서해성 | 흡연과 관련해 죽는 사람이 지구상에서 500만 명인데.

서홍관 | 한국에서 5만 명 이상, 하루에 140명이 죽죠. 1995년 삼풍백화점 붕괴 때 500명 죽었거든. 지난해 모두를 떨게 했던 신종플루로 총 250명이 죽었는데 담배로 이틀 죽는 숫자밖에 안 돼요.

한홍구 | 담배 피우는 사람들에게서 암이나 혈관 질환 발생률이 높다는 건 분명하지만, 특정한 사람이 어떤 병에 걸렸을 때 담배가 병의 직접적인 원인이 되었다고 단정할 수 있나요?

서홍관 | 사실 그걸 판단하는 건 신의 영역이겠죠. 그러나 인생은 확률이지요. 음주 운전을 하면 사고 날 확률이 높아지는 것과 같은 겁니다. 암마다 담배가 차지하는 비중이 조금씩 달라요. 폐암은 85퍼센트, 췌장암은 30퍼센트가 담배로 인해서 발생하죠.

서해성 | 담배 자체가 제국주의의 식민지 침탈 과정에서 시작되었죠.

서홍관 | 안데스에 자생하던 풀을 아메리카 원주민들이 피우는 걸 보고 콜럼버스가 유럽에 전파했어요. 그게 일본 거쳐 임진왜란 때부터 들어왔으니 대략 100년 걸렸죠. 이수광의 『지봉유설』이 1614년인데 "담바고를 많이 심는다"고 돼 있어요. 1653년 표류한 하멜은 『하멜표류기』에 "남녀 간에 피우지 않는 사람이 극히 드물다"고 썼죠.

서해성 | '호랑이 담배 피우던 시절'이라는 말이 있는데, 무슨 뜻이라고 생각하세요?

서홍관 | 글쎄요.(웃음)

한홍구 | 담배가 등장하자마자 쫙 퍼졌잖아요. 한국에선 상놈의 얼라들까지.(웃음) 그러니까 높은 자들이 '꼽게' 보면서 여러 가지 규제가 생겼어요. 어른 앞에서 담배 피우지 말고 안경도 끼지 말라 했죠. '호랑이 담배 피우던 시절'은 짐승조차도 맞담배를 피웠던 이상적인 평등

사회를 꿈꾸는 이야깁니다.

서해성 | 장죽 길이와 나이 등을 가리면서 취향에서 구별 짓기가 시작되었던 거죠. 오늘날 전체적으로 흡연이 줄고 있는데 여성과 청소년은 느는 이유가 있죠. 기득권 세력(남성)이 권력으로써 흡연 취향을 독점해왔잖아요. 청소년과 여성에 대한 억압이 그만큼 심했다는 거죠. 그들이 권력 모방 과정에서 흡연량이 느는 측면이 분명 있거든요.

서홍관 | 중국·일본·베트남 등 아시아 전체적으로 여성 흡연율은 낮은 편이죠. 유럽 쪽으로 가면 남녀 격차가 거의 없어요. 포르투갈은 여자가 더 높죠. 사회적으로 여성의 자율성과 경제권에 따라 흡연율 격차가 있는 건 맞아요. 우리나라에선 담배에 대한 사회적 압력이 높잖아요. 여성과 청소년의 흡연율이 올라갈 시점인데 다행히도 못 올라가고 있는 거죠.

서해성 | 담배가 그야말로 본격 대중화된 건 1, 2차 세계대전이거든요. 미국이 병사들한테 담배를 공짜로 줬어요. 니코틴이 전쟁 피로도를 일순 낮추는 거죠. 말보로 흡연 모델로 〈이유 없는 반항〉의 제임스 딘이 나오고. 우리도 군에서 담배를 무료로 풀었죠. 국가가 담배 피우는 걸 권장했지. 이제 와서 개인들이 알아서 책임을 지라는 거죠.

서홍관 | 옛날엔 담배가 해롭다고 안 봤죠. 구충제가 된다고 했죠.

서해성 | 배 아프면 애들한테 담배 피우게 하고 그랬어요.

서홍관 | 스페인 의사 모나르데스가 담배가 이러저러한 병을 고칠 수 있다고 써놨는데, 완전히 만병통치약이야.(웃음) 만병통치약에서 만병의 근원이 돼버렸죠.

서해성 | 전매 사업 이야기를 해보죠.

서홍관 | 우리나라는 굉장히 빨리 담배 경작에 성공했죠.

한홍구 | 조선 시대엔 산간이나 텃밭에서도 하고 돈이 되니까 옥답에서도 재배했는데, 일제 때부터 못 하게 한 거죠.

서홍관

서해성 | 취향 소비를 국가가 독점함으로써 엄청난 이익이 발생하죠. 미국에서 기독교 순혈주의적 결정으로 금주령을 때리니까 알 카포네라는 밀주 갱이 등장했죠. 담배를 피우기 어렵게 하면, 사제로 만든 밀연, 밀수 담배로 가게 되거든요. 담뱃값 더 올리면 세금 안 내는 담배 나올 날이 머지않았어요.

서홍관 | 2천 500원 중 1천 600원이 세금이죠. 제조 원가, 유통 마진 등을 빼면.

서해성 | 한국에서는 금연 운동 자체가 기독 운동이었어요. 처음 시작한 게 미국 선교사들인데 을사늑탈 직후에 "술·담배 하고 첩질 해서 조선이 식민지 됐다"고 했거든.(웃음) 흡연이 좋다는 게 아니라 금연 운동의 출발이 책임 전가에서 나오고 있죠. 이게 유독 한국 목사들이 담배를 피우면 죄의식을 갖게 된 내력이죠. 근데 담뱃값 올리면 누가 이익이죠?

서홍관 | 세금만 올라가기 때문에 담배 회사는 이득이 없어요. 도리어 판매가 줄어드니까 못 올리게 역공작을 하죠.

서해성 | 상위 20퍼센트 흡연율이 4할 중반 정도, 하위 20퍼센트 흡연율은 6할이 넘죠. 한국에서 담배 많이 피우는 사람이 누구냐 이거죠. 결국 가난한 사람들이 세금을 추가로 내는 거잖아요.

금연은 승진의 조건이 되어도 좋은가

서홍관 | 어느 나라나 담배가 처음 도입되면 상류층이 피우다 곧 중하층이 함께 피우죠. 한국은 1980년대에 성인 남성 흡연율 80퍼센트로 피크였고. 그때는 저소득 고소득 차이가 없었죠.

한홍구 | 시내버스에서도 피웠죠.

서홍관 | 의사들이 회진하면서 피웠어요.(웃음)

한홍구 | 내가 아는 호흡기내과 의사는 아직도 피워요.(웃음) 그래서 의사들 하는 우스개가 "의사 하라는 대로 해야지 의사 하는 대로 하면 다 죽는다."(웃음)

서홍관 | 10년 전쯤 한국 폐질환의 최고 대가가 흡연하다가 폐암으로 돌아가셨죠.

한홍구 | 금연 운동에서 치명적인 일이죠.

서홍관 | 그분이 폐암 걸렸을 때 TV에 나와 "제가 이렇게 폐암 걸렸습니다. 여러분은 담배 피우지 마십시오. 큰 실수였습니다"라고 말해주길 바랐어요. 금연 운동이 시작되면 소득이 높은 계층부터 끊기 시작하죠. 금연 클리닉 만들면 중산층이 더 먼저 이용하잖아요. 성인 남성 흡연율이 42퍼센트까지 떨어졌는데 저소득층은 담배 끊는 비율도 낮아 건강 격차가 더 벌어져요.

한홍구 | 회사에서 자발적 금연에 인센티브를 주면 모를까 노골적 차별로 이어지는 경우가 있죠. 금연 음식점도 인센티브를 주는 건 찬성인데, 담배 피울 수 있는 술집도 있어야 할 거 아닌지.(웃음)

서홍관 | 흡연하고 싶으면 나가서 피우면 되죠. 요즘은 미국과 아일랜드의 상당수 음식점과 술집에서 담배를 피울 수 없죠.

한홍구 | 담배가 스트레스 위안책이라 생각하는 저소득층의 경우엔 그런 문제에 대해 더욱 심한 저항이 생길 수밖에 없을 겁니다.

서해성 | 국가인권위원회가 금연 빌딩 지정에 반대한 적이 있어요. 흡연을 권하자는 게 아니라 그 사람의 취향에 관해 징벌적으로 다루어선 안 된다는 거죠.

서홍관 | 한국은 단일화된 사회죠.(웃음) 가치 기준의 다양화를 덜 인정하는 사회. 프랑스는 금연 정책이 굉장히 뒤졌어요. 사생활에 함부로 개입해선 안 된다는 원칙이 있었죠. 하지만 이제 유럽도 빠르게 바뀌고 있어요.

서홍관

"우리나라 흡연자가 1천만에 육박합니다. 국민 5분의 1이 흡연자죠. 5분의 4는 간접흡연 피해자예요. 흡연자 1천만이 비흡연자가 되는 거, 비흡연자 4천만을 간접흡연으로부터 보호하는 게 금연 운동의 목표죠."

한홍구 | 몇 년 사이 금연을 강조하는 게 한국이 다른 나라보다 훨씬 심해진 것 같아요. 금연.

서홍관 | 어떤 회사는 담배 끊는 게 승진 조건입니다.

서해성 | 롯데백화점도 그렇죠. 삼성전자는 아예 입사 조건입니다. 포스코도 만만찮죠. 왜 이렇게 대기업들이 담배 안 피우는 걸 좋아할까요.

서홍관 | 실제 데이터로 계산하면 결근 일수나 감기 걸리는 횟수가 많아요. 담배 피우느라 자꾸 들고 나면 시간 손실도 생기고, 간접흡연 문제도 크고, 회사 벽지도 누레지고.(웃음)

서해성 | 국가 권력은 담뱃값 올린다는 말로 으름장을 놓으면서 세금 걷는 일에 정당성을 획득하죠.

서홍관 | 담배로 인한 세수가 연간 6~7조 되죠.

서해성 | 회사에서 담배를 못 피우게 하는 건 기본적으로 욕망 통제에 해당하죠. 모여서들 담배를 피우면 잡담과 한담을 하게 마련이죠. 그런데 업무 교환보다는 대개 욕을 많이 하는 시간이거든요.(웃음) 배설을 통해 분노를 도모하는 거죠. 그와 같은 걸 통제함으로써 말 잘 듣는 직원이 나오게 하는 거예요. 이 과정을 통해 '어른 머리 깎기'에 해당하는, 고도의 노동 통제 효과를 내는 거죠. 한국에서는 신자유주의와 본격 금연 운동이 맞물리면서 확산이 빨랐죠. 노동자는 이래저래 순응한 셈이고.

피임약 나눠 주듯 저소득층 위한 프로그램을

서홍관 | 금연운동협의회에서는 금연 직장에 인증서를 주는데 그 기준에 금연을 승진 조건으로 넣는 건 안 하려고 해요. 그런 식으로 차별하는 것까지 요구하지 않아요.

한홍구 | 1970~1980년대 억압 체제에서 모범생들이 대학에 들어가면

서홍관

무조건 담배를 피우기 시작했잖아요. 식후 불연초면 오초즉사, 조실부모, 발기불능(웃음) 같은 시리즈가 쫙 있었어요. 그러다가 20년이 경과하면서 억지로 담배를 끊게 하는 사회로 이동했는데. 그동안의 담배 문제에 대한 책임을 사회, 국가, 개인이 어느 정도 나누어 져야 할까요? 가령 우리 같은 흡연자가 쓰러졌을 때 개인 책임을 어느 정도로 봐야 하는 거죠.

서홍관 ｜ 국가 책임이 줄긴 했죠. 처음엔 전매였다가 1987년 미국의 슈퍼 301조 통상 압력과 함께 양담배가 들어오면서 전매가 깨지고 한국담배인삼공사를 만들었죠. 2002년부터 KT&G라는 사회사가 되면서 외국인들까지 투자를 했고. 지금 주식 절반이 외국인 겁니다. 또 예전엔 군인들한테 공짜로 담배를 주거나 면세 담배를 유지하다가 2009년부터 다 없어졌어요. 지금은 국가가 권한다고 볼 수 없죠. 보건복지부에서도 TV 광고를 통해 담배가 해롭다고 하죠.

한홍구 ｜ 복잡하게 하지 말고, 서해성·한홍구 경우를 따져보죠.(웃음)

서홍관 ｜ 둘의 경우엔 반반?(웃음) 한번 물어볼게요. 한 교수는 담배가 해롭다는 걸 언제부터 확실히 마음속으로 받아들였어요?

한홍구 ｜ 아직도 좀 덜.(웃음)

서홍관 ｜ 지적 능력에 문제가 있나 보네요.(폭소)

한홍구 ｜ 몇백만 흡연자를 모아서 모욕죄로 소송을.(웃음)

서홍관 ｜ 진짜로 전 세계에서 담배만큼 해로움이 정확하게 입증된 게 없을 정도예요. 담배만큼 그렇게 많은 논문이 쏟아지고 일치된 명확한 결과를 보인 게 없다고 봐도 좋아요.

서해성 ｜ 걸핏하면 정부가 담뱃값 올려 흡연율을 낮추겠다고 하는데 동의하기 어려워요.

서홍관 ｜ 세계보건기구와 세계은행에서는 가격 정책이야말로 가장 효과적인 단일한 정책이라 말해요. 담뱃값 10퍼센트 올리면 저소득 국가 8퍼센트, 고소득 국가 4퍼센트가 담배를 끊는다고.

서해성 │ 담뱃값 비싼 나라에는 가짜 (브랜드) 담배도 상당하고, 개인이 만든 담배도 있죠. 밀수 담배도 측정하기 어려울 테고.

서홍관 │ 담배를 못 끊는 저소득층에게 부담만 준다는 건데, 아까 얘기했듯이 건강 격차가 벌어지는 상황에서 한없이 방치할 수는 없어요. 저소득층을 위해서는 특별한 프로그램을 만들어야죠. 담뱃값 천 원 올리면 새로운 세수가 1조 원 정도인데, 이 돈 가지고 보건 요원을 풀어 집집마다 다니며 금연약을 무료로 나눠 주고 캠페인을 해야죠. 가족계획운동 할 때 피임약 나눠 준 것처럼.

서해성 │ 예전부터 담뱃세 거둬서 금연·단연 운동에 쓰질 않았잖아요. 하물며 내 고향 담배 사 피우기 운동까지…….

서홍관 │ 500원 올렸을 때 세수 중 3퍼센트만 금연 운동에 썼어요. 문제가 심각해요.

한홍구 │ 예전엔 국가가 적극 권장해서 담배를 피우게 했다면, 지금은 살짝 비켜나서 삥 뜯고 있는 풍경이랄까.

서해성 │ 담뱃값 올려서 생긴 세금이 어디로 가느냐 철저한 감시를 해야죠.

서홍관 │ 난 계속 그렇게 주장해왔어요.

서해성 │ 더 세게.(웃음) 주장이 아니라 행동을. 지금까지 국가가 담뱃세 거둬서 그렇게 안 쓴 거 내놓게 할 수 없나?

한홍구 │ 쿠데타를 하시게?(웃음)

서홍관 │ 전두환 재산도 못 걷고 있는 판인데!(폭소)

서해성 │ 잘못했습니다.(웃음)

서홍관 │ 복지부가 담뱃값 인상을 추진해왔는데 한나라당 국회의원부터 표 떨어질까 봐 반대하고 있어요. 담뱃세 얻어 딴 데 써서 반감도 많고. 현재 올해 인상은 복지부도 포기한 것 같죠?

서홍관

깊게 자주 빠는 '저타르 담배'는 사기

한홍구 | 저타르 담배는 어떤가요?

서홍관 | 타르 농도 20에서 '솔'은 13, '더원'이 0.1이 되었죠. 흡연자는 타르 농도가 높으면 천천히 덜 자주 빨지만 농도가 떨어지면 자주 세게 빨아요.

한홍구 | 쉽게 말해서 저타르 담배는 사기라는 말씀이네요. 흡연자들은 담배를 피우면 긴장도 풀리고 스트레스도 해소된다고 말하는데요.

서홍관 | 담배를 피우다 안 피워서 생기는 금단 증상인 불안과 초조를 잠시 잊게 해주는 착각이에요. 담배 안 피우면 그 스트레스는 처음부터 없는 겁니다.

서해성 | 간접흡연 하느라 힘들었을 텐데 정리 말씀을.

서홍관 | 우리나라 흡연자가 1천만에 육박합니다. 국민 5분의 1이 흡연자죠. 5분의 4는 간접흡연 피해자예요. 흡연자 1천만이 비흡연자가 되는 거, 비흡연자 4천만을 간접흡연으로부터 보호하는 게 금연 운동의 목표죠. 국가를 위해서가 아니라 자기 죽음을 슬퍼할 사람이 단 한 사람이라도 있다면, 자기 인생에서 아직도 하고 싶은 일이 남아 있다면, 담배를 끊어라!

한홍구 | (서해성에게) 명심해요.(웃음) 바꿔 말하면, 죽은 뒤에 "것 봐라 뭐랬냐" 하게 하지 말고.(웃음)

서해성 | 담뱃값 올린 세금을 100퍼센트 금(단)연 운동과 흡연으로 생긴 병 치료에 쓰지 않는 한 담뱃값은 1원도 올려선 안 됩니다. 이것은 흡연이 문제가 아니라 국가 권력이 가난한 자의 주머니를 털어서 '착복'하는 일이기 때문이죠.

모든 죄악세를 반대함

술·담배·도박 3종 세트. 이 세 가지는 신의 영역이자 동시에 죄악이었다. 누가 마시고, 누가 피우고, 누가 만지작거리느냐가 실은 판단 근거였다. 흠향하는 영매제로서 술은 제사상에 올라 조상 복을 내림받는 음복과 영성 어린 '내 피'가 되지만 노동 피로를 덜기 위해 마시면 싸구려 인생의 상징이 된다. 인자하게도 국가는 이들 날품들의 타락을 막고자 세금을 붙여왔다. 한국의 경우 술(소주)은 세금이 72퍼센트에 이른다〔주세 72퍼센트(원가 기준)+교육세(주세의 30퍼센트)+부가세 10퍼센트〕.

숫자 놀음의 우연이 뼈대인 도박은 말 그대로 선의 뜻이었다. 숱한 셈을 하고 있는 구약 민수기에 요단강에 이른 모세가 12지파에게 땅을 나눠 줄 때 제비뽑기(by lot)를 하는 것이나 노르웨이와 스웨덴 국경이 주사위를 던져서 갈린 게 좋은 예다. 불완전한 틈바구니마다 신은 향기롭게 피어났다. 확률에 대한 쓸 만한 논리를 얻은 건 겨우 파스칼에 이르러서였다. 신분 상승이 실질적으로 막힌 자본 사회에서 노동 계급은 도박을 거의 유일한 기회로 알고 덤벼든다. 도박장 출입은 그 자체로 세금 100퍼센트이다. 내국인 카지노 강원랜드 입장료 5천 원 중 개별소비세(3천 500원), 교육세(1천 50원), 부가가치세(450원). 레저세(마권세)는 고배당인 경우 절반이 세금이다.

가장 늦게 사람을 중독시킨 게 담배다. 중독성은 그만큼 신이 깃들기 어렵게 하는 구석이 있었고, 생산성이 없다는 점에서 공격하기 맞춤이었다. 생산성 없는 게 어디 이 3종뿐이랴. 정작은 그 중독성이 국가 전매(통제) 사업으로 발전케 한 핵심이었다. 건강을 돌보기 위한 불가피한 조처로 담뱃값을 인상한다니 아연 국가가 어머니로 보일 지경이다. 국가는 대중에게 위엄 어린 꾸중을 하면서 이 순간에도 꾸준히 세금을 거둬들인다. 이 3종에서 긁어내는 돈을 흔히 죄악세라 한다. 죄악이라는 말에서 벌써 종교 냄새가 물씬 난다. 죄악의 주범들은 주로 가난한 이들이다. 가난은 여기에 이르러 새삼 죄가 된다. 빈자에 대한 갈취, 마비된 착취인 중독세는 계급세적 성격이 강하다. 따라서 나는 모든 죄악세(증세)에 반대한다. 죄악세로 거둬들인 돈을 '죄악'으로 말미암아 생긴 병을 치료하는 데조차 쓰질 않고 있지 않나. 그 '죄'를 고작 세금 거둬대는 일로 막을 수 있다고 정말 그렇게 믿는 걸까.

서해성

서홍관

"사람들아,
제발 동물처럼만 살아라!"

우희종 —서울대 수의학과 교수

청소일까, 학살일까.

대한민국 정부는 '청소'로 여기는 듯하다. 더러운 방을 쓸어내고 오염될 기미가 보이는 물건을 죄다 내다 버리는 정도랄까. 그래서 이름도 '처분'이다. 살처분. 다른 편에서는 '학살'이라고 말한다. 그냥 학살이 아니라 '생매장 대학살'이다. 그들은 차마 구제역 뉴스를 볼 수가 없어 텔레비전을 꺼버린다고 한다. 포클레인에 실려 꿈틀대는 돼지들의 사진에 눈물을 흘린다고 한다. 경북 안동에서 구제역 의심 신고가 접수된 이후, 2010년의 마지막 두 달간 이 땅에서는 200만 마리에 가까운 가축들의 청소 또는 제노사이드를 집행했다.

이번 직설은 그 어느 때보다 전문적이면서 살벌하다. 초대 손님으로 모신 서울대 우희종 교수(수의학과)의 입에선 어려운 의학 용어와 함께 극단적인 표현들이 쏟아져 나왔다. "산천을 피로 물들이는…… MB는 카인 장로님…… 생명의 윤리를 저버린." 그만큼 지금의 상황과 그 후과가 두렵기 때문이다.

우희종 교수는 '광우병' 하면 떠오르는 수의면역학 전문가다. 1980년대부터 '프리온 단백질' 연구에 관심을 가져왔고, 정부가 미국산 쇠고기를 수입하던 2008년에 변형 프리온에 대한 우려를 제기했다. 정부로부터는 광우병 공포를 과장한다는 공격을 받았다. 《조선일보》, 의사협회와는 아직까지 법정 소송을 벌이고 있다.

그는 인문학과 통섭하려는 보기 드문 과학자이자 '과학맹신주의'를 경계하는 불자이기도 하다. 지면에 다 담지는 못했지만, 줄기세포 연구로 대표되는 영생에 대한 자본주의적 탐욕을 오랜 시간 비판했다. "근대 과학은 겸손해야 한다"는 말을 여러 번 되풀이했다.   고경태

구제역을 구제하라

한홍구 | 끔찍한 일이 벌어지고 있는데 살처분, 이게 최선입니까?

우희종 | 발생 초기엔 일정 범위에서 살처분을 할 수 있지만 초기 방식을 아무런 생각도 없이 유지해가고 있는 거죠.

서해성 | 수의학자로서 이 야만적인 동물 제노사이드에 대한 소감은?

우희종 | 사람과 동물, 나아가 병원균이라 말하는 미생물들도 이 생태계 구성원입니다.

서해성 | '살처분'이라니, 다른 종에 대한 최소한의 예의나 배려, 윤리가 부족하지 않은가 싶습니다. 구제역 대응 과정이 대단히 파괴적, 비생명체적인데요.

우희종 | 처음 발생한 지역의 특성을 제대로 파악하지 못했고, 조금 확산된 시점에서 즉시 예방 접종을 했어야 하죠.

카인 장로님, 피의 소리가 들리지 않습니까?

한홍구 | 백신 접종이 효과가 없다고도 하고, 백신을 맞으면 청정국 지위가 흔들리고 브랜드 가치가 떨어진다고도 합니다.

우희종 | 정부에서 처음에는 청정국 이미지 때문에 백신을 쓰면 안 된다고 고집했죠. 한데 우리나라에서는 돼지고기를 거의 수입(주로 칠레산)합니다. 안심 쪽만 수출하는데 끽해야 15~20억 원 규모거든요. 나

우희종

중에는, 백신을 맞아도 균이 체내에 남는다는 논리를 들이댔죠. 군색하죠. 처음부터 백신 처방을 병행함으로써 수많은 동물을 죽이지 말았어야 하는데, 정부도 실기한 걸 알고 이제야 우왕좌왕하고 있는데…… 늦었습니다.

한홍구 | 수출에서는 20억 원 손실, 살처분 보상금은 1조 원을 넘어가잖아요. 청정국 지위를 잃으면 비청정국 국가들로부터 우리 것 사 가라는 통상 압력이 거세진다는 주장도 있던데요.

우희종 | 그건 아니에요. 안 사면 그만이죠. 또 수출은 기업이 하죠. 가축을 잃은 농가들이 아닙니다. 청정 국가, 그렇게까지 고집할 필요 없습니다.

한홍구 | 축산 분야 수출액이 20억 원이라면 강남 아파트 한 채 값에 불과한데.(웃음) 그 때문에 100만이 넘는 목숨을 묻어야 하는지.

우희종 | 방역이란 시시각각 변하는 상황에 대한 매뉴얼이 준비돼 있어야 하고, 그에 따라 신속하게 접목이 돼야 하죠. 신속함과 유연함이 질병 확산 방지의 핵심인데 그게 없었죠.

서해성 | 4대강에 쏟는 관심 100분의 1만 갖고 있었다면 역병이 이토록 심각해지지는 않았을 텐데. 구제역이라는 게 침 흘리고 발톱이 갈라지는 거잖습니까. 입가에는 탐욕의 침이 범벅이고, 민심과도 평화와도 틈이 갈라져버린 게 닮았어요. 구제역 권력.

우희종 | 그건 동물에 대한 모욕이 아닐까요.(웃음) 동물은 탐욕스럽지 않아요.

서해성 | 1997년에 대만에서 구제역으로 동물 360만 마리를 매몰하면서 소농들이 망해버렸습니다. 우리 축산 소농들도 그 길을 피해 가기 어려울 텐데.

우희종 | 이러한 대처 방식의 배후엔 농장, 목장, 농업에 대한 철저한 방기가 자리 잡고 있습니다. FTA 연장선이겠죠. MB는 농축산민이 어

"사람들아, 제발 동물처럼만 살아라!"

떻게 되든 관심이 없어 보여요.

한홍구 ｜ 미국산 쇠고기를 수입하려고 방치했다는 말이 나올 수밖에 없는 상황이군요.(웃음)

서해성 ｜ 200만 마리를 살처분하는 걸 보면서 농업과 축산에 대한 살처분이 진행되고 있다는 생각마저 들었어요. 소농들은 도시 프롤레타리아로 주변화하겠죠. 악순환이 손에 잡힐 듯이 보입니다.

우희종 ｜ 생산 농민의 빈민화뿐 아니라 국민 생존권이 달렸습니다. 고기나 식량이 없으면 외국에서 사 먹으면 된다는 장사 논리는 다가올 식량 전쟁에서 우리 운명을 거대 다국적 기업에 맡겨놓는 셈이거든요.

서해성 ｜ 동물 학살 숫자로 따지자면 한국전쟁 때 죽은 사람 수를 넘어서고 있어요.

한홍구 ｜ 그건 3년 동안이고 지금 사태는 두 달도 채 안 되어 벌어진 일이죠.

서해성 ｜ 얼어붙은 땅덩어리 밑이 지금 소·돼지 울음소리로 가득해요.

우희종 ｜ 4대강으로는 산과 강을 훼손하면서 그 안쪽마저 동물 피로 물들이는 거죠. 카인이 아벨을 죽이고 피의 소리가 들려온다는 표현이 딱 맞다고 봐요. 장로님이신데 어찌 이렇게 땅속 피의 소리를 듣지 못하는지. '카인 장로님'이 아닌가! 대통령이 며칠 전에 매몰 현장을 방문했는데, 50일이나 지나서 무슨 생각으로 갔는지 모르겠어요.

서해성 ｜ 영하 18도 추위 속에 벌어진 일이라 그나마 다행이랄까. 몽골에도 2009년 겨울에 재앙이 밀어닥쳤죠. '차강조드'(혹한기에 일어난 '하얀 재앙') 이듬해 봄 다섯 살 미만 어린이들 사망률이 늘었어요. 동물이 떼죽음하면서 유목민은 도시로 흘러들고. 그나마 살아남은 동물로 병이 이행하는 악순환이 일어났습니다.

한홍구 ｜ 몽골이야 땅덩어리가 넓고 인구 밀도가 낮잖아요. 우리 땅속에선 무슨 일이 벌어지고 있는 건가요?

우희종

수의사들이 살처분에 동참할 땐가

우희종 | 아무도 말을 안 하고 있지만 따뜻해진 이후 심각한 상황이 올지도 모르죠. 매몰 지역을 모니터링하는 철저한 사후 관리가 이뤄져야 합니다. 정부는 관심이나 있는지. 이렇게 좁은 땅덩어리나 높은 인구 밀도 조건에서 검토된 연구는 외국에도 전혀 없습니다.

서해성 | 한국인이 모두 캐리어(전파자)가 되는 셈이죠. 몽골 양상으로 봤을 때 2011년을 장담할 수 없어요. 미처 알지 못하는 새로운 형태로 RNA가 끝없이 변화를 일으킬 텐데.

우희종 | RNA처럼 돌연변이를 잘 일으키는 놈이 없습니다. 구제역을 이런 식으로 대처하다간 바이러스가 인체에 적응할 조건을 형성시켜줄 수 있어요. 자칫 세계적인 재앙의 근원이 될 수도 있다는 겁니다.

한홍구 | 이해영 교수가 직설에서 균형 잃은 한미 FTA를 일러 '글로벌 호구'를 넘어 '글로벌 민폐 국가'가 되는 일이라고 했는데, 아예 '글로벌 재앙 국가'가 될 수도 있다는 말이군요.

서해성 | 스페인독감이나 홍콩독감처럼 코리아가 붙는 괴질의 진원지가 될 가능성도 없지 않죠.

우희종 | 현재 이종 장기 개발을 정부 차원에서 지원하는 건 한국뿐입니다. 가령 돼지 장기를 우리 몸에 부착했을 때 그게 감염되면 종간 장벽 때문에 걸리지 않았던 숱한 병들이 신종 인수공통전염병이 되는 거죠. 이종 장기 개발용 무균 돼지를 만든다는 뉴스를 접할 때 염려를 떨쳐버리기 어렵습니다. 인간 중심의 과학맹신주의가 깔린 '무감각'이 구제역 상황에도 반영되고 있다는 거죠.

한홍구 | 이종 장기, 줄기세포에 대해 엄청난 기대를 걸 수밖에 없는 분들도 있는 게 사실이죠.

우희종 | 몇 년 전 이종 장기 개발 국민합의체 토론에 나간 적이 있어요.

"사람들아, 제발 동물처럼만 살아라!"

"사람이 동물처럼만 하면 됩니다. 합리적 이성의 탈을 쓰고 진행되는 이 사회가 오히려 뭇 생명을 말살하고 있거든요. 근대 과학은 겸손해야 합니다."

"고통받는 장애인들을 외면한다면 생명 존엄에 대한 방기가 아니냐" 고 주장하는 이들에게 그 큰 연구비를 투자해서 나온 장기를 살 사람이 누구이겠냐고 물었어요. 비싼 장기 구매자는 부자이겠죠. 생명 존중보다는 자본과 결탁한 연구가 아닐까요? 이종 장기가 결코 안 된다기보다 고통을 악용해서 성찰하는 척 미사여구로 포장하지 말았으면 하는 거죠.

서해성 | 장기 이식이란 거개가 가난한 자의 장기를 떼서 부자에게 붙여주는 거죠. 이종 장기 문제라고 얼마나 다르겠는지요.

우희종 | 그걸 사회적인 자산으로 만들어 보편적 혜택을 받을 수 있도록 제대로 된 사회적 합의부터 이뤄내야 합니다.

서해성 | 서구 문명사회는 '무균 사회'를 지향하고, '무균 판타지'를 판매해왔습니다. 이는 중세와 변별점이자 서구가 식민지에 강요한 지배 이데올로기로서 위생 변별점이기도 합니다. 불가능한 일인데 말이죠.

우희종 | 불가능할 뿐 아니라 스스로 목을 조르는 일이죠. HACCP(위해요소중점관리기준)도 몸 안에 유해한 미생물과 균형을 맞추기 위해 좋은 미생물도 먹자는 논리인데, 우리는 '깨끗깨끗', '무균무균'만 외치거든요. 이건 면역력 약화로 인간 생존 위험성을 점점 더 높이는 결과를 가져옵니다.

서해성 | 이번 동물 대학살 사태를 보면서 드는 생각인데요. 대지에는 생명 파괴의 4대강, 거실에는 진실 파괴의 미디어 4대강, 땅 밑에는 피의 4대강이 흐르고 있다! 4대강 개발의 끔찍한 확장이죠. 지금 3대 4대강이 흐르고 있는데 하나만 더 추가하면 균형까지 잡힌 4대 4대강이 흐르게 된다는 거죠.(웃음) 구제역 사태로 수의사들이 겪고 있는 트라우마에 대해 말해보죠.

한홍구 | 지금 수의사들이 마치 731부대나 아우슈비츠에 근무하던 의사들처럼 자기들이 배운 지식과 전문성으로 생명을 죽이는 일에 동원

"사람들아, 제발 동물처럼만 살아라!"

되고 있어요.

우희종 | 분노가 일죠. 예전에 수의학(4년제)은 축산 농가의 생산성 보조 역할로서 동물 치료 수준이었죠. 10년 전부터 의학(6년제)으로서 세분화된 전공 분야를 갖추게 됐어요. 이번에 예방 접종을 지원하지 않은 것도 10년 전 대처 방식을 거의 그대로 적용한 거예요. 방역 정책 입안자들은 수의사가 질병 전문가이긴 해도 축산 보조자라는 개념이 박혀 있어요.

서해성 | 인공수정사쯤으로 여기는.

한홍구 | 수의사들에게는 중요한 정체성 문제일 텐데요.

우희종 | 부끄럽지만 수의사들의 책임 또한 커요. 전문가로서 의견을 제시하기보다는 정부의 눈치만 봐온 거죠. 서울대 수의학과에서 구제역 현장에 학생들을 투입하겠다고 했는데, 아마도 전시 효과일 뿐이라는 생각이 들어요. 지금은 수의사들이 살처분에 동참해서 죽일 때가 아니거든요.

한홍구 | 그분들은 '전시 효과'가 아니라 '전시 상황'이라는 인식이 있는 거겠죠.(웃음)

우희종 | 수의학이 생명을 다룬다는 성찰이 빠져 있어요. 낡은 생각을 가진 수의사들이 수의학을 죽이고 있습니다.

한홍구 | 우 교수께서는 그동안 인수공통감염 우려를 거듭 제기해오셨는데 좀 설명해주시죠.

우희종 | 산업 사회 이후에 인구 급증 등으로 인수공통전염병이 급격히 늘어납니다. 지난 30년간 신종 전염병이 50여 종 등장하는데 75퍼센트가 인수공통전염병이죠. 에이즈와 광우병 등. 질병이 일정하게 임계 상태에 다다를 때까지는 그다지 심각하게 못 느끼는 법이죠. 이걸 막으려면 산업과 소비문화가 바뀌어야 하는데 자본 논리 속에서는 거의 불가능하죠.

우희종

'이주노동자 탓'은 무자비한 마녀사냥

서해성 | 우 교수는 80년대부터 되새김동물해면상뇌증(BSE, 광우병 등)에 관심을 갖고 연구해왔습니다. 광우병 관련 논문으로 노벨상을 받은 사람이 둘이나 되는데 광우병의 심각성을 세계가 인정한 터이죠. MBC 〈PD수첩〉에서 CJD(광우병)하고 variant(변종)가 붙는 vCJD(인간 광우병)가 문제가 돼가지고 무죄 판결이 나긴 했지만 검찰이 심하게 닦달을 했습니다. 대개 "그 할아버지 치매 걸렸어"라고 하지 "알츠하이머야"라고 하지는 않죠. 문제의 아레사 빈슨의 어머니라고 다르지 않았을 텐데.

우희종 | 일반인끼리 하는 말을 트집 잡아 학술 대회 수준의 잣대를 들이댄 거죠. 목욕탕에 몸을 담그면서 "시원하다"고 하잖아요? 누가 "뜨거운데? 너 틀렸어"라고 하면 뭐라고 해야 하죠?(웃음)

서해성 | 하늘을 나는 새들을 매개자로 보고 퇴치, 박멸하겠다는 건 참으로 오만한 발상으로 보입니다. 금을 그을 수 없는 하늘을 치료하겠다는 거나 마찬가지인데. 이번 구제역의 숙주나 경로는.

우희종 | 철새가 조류인플루엔자를 옮겨 온다는 말도 가정치로 존재할 뿐이죠. 이번 구제역이 왜 발생했는지조차 잘 모릅니다. 처음엔 베트남 여행을 한 축산 농민에게서 나왔다고 했죠.

한홍구 | 한나라당에서는 민주당의 지방의정보고대회가 구제역을 옮기는 캐리어라고도 했죠.(웃음)

우희종 | 조사해본 결과 베트남형 유전자형이 안 나오니까 정부 토론회에서 이주노동자에게 화살을 돌렸어요. 사회적으로 가장 약자를 타깃으로 삼아서 주원인이라고 하는 건, 정부 태만을 변명하고 덮고자 하는 무자비한 마녀사냥이죠.

서해성 | 우 교수가 말한 대로 수의학이 자본 종속성이 강한 학문 중 하

"사람들아, 제발 동물처럼만 살아라!"

나라면, 〈알프스 소녀〉나 〈플란다스의 개〉 같은 게 그 문화적 생산물이라고 할 수 있거든요. 우 교수는 그동안 수의학을 사회학·인문학영역으로 확장해왔습니다.

우희종 | 내가 전공해온 면역학 또한 파편화된 관점에서 생명을 보고있죠. 인문·사회·자연과학이 서로 분리된 채 가야만 하는가에 대한오랜 고민이 있었어요. 자연과학에서 인문학 쪽으로 이동하는 경우가꽤 있어요. 반대 경우는 드물지만. 그런 비대칭성에 주목할 때가 아닌가 싶어요.

서해성 | 세계적으로 포비즘이 널리 퍼져 있습니다. 국내적으로는 MB정권의 민주주의 파괴, 전쟁 불사 등으로 대중이 공포에 떨고 있고,권력은 대중에 대한 공포가 있습니다.

한홍구 | MB 정권은 우 교수가 광우병 공포를 팔아먹었다고 하고 있죠.(웃음)

서해성 | 지구 온난화·화산 폭발 따위 공포, 까닭 모를 새·물고기 떼죽음에 놀라서 동물 묵시록 지도가 등장하고, UFO가 '창궐'하고, 사람 얼굴을 한 뱀·악어 인간이 문명의 거리(인터넷)를 배회하고 있습니다. 우 교수에게는 인수공통감염 공포가 있고.(웃음) 실로 미노타우로스(반인반우)적인 상황이거든요. MB 권력이 '인수공통적 상상력'을발휘하게 하는 건 다들 아는 일입니다. '쥐박이'는 그 저점에서 형성된 대중 유희죠. 유희를 통해 대중은 공포를 벗어나고자 합니다. 인수공통질병 연구자로서 미노타우로스적 상황을 어떻게 해야 바꿔낼 수있을까요?

사람들아, 제발 동물처럼만!

우희종 | 사람이 동물처럼만 하면 돼요. 합리적 이성의 탈을 쓰고 진행

되는 이 사회가 오히려 뭇 생명을 말살하고 있습니다. 사람이 제발 동물처럼만!

한홍구 | 그러니까 '짐승보다 더한 놈아, 짐승만도 못한 놈아, 짐승' 중 가장 나쁜 게······.

우희종 | 인간 같은 놈아!(웃음)

서해성 | 지구상에서 페스트균은 실험실을 빼놓고는 사라졌어요. 그 자리를 자본주의 욕망이 페스트를 대신해 차지하고 있죠. 카뮈의 『페스트』에 나오는 의사처럼 폭력, 탐욕을 치유하는 '사회 의사'로서 지식인의 역할이 참으로 중요한 때입니다. 우 교수처럼.

한홍구 | 브이(변종) 페스트지.

서해성 | 설화에서 보듯이 옛 인수공통사회는 공생 관계였죠. 자본 사회 이후 집약적 동물 착취 체제가 형성되면서 동물과 사람이 같은 질병에 걸리는 지경에 이르렀습니다. 구제역 사태를 깊이 성찰한다면 사람과 동물이 온전히 함께 사는 계기로 삼을 수 있을 겁니다.

우희종 | 인간의 얼굴을 한 생태계를 내려놓고 사고 전환을 해야 해요. 우리들의 일방적인 욕망 만족을 이 생태계가 더는 허용하지 않습니다. 여기서 되돌아보지 않는다면 자업자득은 당연하다 해도 다른 생명체에까지 영향을 끼친다는 겁니다. 근대 과학은 겸손해야 합니다.

서해성 | 물질적으로는 석유 사회, 항생제 사회, 그리고 단백질 사회로 근대를 압축할 수 있습니다. 석유, 항생제에 대한 경고에 비해 단백질 착취에 대한 성찰은 부족합니다. 홀스타인·버크셔·레그혼으로 상징되는 소·돼지·닭 들에 대한 죄악을 최소화하기 위한 심각한 고려가 필요한 때입니다. 피의 4대강은 그 거대한 신음 소리이자 경고입니다.

"사람들아, 제발 동물처럼만 살아라!"

잘못은 새에게 있다

중증급성호흡기증후군(SARS, 사스) 매개체로 오해받아 사향고양이 1만 마리가 하루아침에 처형된 게 6년 전이다. 사향과 약, 커피 루왁을 뽑아내거나 모피, 음식(룽후더우, 수이주훠마오)으로 밥상에 오르던 고양이는 인간 질병의 대속자로 둔갑해서 속죄 염소(양) 노릇을 해야 했다. 과학의 이름으로 완성한 주술적 행위였다. 그럴 즈음 놀랍게도 호흡기증후군은 급성으로 자취를 감추어갔다. 과연 주술의 힘은 강했다.

속죄 염소에서 보듯 일찍부터 동물은 사람들의 죄를 대신 짊어져왔다. 유대 역사만이 아니다. 죄를 씌운 뒤 염소를 황야로 내쫓으면서 사람들은 중얼거렸다. 그와 함께 죄는 씻겨나갔다. 잘못을 염소가 다 가져갔으므로. 그리고 한 유대 청년이 대속의 나무에 매달려 못 박혔다. 인간 세계 고통의 상당 부분은 주술이 맡아왔다. 과학자들이 죽은 새에서 병원체를 찾아내면 미디어는 이를 대중에게 주술적으로 유포시켜왔다. 그런 과정에서 가정치는 사실로 굳어간다. 새 질병에 대한 공포 덕분에 미디어 소비는 극대화될 수밖에 없다. 이때부터 새들의 비행 각도로 조류인플루엔자(AI)는 퍼져나가고, 모든 철새는 인플루엔자의 전파자가 된다.

오늘날 사람과 동물이 앓는 유행병 대부분은 특정 지역 풍토병이었다. 식민지 시대 이동(여행, 탐험, 침략 등)은 질병으로 세계를 하나로 묶었다. 도시화와 도로, 철도, 항로는 그걸 빠르게 퍼뜨리는 경로였다. 인수공통질병은 구구한 말이 필요 없이 자본의 광적인 단백질 착취(집단 사육)와 유통에서 말미암았다. 그런 점에서 유행감염병의 발생과 숙주와 매개체는 이윤만을 추구하는 야만적 자본과 무능한 정치권력이다.

오래도록 질병의 출처는 대개 자신들의 식민지였던 아프리카, 아시아였다. 몇 해 전부터는 국경 없이 날아다니는 새 따위가 문제다. 자본이 책임 회피를 위해 만들어낸 속죄 염소로는 새가 마지막 주술이 될 게다. 유행병을 막을 수 있는 유일한 길! 이 새들에게 여권을 만들어주어야만 한다. **서해성**

우희종

"새해 복지 많이 받으세요!"

이상이 —복지국가소사이어티 대표

손이 한시도 가만있지 않았다.

설명하는 손, 개탄하는 손, 대안을 제시하는 손……. 오케스트라 지휘자의 그것보다 더 바쁘게 그의 손이 허공을 갈랐다. 울산 출신답게 억센 경상도 사투리까지 곁들여져, 말 그대로 '열변을 토하는' 것처럼 보였다.

한국 사회에 복지 담론을 앞장서 제시했던 싱크탱크 '복지국가 소사이어티'. 이 단체의 공동 대표인 이상이 제주대 교수(의과대)가 오늘의 초대 손님이다. 설을 앞두고 그와 함께 제2민주화 운동으로서의 '복지'를 이야기했다.

그는 정책전문가이기 이전에 의사다. 의과대학을 졸업한 뒤 예방학으로 전문의 과정을 마쳤고, 대학원에서 보건정책학을 전공했다. 그 뒤 새정치국민회의 보건의료정책 전문위원(1998~2000), 국민건강보험공단 건강보험연구원장(2004~2007), 건강보험 하나로 시민회의 상임위원장(2010~)을 지내며 의료보험의 통합과 보장성 확대를 위해 힘을 써왔다. 2007년 10월부터는 '복지국가 소사이어티'를 통해 신자유주의 양극화에 맞서는 '보편적 복지국가' 어젠다를 주도하고 있다.

직설이 끝난 뒤, 그는 네 살 때의 사고 경험을 들려줬다. 버스에 오른쪽 다리를 치여 지체장애인이 되면서 일찍이 비주류 의식을 갖기 시작했다고 한다. 의과대학 때도 노동자들을 진료하고 파업을 지원하는 비주류였다. 지금도 마찬가지지만 '조명받는 비주류'임을 실감한다고 했다. '복지'가 주류가 되는 세상이 가까워진 것일까.

고경태

복지 투쟁은 제2의 민주화 운동이다

한홍구 | 외국에서는 광범위한 사회복지법을 '소셜 시큐리티 로'(Social Security Law)라고 하잖아요. 한국에선 그게 뭔지 아세요?

이상이 | 말은 그럴듯한데…….

서해성 | 손님 모셔놓고 퀴즈부터 내는 거요?

한홍구 | 1970년대에 전향 않고 출소한 좌익수를 다시 잡아들이는 '사회안전법'이 영어로 이렇죠.

서해성 | '복지'가 2010년 6·2 지방선거에서 '벤또 투쟁'(무상급식 요구)으로 터져 나왔습니다. 윤봉길 의거 이후 '벤또'가 웬만한 무기(천안함)보다 세다는 걸 새삼 보여주었죠.(웃음)

이상이 | 천안함이 벤또쯤이야 가볍게 이길 줄 알았겠죠.

성장과 분배는 함께 가야 한다

서해성 | 복지를 하려면 더 성장해야 한다는 게 보수 쪽의 오래된 주장인데요.

이상이 | 성장과 분배는 동전의 앞뒷면, 금실 좋은 부부처럼 떨어지면 안 되는 거죠. 둘의 대립적 이분법을 주장해온 게 보수 선진화 세력입니다. YS 때 세계화를 주장하며 등장한 세력들이 개발해낸 성장 담론이죠. 성장을 잘해 그 과실이 떨어지면 저절로 분배가 된다는. 요렇게

이상이

본 건 세계에서 미국밖에 없죠.

서해성 | 정리하면 친미 복지 정책이네요.(웃음)

한홍구 | 그게 미국식 '소셜 시큐리티 로'죠. 〈식코〉 같은 거 보면 식접하지만, 그래도 미국 메디케어는 14퍼센트 국민이 돈 한 푼 안 내고 의료 보장을 받을 수 있죠. 최소한 그런 장치는 있죠.

이상이 | 미국 복지는 시장에서 탈락한 사람에게만 주는 거죠. 시혜적·선별적 복지죠. 철저하게 약육강식인 시장에서 도태된 사람들을 다시 시장으로 밀어 넣기 위해 약간 밥을 굶깁니다. 그래도 못 들어가는 사람들은 근로 능력과 자산을 조사해가지고 엄격히 선별해요. 그 14퍼센트에 들기가 무지 어렵습니다. 몸이 되게 아프고, 가진 게 없어야 하고, 근로 능력 없는, 3관왕이 돼야 해요.(웃음) 이거 고시만큼이나 어려워요.

서해성 | 영국에서 빅토리아 시대에 주택과 보건 의료 개념이 나오는 게 노동자의 건강 유지가 생산력에 도움이 되기 때문이었거든요. 복지는 자본가를 위해서도 꼭 필요한 일이라는 거죠.

이상이 | 1930년대 세계 대공황 등 혼란이 일면서 사회권 의식이 생겨납니다. 2차 대전 뒤로는 케인스주의에 입각한 복지국가가 제도화되죠. 자본주의의 황금기라고 하는 때에 스웨덴 같은 나라에서 복지와 경제가 한 쌍이 되는 겁니다.

한홍구 | 북구에서는 공산주의 확산을 복지국가라는 개념으로 막았다면, 대한민국에서는 미국이 막은 셈이죠.

서해성 | 스웨덴 기초연금제도는 볼셰비키 혁명 전인 1913년에 도입했는데, 그때 최빈국 중 하나였거든요. 돈이 많아서 복지를 하는 게 아니라 복지를 통해서 사회 생산력이 높아졌다는 겁니다.

이상이 | 복지 잘해서 성장 못한 나라가 없죠. 복지가 형편없는데도 성장한 유일한 나라가 미국이었는데 부동산과 금융 거품으로 가짜 성장

"새해 복지 많이 받으세요!"

이었다는 게 2008년에 입증되었죠.

한홍구 | MB가 "이 정도면 복지국가라고 해도 과언이 아니다"라고 했어요.

서해성 | "청년들이 패기를 갖고 벤처기업을 창업하고 중소기업과 국외 일자리에 더 많이 도전하는 것이 해법"이라고 청년 실업 방안을 밝히거나, 스웨덴 국왕한테 들었다면서 "스웨덴도 복지 체제가 시대에 맞지 않아 후퇴시키려 한다"고도 했죠. 임금님이 고깃국이 물린다고 하니 한낱 가난뱅이가 그 말을 따라 하는 격이랄까.

이상이 | 2011년 복지 재정이 86조 4천억 원(예산의 28퍼센트)인데 MB는 역대 최대 복지 예산이라고 했어요. 전년보다 5조가 늘어 증가율 6.3퍼센트입니다. 국민연금 수혜자들 늘어나죠, 국민기초생활보장자들 수령액도 물가 상승분에 맞게 늘어나거든요. 5조가 다 자연 증가분이죠. 근데 물가는 4퍼센트 올랐어요. 역대 최저죠.

한홍구 | 복지국가를 하려면 예산이 몇 퍼센트 정도 되어야 한다고 보시는지.

이상이 | 유럽 선진국들은 50퍼센트가 넘죠. GDP(국내총생산) 대비 정부 복지 지출 비중으로 보자면 우리가 7.5퍼센트(2007년 기준)인데 OECD(경제협력개발기구) 회원국 평균은 21퍼센트이죠. 스웨덴은 30퍼센트를 사회 복지에 씁니다. 유럽은 1960년대에도 13~16퍼센트. 50년 전 그들보다 못한 7.5퍼센트 갖고 복지국가 타령이니.

빨갱이보다 더 나쁜 포퓰리즘?

서해성 | 이제 '파이브 이어즈 훈', 오세훈 시장 이야기를 해보죠. 며칠 전 망국적 포퓰리즘 완성편에 가깝게 '쥐덫 위의 공짜 치즈론'을 주장했죠. 공짜 치즈는 목숨을 담보한다느니.

이상이

이상이 | 박근혜 의원 의식해서 한나라당 토대가 되는 세력을 등에 업으려고 하다 오세훈이 저렇게 망가지는구나 싶어요.

한홍구 | 보수 세력 향해서 "무상 급식 내가 막겠습니다" 출사표를 던진 셈인데, 왜 저렇게까지 나가죠?

이상이 | 당내 경선 이기려는 거죠. 박근혜가 무상 급식 반대를 얘기했으면, 오세훈은 한국형 복지 확대론을 들고나왔겠죠.

서해성 | 어쨌든 한국에서 마침내 복지가 화두로 떠오르기 시작했습니다. 절차 민주주의를 넘어 이제 사회·경제 민주화를 통한 삶의 민주화를 이룩하고자 하는 거지요. 보수도 이 압박에서 자유롭지 못한 겁니다. 이 복지 투쟁은 바야흐로 제2의 민주화 운동이라고 잘라 말할 수 있습니다.

한홍구 | 역사적으로 보면 복지는 원래 보수가 이야기해야 하는 거 아닌가요?

이상이 | 시혜적 복지는 그렇죠. 17~19세기 출현한 신흥 자본가 세력은 인민의 삶을 책임지려고 했던 가부장적 보수였죠. 그 이미지를 박근혜가 가지려고 하는 거죠. 한나라는 신자유주의 보수거든요. 박근혜와 오세훈의 중첩과 갈등엔 이유가 있는 겁니다.

한홍구 | 여태까지 진보는 거룩한 이야기를 주로 했는데 복지의 주체는 그런 투사가 아니죠. 찌질이들, 보통 사람들이 나서는, 정말 민주주의의 근육이 생기기 시작했다는 느낌이 들어요.

서해성 | 복지 혁명, 제2민주화 분위기가 일고 있는 거죠.

이상이 | 과거엔 국가가 해준 게 없어도 살아왔거든요. 1970~1980년대 고도성장으로 일자리도 많았고 가족 복지가 있었어요.

서해성 | 향토장학금이야말로 가장 오래된 복지죠.

이상이 | 이젠 부모를 못 모시잖아요. 형제들 못 돕잖아요. 신자유주의 10여 년 하면서 다 무너져버린 거예요. 중산층을 포함해 보통 사람들

"새해 복지 많이 받으세요!"

이 복지가 필요하다고 느끼는 거죠. 보육·교육·등록금·일자리·연금, 그게 2010년 6·2 지방선거 때 무상 급식을 계기로 터져 나왔어요. 벤또 밑에 보편적 복지에 대한 요구가 들끓고 있다는 겁니다.

서해성 | 김상곤, 곽노현 교육감 후보가 벤또 때문에 빨갱이 공격을 받았는데, 그래도 사람들은 표를 찍어버렸어요. 한국인들이 복지 투쟁을 통해 레드 콤플렉스를 넘고 있다는 겁니다.

이상이 | 민주당이 내놓은 3 더하기 1 복지(무상 급식·무상 보육·무상 의료·반값 등록금)에 대해 한나라당이 단지 포퓰리즘이라고 했어요.

한홍구 | 지구상에서 젤 나쁜 게 포퓰리즘이 돼버렸어요. 빨갱이보다 나쁜.(웃음)

이상이 | 그 말이 나온 게 '무상' 때문인데, 무상은 공짜가 아닙니다. 복지는 공짜가 아니라 연대적 세금, 서로 돕는 세금, 우리 사회가 하나 되는 세금입니다. 왜 무상이냐? 교육, 보육, 의료든 그 복지 서비스를 이용할 시점에 현금을 내지 않는다는 것뿐이죠.

한홍구 | 이용할 때마다 돈을 내는 것은 아니지만 거액의 입회비와 연회비를 미리 내놓는 사교 클럽을 공짜라고 부르지는 않지요.

서해성 | 스웨덴에서 이룩한 '국민의 집' 개념이 되겠네요.

이상이 | 우리는 사회 임금에 비해 소득 임금의 비중이 너무 높아요. 내 생활비 중에서 시장에서 벌어 온 소득과 사회적으로 주어진 소득 복지로 받는 돈이 스웨덴은 반반이거든요. 우리는 8퍼센트밖에 안 됩니다. 시장에서 못 벌어 오면 굶어야 해요. '국민의 집'을 잘 지어야죠.

한홍구 | 무상 급식 반대하는 사람들은 재벌 집 애들에게도 공짜 밥을 줘야 하느냐 하지만, 사실 선별적 복지는 비용과 부작용이 매우 크죠.

이상이 | '선별'이라는 게 선별당한 사람에게는 수치심을 줄 수밖에 없어요. 선별 과정에 비용도 들고 공정성 시비가 일겠죠. 국민기초생활보장대상자 3퍼센트를 골라내는 데도 자격 시비가 생기지 않나요?

이상이

"무상은 공짜가 아닙니다. 복지는 공짜가 아니라 연대적 세금,
서로 돕는 세금, 우리 사회가 하나되는 세금입니다."

미국의 메디케어도 14퍼센트인데 안상수 대표는 70퍼센트를 고르겠대요. 맨정신으로 하기 어려운 말이죠.(웃음)

'선별'을 괄호 속에 감춘 박근혜식 복지론

서해성 | 박근혜 의원이 연평도 사태 무렵에 한국형 복지론을 내놓았습니다.

이상이 | 아버지 덕분에 '밥 먹여주는 보수' 이미지가 있는데, 한계 또한 뚜렷합니다. 생애 주기에 걸친 맞춤형이라는 게 '선별해서' 맞춰주겠다는 거거든요. '선별'을 괄호 속에 생략한 거죠. '보편적 맞춤'이면 얼마나 좋겠어요.

서해성 | 박근혜가 야당 정치인인가요? 정치적 영향력 최소 2위인데, 진짜 좋은 거라면 당장 해야 하는 거죠. 당선되면 하겠다는 건 '장롱 속에 든 금송아지' 같은 거죠.

이상이 | 박근혜가 설령 대통령이 된다 해도 그걸 실현하지 못한다고 봅니다. 제대로 된 복지국가를 하려면 주장해온 '줄푸세'를 버려야 하는데 어렵죠. 세금 '줄'이자면서 대기업에 세금을 더 물릴 수 있겠어요? 규제 '풀'자면서 복지는 규제 강화인데 대기업이 받아들일까요? 법을 '세'우자인데 정말 공정한 법을 세우자면 지지 세력이 가만 놔둘까요? 신자유주의 경제에서 복지국가 경제로 바꾸지 않고선 생애 주기형 맞춤 복지는 헛구호에 불과합니다.

한홍구 | 박근혜가 지금 내세운 것만이라도 하려면 사실 기득권층과 엄청나게 싸워야 할 거예요. 자기 공약만이라도 집행하려면 5·16 다시 한 번 해야 할지도 몰라.(웃음) 박정희도 1963년 대선에서 좌익 전력 때문에 사상 논쟁에 휩싸였는데, 따님도 빨갱이 소리 들어야 할 거야.

서해성 | 유신 공주, 얼음 공주라고 하는데 훨씬 심각한 게 '침묵 공주'

이상이

예요. 연말 예산안 날치기를 보면서 '형님 예산, 각시 예산은 있어도 누님 예산은 없구나' 했어요. 복지마저 날아간 날치기에 대해선 한마디도 안 한 채.

한홍구 | 허구성이 분명히 있지만 세상 돌아가는 걸 빨리 읽고 복지 카드를 먼저 빼 들었죠. 중요한 어젠다를 선점하는 감각을 보면 경시할 대상이 아니죠. 사실 박근혜 아니었으면 지금 복지가 우리 사회에서 중심적인 화두로 부각될 수 있었을까요. 미국에서는 복지가 진보 표인데, 한국에서는 노인 표 상당 부분을 민주당보다 박근혜가 흡수할 가능성이 큽니다.

이상이 | 박근혜 복지론을 둘러싸고 한나라당 내부에서 논쟁이 벌어지는 건 정치 발전이나 사회 진보에 이로울 게 틀림없습니다.

서해성 | 조세 저항이 있겠지만 사회복지세를 걷어야 하지 않을까요? MB는 평화세도 아닌 (흡수)통일세도 걷자고 하는 판인데. 어떻게 재정을 확보할 수 있을까요?

이상이 | 실제로는 자산과 소득 상위 10퍼센트 사람들에게 걷는 것이기 때문에 사실상 부자 증세입니다. 우리나라 부자들이 존경받지 못하는 이유가 불로 소득, 투기 소득에 의존하면서 탈세하거나 세금을 적게 내기 때문이잖아요. 부자를 좀 자랑스럽게 만들어줘야 해요.

서해성 | 현 조세 제도에서도 세금을 더 걷을 수 있는 대목이 많죠?

이상이 | 부동산·증권·금융 자산 등 자산 불로 소득의 규모가 실물 경제(1천 200조 원)보다 7배(7천 500조 원)죠. 조세 정의를 세워 징세를 해야 하는 건 당연한 일인데, 꽤 긴 시간이 필요한 게 문제죠. 국세청 직원도 늘려야 할 거고. 자산에 부유세 먹이자는 주장을 정동영 의원이 하고 있거든요. 지금 민주당 주장은 고작 종부세 정도를 환원하는 수준입니다.

한홍구 | 부유세란 말이 주는 부담감 내지 거부감이 있는데요.

"새해 복지 많이 받으세요!"

이상이 | 사회복지기여세 등으로 바꿀 수 있다고 생각합니다. 부자 증세 대상이란 게 상위 1~2퍼센트거든요. 부유세가 영원히 계속되는 것도 아니고 일정 기간 지나 지하 경제가 지상으로 드러나는 시점에 없애야죠.

한홍구 | 조세 제도도 바꿔야죠. 직접세 비중을 높이고 누진세를 도입하고.

이상이 | 직접세는 누진적이고 연대적이기 때문에 우리 사회가 복지국가로 가는 길이죠. 개인소득세의 경우 OECD 기준(GDP 9.2퍼센트)에 우리(4.4퍼센트)는 반도 안 되죠.

서해성 | 4대강 예산만 22조 원인데, 복지 담론도 중요하지만 이를 실현할 정치권력을 제대로 뽑는 게 참으로 중요하죠. 덧붙여 평화 군축을 통해 많은 부분을 사회 복지 비용으로 돌릴 수 있잖아요.

이상이 | 2011년 예산의 28퍼센트가 복지비인데 35퍼센트까지만 늘려도 괜찮습니다. 이렇게 하려면 먼저 토건 예산을 줄여야죠. 국방 예산은 한국 현실에서 손대기 어려운 부분도 있고요.

밥·몸·일·집을 하나로!

한홍구 | 복지 전문가들이 국방 예산을 성역화하는 것에 반대합니다. 복지국가의 미래상은 말할 것도 없고 그동안의 민주화와 경제 발전, 남북 관계의 변화도 우리 국방 체계와 병역 제도에 반영되어 있지 않아요. 노무현 정권이 입안해놓은 것을 MB가 뒤집었는데, 사회복무제도처럼 삽질하는 병력을 복지 전달 체계에 활용하는 방안을 적극 검토해야 합니다.

이상이 | 항구적 평화가 안착되면 국방비에서 줄일 여지가 크죠.

서해성 | 국민들에게 복지국가를 널리 알리는 일 또한 긴요합니다. 세

이상이

계적인 청년 실업 대책이 된 벨기에의 '로제타 플랜'은 영화 〈로제타〉에서 나온 것이거든요. 복지 이론만이 아니라 대중적 복지 콘텐츠가 필요한 시점입니다.

한홍구 | 국가가 복지를 안 하다 보니 기업이 제공하는 복지가 중요했어요. 그런데 기업별 복지의 바깥에 비정규직이라는 무수한 사람들이 있는 게 문제죠.

이상이 | 가령 현대중공업 있잖습니까? 정규직 노동자는 아파서 병원 가면 진료비를 회사가 다 대줍니다. 자녀들의 대학등록금도 다 대줘요. 복지가 완벽해요. 똑같은 일 하지만 하청 기업 소속이나 비정규직은 회사 복지가 제로입니다. 기업별 복지를 국가별 복지로 보편화시켜놓으면 영세 기업, 비정규직 노동자도 한숨 돌리게 됩니다.

서해성 | 한국어에서 가장 소중한 것들은 다 한 글자입니다. 밥·몸·일·집.

이상이 | 직업 유무, 직위 높낮음을 떠나 기본적인 민생, 곧 밥·몸·일·집은 보장되어야 하죠.

한홍구 | 어차피 병원에 갖다 바치는 돈, 학원에 갖다 바치던 돈을 다 모아서 국가에 세금으로 내놓고 국가로부터 그만큼씩의 혜택을 받는 거죠.

서해성 | 곧 설인데 귀향, 귀성이란 말과 함께 '향토장학금'이 떠오릅니다. 연고를 통해 도움을 받으니 연고에 이바지하려는 '연고 복지'가 아닌 더 큰 사회적 복지, 복지권을 새겨보는 설이었으면 합니다.

이상이 | 오늘날 자식들이 부모님께 효도하기 어렵습니다. 살기 바쁘고 어려워 개인이 효도하는 건 시효를 다했습니다. 절대다수 중산층과 서민은 효도 못합니다. 사회적 효도, 제도적 효도를 해야 해요. 바로 보편주의 복지입니다. 제도를 통해 항구적 효도를 하는 세상이 어서 왔으면 좋겠습니다.

"새해 복지 많이 받으세요!"

〈개그콘서트〉와 케네디

가갈갈갈— 〈개그콘서트〉는 참 기막힌 프로그램이다. 지금은 사라져버린 '나를 슬프게 하는 세상'은 시민운동이나 정치판을 훨씬 앞질러 갔다. 찌질해 보이는 술 취한 회사원 박성광이 외치는 "국가가 나한테 해준 게 뭐가 있는데"는 복지 논쟁이 벌어질 수밖에 없는 대중의 정서를 정확하게 포착했다. 박성광이전, 우리는 케네디의 후예 아니었던가? 국가가 나를 위해 무엇을 할 것인가를 생각하기 전에 내가 국가를 위해 무엇을 할 수 있는가를 생각하자고! 『정통종합영어』의 독해 풀이를 통해 우리는 이 가르침을 외우고 또 외웠다.

무시무시할 뿐만 아니라 거룩하기까지 한 국가를 상대로 찌질한 주정뱅이가 삿대질하게 된 걸 보니 한국 사회가 많이 민주화된 모양이다. 그러나 그 코너가 금방 사라진 걸 보니 아직 민주화가 멀었나 보다. 아, '같기도' 식으로 표현하면 이건 민주화가 "된 것도, 안 된 것도" 아니다. 참 맞는 말이다. 민주화는 과정이니까.

'시장을 통한 분배'라고라? 이명박 등 기득권 세력은 낙수 효과를 이야기했다. 위가 넘쳐야 아래가 적셔진다는 것이다. 그런데 윗것들이 방수 처리를 너무 잘해서 위에는 홍수가 나도 아래는 여전히 사막이다. 술 취한 박성광이 자다 말고 벌떡 일어나 외치는 "국가가 나한테 해준 게 뭐가 있는데"는 IMF 10년을 거쳐 MB 정권 3년을 살아낸 서민들이 마침내 "못 참겠다 꾀꼬리!"를 크게 외친 것이다. 시장과 국가를 둘 다 시장 만능을 외치는 윗것들에게 맡겨놓으면 소는 누가 키우고 탐욕의 시장은 누가 견제할 것인가?

대한민국은 이태리 장인이 한 땀 한 땀 수놓은 명품 추리닝을 입을 수 있는 자들만 사는 곳이 아니다. 한 올 한 올 늘어진 파란 추리닝을 입고 장판을 뒹구는 백수도 사회 지도층과 똑같이 한 표를 행사하는 곳을 우리는 민주공화국이라 부른다. 뉴라이트들은 좌빨들이 대한민국 국민으로서 자부심이 없다고 거품을 문다. 우리도 그 말이다. 우리도 한번 가져보자고! 대한민국 국민으로 태어나길 천만다행이라고 느낄 수 있는 복지국가, 우리 한번 만들어보세. 대한민국에 안 되는 게 어딨니?

한홍구

이상이

"신흥 TV 깡패,
멱살 잡고 흔들겠다"

이강택 —KBS PD, 전국언론노동조합 위원장

시사 PD? 예능 PD?

그는 〈KBS 스페셜〉로 이름을 날렸다. 'FTA 12년, 멕시코의 명과 암'(2006), '얼굴 없는 공포, 광우병'(2007)이 대표적이다. 〈시사투나잇〉, 〈세계는 지금〉, 〈추적 60분〉도 거쳤다. 선이 굵은 시사 프로그램 프로듀서 출신이다. 한데 예능 PD를 해도 어울리겠다는 생각이 들었다. 비장한 출사표를 던졌지만 거룩하지만은 않았다. 허를 찌르는 농담이 끊이지 않았다. 어느 때보다도 돌발적인 폭소탄이 자주 터졌다.

2011년 3월 2일 취임한 전국언론노동조합(이하 언론노조) 이강택 위원장을 모셨다. 1만 5천여 명에 이르는 전국 언론노동자의 총대장이다. 그와 함께 새롭게 태동 중인 종합편성채널(이하 종편)에 관하여 이야기를 나눴다.

대기업과 신문사는 종편 채널의 지분을 30퍼센트까지 소유할 수 있다. 2009년 7월 날치기로 통과된 미디어법 개정안의 골자다. 방송통신위원회는 2010년 12월 31일 각각 조 · 중 · 동과 《매일경제》가 최대 주주인 CSTV, jTBC, 채널A, MBS(한국매일방송)를 종편 채널 사업자로 선정했다. 조 · 중 · 동 방송의 출현이다. 이강택 위원장은 '괴물의 출현'이라고 못 박았다. "절대악에 맞서 반지원정대(!)를 시급히 결성하겠다"고 말했다. 언론노조 위원장에 출마하며 내세웠던 구호처럼 '대반격의 시대'를 열겠다고 했다.

대한민국 미디어 해양의 지각판이 뒤틀리고 있다. 지진과 해일이 몰려올 징후다. 그 한가운데 이강택 위원장이 서 있다.

고경태

서해성 | MB 취임 만 3년이 되는 날(2월 24일) 위원장에 선출되었는데, MB와 뗄 수 없는 관계가…….(웃음)

이강택 | 정권 교체 소명을 띠고 태어난 위원장! 그쯤 되겠죠.(웃음)

한홍구 | 2년 반 '귀양' 살았죠? KBS 사장 바뀐 뒤에 연수원(수원)에 근무했는데, 프로그램은 못 만들고.

이강택 | 강사비 지급이나 음식점 예약 같은 일을 했어요…… 태어나서 처음 편하게 살았죠.(웃음)

서해성 | 자, 다음 이름을 듣고 말해보세요. 김인규, 구본홍, 차용규, 정국록, 양휘부, 최규철, 임은순, 이동관, 최시중…… 이들의 공통점은?

이강택 | 낙하산? 정치과?

서해성 | 김인규, 구본홍, 최시중은 아예 보통명사고, 차용규는 OBS(경인방송), 양휘부는 코바코(한국방송광고공사)…… 언론사와 언론 관련 기관을 다 꿰찬 MB 대선 캠프 특보들! 여기에 청와대 가서 '쪼인트 까인' 김재철(MBC) 사장만 추가하면 돼요.

한홍구 | 못 간 사람도 있죠. 줄 선 사람이 100명이 넘을 텐데.

서해성 | 종편 방송사를 4개밖에 만들지 않았구나, 이런.(웃음)

한홍구 | 촛불(시위) 때문에 1년을 까먹었잖아요. 5년 동안 나눠 먹어야 할 사람들이 4년에 나눠 먹게 되니까 사람들이 밀려 있을 거예요. 촛불이 밉겠지.

이강택

대한민국 방송가엔 비행금지구역이……

서해성 | 노 정권 아래서 광우병 취재 등을 어렵게 진행하지 않았나요? 멕시코가 미국에 FTA 당해서 어떻게 망가졌는지 살펴본 다큐(2006)를 내보내 큰 반향이 인 뒤 회사 반응은 어땠어요?

이강택 | 기획 단계부터 회사에서 안 좋아해 'FTA 12년, 멕시코의 명과 암'이라고 붙였어요. 방송 나간 뒤에 "왜 '암'만 다뤘냐"고 야단났죠.(웃음) "눈 씻고 찾아봐도 '명'은 없더라"고 본 대로 주장했죠. 그땐 그래도 뜻을 세우고 덤비면 할 말은 할 수 있는 시기였어요.

한홍구 | 노 정권이 1년 반 남아 있을 때 미국 쇠고기 취재했잖아요. '광우병'은 〈PD수첩〉보다 이 위원장이 먼저 세게 다뤘는데. 이 PD가 어디에 쓴 글을 보니 〈PD수첩〉 김은희 작가, 김보슬 PD를 응원하던데, 사실 죄질은 이 PD가 더 나쁘지 않나요?

이강택 | 〈PD수첩〉 재판 때 제가 검찰 쪽 증인이었어요. 이 PD가 만들었을 때는 이렇게 선정적이지 않았다면서. 그 뒤 한국 검찰이 공인한 공정성 있는 PD라는 자부심을 갖고 삽니다.(웃음)

서해성 | 지금 PD들 제작 환경이 어떤가요?

이강택 | 뭐, 비행금지구역이 설정됐다고 봐야죠.(웃음)

한홍구 | MB와 김인규 체제는 리비아 사태 터진 것과 마찬가지라는 거군요.

서해성 | 사라진 KBS 프로그램들을 꼽아봅시다.

이강택 | 대표적으로는 제가 CP(책임PD)를 맡았던 〈시사투나잇〉은 사라졌고, 〈추적 60분〉은 빈사 상태로 가고 있고요. 저쪽에서도 단번에 하면 저항이 세니까 다양한 방법을 써요.

한홍구 | 제목 바꾸고, 사람 바꾸고, 내용 호물호물하게 만들고…….

이강택 | 그렇게 하면 자연히 반응이 시원찮겠죠. 만드는 사람도 곧 피

"신흥 TV 깡패, 멱살 잡고 흔들겠다"

곤해지죠. 그러다 두 시즌 정도 되면 사라지는 거예요. 〈추적 60분〉은 통제가 용이한 곳으로 조직을 이동시켰어요. 제작 본부에서 보도 본부로 관리를 바꿔 서서히 말려 죽이는 거예요.

서해성 | 현장 책임제에서 일을 경리부로 옮기는 식이군요.

이강택 | 지금 〈PD수첩〉은 합성 모델을 쓰려는 거 같아요. 시사교양국에서 편성 본부로 옮기고, 최승호를 비롯한 PD들을 분산시켜서 아침 방송, 외주 관리로 편제해버리고. 편성 본부는 대개 파일럿(실험)이나 위의 오더를 받고 계기성 특집을 만든다든지 하는 덴데.

한홍구 | 〈PD수첩〉에서 아랍에미리트 유전 수주가 얼마나 큰 성과인지도 보게 생겼네요.(웃음)

서해성 | MB께서 방송의 이런 상태를 다 합쳐 뭐라고 한 줄 알아요? 딱 한마디로 줄였는데, 프레스 프렌들리!(웃음) 프레스! 누른다!

이강택 | 기가 막힌, MB의 자백!

이렇게 선별적 '복지'를 베풀어도 되는 겁니까?

서해성 | 기자협회 설문 조사■에 기자 83.9퍼센트가 MB 언론 정책을 부정적으로 보더라고요. 피디연합회 조사에서 PD들은 90퍼센트가 그렇게 생각해요. 왜 PD들이 더 높을까요?

이강택 | 기자들 중엔 '짬밥'이 찰수록 자신들이 출입처나 권력과 동급이라는 착시 현상을 느끼는 사람이 많죠. PD들이 접할 수 있는 쪽은 연예 권력 정도랄까.(웃음)

한홍구 | 국회의원 중 PD 출신은 없네요. 한국이 언론인 출신 의원이 가장 많은 나라 중 하난데.

■ 한국기자협회가 2010년 8월 한길리서치에 의뢰해 전국 기자 300명을 대상으로 벌인 설문 조사.

이강택

서해성 | PD들 자부심을 가져야겠네.(웃음)

이강택 | 일부에선 '아픔'이라고도 얘기하는데.(폭소)

한홍구 | 언론이 '워치도그'(감시견)가 되지 않고 '애완견'이 되고 있는데, 그 야성을 회복하려면?

이강택 | 폴리널리스트들을 엄정하게 심판을 해야죠. 우선 이번 재보선에 출마한다는 MBC 사장 출신 엄기영 씨부터.

서해성 | 종편 이야기로 넘어가죠. 기자협회 조사에 KBS 신뢰도가 6.9퍼센트, 《조선일보》 6퍼센트, 《한겨레》가 16.6퍼센트로 1위더군요. 수신료 인상 반대는 70.5퍼센트. 이렇게 형편없는데 시청료 올리는 게 가능한가요? 항간에 KBS2를 판다거나 시청료 올린 뒤 공영 방송은 광고 안 한다는 식으로 해서 광고를 쪼개 준다는 말이 돌아요. 실질적 세금으로 조·중·동을 먹여 살리자는 건가요?

이강택 | 현재로선 광고 축소는 계획안에 없어요. 근데 시작할 땐 다 그런 거 아냐?(웃음) 종편은 지상파 채널과 똑같은 위력을 발휘합니다. 보통 케이블 채널은 한 장르만 하지만 이건 뉴스, 드라마, 오락도 다 하는 거예요. 국민 여러분들이 꼭 아셔야 돼요.

한홍구 | 20여 년 전 SBS를 만들 때도 말이 많았잖아요. 이제는 네쌍둥이를 한꺼번에 데리고 온 거죠. 최시중 방송통신위원장 입장이 "애만 낳아라. 우리가 키운다"라고 이 위원장이 말했던데.(웃음)

이강택 | 정부가 양육을 책임져준다는 거죠.

한홍구 | 무상 복지네요.(웃음) 게다가 애들 넷만 하는 선별적 복지.

서해성 | 아까 소문이 내력이 없지는 않은 거네요.

이강택 | "아니 땐 굴뚝에 연기 나랴"는 말을 할 수밖에 없죠.(웃음)

한홍구 | 누가 불을 땠나? 누가 나무를 해 오고?

서해성 | 아궁이에 불을 피우려면 신문지로 먼저 붙이잖아요. 신문지!(웃음)

"신흥 TV 깡패, 멱살 잡고 흔들겠다"

이강택 | 방송사는 광고를 미디어렙으로 묶잖아요. 한국방송광고공사 같은 곳에 의무 위탁을 해야 한다고요. 조·중·동 종편은 알아서 영업하도록 일체 규제 안 하겠다는 거예요. 깎아주든, 공갈 협박을 해서 기사랑 바꿔 먹든.

한홍구 | 격투기에서 딴 놈은 팔 하나씩 묶어놓고 조·중·동은 사지 자유롭게 싸우라는 거네요.

이강택 | 방송발전기금은 방송사에서 걷는 거거든요. 공공의 재산으로 이익을 남기는 거니까 일정액을 뗀단 말이죠. 민방에는 이걸 상당 기간 감면·면제해주겠다는 거예요. KBS와 EBS는 케이블들이 의무재송신(보편적 접근권 보장)을 해줘요. 종편에도 이걸 해주겠다는 거예요. 보급소 없어도 동사무소에서 신문 배달해주는 거예요.(웃음)

한홍구 | 근거가 뭐죠?

이강택 | 근거 없는 게 한둘이에요?(웃음) 그다음에 황금 채널 배정하겠다는 거지. 잘되는 백화점 사이사이에서 장사하는 사람들(홈쇼핑 사업자 등) 내쫓고 조·중·동 방송에 주겠다는 거죠. 유식한 말로 '지대'(地代)를 누리는 거잖아요.

한홍구 | 조·중·동이 미워서나 언론 자유가 아니라 시장 경제 원칙을 지키기 위해서라도 이거 막아야겠네. 나 우파 맞네.(웃음)

이강택 | 그렇죠. 정말 우파들도 분노해야 할 일이에요.

서해성 | 신흥 TV 깡패가 출현하는 거죠.

이강택 | 잉태하는 과정도 불륜에 혼외정사였죠. 그 자체가 난개발의 모든 요소를 갖고 있어요.

종편 폐지를 위한 단계별 작전과 3불 운동

서해성 | 날치기에 위헌이라면 '자궁 외 임신'이 더 적당해요.(웃음) 만

화영화 보면 악마가 출현할 때 흡사한 과정을 거치잖아요. 이상하게 태어나, 기묘하게 크고, 괴상하게 구는. 악마의 인큐베이팅 과정을 '쌩중계'로 보고 있습니다, 지금.

이강택 | 게다가 잡아먹어요, 다른 케이블을. 배스, 황소개구리처럼 약자를 해치우는 거지. 이쯤 되면 다른 쪽에서도 여기 붙게 되죠. 이들이 서로 엮이면서 좀비가 되는 거예요. 좀비가 물면 좀비가 되잖아요. 조·중·동 종편은 언론 생태계의 건강성을 치명적으로 해치는 절대악입니다.

한홍구 | 옛날 보도 지침이 외부에 타박상을 입힌다면 이건 유전자를 바꾸는 거네요.

서해성 | 각하 측은 "일자리 창출 위해 미디어 4대강(종편)을 만든다"는데, 반박해보시죠.

이강택 | 그렇게 성장이 잘될 거라면 왜 특혜를 주려고 난리를 칠까?

서해성 | "지상파 독과점이 심해서 민방을 한다"고도 하는디?

이강택 | 다양성? 에이! 공영 방송이 내적 다양성의 구현체라는 건 언론학의 생기초예요. 그 안에서 여러 시각을 가진 제작진들에게 자율성을 보장함으로써 다양한 보도가 나오게 하고, 그럼으로써 국민이 가진 표현의 자유가 실현되도록 하는 거죠. 근데 조·중·동에 논조의 차이가 있기는 한가요?

서해성 | 과점의 표본인 조·중·동에 TV를 준다는 건 독과점 해체가 아니라 확장인 거죠.

이강택 | 사실상 검열 체제로 유지하면서 아무리 많은 걸 설립하고 만들어봤댔자 같은 맛만 늘어놓는 격이죠. 여기는 김장김치, 저기는 묵은지, 거기는 나박김치, 그래봤자 다 김치 아녜요.

한홍구 | 그만해도 다행이죠. 방씨네, 김씨네, 홍씨네, 장씨네 묵은지만 잔뜩 내놓는 꼴이죠.

"신흥 TV 깡패, 멱살 잡고 흔들겠다"

"종편은 지상파 채널과 똑같은 위력을 발휘합니다. 보통 케이블 채널은 한 장르만 하지만 이건 뉴스, 드라마, 오락도 다하는 거예요. 국민 여러분들이 꼭 아셔야 돼요. 게다가 정부가 종편의 양육까지 책임져준다는 겁니다."

서해성 | 전임 최상재 위원장은 파업에 단식, 삼보일배, 헌법재판소 앞에서 1만 배까지 하느라 고생했어요. 신임 위원장은 "대반격의 시대를 열겠다"고 호언했는데.

이강택 | 오죽하면 굶었겠어요. 전, 단식은 안 합니다. 되레 굶을 놈들을 굶게 하겠다는 거죠.

서해성 | 어떻게 싸워나갈 건가요? MBC 노조위원장이 해임되고, YTN 6명 잘렸는데.

이강택 | 뒤로 물러나다 보면 어느새 버릇이 돼요. 물러날 때 보면 지가 살아야 하니까 옆 사람 신경 안 쓰거든요.

한홍구 | 도망갈 땐 쪽팔려서 피차 할 말도 없어요. (웃음)

이강택 | 정세는 이미 변해 있는데 아직 마음이 안 풀렸어요. 이제 방향 전환하고, 창의적 전술을 시작해야 할 때예요.

서해성 | MBC 〈우리들의 일밤〉 '나는 가수다'에서 가수 이소라가 "난 가수다. 나에게 부끄럽지 않기 위해 최선을 다해 부른다"고 했어요. 언론인들도 배워야 해요. "난 언론인이다!"

이강택 | "너도 기자라며? 너는 PD라며?"(웃음)라는 냉소를 받고 있죠. 그런 점에서 지금 언론의 위기는 기본적으로 언론인의 위기입니다.

서해성 | 얼마 전 이해영 교수와 직설을 하면서 FTA 취소를 공약으로 건 자를 대통령으로 뽑자고 한 적이 있어요. 4대 종편, 취소할 수 있는 겁니까?

이강택 | 그거 이야기하려고 이 자리에 왔죠.(웃음) 태어나선 안 될 생명이기 때문에 도로 그 자리로 돌려놓아야 합니다. 이건 병균이거든.

한홍구 | 로드맵을!

이강택 | 1단계는 이들만 받는 '무상 복지' 특혜를 막는 거예요. 서식 조건을 없애야 하는 거죠.

서해성 | 누가 해요?

"신흥 TV 깡패, 멱살 잡고 흔들겠다"

이강택 | 우리가! 언론노조, 시민사회단체, 야당, 시청자. 2단계는 방송 시작 전부터 총선 전까지 3불 운동을 펼치는 겁니다. 첫째, 불참여. 종편들은 초반에 꼴통 보수가 아닌 척하기 위해서 한 교수 같은 사람들에게 접근하는 거죠. 하면 안 됩니다.(웃음) 철저히 고립시켜야죠. 둘째, 불시청. 민방에서 나올 콘텐츠는 상업적이고 유해할 게 뻔해요. 시청률이 낮아야 광고 액수가 형편없을 거 아닙니까. 셋째, 불매. 조·중·동에 뒷돈 대준 기업들 물건 사지 말아야죠. 일제가 전쟁할 때 비행기 헌납해준 거랑 같아요.(웃음) 3단계는 총선 뒤 의회 권력의 변화를 이용해야죠. 민방에 주어진 특혜를 환수·폐지하는 입법안을 제출하고 국민청원운동을 벌여 대선 전에 힘을 못 쓰게 해야 해요. 청문회를 열어 허가 문제도 따져야죠.

종편의 2라운드 편제, 외국 자본을 주목하라

서해성 | 조·중·동 종편 폐지를 대선 공약으로 내놓는 사람을 찍어야 겠네요.

이강택 | 마지막이 섬멸! 대선을 통해 권력을 바꾼 뒤 세무 조사를 똑바로 해야죠. 유통 시장에서 불법 판매 단죄하고, 재허가 심사에서 탈락시켜야 합니다. 전임 최상재 위원장이 미디어 악법 통과를 1년 이상 늦추는 큰 공을 세워놨어요.

한홍구 | 종편이 착근을 못 한 상태에서 2012년에 총선, 대선을 치르게 만들었죠. 근데 조·중·동을 포함해 4개나 허가를 해줘 다들 놀랐잖아요. 지들끼리 싸우다 망할 확률도 높지 않을까 하고.

이강택 | 안이하게 판단하면 안 되고, 장기적인 구도를 이렇게 봅니다. 중앙 종편에 아사히TV, 동아 종편에 후지TV가 들어와 있어요. 저들도 4개 다 살아남는다고 생각하지 않을 거예요. 외국 자본이 포함됐

다는 점이 중요하죠. 어차피 2차로 편제를 다시 할 거예요. 1라운드 겨뤄보고 약한 쪽은 M&A 한다고 보는 거지. 손해 안 보고 팔아넘기고, 그러다 외국 자본들이 왕창 증자할 거예요. 큰 공룡을 만들어가는 거예요. KBS 같은 공영 방송은 관영화되고, MBC도 약화되고. 지금까지는 정치권력이 앞장섰지만 다음엔 자본의 판으로 만들어간다는 게 최종 목표라는 거죠.

서해성 | 위성방송(스카이라이프, 2000)도 KT 컨소시엄이 이긴 건 LG가 루퍼트 머독과 손잡았던 게 저항감을 준 거거든요. 한미 FTA에서도 외국 자본엔 방어적인 태도를 취하면서 민방만은 다…….

이강택 | 정병국 문화체육관광부 장관이 "이제는 일본 대중문화에 대해 더 개방의 폭을 늘릴 때가 되었다"고 했어요. 그것도 삼일절에. 일본 콘텐츠 가지고 종편 장삿길 터주겠다는 거죠.

서해성 | 신임 위원장으로서 시청자와 독자 여러분께 한 말씀을.

이강택 | 제가 정권 교체를 말하는 이유는 이 정권이야말로 반언론 세력이고 언론 파괴자이기 때문입니다. 이 정권과 언론 자유는 공존할 수가 없어요. 언론이 언론답게 서기 위해 가장 중요한 조건이니 반드시 이뤄내야지요. 20년 넘게 국민 여러분이 매월 2천 500원씩 내는 돈 일부를 받아 생계를 꾸려왔는데, 앞으로 2년 동안 그 빚을 제대로 갚고자 합니다.

서해성 | MB 정권 들어 말이 사라지고 있어요. 말이 사라진 광장에는 쇼만 남는 거죠. 정의는 장식품이 되고.

위리안치, 맹호출림

조선 시대 형벌에 유형이 있었다. 흔히 하는 말로 귀양, 즉 멀리 유배를 보내는 것이다. 죄질이 고약한 경우에는 '위리안치'라고 해서 귀양 간 곳에서 가시가 많은 탱자나무로 울타리를 치고 집 밖에 못 나가 게 했다. 귀양에 가택 연금까지 더한 것이다. 그래도 드나들 사람 다 드나들고 애까지 낳고 살았다. 귀양 가는 사람들이 다 양반이나 종친이라서 그랬는지, 조선 500년 동안 유배지에서 탈출한 사람이 거의 없다.

KBS 정연주 사장의 팔을 비틀어 쫓아내고 김인규 체제가 등장한 뒤, 이강택 PD는 수원에 있는 인적자원센터 연수팀으로 '귀양'을 갔다. 이명선 앵커의 헤딩라인 뉴스로 선풍적인 인기를 끈 〈시사투나잇〉을 비롯하여 'FTA 12년, 멕시코의 명과 암', '얼굴 없는 공포, 광우병' 등 엄청난 파급력을 지닌 프로그램을 제작한 CP급 고참 PD는 쫓겨 가 인턴사원이 맡아도 될 만한 식당 예약 같은 일이나 하며 지냈다. 양반이 아니라서 그런가, 이강택은 '성은'을 입지도 않았는데 자기 손으로 '해배', 즉 귀양을 풀고 서울로 왔다. 언론노조 위원장이 되었으니 '역당' 그것도 아주 시끄러운 '역당'의 수괴가 된 것이다.

평소 허물없는 사이인지라 우리는 KBS 피디협회장, 한국피디연합회 회장에 이어 언론노조 위원장 자리에 오른 그를 보고 '관운 만땅'이라 놀려댔다. 그러나 우리는 안다. 한 사람의 이력을 평가할 때는 그가 어떤 자리를 거쳤느냐만이 아니라 언제 그 자리를 맡았느냐 하는 점을 보아야 한다는 것을. 해방 뒤 갑자기 나타난 너무 많은 독립투사들, 민주 정권 수립 이후 홀연히 등장한 수많은 민주 투사들이 어떻게 나라를 망쳤는지를 지겹게 보아왔기 때문에.

이강택은 우람한 체구에 호랑이 상이다. 이강택이 유배지를 탈출한 것을 보고, '대반격의 시대'를 열겠다는 그의 공약을 보고, 그리고 직접 만나 제일 시끄러웠던 직설을 하고 나니 '맹호출림'이란 이런 때 쓰는 말이구나 하는 생각이 들었다. 이웃 나라의 큰 지진 피해에, 그리고 '일본군 위안부' 생존자로 다큐 〈나의 마음은 지지 않았다〉의 주인공인 송신도 할머니도 실종되셨다는 소식■에 우울했던 마음이 조금은 위안을 받는다. 마음만이 아니라 현실에서도 지지 않을 것이라는 믿음에.

한홍구

■ 다행히도 송 할머니는 쓰나미 재해 6일 후 무사하다는 소식이 알려졌고, 2011년 8월에는 광복절을 맞아 여성가족부 초청으로 고국을 방문했다.

이강택

"'밀미친일허중빌러용북'이
MB 외교냐?"

입이 아프다.

한홍구와 서해성 둘 다 말을 많이 했다. 초대 손님이 없으니 입이 쉴 틈이 없었다. 오랜만에 단출한 직설이다.

이번 콘셉트는 한마디로 '추석 선물'이다. 독자 여러분께 한가득 말의 꾸러미를 선사한다. 이름하여 'MB표 추석종합선물세트'. 반환점을 돈 이명박 정부 체제에서의 정치 · 경제 · 사회 · 문화상을 도마 위에 올려놓고 총체적으로 칼질을 해보았다. 가족과 친지와 친구와 이웃과 함께 세상만사를 곱씹어보며 '고담준론'을 나누기 좋아하는 독자라면 이 요리상을 탐하시라. 이야기 배틀을 위한 실탄이 될지도 모른다. 부디 대화를 리드하시길.

고경태

한가위 전야, 레임덕 전야

서해성 │ ABR 아시죠? 에니싱 벗 노무현!(Anything but Roh). 노무현만 아니면 된다. 노무현이 한 건 아무것도 안 한다.

한홍구 │ "나 안 해"로 시작한 정권이죠.

서해성 │ 앓던 사랑니도 두었다가 나중에 이 해 넣을 때 쓰면 좋다는데, 민주 정부 10년이 마음에 안 들더라도 사랑니처럼 여기고 계승했더라면 좋았겠죠. 근데 여성부와 과학기술부가 노 정권 시절로 복귀한다잖아요?■ 압권은 MB가 러시아에 가서 제2개성공단 만들겠다고 한 거죠. '제1'이나 좀 잘하라고 해서.

한홍구 │ 처음엔 모든 언론이 노무현처럼 하지 않으면 성공한다는 분위기였죠. 그러다 바로 자살골을 넣었어요. '아린지'와 전봇대■■로 오픈 게임을 시작했죠. 18대 총선에서도 대박을 맞았는데 한 달쯤 지나 촛불이 터졌지.

어떻게 국가가 깡패보다 못한가

서해성 │ 초기 MB 정부의 성격을 '고소영', '강부자'라고들 하는데, 그

■ 취임 뒤 여성부와 과학기술부를 폐지했던 이명박 정부는 2010년 가을 각각 여성가족부와 교육과학기술부로 부활시켰다.
■■ 취임 전 이 대통령이 대불공단 전봇대를 뽑게 한 일.

두 사람이 배우를 그만둘 수 없듯 MB 정권도 속성을 바꾸기 어렵죠. 정치 이야기로 풀어가죠.

한홍구 | 민주-반민주 구도가 무너지고 MB는 참여정부 시절 탄생한 "부자 되세요" 슬로건을 가속화시켜 중산층을 몰아갔죠.

서해성 | 의회가 무시되면서 정당은 날치기와 거수기 구실아치가 되었어요. 다만 한 가닥 정치가 살아 있었는데, 박근혜 의원한테 사정하기죠.(웃음) 얼마 전 두 사람이 만났는데 대화 내용이 전혀 공개되지 않았어요. 모종의 거래를 느끼게 하는 밀담은 정치도 민주주의도 후퇴시키죠. 사흘 전 MB가 대자본가들 만나서 "나는 기업 마인드이지 정치 마인드가 아니다"라고 했는데, 정치인은 정치를 해야죠.

한홍구 | 우리가 정치인을 야바위꾼이니 욕해도 대화가 되는 이유가 있어요. 정치인은 다음 선거를 걱정해요. 다음 날 강의 없는 교수랑은 술 마시지 말라는 농담이 있는데, 진짜 상종 못할 부류는 다음 선거 나올 수 없는 정치인이지. 정치 마인드 없다는 게 민심에 대해 책임지지 않겠다는 거죠.

서해성 | 미국산 쇠고기 수입하면서 '한우 없는 경제'로 시작했잖아요. 민심 농사 안 짓기로 한 셈이죠. 오직 토건만이 경젠데, 정보통신부 없어진 것도 토건이 IT를 잡아먹는 사례라고 하죠. 돌이켜 보면 '명박산성'이란 게 컨테이너로 강에 물막이하듯 민심을 차단한 거죠. 토건적 축성술의 전형. 그때 깨달았죠. 이순신 장군이 과연 수군이로구나. 최초로 민심의 바다를 만난 거지.

한홍구 | 이순신 장군은 우릴 안 막았어요. 촛불집회 때 다들 장군 밑에서 사진 찍고.

서해성 | 경찰청장이 한 가지 애국은 했어요. 동상 뒤에 성을 쌓으면서 이순신이 국민 편임을 일깨워줬지.

한홍구 | 어청수 입장에선 이순신이 선봉장이었죠.

"'밀미친일허중빌러용북'이 MB 외교냐?"

서해성 | 그리고 이후 2년 반 동안 대한민국이 비정규직 국가로 치달아 갔어요.

한홍구 | 비정규직은 MB가 훨씬 더 악화시켰지만, 그 판을 깔아준 게 누구냐. 민주 진영이 정권을 내주게 된 건 그 때문이죠.

서해성 | 토목도 일반 토목은 다 죽었다죠.

한홍구 | 강바닥을 파면서 떼돈 버는 줄 알았는데 최근 대구에서 골재 업자가 자살했잖아요. 토건업자라고 다 돈 버는 게 아니야. 여덟 구간 중에 하나 빼고 동지상고 출신들이 해먹었다는 거죠.

서해성 | 일반 토목 죽고, 건축 죽고, 결국 4대강 토목만 남았다는 건 데, DTI(총부채상환비율) 규제 풀어서 무너지는 아파트값을 서민 빚으로 괴어놓겠다고…… 촛불 이후 검경 통치로 나라가 바뀌었어요. 정치인·기업은 검찰, 일반 서민은 경찰이 다스리게 된 거죠. 실질적 공안 통치에 민간인 사찰도 당연한 양 부활해버렸죠. 일반 민주주의의 후퇴를 한마디로 말할 수 있는 게 노무현 대통령 국민장 노제를 서울시청 앞 광장에서 막은 일이라고 할 수 있죠. 나중에 야당 의원들이 항의해서 뚫었지만. 그때 저쪽에서 주장했던 게 "광장에 심어놓은 풀이 죽으니까 안 된다"였어요. 풀이 사람을 잡아먹는 나라야.

한홍구 | 박정희·전두환 때는 공안 통치가 몇 배 심했어도 희망이 있었죠. 지금은 젊은이들에게 훨씬 암울한 기운이 뻗쳐 있는 거 같아. DJ 때만 해도 어쨌든 IT나 벤처 신화가 있었고, 노 정권 때는 사회를 어떻게든 바꿔보자는 열망이 있었죠. 요샌 특권층이 다 해먹고 음서 제도가 공공연히 시행되는 걸 보면서 무슨 희망을 갖겠어요.

서해성 | 군부 독재 시절에는 사회가 성장 과정에 있어서 기회가 확장되리라는 포괄적인 믿음이 있었죠. 정부가 잘해서가 아니라 국민이 노예적으로 성실했던 거죠. 독재가 망하리라는 확신도 있었고. 지금은 양극화로 압축되는 미래의 불투명, (외교통상부 유명환) 장관 딸 특

혜 채용을 보면서 노력해봤자 나는 안 되겠다는 분위기가 퍼지고 있어요. 낙담이 사회 전염병으로 퍼지고 있죠.

한홍구 | 사회 문제에서 용산도 빼놓을 수 없지.

서해성 | 국가가 깡패보다 못할 수 있다는 걸 보여줬죠. 용역은 사람을 죽이진 않잖아요. 죽이면 구속이라도 되고. 권력이, 없는 사람들에게 이렇게까지 악랄할 수 있구나…….

한홍구 | 그 용산 사업이 중단됐어요. 탐욕의 과실을 따 먹지도 못할 거면서 국가가 편들어 주변 땅까지 완전히 망쳐놓은 거죠.

김정일과 김정은이 같은 차에 탈 리가……

한홍구 | MB 문화 정책에 대해 한마디 해보시죠.

서해성 | 간명하게, 매우 유인촌스럽다! 장관이 한 번도 안 바뀌었으니 어긋나지 않는 말이죠. 미디어법은 조·중·동과 깊은 내연 관계고, 방송 장악이라고 하는데 엄밀하게 언론 자유라는 기본권 파괴 행위죠. KBS에선 PD 귀양 보내기가 부활했고.

한홍구 | 좌천이죠, 귀양은 벼슬이 떨어지는 거고.(웃음)

서해성 | 몇 가지 더 정리하면 김윤수(국립현대미술관장) 수염 뽑기, 김정헌(한국문화예술위원장) 방 빼기, 이창동 〈시〉를 시시하게 만들기. 또 김제동·윤도현·김미화 쫓아내거나 야코죽이고. 천안함으로 넘어가죠. 한국 CIA 책임자와 대사를 지낸 도널드 그레그가 "그래 그" 말을 자주 하고 있는데.

한홍구 | 그레그가 한국 우파를 여러 번 욕보이네. 원래 우파 쪽인데, 한국 우파하고는 격이 안 맞아서 함께 못 놀겠다는 거죠.

서해성 | 그레그와 러시아 천안함 보고서 소문으로 보자면, 천안함이 금강산으로 올라가는 중이죠. 자칫 '제2금강산댐'에 가까워지는 거

아닌가 싶어요. MB가 러시아 보고서 말이 나오자 "러시아가 변한 게 없다"고 하더니, 갑자기 왜 찾아간 거죠……

한홍구 | 급하면 젤 가까운 화장실 가야지.(웃음)

서해성 | 다들 김정일이 후계자 승인받고자 만주에 간 양 썼던데▪ 퍽 아동스럽다는 생각이 들었어요. 이쪽에선 대통령 후보나 취임하면 일단 미국부터 가니까 상상력도 사대적으로밖에 안 되는구나.

한홍구 | 이북같이 권력 승계를 중시하는 나라에서 왜 둘이 같은 차를 타고 가겠어요(만일의 사태에 대비해 중요 권력자들이 같이 움직이지 않는다는 의미).

서해성 | 김일성으로 박사 된 역사학자로서 좀 더 해봐요.

한홍구 | 지린에서 김일성 항일무장투쟁 유적인 베이산 공원을 방문했더군요. 'ㅌㄷ'(타도제국주의동맹 머리 자음) 직후의 공간인데.

서해성 | 위원(육문)중학교도 갔더라구요. 카터를 평양에 둔 채.

한홍구 | 만나야 할 이유는 별로 없었죠. 클린턴 만난 뒤에도 된 게 없는데. 카터가 미국 정부의 메시지를 가지고 간 것도 아니고.

서해성 | 북한 체제 특성상 남에게 권력 승계를 인정받는다는 건 거의 성립하기 어려운 일 아닌가요.

한홍구 | 김일성이 항일 투쟁 시절에 한 말이 있어요. "당신은 누구 승인 받고 혁명을 시작했나요?"

서해성 | 북한은 오직 그거 하나 갖고 집안 유지하는 건데. 김정은을 데리고는 갔을까요?

한홍구 | 안 데리고 갔다고 봐요.

서해성 | 근래 한국 외교를 한자 성어로 정리해봤어요. 우선 '친미'를 넘어 '밀미' 시대야. 아주 딱 붙어버렸어, 꿀처럼. 다음으로 '친일'. 또

▪ 김정일 국방위원장의 2010년 8월 중국 방문. 김정은의 동행 여부는 확인된 바 없다.

서해성·한홍구

'허중', 중국엔 허당 짓만 하고 있어. 러시아는 아닐 비(非) '비러'에서 '빌러'가 되었어요.(폭소)

한홍구 | '빌러 외교' 그거 기가 막히다.

서해성 | 밑줄 정리하면 '밀미친일허중빌러' 외교. 북한은 어떻게 정리해볼까. 이승만 땐 차라리 반북이었는데, 지금은 그것도 아니죠.

팔아먹을 마지막 카드, '친시민'과 '공정사회'

한홍구 | 남쪽 보수의 집결 수단으로 북한을 쓰는 측면이 크죠. 그래, 용북! 북은 남북 관계도 동북아도 아닌 국내 차원에서 수구 결집 카드로 써먹는 수준이죠. 그러니 정치는 퇴행하고 남북 관계가 경색될 수밖에.

서해성 | 남남 갈등을 조장하는 거예요. 남북 관계 개선은 남한 내부의 분단을 넘어설 뜻이 있어야 가능한데 말이죠. 그런데 실은 이제 정상회담 안 하면 안 되는 궁지에 몰리고 있죠.

한홍구 | 이북한테 카드를 준 셈이죠. 전두환은 1983년 아웅산 테러 사건이 터진 뒤에도 정상회담 하자고 했어요. 거기에 비해 현 정부는 너무 옹졸해.

서해성 | 분단을 평화로 바꾸고자 한 두 대통령을 작년에 얼결에 보냈는데…….

한홍구 | 역사에서 두 페이지를 지웠어요.

서해성 | 두 양반 서거가 민주 정치의 위축을 압축한다고 생각해요. 김소월 시 「나는 세상모르고 살았노라」에 "무덤에 풀이라도 태웠으면"이란 구절이 나오죠. 2010년 2월에 김대중 전 대통령 묘소를 누군가 불태운 걸 이계안 전 의원이 발견했어요. 아직 범인을 못 잡고 있는데, 그 일이 바로 민주주의가 방화당했다는 걸 패륜적으로 상징하죠.

한홍구 | 어느 사회나 룰을 파괴하려는 자들이 있지만, 한국 수구들을 보

면 천박함은 둘째 치고 프로그램이 저거밖에 없나 하는 생각이 들어요.

서해성 | 민주 정권에 침을 뱉은 일, 일단 접어두자 이거예요. 그 와중에 떠난 두 대통령…… 이것도 접어둔다고 쳐요. 그런데 사후 모욕 행위는 진짜 '국격' 떨어지는 일 아닌가요. 쿠데타로 집권한 것도 아닌데.

한홍구 | 우린 그런 정권이 아니라는 쇼를 하기 위해서라도 조현오 경찰청장 내정자를 임명하지 말았어야죠. 그런 의심을 받는 사람은 쓰지 않는다고 해야 국민 화합도 되고…….

서해성 | 암튼 요새 '친서민'과 '공정한 사회'를 외치고 있어요. '친서민'이라는 말에서 MB 정부의 심한 초조를 읽어낼 수 있죠. '공정한 사회' 운운하며 자기네들이 얼마나 불공정했는지 성찰한다기보다, 그거라도 팔아먹지 않을 수 없게 되었다는 걸 자인하고 있는 거죠. 이렇게 '서민 쇼', '공정 쇼'라도 해야 세력 분식을 이뤄 남은 일들을 해낼까 말까 하니 말이에요.

한홍구 | MB가 스스로 내세우고 된 게 하나도 없죠. '반노무현' 갖고 장사해먹으려다 상대방이 사라져버렸지. 세종시는 박근혜 의원이 비토 놔버렸지. 쇠고기 때문에 반년 날아갔지. 뭔가 법으로 힘 좀 써보려고 했는데 '용산'이 꺼림칙하게 터졌지. 미디어법 통과시켰지만 종편 문제 갑갑하지. 4대강 하나 남았는데 반대가 엄청날 테니 그걸 완화시키기 위해서라도 '친서민'을 말로라도 안 할 수 없겠죠.

서해성 | 남은 게 세 가지예요. 시간은 1년. 사실상 정권은 1년 남았죠. 먼저 4대강이라 부르는 대운하.

한홍구 | '토막 난 대운하.'

서해성 | 둘째, 남북정상회담은…… 거의 장담합니다. 셋째, 정권 연장술로서 개헌. 그리고 G20 정상회의.

한홍구 | 20개국 정상이 1박 2일 MT 한다고 뭐가 어떻게 되나요? 그전 정권 시절에도 ASEM(아시아유럽정상회의)도 하고 APEC(아시아태평양

경제협력체)도 하고 많이 했잖아요?

서해성 | 다국적 계 모임으로 분위기 좀 띄우고, 세 가지를 풀어가야 하는데 남은 집권 기간 동안 달리 할 만한 일이 거의 없죠. 레임덕? 더 진한 초조감이 물감처럼 번지고 있겠죠.

한홍구 | 남북정상회담은 여전히 약발이 좋죠. 한국 경제가 IMF를 겪은 뒤 지속 성장할 수 있었던 건 남북정상회담의 가치가 아닌가요. 김정일이 같이 망하자고 들면……

광도 안 들어와, 지들끼리 해먹어서

서해성 | 북에서 남쪽 잘사는 거 남북 평화 덕택이라고 한 적이 있죠. 화투로 치면 서로 상대 패를 거의 들여다보고 있는 건데 갈등이 너무 길었어요.

한홍구 | 북한이 고통스러운데, 타인의 고통을 이용하는 정치도 참 나쁘지. 추석도 앞두고 있는데, 파투만 안 났으면 좋겠어요.(웃음) 지금 국민들 심정이 광이라도 팔아야 하는데 광도 안 들어와요. 시중에 이명박 고도리는 안 떴나?

서해성 | 전두환 고도리, 최규하 고도리, 김대중 고도리는 가능했죠. '전고'는 화끈하게 비광만 들어오면 아무거나 먹을 수 있었어요. '최고'는 져야 이기는 거고. MB는 캐릭터 불명이라. 쓸 만한 풍자감이 못 되는 거죠. 원칙이라기보다 규칙 없는 세상이다 보니 대중 불안이 지배하는 지금 판세는 도리어 고도리 창작 불능 사회야. 패를 짤 수가 없어요.

한홍구 | 암튼 귀성객 여러분, 화투짝 잘 챙기세요. 살다 보면 한판 나가리 날 수도 있지만, 아예 파토 나면 안 되잖아요.

서해성 | 패가 안 맞더라도 이번 한가위까지만 그냥 치세요.(웃음)

"'밀미친일허중빌러용북'이 MB 외교냐?"

바구미 정권

쌀로는 총알을 못 만든다. 대개 총알은 납에 구리와 주석을 씌워 제조한다. 북한 퍼주기가 핵무기 되어 돌아온다고 억지를 쓰곤 하는데, 쌀이 총알로 변하는 건 연금술을 뛰어넘는 놀라운 능력에 해당한다. 탄수화물이 쇠붙이가 된다는 말을 아직까지 들어보지 못한 터다. 퍼주기란 말은 돈보다는 쌀이나 보리 같은 양식에 쓸 때 제대로 들어맞는다. 감투밥을 고봉으로 쌓아 올려서 주는 그득한, 한가위와 잘 어울리는 인심 나는 표현이다.

일찍부터 이 땅 사람들은 쌀 힘으로 살아왔다. 그림 문자인 줄 알면서도 농사꾼들은 쌀 미 자를 여든 여덟 번 손이 가야 입에 들어온다는 뜻으로 귀히 여겼다. 쌀 경작 북방한계선을 끌어 올린 것도 두만강 건너 시베리아로 간 우리네. 남북으로 긴 땅인지라 남녘 들판 쌀로 북쪽 사람들을 먹여온 내력도 길다.

남녘 정권은 벌써부터 묵은쌀로 생색을 내왔다. 지금 나라 곳간에는 쌀 150만 톤이 쌓여 벽이 터져 나갈 지경이다. 그 쌀을 보내 굶어 죽어나가고 있는 사람들을 구하는 게 이토록 힘들어서야 사람 노릇이라고 할 수 있겠는가. 쌀이 썩어나가고 있는 정부미 창고에서 우리네 인간성도 함께 썩고 파먹히고 있다는 걸 알아야 한다. 바구미 능신으로 떨어지지 않기 위해서라도 우리가 행동에 나서야 하는 까닭이다. 이건 애초에 거래 대상일 수 없다.

배고픈 사람에겐 밥이야말로 약이다. 그러므로 쌀은 통일의 씨앗이자 약이자 궁극적으로 열매다. 쌀밥 같은 정치라야 마주 앉은 밥상 같은 대거리가 가능하다. 통일이라는 역사의 밥상도 마찬가지다. 쌀을 그저 축내는 바구미 신세를 면하려면, 통일세 따위 새 방위성금 걷기에 골몰하기보다 쌀을 총알 원료로 둔갑시키지도 말고, 쌀에 굳이 천안함도 섞지 말기를 당부한다.

달빛이 삼천리를 하나로 비추듯 남북이 같은 쌀로 송편을 빚어 먹는 한가위는 이룰 수 없는 꿈이 결코 아니다. 북이 오래도록 송편 없는 한가위를 보내온 걸 모르는 이는 없다. 이참에 남아도는 쌀로 통일 농사의 새 길을 열어가길 비손한다. 그래도 못내 염려스러워 한마디 보태건대, 바구미 정권아, 쌀로는 총알을 못 만든다네.

서해성

4부

그들의 변명,
그들의 희망

"민주당 찍어야 해?"

천정배 —민주당 최고위원

초대 손님, 좀 곤혹스러웠다.

주인장인 한홍구와 서해성은 대화가 무르익을수록 속사포처럼 말을 쏟아냈다. 한홍구는 한민당으로부터 시작되는 민주당의 변천사와 지난 10년의 집권 과정에서 벌인 실책들을 조목조목 짚어냈다. 서해성은 현 민주당이 얼마나 한심하고 답답하고 희망이 없는지에 관해 격한 언어로 비판했다. 게스트의 목소리는 늘 낮은 톤을 유지했고, 주인장의 목소리는 수시로 높아졌다. 주인장의 말이 더 길기 일쑤였다.

민주당 MB 심판 국민위원장직을 맡고 있고, 비주류 중진들의 당내 쇄신 모임을 이끄는 4선의 천정배 의원. 참여정부 시절 법무부 장관을 지내기도 했던 그는 근래 '악법 무효' 피켓을 든 채 거리의 1인 시위 현장에 자주 등장하는 인물이다.

곤혹스런 척했지만, 사실 천정배 의원은 흔들림이 없었다. 민주당을 향한 공격에는 대체로 차분하고 솔직하게 인정했다. '말기 암환자' 등의 노골적인 표현을 써가며 비판하기도 했다. 어쩌면 세 사람이 의기투합을 해도 될 정도였다.

고경태

---

* 《한겨레》 2010년 6월 11일치에 실린 이 '직설'의 제목은 본래 "DJ 유훈통치와 '놈현' 관 장사를 넘어라"였다. 이를 본 유시민 전 보건복지부 장관이 다음날 트위터에 "'놈현'은 저주가 담긴 단어… 한겨레, 어둠 속 등불이던 그 신문이 이제는 더 이상 아닌 것 같다"라는 글을 올리고 《한겨레》 절독을 선언했다. 열성적인 고 노무현 전 대통령 지지자들이 이 운동에 동참했다. 한겨레신문사엔 항의전화가 빗발쳤다. 《한겨레》는 6월 15일치 1면에 편집국장 명의로 "부적절한 표현을 그대로 사용해 노 전 대통령을 아끼고 사랑하는 분들과 독자 여러분께 마음의 상처를 드린 데 대해 깊은 사과의 말씀을 드린다"는 요지의 사과문을 실었다.

한겨레신문사 사내 게시판에도 "'놈현 관 장사'라는 제목이 적절하지 않았다"는 비판글이 떴다. "노무현은 성역이냐, 왜 일부 외부세력에 성급하게 무릎을 꿇나"는 반론도 나왔다. 시민사회와 독자들 사이에서도 '직설'의 내용과 톤, 1면 사과를 놓고 의견이 엇갈렸다. 언론인 김선주는 《한겨레》 2010년 6월 28일치 칼럼에서 "구어체로 우아떨지 말고 말과 글살이를 일치시키자는 취지에서 만든 난인데… 제목이 너무했다는 비난도 동의하기 어렵다"고 썼다가 호된 인신공격을 받았다. 한겨레신문사 노동조합이 발행하는 《진보언론》(2010년 6월 23일치)은 "1면 사과, 논쟁을 가로막다"는 제목으로 4쪽에 걸쳐 사내 안팎의 논란을 전하기도 했다.

직설의 당사자들은 '숨김없이 진보를 말해보자는 취지'가 곡해됐다는 점에 당혹했지만 '정제되지 않은 언어가 독자들을 불편하게 할 수 있다는 점'을 받아들였다. 아쉽게도 이 논쟁은 노무현 정권과 그 계승에 대한 평가, 일간 신문지면에서의 표현 수위 등에 관한 발전적 토론으로 이어지지는 못했다.

DJ 유훈 통치와 노무현을 넘어

서해성 | 짝짝짝, 첫 정치인을 모셨습니다. 마구 다루어야 재밌을 텐데 걱정이 좀 되기도 하고.

한홍구 | 잘 대접해드려야죠. 잘못 소문나면 앞으로 손님 안 올라.

서해성 | 요새 야당을 평가하자면 국회의원은 딱 6명뿐 아닌가요. 민주당 천정배, 최문순, 이종걸에다가 창조한국당 유원일, 민주노동당 강기갑, 이정희. 나머지는 그냥 월급쟁이죠. 그래도 천 의원이 거기 포함돼 모신 셈이죠. 여기에 대해 어떻게 생각하나요.

천정배 | 그 말에 동의하고 나면 내가 심각하게 곤란해지지.(웃음)

서해성 | 첫 번째 덫을 무사히 통과하셨습니다.

정말 4대강 사업 반대하는 거 맞아?

한홍구 | 1회전용으로 우리 두 사람이 3대 질문을 준비했습니다. 이 질문은 다 합쳐봤자 열 자를 안 넘습니다. 불과 아홉 자. 아주 짧습니다. 먼저 세 글자, 이겼나?▪

서해성 | 예스 또는 노로 대답해주세요.

천정배 | 민주당으로선 "노"가 아닌데, 연필 굴려 90점 나온 거예요.(웃

▪ 2010년 6·2 지방선거에서 야당의 압승에 관한 질문.

천정배

음) 서울시장, 경기도지사 졌으니 100점은 아니죠.

한홍구 | 두 번째 질문, 놀랐나?

천정배 | 크게 놀랐지요. 민심은 정말 하늘밖에 모르는가 싶었어요. 막판에 아주 비관적이었어요. 제 지역구인 안산 지역 여론 조사도 선거 3일 전 지는 걸로 나왔죠. 이틀 전엔 더 지는 걸로 나왔어요. 그 전엔 이길 줄 알았거든. 아주 패닉 상태였어요.

한홍구 | 솔직하십니다. 그럼 마지막 질문. 좋은가?(웃음)

천정배 | 끝내주죠!(웃음) 일부에선 선거 뒤에 민주당 의원들더러 왜 웃느냐고 하는데 좋은 건 좋은 거지요. 반성과 별도로.

서해성 | 이번 선거를 보면 민주당엔 슬로건이 없었어요. 노무현 대통령 말기 레임덕까지 합해 한나라당으로 정권 넘어간 지가 실질적으로 5년쯤 됐는데, 어떻게 민주당 입이 명진 스님■ 한 명만도 못합니까?

한홍구 | 그만큼 말발이 약해진 거죠. 명진, 도올이 한마디 빽 했을 때 언론이나 네티즌들이 보인 반응에 비해 민주당 의원들은 아무리 떠들어도 소용이 없어.

서해성 | 마이크는 많은데 스피커에 문제가 생긴거 아닌가요?

천정배 | (한참 시간을 끈 뒤) 조직이 무너졌기 때문이겠죠. 예전의 일사불란한 일인 보스 체제가 무너지면서 창조적 파괴가 이뤄져야 하는데, 파괴는 됐는데 창조가 안 일어났어요. 새롭게 조직화되지 못하고 계속 밀려버린 거죠.

한홍구 | 지난 5년여 동안 어떤 일이 벌어졌는지 짚어봐야 합니다. 현 민주당은 한국 야당사에서 가장 존재감이 없는 최약체 야당이에요.

서해성 | 간단하게 말해서 노무현 때는 좌측 깜빡이 켜고 우회전해서

■ 2010년 3월 봉은사 주지이던 명진 스님이 "이명박 정부가 봉은사를 직영 사찰로 전환하려고 불교계에 압력을 넣었다"고 발언한 내용.

"민주당 찍어야 해?"

열받았고, 지금 민주당은 아예 우측 깜빡이 켜고 우회전하고 있어요.

천정배 | 그 이전의 문제라고 생각합니다. 차라리 보수면 보수대로라도 포지셔닝이 돼야 한다는 거죠. 정체성이 뭔지 워낙 혼란스런 상태가 계속된 거예요.

한홍구 | 집권 의지가 없어 보이니 찌그러진 거죠. 민주당의 엘리트 기득권 세력은 호남인데, 이 사람들은 집권해서 대한민국을 바꿀 생각보다 자기 지역구에서 재선하는 데 더 관심이 있거든. 사실 따지고 보면 4대강 사업 반대한다고 하지만 민주당에서 힘이 나올 수가 없어요. 토건업 관계된 의원이 한둘인가요?

서해성 | 호남은 4대강 반대 안 하는 것 아닌가요? 가령 박준영 전남지사가 지난번 MB 만났을 때 사정했어요. "영산강을 꼭 '개발'해야 한다"고. 선거 뒤에 말이 좀 바뀐 듯도 하고. 경인운하에 대해 송영길 인천시장 당선자도 그렇지 않나요? 앞뒤가 안 맞는 거죠.

철학도, 투지도, 전략도, 비전도 다 없다

한홍구 | 김대중, 노무현 있을 때는 정말 이 사람들이 대한민국을 바꿔보겠다고 의지를 보여주니까 바람이 불었는데, 지금은 민주당 의원 80여 명이 모여도 선풍기 수준이죠.

서해성 | 신민당 때 보세요. 고작 40명이서 박 정권과 붙었죠. 평민당 시절에도 국회의원 몇 명 안 됐잖아요? 그래도 함부로 못 했거든.

한홍구 | 열린우리당 때의 그 무력증, 버릇인 거 같아요.

서해성 | 에이, 한마디로 정리할게요. 동네 왈패들이 싸움을 꼭 숫자로 하나? 깡으로 하지.(웃음) 이게 없다는 거지. 민주당은 옛날 민주당에서 배워야 해요.

천정배 | 지난 15년간 민주당의 상당수 사람들, 변한 게 없어요. 그 사

천정배

람들이 원래 진보적이냐? 썩 그렇지 않아요. "여당 되고 국회의원 떨어질래, 야당 되고 국회의원 할래?" 하면 아마 후자를 택할 겁니다. 게다가 한국 정치는 대통령의 식민지예요.

서해성 | 대통령의 식민지, 그 말 좋네요. 식민지 종류가 한 가지 더 늘었네, 이런.

천정배 | 대통령이 자기 정당을 다수파로 만들고 국회를 장악함으로써 전체 정치를 식민지화하는 게 한국 정치의 모습이에요. 사소한 차이는 있겠지만, 박정희 이후 DJ나 노무현 때도 마찬가지였어요.

한홍구 | 무단 통치냐 문화 통치냐가 문제겠네.(웃음)

천정배 | 대통령이 식민지 정치인들을 디바이드 앤 룰(분할 통치) 합니다. 솔직히 여당 의원 되면요, 장관 하려면 대통령과 가까워야 해요. 장관 겸직을 금지시켜야 해. 내가 해먹어 그런가?(웃음) 혼란을 극복하려면 좋은 지도자가 필요한 거죠.

한홍구 | 좋은 지도자가 없으면 천 의원 같은 분들이 소두목 노릇을 잘하셨어야 하는데…….

천정배 | 저는 중두목 정도인데.(웃음)

서해성 | 이명박 정부는 촛불집회로 출발했어요. 레임덕으로 시작한 셈이죠. 노무현보다 더 취약하다 할 수 있죠. 결국 MB는 불특정 다수에게 복수하듯 정치했어요. 대중이 맞짱을 뜨던 그때 민주당은 뭘 했죠? (한참 구체적인 예를 들며 성토한 뒤) 2003년 박근혜가 한나라당 대표일 때 차떼기당이란 오명을 벗기 위해 천막 당사로 옮겼잖아요. 쇼도 흥행에 성공하면 진실이 되는 게 정치죠. 민주당은 촛불집회 같은 때 뭘 했나요? 왜 이토록 지리멸렬해졌을까요?

천정배 | 자기가 말 다 해불고.(웃음) 민주당은 연명 치료를 받는 암환자 같은 상황이죠. 2008년 총선 끝나고 김대중 전 대통령한테 인사를 갔어요. 독대를 했습니다. 그때 이런 이야길 들었어요. 민주당에는 정

체성도, 인물도, 정책도 없다고. 쇼크를 먹었어요. 그분은 민주당의 원조이고 밖에서 비판만 하시는 분이 아니란 말이에요. 요즘 민주당을 보면 그것만 없는 게 아니에요. 철학도, 비전도, 투지도, 전략도 없습니다. 자기반성도, 당내 민주주의도, 국민과의 소통도 없습니다. 하나에서 열까지 모조리 다시 만들어야 해요. 정체성 부족은 일면적인 문제예요.

한홍구 | 요번 선거가 독이 되겠습니까, 약이 되겠습니까?

천정배 | '하기 나름'이라고 봅니다. 현재 민주당은 가건물 상태라고 할 수 있어요. 열린우리당은 해소됐는데 새로운 민주당을 못 만든단 말이에요. 2008년 총선에서 참패하고 정세균 지도부가 출범한 뒤, 당의 정체성과 비전을 만들고, 또 한편으론 야당답게 견제 세력으로서 투쟁해야 하는 두 가지 사명이 주어졌어요. 저는 정세균 대표가 2009년 1월까지 뉴민주당 플랜을 낸다고 해서 큰 기대를 걸었어요. 그런데 내지도 않았어. 완전히 직무 유기예요. 뭐 얻어낸 게 없죠. 노무현 대통령 서거 이후에도 5개 요구를 했어요. 법무부 장관 해임 요구부터 검찰 개혁까지, 단 하나 정도가 아니라 하나의 반의 반의 반, 아니 머리털 한 가닥만큼도 못 얻어냈어요.

서해성 | 정세균 대표 집권 2년 평가를 비유하자면, 세균이 숙주를 먹어치웠다고나 할까? 민주주의의 근원적 위기와 민생 파탄에 대한 정면 돌파 의지가 전혀 보이지 않았어요.

한홍구 | 정세균 지도부가 당권을 쥔 건 386 정치인들 덕분 아닌가요?

천정배 | 친노 플러스 386이죠.

한홍구 | 6·2 지방선거에서 송영길, 안희정, 이광재가 당선됐습니다. 일부에서는 세대교체로 바라보는데, 세대교체 맞습니까? 아니면 착시 현상입니까?

천정배 | 세대교체라면 새로운 비전을 내보여야 하는데 그런 점에선 미

천정배

흡한 것 같습니다. 반사 이익을 얻는 과정에서 당의 주도권을 쥔 사람들이 수혜자가 된 측면이 있습니다.

서해성 | 문제는 간단해요. 전통 민주당 지지 세력과 친노 세력 노빠들의 위기가 어우러져 교묘히 교집합이 이뤄진 거죠. 참여당 사람들 일부가 민주당 유니폼을 입고 뛴 것도 그 때문이죠.

한홍구 | 6·2 지방선거의 야권 연합 과정에선 민주당이 기득권 세력이었는데, 어떻게 평가하나요?

천정배 | 당내에서 공정한 공천 과정이나 공정한 경쟁 또는 정책 대결이 잘됐느냐? 그렇지 못했어요. 이를테면 당내 서울시장 예비 후보에 이계안 씨가 나왔잖아요. 토론의 기회를 달라, 경선을 보장하라고 했는데 전혀 이뤄지지 않았어요.

서해성 | 여론 조사는 눈 가리고 아웅 하는 데 그친 인기 투표였죠. 민주당이 당명만 민주지, 이름 그대로 민주적 절차를 지키지 못한 셈이죠.

천정배 | 한명숙-이계안 후보가 토론만 했더라도 본선 결과는 달라졌을 겁니다. 경기도에서는 민주당의 김진표 후보가 후보 단일화에서 유시민한테 졌는데, 그 이전의 과정에서도 김진표-이종걸 사이에 토론이 제대로 이루어지지 못해 아쉬워요. 부자 몸조심하듯 하지 말았어야 한다는 거죠.

무능한 지주의 자식, 밀어줄까 말까

서해성 | 선거 기간 중 국참당 포함한 친노 인사들이 써 붙인 "노무현처럼 일하겠습니다"라는 플래카드를 보면서 쓴웃음이 나왔어요. 이명박이 가진 폭압성을 폭로하는 데는 '노무현'이 유효하겠지만, 이제 관 장사는 그만둬야 해요. 참여당 실패는 관 장사밖에 안 했기 때문이에요. 그걸 뛰어넘는 비전과 힘을 보여주지 못한 거예요.

"민주당 찍어야 해?"

© 김명진

"지난 15년 동안 민주당의 상당수 사람들은 변한 게 없습니다. 그들이 원래 진보적이냐? 그렇지 않거든요. '여당 되고 국회의원 떨어질래, 야당 되고 국회의원 할래?' 하면 아마 거의 후자를 택할 겁니다."

한홍구 | 지금 노무현을 이야기하는 건 그가 추구한 가치이지 치적이 아니죠. 6·2 지방선거로 친노 세력이 부활했는데, 이들 역시 민주당 무력화에 책임을 져야 할 집단이에요. 예컨대 충남지사에 당선된 안희정 씨가 "우리는 폐족"이라고 울부짖었단 말이에요. 옛날식으로 말하면 주군을 죽게 한 신하로서의 뼈아픈 회한이죠. 노무현이 무얼 잘못했고 반성해야 하는지 성찰하면서 그걸 새로운 정책으로 제시해야 합니다. 당내에선 어떻게 보시나요?

천정배 | 워낙 맞는 말씀을 다 해버리니까.(웃음) 세상이란 건 어차피 힘 있는 사람, 가진 사람의 판이라고 생각해왔습니다. 누가 집권해도 근본적인 변화가 없다는 생각이 많이 깔려 있어요. 그걸 깨뜨리는 게 제 정치적 목표인데, 노무현 대통령이야말로 그걸 가장 깨뜨린 분이에요. 한데 민주당 안에서조차도 그런 노무현의 가치를 잘 이해하지 못했어요.

서해성 | 주체 역량이 문제라고? 동의할 수 없어요. 촛불집회에 500만 명 나왔어요. 노무현 죽었을 때 700만 명 나왔어요. 대중의 역량은 넘쳐나죠. 문제는 당의 전투 능력과 불투명한 미래죠. 진보 영역은 생각보다 복잡하지 않아요. '퍼블릭'을 얼마나 더 만들어내느냐에 달렸죠. 그런 점에서 민생 법안이야말로 진보의 핵심이죠. 민생 운운하며 여야가 다정하게 합의 처리하는 걸 보면 기절할 것 같아요. 대표적인 게 무상 급식입니다. 이게 민생이거든요. 대학등록금 문제, 이거 조합주의 같지만 가장 정치적인 문제거든요. 대머리 의료보험, 치과 의료보험, 임플란트 의료보험 등 구체적인 이해관계를 제시하고 투쟁해야 합니다. 그래야 대중이 지지합니다. 민주당의 가장 커다란 문제는 DJ와 노무현을 섬기는 데 머물러 있는 겁니다. 북한만 유훈 통치를 하는 게 아니에요. 현재 민주당이야말로 유훈 통치예요. 천정배 의원을 포함해서 지도급 되는 사람들이 노무현이 되고 김대중이 돼야 하는 거죠.

"민주당 찍어야 해?"

천정배 | 다 맞는 말이에요. 똑같은 생각인데. 정리하면 훌륭한 국민, 훌륭한 정당, 훌륭한 지도자 삼박자입니다. 이거면 되는 거예요. 6·2 지방선거는 국민 역량이 위축되지 않았다는 걸 확인한 게 가장 큰 성과입니다. 이제 훌륭한 정당, 훌륭한 지도자 문제를 어떻게 풀 것이냐의 문제죠. 민주당이 살아야 나라가 산다고 믿습니다. 야권에선 민주당이 누가 뭐래도 맏형이잖아요. 다가올 전당대회의 과정과 결과로 국민들의 사랑과 지지를 받을 수 있는 모멘텀을 확보해야 합니다.

한홍구 | 옛날 집안에선 큰아들 빌빌대는 게 가장 큰 걱정이었잖아요. 부모는 늙고, 그렇다고 둘째, 셋째 아들은 아직 물려받을 만하지 않은데 큰아들은 아닌 것 같고. 국민들도 민주당을 바라보고 어쩔 수 없이 찍어주면서 갖게 되는 불만, 그런 게 아닌가 싶어요.

서해성 | 한민당은 전통 지주 세력이었잖아요. 지금은 무능한 지주의 자식 같아요.

천정배 | 공감합니다. 만일에 이 국면에서 DJ 같은 정치적 힘이 있으면 신당 만들어야 합니다. DJ 같은 힘을 가진 정치인이 없는 게 문제죠.

정치인 천정배가 세우고 싶은 나라는?

서해성 | 정치는 사람이 하느니만큼 인물 이야기를 해볼 필요가 있지 않을까요?

한홍구 | 민주당에 '잠룡'이 많았는데 당이 찌그러드니 졸지에 다 이무기라 불리네요.

천정배 | DJ 정권 후반기에도 매우 전망이 흐렸어요. 그때 사실 저를 포함해 이른바 소장파 천신정(천정배, 신기남, 정동영)이 정풍 쇄신 운동을 벌였잖습니까. 그 결과로서 획기적인 쇄신이 이뤄졌습니다. 국민참여경선이 도입되고, 한편으로는 노무현이라는 인물이 발굴됐어

천정배

요. 2007년 대선 때 명백하게 정권 재창출 위기였지만 그런 정치력이 발휘되지 못했어요. 하나 더 이야기하자면, 저는 노무현 전 대통령과 워낙 가까이 지냈어요. 농담 섞어 말하자면, 전 일찍부터 봤으니까 노 대통령 별거 아닌 줄 알았더니만(웃음) 끊임없이 자기를 스스로 키우는 역할을 하더라고요. DJ가 말했듯이 정치인은 자기가 크는 겁니다. 지금은 민주당이 인물 없는 세력이 돼버렸죠. 앞으로 전당대회를 통해 기존의 잠룡이라고 불리는 세력들이 내부적으로 경쟁하며 나갈 수 있는 구조를 만들어야 합니다. 여기서 안주하면 가망이 없습니다. 여기서 제대로 쇄신하면 수권 야당 세력으로 떠오를 수 있습니다. 최고의 전략은 '정도'라고 생각합니다.

한홍구 | 앞으로 선거에서 "민주당 찍어야 해"라고 할 근거가 있습니까? 딱 한마디로 뭐죠?

천정배 | 유일한 대안 세력이죠. 시원찮다는 걸 부인할 수 없겠지만.

한홍구 | 민주화 운동 하던 놈들이 집권하면 세상이 이렇게 좋아진다 하는 걸 확실히 보여줘야 합니다.

서해성 | 정치인 천정배가 세우고 싶은 나라는?

천정배 | 정의로운 복지국가죠. 현학적으로 말하면, '시장의 민주화를 통한 정의로운 복지국가'.

한홍구 | 집요함을 보여주세요. 뽀대나는 말로 '의제 설정 능력'이라고 하죠. 4대강, 천안함 등의 이슈에서 중진 정치인들이 정치생명을 걸고 싸우는 모습을 보기 원합니다. 천 의원님은 예전에 미디어법 강행 처리를 온몸으로 막았잖아요. 더 집요하게!

천정배 | 두 분이야말로 정치했으면 좋겠어요.(웃음)

서해성 | 한 가지 더, 그걸 제대로 해내려면 깡으로 무장하고, 먼저 범생이 털을 뽑아야 하죠. '노무현'처럼.

이빨의 '국대'들

월드컵 철이다. 공차기에만 국대(국가대표)가 있는 건 아니다. 공차기 국대들은 발을 쓰지만 이빨의 국대들은 입술을 쓴다. 신문 같은 종이때기 소식이나 라지오, 테레비가 없을 때에 비하면 이빨들의 위력은 다소 떨어졌지만 여전히도 강한 힘과 뀜(매력)을 갖고 있다. 직설에서는 그중 국대들을 불러들여 판을 벌일 참이다.

천정배 의원은 소문대로 범생이다. 소금 맛은 골고루 들어갔는데 고춧가루나 매콤한 양념 맛은 덜하다. '노무현'을 처음 지지한 국회의원으로 아주 친했다고들 하는데 정작 '노무현'스러운 데를 찾기 어렵다. 대신에 두 해 넘게 그는 MB 정권과 싸우고 붙는 데는 제법 성깔과 맛을 보여주었다. 과연 국대라 할 만하다.

이빨에도 간이 있다. 국대일수록 잔디밭 경험도 중요하고, 해외 원정에서 김치를 먹어야 하는 원리도 뺄 수 없지만, 그보다는 상대의 특성과 전적을 아는 게 중요하다.

한홍구는 이빨을 내보일 때 역사적 근거를 끌어들이는 편이다. 치기공술이 하루아침에 나오는 게 아니란 걸 탁월하게 보여준다. 서해성은 물 묻은 바가지에 깨 달라붙듯 말을 잔칫상에 올려놓고 대거리를 한다. 난수표 같은 분절 언어들을 날리는 암호병. 몽타주 수법 같은 행간으로 상대에게 피로를 누적시키는 쪽은 고경태다. 긴 키에서 뿜어져 나오는 놀라운 역설이다. 이 또한 국대다.

다음 손님은 강기갑 민주노동당 대표다. 그는 성내고 눙치고 어르고, 또 낮은 포복(삼보일배)으로 민심에 다가가는 데 남다른 솜씨를 보여온 민중의 국대다. 이번에는 이빨로 '공중부양'을 해보여야 할 참이다. 장풍도 날려야 한다.

갖은 무술을 단련해온 선수들이 나와 으르렁거리고 또 사나워야 온전한 이빨의 링이랄 수 있다. 직설은 이빨의 국대들이 대중에게 바치는 밥상이다. 즐거운 전투라야 적이 더 통쾌하게 아픈 법이다. 말복이여, 손님 주인 가리지 말고 곧장 직설로 터져다오. 월드컵 골처럼.

서해성

천정배

"민노당,
대선 때 쓸 만합니까?"

강기갑 –민주노동당 국회의원[■]

서해성은 한국을 떠났다.

천정배 의원과 '직설' 대담을 나눈 바로 다음 날이었다. 행선지는 파리. 업무와 관련된 출장이었다. 노무현 관련 설화 사건이 불거지기 시작한 지난주 금요일에도 그는 파리에 있었다. 이역만리에서 핸드폰은 쉬지 않고 울어댔다고 한다.

서해성이 일주일 만에 한국으로 돌아온 것은 2010년 6월 14일. 강기갑 민주노동당 대표[■]를 초대 손님으로 모신 대담을 4시간 앞두고였다. 그는 인천공항에서 곧장 약속된 장소로 와야 했다. 공교롭게도 그날 저녁 대담이 진행되려는 찰나, 인터넷엔 다음 날 치 《한겨레》 1면의 사과문이 떴다. 분위기가 예전 같을 수는 없었다.

그래서일까. 이야기가 시작되고 30분 만에 기자는 "컷"을 외쳐야만 했다. "계속 이렇게 엄숙하실래요?" 한홍구와 서해성이 자꾸만 정치부 기자처럼 물었기 때문이다. 직설은 직설이다. 갑자기 얼굴을 바꿀 수는 없다. '우아 떨지 않는다'는 직설의 기본 원칙은 변하지 않았다.

고경태

■ 이 인터뷰 직후 강기갑 의원은 대표 임기를 마쳤다. 그리고 2010년 7월 23일 이정희 의원이 민주노동당 대표에 선출되었다.

순진한 좌파를 넘어
집권 플랜을 가진 프로페셔널로

한홍구 | 6·2 지방선거 평가는 좋은 편인가요?

강기갑 | 우리 최대 목표는 MB 심판이었어요. 그걸 피해보려고 정권이 온갖 수단과 방법을 동원해 국민을 현혹했지만 국민들이 역동적 위대함을 표심으로 연결해줬어요. 하루에 절을 백 번이라도 하고 싶어요. "감사합니다"가 절로 나와.

서해성 | 덕분에 기초단체장을 3명 배출했는데, 봉건 시대로 치면 원님 사또가 된 거예요. 특히 인천의 경우에는 진보 정당으로선 수도권 최초 아닌가요?

강기갑 | 지금 전 국민이 인천을 지켜보고 있어요. 보통으로 해선 안 되죠. 공공 기관 비정규직의 정규직화, 친환경 무상 급식 실현……. 한 개 동에 한 개의 국공립 보육 시설 확충 등을 통해 주민들에게 웃음과 행복을 주는 지자체를 운영하려고 해요.

당내 정파 구도에 대해 좀 아십니까?

서해성 | 그 말로는 귀에 들어오는 게 없어요. 장풍 한번 세게 날려보세요.

한홍구 | 민주당과 뭐가 다르죠? 확실한 진보의 차별성을 보여줘서 다른 구 주민들이 남동구와 동구로 이사 가야겠다는 마음이 들게 해야

강기갑

할 텐데. 이삿짐센터가 좋아하는 정치를 해내야죠.(웃음)

강기갑 | 친환경 무상 급식은 저희가 10년 동안 이야기해 결국 민주당이 선택한 거죠. 공공 기관 비정규직의 정규직화는 열린우리당 집권했을 때 우리가 끊임없이 투쟁했지만 제대로 안 됐던 거고.

서해성 | 뭐가 잘못됐다는 게 아니라. '점빵'을 잡았으니까 선거 공약 수준이 아니라 점빵 운영 계획을 뽀대나게 보여달라는 거죠. 한눈에 알 수 있는. 한눈에 알 수 있어야 한 손에 쥘 수 있는 법이니까.

강기갑 | 인천 동구에서는 제철 회사 폐열을 활용해 난방비 50퍼센트를 절감하겠다고 했어요. 학비 부담을 줄여줄 복지 예산도 전폭적으로 투입하려 하고. '쪼매만' 기다려보십시오.

서해성 | MB 정권은 진보 정당 자체를 말살하려는 것만 같아요. 전교조 당원 공개할 통장 내놔라 하면서 서버 압수 수색까지 기도했고.■ 주머니 쌈지 다 털어내겠다는 거죠. 또 오병윤 사무총장은 연금되다시피 하고 있지 않나. 진보에 대해서는 살충제로 박멸하겠다는 DDT 정권인데, 그에 비해 민노당 저항이 너무 약한 거 아닌가요.

강기갑 | 압수 수색하려는 걸 막았죠. 우리의 심장을 끄집어 가게 놔둘 수 있느냐. 적극적 대응을 해서 지켜냈고요. 사무총장 체포 영장에 대해서도 몇백 명이 모여서 지켜냈어요. 정부 쪽에서는 전교조 교사들이 우리 당에 가입했다 보고 있고, 우린 후원금을 낸 것이라고 주장해요. 재판 중인 사안이라 지금 징계를 하면 안 되는데도 교육감과 자치단체장들 바뀌기 전에 전부 다 징계위를 열라고 지침이 내려와 집행하고 있으니……

한홍구 | 압수 수색 막아낸 것만으로 만족하시면 안 되죠. 교사들은 생활인이고 노동자인데 민주노동당에 1만 원, 2만 원 냈다가 밥줄이 끊

■ 2010년 7월 검찰의 전교조·공무원 노조 수사.

"민노당, 대선 때 쓸 만합니까?"

기게 생겼잖아요. 일반 국민들이 민주노동당 후원하면 밥줄 끊기는구나 생각하게 되면 안 되죠. 강 대표님은 당내 정파 구도에선 자유로운 걸로 알고 있는데 정파가 민노당에 어떤 영향을 끼치고 있나요?

강기갑 | 제가 당 대표 될 때 어떤 정파가 저를 지지했다 그래요. 나는 몰랐는데.(웃음) 다들 내가 그 정파인 줄 아는데 나는 어떤 사람들인지도 잘 몰랐어. 선의의 경쟁 같은 긍정적인 면도 있는데, 그런 역할 정도로만 해야죠.

한홍구 | 한국의 지식인 운동사에서 정파가 만들어진 분명한 역사성이 있죠. 민노당 당원 7만 명 중 정파에 속하거나 정파 구도를 이해하는 사람이 몇 명이나 될까요? 당내에 계시니까 정파가 기여한 부분도 있다고 보실지 모르지만, 그런 갈등을 통해 결국 진보신당과 갈라진 거 아닌가요?

서해성 | '지하당'에서 결정돼서 '지상당'으로 나온다, 그런 말이 있거든요. 정파가 너무 뚜렷하면 배타적으로 되고, 외연이 확장되지 않죠. 2004년 총선에서 열 석을 얻은 민노당이 2008년 총선에서 다섯 석 얻으면서 반토막 난 것도 정파 문제 탓이라는 말들이 있어요. 성을 지키는 일도 필요하지만 성을 넓히고 새 농토를 얻는 게 중요하다는 거죠.

강기갑 | 정파가 당의 발목을 붙잡는 상황이 아니라는 건 자신 있게 말씀드릴 수 있어요. 물론 이걸 빨리 극복해야 민노당이 혁신할 수 있죠.

서해성 | 민노당이 현재 비례대표로 세 분이죠? 직능대표가 둘인데, 좀 더 선도적인 모습을 보여줘야 하지 않을까요? 앞으로도 민노당 찍으면 보람 있겠구나 하는.

강기갑 | 홍희덕 의원은 국감에서 우수 의원으로도 선정됐고, 곽정숙 의원도 법안 많이 냈습니다. 다만 아주 특별한 기량을 발휘하지 않으면 270여 명 되는 전체 의원들 속에 묻히거든. 그런 어려움과 한계가

강기갑

있어요. 나 같은 경우엔 보기만 해도 툭 튀어나오지 않나. 수염에 두루마기, 가끔 공중부양▪까지 해놓으니까.(웃음) 제가 도리어 미안스럽죠.

비례대표, 종북주의 그리고 가방끈

한홍구 | 직능·비례대표를 뽑는 데도 정파 구도가 일정하게 작용된 게 아닌가 싶어요. 이정희 의원의 경우 발군의 실력을 발휘하고 있지만 밖에서 볼 때, 특히 지난번 비례대표 선정 방식은 문제가 많았다고 봅니다. 솔직히 깨놓고 이야기해서 이번에 서울이나 경기도 선거에서 민노당이 큰 역할을 할 수 없었던 게 분당 이후 적당한 후보군이 없어서 아닌가요?

강기갑 | 한계가 없는 건 아니죠.

서해성 | 그분들이 평균치보다야 월등하다 생각하는데, 더 빛나는 역할을 해야 할 막중한 임무가 주어져 있다는 겁니다.

한홍구 | 지난번 분당 과정에서 '종북주의' 논란이 있지 않았나요? 당 대표 입장에서 이런 말에 대해 어찌 생각하십니까? 수구들에게 '친북 인사'로 찍힌 처지에서 묻습니다. 민주노동당에 종북주의자가 진짜 있습니까?

강기갑 | 종북, 종북. 처음 그 말 들을 때 북 속의 종소리를 말하는가 했어요.(웃음) 조승수, 심상정, 노회찬, 단병호 전 의원들 모두 17대 국회 때 함께 투쟁했던 분들이거든요. 근데 분당할 때 난데없는 종북주의가 터져 나왔어. 이명박 정권 아래서 민주주의가 악화일로로 치닫

▪ 2010년 1월 5일 국회 사무총장실에서 몸싸움을 벌이는 강기갑 의원이 마치 공중에 뜬 것처럼 촬영되어 이름 붙여졌다.

"민노당, 대선 때 쓸 만합니까?"

는데 같이 정당 운동 했던 사람들이 아무리 급해도 종북주의로 내모는 건 뭐랄까, 폭우 쏟아지는데 산불 걱정하는 꼴 아닌가.(웃음)

한홍구 | 비판했던 사람들 입장에서는 할 말이 있단 말이에요. 예컨대 민노당이 MB랑 싸운 게 당원 명부를 지키기 위한 거였잖아요. 그 명부 중 일부를 저쪽(북쪽)에다가 넘겼다거나 주요 간부 이름과 성향, 인적 사항 평가를 해서 넘겼다거나. 종북주의자로 지목된 사람들이 국가보안법으로 탄압받는 건 막아야겠지만 당내 차원에서는 조치가 있어야 하지 않았느냐는 거죠. 그랬다면 분당까지 갔겠느냐, 옆에서 보기 안타까웠습니다.

강기갑 | 검찰 수사란 게 얼마나 뻥튀기가 많나요, 또 조작 간첩이 얼마나 많나요. 공당으로서 재판부 판결을 인정 안 하기가 곤혹스럽지만, 보안법 오판의 역사를 봐도 당사자와 가족들이 부인하는 이상, 제명을 하면 자칫 얼마나 큰 오욕의 결단이 되겠나요. 그게 가장 결정적인 분당의 원인이었다고 생각하진 않아요.

서해성 | 어쨌든 굉장히 비싼 대가를 치렀고, 문제가 거기서부터 불거졌고.

강기갑 | 좋게 말하면 계기였고, 나쁘게 말하면 핑계라고 할까. 결정적인 문제는 2007년 대선 때 이렇게 표 얻어서 희망과 미래가 있겠느냐는 거였지. 솔직히 그렇게 판단해요.

서해성 | 진보신당 이야기할 때, 농 삼아 전 세계에서 가장 가방끈이 긴 정당이라고 말들 하곤 하죠. 소부르주아 지식인 정당.

한홍구 | 민주노동당도 만만치 않아요. 두 번째쯤 될 거예요.(웃음)

서해성 | 진보 정당이라면 기층 민중을 골간으로 발전해야 하는데 어떻게 전망하는지. 가방끈 긴 정당의 한계를 어떻게 뛰어넘을까요?

강기갑 | 주제넘은 이야기지만, 가방끈이 길면 길수록 기층 민중을 대변하고 그들의 아픔을 끌어안는 역할도 제대로 할 수 있지 않은가요.

강기갑

"저는 미래가 없는 정치인입니다. 모든 걸 다 현재에 꼴아박는……. 대신 한번 아무리 내가 하기 싫어도 가야할 길이라면 죽는 한이 있더라도 피할 생각 없고 두렵지 않습니다."

한홍구 | 가방끈을 말하는 이유는, 이게 정파와 맞물리거든요. 학생 운동 출신이 많다 보니.

"사실 아침마다 두 손 모아 대통령 위해 기도합니다."

서해성 | 소수 정당의 한계 뛰어넘으려면 선전이 정말 남달라야 한다고 말해주고 싶어요. 가령 MB가 잘하고 있는 게 없잖아요. 당장 6·2 선거 실패하고, 나로호도 두 번째 쏴서 실패하고. 우주마저 외면한 토건식 조급주의의 결과인 셈이죠. 국가 운영은 두 번씩 실패하는 일이 생기게 해서는 안 되죠. 저는 한홍구 교수랑 한국 역사에 세 가지 위대한 슬로건이 있다고 얘기하곤 하는데, 자유당 시절의 "못살겠다 갈아보자", 4·19 때 "가자 북으로 오라 남으로" 등입니다. 민노당은 MB 정권에 대한 치명적인 슬로건이 있는지. 이게 있어야 민노당이 산다고 생각하는데요.

강기갑 | 생각났으면 벌써 써먹었지.(웃음) 한 수 배워 갑시다.

서해성 | 너무 잘 빠져나가서리, 어디 하나 걸리는 데가 없어요. 그물로 바람을 잡으려고 하는 격이랄까.

강기갑 | 한나라당에선 대통령만 빼고 싹 바꿔야 한다고 하더라고요. 요새 돌아가는 꼬라지를 가만히 보면 대통령만 싹 '바까뻬면' 다 되겠더라고.(웃음)

한홍구 | 엄청난 얘기를 하시는데요.

강기갑 | 유권 해석을 할 수 있어요. '바꾼다'는 것은 대통령 자리일 수도 있고, 대통령의 생각일 수도 있고. 그러니까 국정 기조.(웃음)

서해성 | 이번 말은 피해 가지 말고 간명하게 대답해주세요. MB가 세종시는 국회에 떠넘겼거든요. 숫제 남의 일인 양. 그리고 4대강은 강행하겠다는 건데, 4대강에 대한 강 대표의 생각은? 짧게.

강기갑

강기갑 | 국토해양위로 상임위를 옮겼습니다.(폭소) 며칠 전 대통령이 라디오 연설에서 "4대강은 생명을 살리는 일"이라고 했는데, 시민 단체나 종교계에서 생명을 죽이지 말자는 화두를 걸고 나오니까 맞불을 놓는 형세이죠. 제가 사실 아침마다 이명박 대통령을 위해 기도해요. 진정으로 잘되기를 바라고 바라는데, 아무래도 내 기도가 힘을 발하지 못하나 봐.

한홍구 | 사실 우리가 김영삼 때부터 대통령이 잘하기를 다 빌었죠. 김영삼 지지율이 90퍼센트가 넘었다는 건 김대중 찍은 사람들이 다 지지했다는 얘기예요.

서해성 | 진보고 시민 단체고……. 좋은 나라라는 게 평화, 언론 자유, 가난한 자 줄어드는 것 같은 것이니, 당연히 잘하기를 바라죠.

강기갑 | 생각으로 비는 사람하고 아침마다 양팔 올려서 비는 사람하고 같습니까.(웃음)

한홍구 | 2012년 대선에 출마하실 겁니까?

서해성 | "예스" 아니면 "노"로만 답해주세요.

강기갑 | 내일 죽을지 그때 가 죽을지(웃음) 어찌 아나.

한홍구 | 수염 기른 사람끼리 하는 얘긴데, 그때까진 충분히 사실 것 같은데요.

강기갑 | 저는 미래가 없는 정치인입니다. 모든 걸 다 현재에 꼴아박는. 보통 철학자는 이해할 수 없어.(웃음)

한홍구 | 정치 개그 작렬이군. 이런 말을 〈개콘〉에 그냥 내보내야 하는데. 우리 정치에도 유머가 좀 있어야 해요.

서해성 | 강 대표님은 한복도 입고 공중부양도 하고, 다양한 캐릭터가 있죠. 우리 정치는 캐릭터가 거의 없지 않나요. 대개가 권력을 장악하고 보여주는 정치였죠. 별명도 많아서 호통기갑, 기갑부대, 강달프……. 캐릭터가 있으면 대중이 정치인에게 자기를 투사하기 좋지

"민노당, 대선 때 쓸 만합니까?"

요. 지지도와도 깊은 연관이 있고. 정치인에게 캐릭터란 무엇인가요?

강기갑 | 모르겠는데.(웃음)

한홍구 | 〈개콘〉의 '남보원'에서 외모는 강 대표를 땄는데 말투는 강 대표를 안 땄단 말이에요. 보통 성대모사 하면서 말을 따는데 말이지. 그런 면에서 강 대표는 독특한 외모보다는 독특한 말을 더 창조해낼 필요가 있지 않을까요? 대중이 따라 배울 수 있는 말이 있어야 하는 법인데. 스스로 생각하기에 국회의원 6년 하면서 했던 가장 멋있었던 말은 어떤 겁니까?

강기갑 | 뭐…… 없는데.(웃음)

"뭔가 주어지면 앞뒤 안 돌아봅니다"

한홍구 | '정치인 강기갑'에서 가장 부족한 것은 권력 의지 아닐까요? 권력 의지밖에 없으면 문제지만 정치인으로서 권력 의지가 결여됐다면 그것도 문제죠. 진보 정당에 기대하면서도 대선 때 차마 찍지 못하는 건 집권 가능성 때문 아닌가요? 아까 2012년 대선 출마 질문을 피해 갔지만 사천 지역에서 3선으로 생환하는 게 당연히 필요하고, 더 나아가 그 이상 역할을 어쩔 수 없이 요구받을 텐데 어떤 자세로 받아들일 건지요?

강기갑 | 제가 17대 국회 때 오고 싶어 온 게 아닙니다.(웃음) 비례대표 확정 3일 전에 맡으라고 떠넘겨 버린 거지. 온 가족이 울면서 반대했어요. 이거 안 받을 수도 없고. 받자니 집안이 망할 판이고. 거의 삽질 당해서 국회 마당으로 내던져졌다고나 할까.

서해성 | 참, 고향에서 농사는 누가 짓나요?

강기갑 | 집사람이 하는데 엉망이죠. 하지만 아무리 내가 하기 싫어도 가야 할 길이라면 죽는 한이 있더라도 피할 생각 없고 두렵지 않아요.

강기갑

18대 총선 때 다 떨어진다 예상하다 당선이 확정되는 순간 울고 웃고 난리였는데, 나는 처음 든 생각이 '이제 죽었구나'였어요. 노무현 대통령 집권했던 17대 국회 때 한미 FTA다, 쇠고기다 해서 팔십 며칠을 단식했거든요. 그때도 그렇게나 단식을 했는데, 이젠 더 죽었구나.

한홍구 | 18대 때는……

강기갑 | 한 번도 안 했어요.(웃음)

서해성 | 대신에 삼보일배 자주 하지 않았나요.

강기갑 | 2008년 총선 때 집사람이 그러는 거예요. "여보 우리 당선되면 어쩌지?" 저는 빌었어요. 꾀병 부리지 말고, 결과를 웃으면서 받아들이자.

서해성 | 너무 '착해요'. 권력 의지가 약한 진보는 아마추어 좌파의 순진함을 벗어나기도, 넘어서기도 어렵습니다. 권력 의지가 있어야만 100년 뒤에라도 국가 권력을 틀어쥘 수가 있는 거죠. 진보를 하겠다고 정당을 만들었으면 소작농이 아니라 최소한 자영농, 자영업, 나아가 땅 주인이 되어야죠. 이건 지주하고는 달라요. 정치 농사 6년째인데, 그래서 앞으로 어떻게 할 거냐, 자연인 강기갑이 아닌 정치인 강기갑에 대해 물었던 겁니다.

한홍구 | 진보 정당이 만든 인물로서, 원하건 원하지 않건 어떤 위치가 있는 거죠.

강기갑 | 뭔가 한번 저에게 주어지면 앞뒤 안 돌아봅니다. 오늘 속을 너무 많이 내보였나?(웃음)

한홍구 | 마무리를 해야겠군요. 혼자만 공중부양 마시고 국민들 마음도 부양시켜주세요.

서해성 | 지금 갖고 있는 유명세, 명망성은 사유물이 아니죠. 이 시대 민중이 만들어낸 가치가 인격화한 거죠. 삼보일배와 단식 시대를 끝장내려면 수염 값, 두령 몫을 다해달라는 겁니다.

"민노당, 대선 때 쓸 만합니까?"

휴우

곤혹스런 한 주였다. 10만 안티를 한 큐에 얻었고, 한마디 말 때문에 평생 얻어먹을 욕을 한 번에 다 먹었다. 많은 분들께 상처를 드린 것이 분명 잘못됐고, 우리의 이야기가 큰 상처가 될 수 있다는 사실을 헤아리지 못했다. 분명히 사과드린다. 그리고 우리 때문에 덩달아 욕먹은 《한겨레》 구성원들, 특히 애꿎게 전화받아야 했던 분들께 정말 미안하다.

몇 년 전, 386들이 유시민에게 뭇매를 가할 때, 나는 나의 오랜 친구 유시민도 기억 못하는 옛날 일을 떠올리며 글 한 편(《한겨레21》 제554호, 2005년 4월 12일치, 「유시민처럼 철들지 맙시다」) 썼다가 《한겨레》와 《한겨레21》에 근 200편 글 쓰는 동안 제일 많이(물론 이번 빼고) 욕먹었다. 내가 유시민을 옹호한 글은 '유시민 지지자'들에게 젊은 날의 유시민을 소개한 '경전'이 됐다.

노무현 대통령 돌아가셨을 때, 울면서 쓴 글(「추모 심포지엄」)을 보고 내로라하는 '노무현 지지자'들이 내 손 잡고 같이 울먹였다. 어떤 분은 이번 일을 노무현을 좋아하는 사람들과 노무현을 '너무너무' 좋아하는 사람들의 갈등이라고 위로했다.

내 입으로 이런 말 하기 구차하지만, 그분이 돌아가신 다음다음 날부터 시작해서 몇 달간 몸이 부서져라 추모 강연을 하고 다녔다. 너무 슬펐고, 너무 분했고, 복수해야 한다고 다짐했다. 기왕에 덧붙이자면 서해성은 노무현 전 대통령 추모 행렬을 일러 "국상이 아니라 민상"이라 쓰고, 「담배 한 대 주소」라는 조시도, 〈국상이 끝난 밤〉이라는 다큐도 만들었다. 노무현과 관련된 새 다큐도 준비하고 있다.

단언컨대 슬픔과 분노는 한홍구나 서해성이나 마찬가지다. 우리는 그래서 '직설'을 만들었다. 노무현처럼 거침없이 말하자고. 그리고 깨달았다. 노무현의 죽음을 슬퍼하는 방식이 사람마다 다르다는 것을.

이번 일로 상처받은 분도 많지만 이 문제를 '표현의 자유' 문제로 받아들인 분도 많았다. 그리고 이 문제와는 다른 차원에서 노무현 유산 계승 문제가 남아 있다. 나는 분명히 노무현의 유산을 계승해야 한다고 믿지만, 그의 유산을 계승하려 한다면 그가 남긴 부정적인 유산까지도 책임져야 한다. 이 문제를 머리 맞대고 이야기하자. '직설'은 열려 있다.

한홍구

강기갑

"한나라당
쇄신 가능한가요?"

김성식 —한나라당 국회의원

"그렇게 말씀하시면 안 되죠."

'직설' 현장이 후끈 달아올랐다. 말문을 연 지 5분도 채 지나지 않아 의견 차이가 선명하게 드러나기 시작했다. "한나라당 개혁·쇄신 운동이 그동안 말짱 황 아니었냐"는 지점에서 목소리의 높이와 속도가 가장 격렬해졌다. 초대 손님의 눈꺼풀은 파르르 떨렸고, 한홍구의 얼굴은 시뻘게졌다. "잠깐만요." "아니, 말 끊지 마시고요." "아니, 그게 아니라." "제 이야기 듣고 말씀하시라니깐요."

오늘은 한나라당 쇄신파의 대표 주자로 불리는 초선 김성식 의원이다. 민주당 천정배 의원, 민주노동당 강기갑 대표에 이어 정치인 시리즈 3탄. 김 의원은 1986년 제헌의회 사건으로 2년간 옥살이를 했던 민주화 운동 리더 출신이다. 잠시 민중당에 몸담았다가 고 제정구 의원과 함께 1997년 한나라당에 입당했다. 제2정책조정위원장과 경기도 정무부지사를 거쳐 두 번의 낙선 끝에 2008년 서울 관악 갑 선거구에서 국회의원에 당선했다. 예리한 정책 대안 제시로 여러 차례 국정감사 베스트 의원에 선정됐고, 현재 당내 초선들의 쇄신파 모임인 민본21을 이끌고 있다.

김 의원은 당내 쇄신 운동의 힘이 한나라당 변화의 동력이었다고 주장했다. 이명박 정부 이후 '황당한' 민주주의의 퇴행에 대해서는 일정 부분 인정했고 함께 분노했다. 한나라당은 바뀔 수 있는가. 한홍구·서해성은 김 의원을 격려했지만 의심의 눈초리를 완전히 거두지는 않았다.

고경태

보수 대혁신과 대한민국의 미래

서해성 | 김 의원 누리집에 "보수 대혁신이 살길"이라고 써놓았더군요.

김성식 | 보수란 건강한 책임과 함께, 래디컬하지 않은 방식의 자기 변화를 의미하는 거 아닌가요. 두 분은 참 래디컬한 것 같은데.

한홍구 | 1986년 제헌의회 사건으로 옥살이를 했죠? 거기 비하면 우리 두 사람은 정말 온건하기 짝이 없죠.(웃음)

서해성 | 한나라당 의원을 모셨습니다. 쇄신파 맞죠?

한홍구 | 최근 한 신문 사설을 보니 쇄신파를 향한 재밌는 메시지가 있더군요. "칼을 뽑았으면 무라도 썰어라." 칼 뽑고 뭘 했습니까?

김성식 | 시작 단계죠. 항상 쇄신과 개혁에는 거스르려는 흐름이 있기 마련이죠. 혼선 속에서 울퉁불퉁한 과정을 거치고 있어요.

제대로 된 쇄신 운동을 위해 공천의 위협에서 벗어나겠다

한홍구 | 이전에도 한나라당엔 수요모임, 미래연대 등 초선들의 쇄신 모임이 있었어요. 개혁, 쇄신, 정풍 좋은 말들을 다 했는데 된 건 없지 않았나요?

김성식 | 21세기는 쾌도난마식 혁명이 아닌 다양한 개혁의 축적이 필요한 때입니다. 시대에 맞지 않게 지도부에 있던 사람들이 쫓겨났고 아주 우파적 시장 경제 관점으로 돼 있던 정강 정책도 많이 바뀌었어요.

김성식

부족하겠지만 그래도 꿈틀거리는구나 느낄 만했다고 봅니다. 그게 대선 압승의 베이스가 된 셈이고.

한홍구 | 김 의원도 "한나라당에 수꼴(수구꼴통) 유전자가 있다"고 했어요. 유전자라는 건 절대로 안 바뀌는 거 아닙니까. '원판 불변의 법칙'이 있지 않나요?

김성식 | 쇄신 운동의 한계를 지적하자면, "한 게 뭐 있냐"가 포인트가 아니죠. 쇄신 운동 제대로 하려면 스스로 공천의 위협에서 벗어나야 돼요. 나는 그렇게 할 겁니다. 쇄신 운동이 강하게 이뤄지려면 계파 모임에서 1년이라도 다 탈퇴해야 해요.

서해성 | 가능성도 낮고, 현실성이 없지 않나요?

김성식 | 쇄신 운동의 결과로, 대통령이 TV 연설 통해 국정 기조 재점검하겠다고 했어요. 젊은 정당 만들겠다고 했고. 당 사무총장을 관례대로 지명하는 것에도 브레이크를 걸었죠.

서해성 | 쇄신 정풍을 접하면서 'MB 로봇설'을 생각했어요. 정권의 구색 맞추기에 쇄신을 끼워 넣어 함께 팔아먹는 거 아닌가 해서요. 현재 쇄신파들이 주로 초선인데, 정치 쇼로서 관객을 동원할지는 몰라도 정치권력의 성질이나 성격을 바꿀 수 있는가 하는 거죠. 그런 점에서 쇄신파들이 품고 있는 거하고 실제하고는 격차가 크지 않나요?

김성식 | 격차 인정합니다. 실제로 황당한 일 많이 벌어지고 있죠. 모 경찰서에서 고문 사건이 났어요. 당장 책임자 직위 해제해야죠. 저도 안기부에서 57일 동안 두드려 맞았잖아요. 주춤할 게 뭐가 있나요.

한홍구 | 쇄신, 쇄신 하는데 진짜 쇄신 대상은 참모가 아니라 MB 아니냐는 거죠. 근데 쇄신파는 이명박 대통령이 한마디 하니까 깨갱 하고.

김성식 | 그런 표현 쓰지 마세요. 대통령은 바뀌어야 합니다. 얼마나 바뀔지는 조금 회의적이에요. 지금 할 수 있는 일은 최소한 대통령 주변의 참모들이 직언하지 못하고 있고, 자기 기득권을 유지하려는 세력

"한나라당 쇄신 가능한가요?"

과 싸워야 한다는 거죠.

한홍구 | 가시적인 쇄신의 기준이 어떤 겁니까?

김성식 | 현재 대통령 비서실장(정정길)이 사의를 표명했어요. 나는 그분이 빨리 집에 가야 한다고 공개적으로 주장했죠. 비서실장 교체하는 데 무슨 시간이 그렇게 걸리나 몰라요. 일부 청와대 참모들은 노골적으로 쇄신 흐름에 방해를 놓고 있고.

서해성 | 진보니 보수니 떠나서 실망감을 준 청와대 핵심 참모들이 있어요. 민주화 운동 출신에게 모종의 중요한 역할을 기대하는 게 무리만은 아닐 텐데요.

김성식 | 김대중 정부든 노무현 정부든 대통령 고집 못 꺾은 건 마찬가지예요. 1987년 체제 아래선 대통령이 당선되는 순간부터 국민이 아니라 역사와 대화하겠다고 하거든요.

한홍구 | 지난해 노무현 전 대통령의 비극이 있었어요. 정치 검찰이 개입을 했고. 이명박 대통령은 퇴임 뒤에 무사하리라고 보는지요.

김성식 | 돈에 의한 비리를 저지르지 않는 한 무사하지 못할 게 없죠. 그건 선입견이에요. 외국선 보수 세력이 민주화 추진하지 않았나요. 우리나라에선 반대입니다. 5·18 30주년 기념식에서 〈임을 위한 행진곡〉을 못 부르게 한 황당한 일이 벌어졌어요. 민주주의에 대한 보수의 역사 인식은 천박해요. 긍정적 자산으로는 가난의 질곡 벗어나게 한 거죠. 최초 문민 통치, 북방 정책, 남북기본합의서도 보수 정권 시절에 이끌어냈어요. 지금은 전향적인 게 없어지고 있죠.

'쇄신＝민주화 세력' 등식에 동의할 수 없어

서해성 | 쇄신파 분포가 다양하죠? 구 민주계, 구 민중당, 또는 개별적으로 입당한 이들까지.

김성식

김성식 | 6·2 지방선거 뒤의 자각이 쇄신 흐름을 만들어낸 거죠. 쇄신파 51명 명단을 보면 알 겁니다.

서해성 | 한나라당이 민정당과 공화당 잔재를 청산했다 주장하지만 '수꼴' 기질은 엄연히 있지 않나요. 그들이 현역은 아닐지라도 완전히 청산된 적도 없지요.

김성식 | 그게 장애이기도 하고 강점이기도 하죠.

서해성 | 강점은 뭐죠?

김성식 | 앞으로 한나라당이든 민노당이든 자기 나름의 중심성에서 얼마나 많은 다양성을 포괄해내느냐가 중요하다고 봅니다. 화이부동. 똑같은 게 아니라 똑같지 않기 때문에 조화로움을 추구하는 거죠.

한홍구 | 민정당–민자당–신한국당–한나라당으로 변화하면서 민정계가 안 남을 정도로 바뀌었다지만, 바깥에서 보면 호박이 줄 긋는다고 수박 되냐는 거죠. 예컨대 쇄신파 51명 중엔 법원이 금지 결정 내리자 전교조 명단 공개에 동참한 의원들도 있지 않나요?

김성식 | 6·2 선거 민심만 민심이고 대선 민심은 민심이 아닌가요? 국민들은 더 변화되는 정당에 기대를 겁니다. 그렇지 못하면 사정없이 심판하는 겁니다. 그런 측면을 봐야지 말짱 황이라고 하면 지나치죠.

한홍구 | 한나라당이 거대한 블랙홀 같다는 말이에요. 민주화 운동 했던 사람들이 한나라당에 가서 왜 다 그 모양이냐, 뭔가 달랐어야 하지 않느냐는 거죠. 미디어법 처리■ 때 김 의원도 몸싸움 같이 하지 않았습니까.

김성식 | 할 말이 많지만, 미디어법 경우에도 정부 원안을 엄청 수정했어요. 덧붙여 '쇄신=민주화 운동 세력' 등식에 동의할 수 없어요. 쇄신의 동력은 디지털 시대에 빨리 적응한 사람들이죠.

■ 2009년 7월의 미디어법 개정안 날치기 통과.

한홍구 | 건강한 보수의 기준은 무엇이라고 보시나요?

김성식 | 무엇보다 자기희생 정신이 필요하고, 진보보다 적극적으로 공정성과 투명성 가치를 위해 싸워야 해요. 한나라당 개혁하는 게 한국 정치 개혁하는 길입니다. 설사 시지프스의 돌이 되는 한이 있더라도.

서해성 | 그럼에도 여전히 한나라당이 쇄신되었다거나 하는 느낌을 받기 어려워요. 무엇보다 당장 피부로 느끼고 있는 민주주의의 퇴행 때문이죠.

김성식 | 일리 있어요. 디지털 시대는 작은 것이 사소한 시대가 아니잖아요. 금방 전파되고 강한 힘을 갖죠. 이런 것에 대한 이해가 없어요. 김제동 퇴출이나 4대강과 세종시 문제에 대한 처리 방식을 보면 국민을 진정한 주권자로 바라보는 문제의식이 취약해요.

한홍구 | 그렇게 민주 의식이 없는 사람들이라면 21세기에 집권할 자격 없는 거 아닌가요?

김성식 | 여러분 눈으로 볼 땐 기성 정당이 다 성에 안 차겠죠. 낡은 진보와 낡은 보수는 동전의 양면으로 적대적이면서도, 서로가 존재의 근거이죠. 여든 야든 심판받았을 때 잘해야 하는데 답답한 거죠.

서해성 | 참여연대 앞에서 '가스통' 위협.■ 거기서 사적 폭력이 백주에 활개 치고 있는데 국가 권력은 어떤 자세를 취하고 있나요?

김성식 | 전쟁 경험 세대가 북한 두둔하는 듯한 모습에 알레르기 반응 보이는 거죠. 보수냐 진보냐를 넘어서 삶의 다양한 곡절을 끌어안는 정치 세력의 포용성이 숙제라고 봐요. 참여연대가 사실을 적시하고 비판하는 수준에 머물렀어야 한다고 봅니다. 물론 사적인 폭력은 안 되죠. 진보적 시민운동 하는 분들일수록 세대적 의식의 단절 현상을

■ 2010년 6월 고엽제전우회, 대한민국어버이연합 회원 500여 명이 서울 종로구 통인동 참여연대 앞에서 LPG 가스통 등을 세워놓고 '천안함 발송 규탄' 기자 회견을 열었다.

소화하면서 좀 더 보편적인 진보의 가치로 끌어내는 게 중요합니다. 여기에 대한 성찰이 있었으면 좋겠습니다.

대통령의 촛불집회 반성 요구는 오버

서해성 | 다른 의견 표현하는 게 문제가 되어선 민주 사회라고 하기 어렵죠. 시민 단체가 유엔에 이메일 보낸 건 천안함 진실을 밝히는 과정의 투명성이 확보되지 않아서 다른 의견을 개진하는 것 아닌가요.

김성식 | 문제의 핵심은 국제적인 조사 결과로 밝혀진 내용에 대해서 전문성을 뒷받침할 만한 조사 결과를 내놓지 못했다는 거죠. 북한 소행이라는 결론을 뒤엎을 만한 명료한 근거를 내놓지를 못해요.

한홍구 | 정보 접근이 불가능한 일개 시민 단체가 그걸 어떻게 뒤집나요? 참여연대는 정부 발표가 사실이라는 전제하에 정부의 설명에 대해 합리적인 의문을 제기한 것일 뿐이에요.

서해성 | 다른 이야기로 가죠. 두 사람이 하도 열을 내서 이야기하는 바람에 제가 사회를 다 보네요. MB 정권 이후 자사고, 특목고 등 어린 학생들의 미래까지도 차압당하는 걸 보면 참으로 안타까워요. MB는 경제 대통령이라면서 "부자 됩시다"라고 했지 "민주주의 잘하겠습니다"라고는 안 했거든요. 잘 먹고 잘살게 해주겠다고 해서 사람들이 찍은 거죠.

김성식 | 그보다 당시 노무현과 여권에 대한 실망, 심판이라고 해야지.

서해성 | 근데 경제가 잘 안됐다는 거죠. 4대강, 세종시 그렇죠. 주요 시민 단체 압박이나 박원순 변호사 활동에 대한 국정원 개입설, 유엔 인권조사관 미행, 인터넷을 포함한 언론과 인권 위기, 집시법 등에 대한 편의적 적용……. 그런 걸 통째로 합쳐서 말해보자면 이명박 대통령은 누구라고 할 수 있을까요. 비유와 풍자를 하는 건데, 양복 입은

"보수나 진보나 그 자리에 머물면 퇴보합니다. 존경할 만한, 신뢰할 만한 보수 세력이 되는 것이 한나라당 쇄신의 의미이자 방향이죠. 투표율 낮기만을 기대한 보수 정치는 창피합니다. 자산을 새로 만들어야 합니다."

전두환 같지 않은가요? 김 의원이 보기에 MB는 어떤 사람인가요?

김성식 | 오랫동안 기업 경영한 분이죠. 기업 경영 마인드가 국정에 반영되는 거죠. 주권자인 국민이 민주주의의 기초잖아요. 그런 문제를 깊이 성찰하고 국정을 운영해야 하는데.

서해성 | 답을 해야죠. 캐릭터로 볼 때 이명박은 누구냐.

김성식 | CEO 출신의 대통령.

서해성 | 심심해요.

김성식 | 규정을 잘해야 해법이 나오지 않나요?

한홍구 | 그만큼 권력자가 야비하다는 거죠. 촛불집회에 유모차 끌고 나온 엄마들이 검찰에 소환되고, 미네르바가 잡혀가고. 이게 이명박 정권의 본질이라고 생각하는 거죠. 아까 화이부동을 말했는데 문제는 왜 한나라당 안에서만 그러냐는 거죠. 참여연대가 다른 의견 제시했다고 가스통 들고 와서 협박한다면 그게 대화와 소통의 정치인가요?

김성식 | 시민끼리의 충돌이죠.

서해성 | 시민끼리의 충돌이라는 말은 참으로 위험한 발상이자 접근입니다. 그럼 용산참사는 삼성물산과 세입자 둘 사이의 문제이기만 한가요?

김성식 | 시민 단체나 억울한 일 당한 국민 입장에서 같이 여러 가지를 고려해서 민주주의의 성숙 문제를 고민해야 할 시점입니다. 국민적 시각에선 지나친 쪽이 잘못이라고 생각해요. 목적의 정당함을 넘어.

서해성 | 정치인 MB야말로 87년 체제의 산물이거든요. 시민이 데모를 통해 절차 민주주의를 확보하지 않았으면 어떻게 대통령 됐겠어요.

김성식 | 자각해야 한다는 지적은 중요한 이야깁니다.

서해성 | 2년 반 동안은 너그러움이 전혀 없었어요.

김성식 | 그래서 중도실용 안 믿게 된 거예요.

서해성 | 그래서 이명박 대통령에 대한 중간 평가는 아직까지는 '양복

입은 전두환'이라는 거죠.

김성식 | 관용이 적었고, 민주주의 시대의 진전에 대해 개념이 부족했고, 성찰이 부족했죠. 지속적으로 문제 제기해야 하는 거구요.

서해성 | 광우병이 정말 괴담이라고 생각하나요?

김성식 | 〈PD수첩〉 때문에 촛불시위가 생겨났다고 보는 황당한 주장들은 이해할 수 없습니다.

서해성 | 〈PD수첩〉 때문에 촛불집회가 생긴 것은 아니라는 말인가요? 분명히 말해주세요.

김성식 | 그동안 뼛조각 하나 갖고 난리 치다가 갑자기 아무런 설명 없이 30개월 이상 국제적으로 논란이 있는 부분을 받아들여 검역 주권 행사하는 데 문제가 생겼고, 그래서 재협상까지 갔던 거 아닌가요. 거꾸로 〈PD수첩〉 내용이 다른 측면에서 사실에 부합하느냐는 별도의 문제로 남습니다. 촛불집회는 소통 없고 설명 없음에 대한 저항이었다고 생각해요.

서해성 | 촛불집회의 정당성에 동의하는 거군요.

김성식 | 그렇죠. 촛불시위는 쇠고기 수입 과정을 제대로 핸들링하지 못한 사람들이 초래한 거죠.

투표율 낮기만을 기대하는 보수 정치는 창피하다

한홍구 | 얼마 전 대통령은 촛불집회 참가자들의 반성을 요구했는데 어떻게 생각합니까?

김성식 | 촛불집회 반성 요구는 오버라고 봐요.

한홍구 | 마무리할 시간이 다 됐네요. 쇄신파로서 칼을 뽑았는데, 부끄럽지 않게 끝까지 책임지기 바랍니다.

김성식 | 최선을 다해야죠. 뭐라고 뺑칠 상황이 못 됩니다.

김성식

서해성 ┃ 저는 참여연대에 대한 정권과 보수 세력의 반응과 대응이 굉장히 중요하다고 생각해요. 이건 전형적인 매카시즘적 폭력이거든요. 세대적 차이 이해한다는 것과 행동이 용납된다는 건 커다란 차이가 있죠. 그런 걸 최소한 권력 내부에서 막아야 한다는 거죠. 그게 쇄신파 존재 이유의 기초죠.

김성식 ┃ 격려에 답하면서 한 말씀 드리겠습니다. 보수나 진보나 그 자리에 머물면 퇴보합니다. 우리가 생각해야 할 것은 변화 속에서 어떤 새로운 민주주의와 행복의 조건을 진전시키느냐예요.

서해성 ┃ 그게 특히 민주화 운동을 하다 다른 길을 간 사람들의 자기 정당화 논리로 머물지 않길 바랍니다.

한홍구 ┃ 내가 죽기 전에 존경할 만한, 신뢰할 만한 보수를 꼭 만나고 싶어요.

김성식 ┃ 방금 주신 말씀이 한나라당 쇄신의 의미이자 방향이죠. 한마디로 투표율 낮기만을 기대하는 정치는 창피합니다. 보수는 자산을 잃었어요. 자산을 새로 만들어야 합니다.

호랑이는 없다

이 땅에서 호랑이는 갑작스레 사라졌다. 호랑이를 본 적 없는 왜인들은 사냥단을 모아 건너와 조선 호랑이 사냥으로 식민 지배의 기세를 올렸다. 이용악의 시 「우라지오 가까운 항구에서」에 나오는 아롱범 (점박이범·표범)도, 늑대도 자취를 감췄다. 우라지오는 블라디보스토크를 이른다.

분단 공간에 사는 한국인을 일러 자루 속에 든 신세라고 하는 게 어긋난 말만은 아닌 줄 안다. 분단 생태계와 함께 대륙형 인간형이 소멸한 건 우연이 아니다. 호랑이 설화도, 백두산 호랑이니 지리산 호랑이니 하는 말로 통하던 사람들도 만날 수 없게 된 지 오래다. 육식 맹수가 멸종된 땅에 잡식·초식 동물들이 먹이사슬의 중심에 오른 건 불행히도 자연스러운 일일 게다.

죽어버린 호랑이는 정치인들의 입을 통해 이따금 살아났다. 호랑이를 잡으려면 호랑이 굴로 들어가야 한다. 김영삼 통일민주당 총재는 민정당·자민련과 3당 합당을 하면서 말했다. 민주화 운동에 헌신했던 상당수 사람들이 자신들을 포함한 주권자인 국민을 사납게 억압해왔던 '꼴통'들의 굴로 들어가면서 거의 같은 말들을 남겼다. 이재오, 김문수…… 김성식 들이다.

어떤 이는 애초 주인보다 더 꼴통이 되었고, 더러 굴 깊은 자리에 주저앉아 버려 원판마저 알아볼 수 없게 됐다. 인권 억압, 민주주의 퇴행 등으로 보아 적어도 그들이 말하는 호랑이는 참호랑이라고 하기는 어렵겠다. 귀엽고 고운 아롱범일 리도 만무하다. 여기서 말하는 호랑이란 공동체가 궁극적으로 지향해야 할 가치일 터이다. 그저 대권, 국회의원 배지를 얻고자 한 말들이라면 호랑이로 표상되는 가치에 대한 모욕이다.

그들은 모두 호랑이 굴로 들어간 뒤 나오지 않았다. 호랑이 굴을 찾아간 자는 귀환 의무를 지고 있거나 호랑이 굴을 말끔히 청소해내야 한다. 그런 소식을 들은 적이 없다. 혹시 그들이 자기 마음속에 호시탐탐 노린 채 살고 있던 호랑이에게 스스로 물려 간 건 아닐까. 틀림없는 건 아직까지 그 굴에 호랑이는 없다는 사실이다.

서해성

김성식

"지사님!
때 빼고 광내고 폼 잡으세요"

김두관 —경상남도 도지사

'시크한 지사님.'

대담을 하는 동안 그런 생각이 들었다. "선거 운동 기간 색깔 공세가 괴롭지 않았느냐"는 질문에 그는 "대수롭지 않았다"고 말했다. "4대강에 관한 입장 말고는 이달곤 한나라당 후보와 다른 게 별로 없다"는 말도 던졌다. "다른 지역 강에 관해선 말하지 말라"는 이명박 대통령의 도지사 간담회 발언에 대해선 "나야 반대 입장이지만 대통령이 그런 말도 못 하냐"고 했다. 쿨했다. 젊은 스타일의 언어로 말하자면 '시크'하달까. 그러면서도 '엣지'보다는 '라운드'라는 단어가 떠올랐다. 자신감이 빚어내는 여유.

'출장 직설'이다. 일요일인 2010년 7월 25일, 한홍구와 서해성은 비행기로 김해를 거쳐 창원까지 달려갔다. 장소는 도청 집무실. 초대 손님은 김두관 경남도지사다. 그의 '공직' 경력은 1988년 남해군 고현면 이어리 이장에서 시작한다. 1995년 남해군수에 당선되어 1998년 재선에 성공했고, 2003년에는 행정자치부 장관에 올랐다. 2002년, 2006년에는 도지사에 출마했다 낙선했다. 1988년, 2004년, 2008년에도 국회의원에 도전했다가 고배를 마셨다. 고위직과 밑바닥 양쪽에서 익힌 실무 경험, 그리고 숱한 패배의 기억이 오늘의 김두관을 만들었다. 그는 대한민국에서 '자치'에 관해 가장 할 말이 많은 사람이다.

고경태

도청에서 자치를 꿈꾸다

서해성 | 16개 광역자치단체장 중에서 딱 한 사람을 골라서 이렇게 찾아왔습니다.

김두관 | 사람 보는 안목이 탁월하군요.(웃음)

한홍구 | 눈은 높고 입은 좀 가볍고.(웃음) 제법 넓은 방이군요.

서해성 | 방 크기로 허영과 권력의 크기를 재온 게 우리네 삶인지라. 그런데 요즘은 웬만한 중소 도시 시장실 가도 이 정도는 되더군요.(옆에 있던 참모가 광역단체장 집무실 크기로 전국 꼴찌 수준이라고 함)

권한을 넘기기 싫어하는 중앙과 시도의 버릇

김두관 | 330만 도민 섬기면서 먹여 살릴 궁리를 잘하란 뜻이겠죠.

한홍구 | 국회의원들 세비 올린다고 하면 욕들 하는데, 일만 잘하면야 올려도 아까울 게 없죠.

김두관 | 지방자치 무용론자들 중 '무보수 명예직'이 돼야 한다고 말하는 경우가 있는데 동의하기 어려워요. 남해군에 군의원이 열인데, 의원당 5천만 원 세비 주면 5억이죠. 군 예산이 2천 500억~3천억 원가량이죠. 5억 기회비용으로 50억, 100억 예산 절감할 수 있거든요.

서해성 | 무보수로 일하면 먹이사슬 구조가 강화될 게 뻔하죠. 지역 향신 계급의 놀이터나 먹잇감이 되는 거지. 돈 제대로 주고 감시를 철저

김두관

427

히 하는 게 훨씬 옳죠.

한홍구 | 무보수로 하자는 게 딱 토호 이야기야. 옛날 조선과 중국에선 아전들이 무보수였거든요. 그러니 "적당히 해먹어라" 할 수밖에. 어디까지 용인되고 어디까지가 지나친 건지가 불명확했어요.

서해성 | 도청 들머리에 "땀 흘려 일하는 사람들이 정당한 대우를 받는 세상"이라고 쓴 간판이 서 있더군요. "선진 조국 창조" 같은 선전을 주로 보아온지라 놀랐어요.(웃음)

김두관 | 20여 년 전 농민 운동 할 때 자주 하던 이야기인데, 열심히 농사지어도 소득이 생산비에도 못 미치니까요. 어느 부문에나 적용돼야 할 원칙 아닌가요.

한홍구 | 나같이 밥만 먹어도 땀 흘리는 사람 입장에서는 더 반갑고요.(웃음) 당연한 말씀인데 저게 우리 상황에선 빨갱이 얘기로 몰릴 수 있어요.

김두관 | 농민회 활동할 때 앞을 가로막던 공무원들이 "우리는 국가의 녹을 먹는 사람들이라서 이럴 수밖에 없다"고 했어요. 요즘 직원 특강 할 때 "국가가 아닌 국민의 녹을 먹는 것이다. 국민이 주는 세금을 국가는 전달만 하는 것이니 국민에게 봉사해야 한다"고 역설하죠.

서해성 | 지자체에 와서 지역을 넘자는 말은 웃긴데, 지자체 선거에서 지역당 특성이 분명한 정당 정치가 과연 뿌리를 내릴 수 있는 건지. 그게 6·2 선거에서 무소속 출마한 까닭이기도 할 텐데요.

김두관 | 선거 전 조사해보니 무소속으로는 25퍼센트, 간판 바꿔 민주당이면 9퍼센트로 뚝 떨어집니다. 무소속이긴 하지만 '색깔 있는 무소속'이란 건 다 알지 않나요? 어떤 계기가 생기면 당으로 갈 수도 있지 않으냐는 질문을 자주 받는데 지금 야3당하고 잘 지내고 있기도 하니 그럴 이유가 없고. 몇 년 뒤 진보 개혁 진영이 큰 틀로 움직이면 유권자들 동의나 양해에 따라 정당을 선택할 수는 있겠죠.

강이 지리 교과서에서 정치 교과서로?

서해성 | 지방정부가 정말 해야 하는 일들이 무언가요?

김두관 | 정부가 존재하는 가장 큰 이유는 사회적 약자를 보듬어주는 거지요. 힘, 돈, 학력 있는 사람은 군이 보살펴주지 않아도 자기 몫을 뺏기지는 않겠지요. 도는 시군구와 중앙정부의 중간에 있는데, 시군 정이 더 잘되는 게 주민들 삶의 질을 높이는 거라고 여기고 있어요.

서해성 | 중앙, 광역, 기초지자체 예산 비율이 정해져 있듯 권한도 그렇지 않나요?

김두관 | 행자부 장관 할 때 정부 권한 이양 회의를 자주 했는데 "시도에 주면 못한다"는 거예요. 능력이 없어서. 시도도 마찬가지죠. "시군구로 가면 안 된다. 능력이 없어서."(웃음) 난 그렇게 안 하려고 하죠.

서해성 | 영남 전역이 그렇지만, 경남에서도 근래 민주개혁 세력이 선거에서 이긴 적이 없지요. 3당 합당 이후 김두관이란 정치인이 최초로 승리를 거두었는데, 광역에서.

김두관 | 조금 재밌게 말하면 경남에서 제일 기가 센 놈이 도지사를 하는 거거든요.(웃음) 도지사, 되기도 어려운데, 되기보다 더 어려운 게 도정을 잘하는 거죠. 이 대통령도 대통령 되는 건 운이 있었던 듯한데 국정 운영을 잘하는 운은 없는 것 같거든요.

서해성 | 그런 의미에서 승리자로서 앞으로 4년을 어떻게 이끌어갈 계획인가요?

김두관 | 남해군수 할 때 경력이 마을 이장밖에 없었죠. 새파란 군수가 아이디어를 잘 사준다는 소문이 퍼지니까 젊은 친구들이 몰려들더라구요. 도정도 크게 다르지 않다고 봐요. 경남의 조건과 상황에 맞는 정책을 선택하면 되는 거죠. 6조 원이라는 자원을 어떻게 배분하느냐가 중요하고. (집무실 벽 우포늪 사진을 가리키며) 저기 써놓은 "대한민

국 번영 1번지 경남"이라는 말 속에는 교육·환경·복지·문화 콘텐츠에서 1번지가 돼야 한다는 뜻이 담겼어요.

한홍구 | 행자부 장관을 한 경험이 도정에 소중한 자산일 텐데요. 도정 경험도 중앙정부를 운영하는 데 소중할 것이고. 미국에선 대선에 주지사 출신이 많이 나오지 않나요?

김두관 | 광역 지방정부는 중앙정부의 축소판이라 해도 되죠. 국방·외교·사법 기능 정도를 빼면 시도는 작은 단위에서 중앙정부를 운영하는 셈이죠.

한홍구 | 우리는 아직 중앙정부가 너무 많은 권한을 쥐고 있는데, 중앙정부에서 이양받았으면 하는 핵심 권한이 있다면?

김두관 | 교육 자치와 자치경찰제죠. 부분적으로 이뤄지거나 중간에 흐지부지돼버렸지요. 중앙정부는 세계와 경쟁하고, 내치는 지방정부한테 많이 넘겨줘야 한다고 봐요. 서울주, 경강주, 충전주, 경상주로 전국을 4대 광역망화하자는 안도 있던데…… 지방 분권을 강화하는 쪽이 장기적으로 국가 경영에 도움이 되는 건 분명하죠.

서해성 | 국민들의 상승된 민주화 의식을 감안하면 치안 자치도 능히 가능하다고 할 수 있고. 서장을 투표로 뽑는데 물대포 쉽게 쏘겠어요? 자치라는 게 6월항쟁의 피눈물 어린 성과죠. 저쪽은 안 하겠다고 뻗대고.

김두관 | 자치경찰제를 일부 시행하면서 소방은 시도로 넘어왔어요. 도청 공무원 4천 500명 중 일반행정직 2천 명, 소방공무원이 2천 500명……(탄성) 방범·교통·치안도 자치경찰에 맡기는 게 훨씬 좋죠. 자치권이 제대로 주어지면 치안이 안 좋다 할 경우 소방에서 줄여 치안 숫자 늘릴 수 있겠고, 아예 선거할 때 '도지사, 교육부지사, 치안부지사'를 러닝메이트 형식으로 뽑을 수도 있고. 검찰총장 직선하는 나라도 있던데, 그래도 국민 위에 군림할 수 있을까요?

"농민회 활동할 때 앞을 가로막던 공무원들이 '우리는 국가의 녹을 먹는 사람들이라서 이럴 수밖에 없다'고 했어요. 요즘 직원 특강할 때 '국가가 아닌 국민의 녹을 먹는 것이다. 국민이 주는 세금을 국가는 전달만 하는 것이니 국민에게 봉사해야 한다'고 역설합니다."

서해성 | 투표로 뽑는다는 건 주민 소환도 가능하다는 얘기거든요. 이래서 '자치'라는 말을 들으면 가슴이 설레요. MB 집권 뒤 행정자치부가 행정안전부로 바뀌었어요. '자치'와 '안전' 사이의 거리는 경찰이 도로 짭새가 되었다는 걸 말해주는 거죠. 국가 권력이 몽둥이에서 나온다는 걸 이름이 담고 있어요. 쇠고기에도, 4대강에도 몽둥이가 들어가 있는 이유이기도 하고. 참, 4대강 관련 공사 발주도 보류하고 줄곧 반대 뜻을 밝혔는데요.

김두관 | 대통령 간담회 끝난 직후 경남소방본부에서 함안보 크레인 농성자들■에게 식수를 공급해야 하냐고 전화가 왔어요. 당연히 줘야 한다고 했지. 근데 수자원공사에서 절대 접근을 못 하게 해서 못 줬다고 하더군요.

서해성 | MB 출범 이후 강 길이가 달라진 거 아세요? 강이 지리 교과서에서 빠지고 정치 교과서에 들어가야 한다고도 해요. 강 길이가 정치적 판단에 따라 조절되는 거죠. 대통령 면담 때 오늘 직설 손님을 두고 한 말 같던데, "여럿이 모여 남의 강에 대해 말하지 말라"고.

공무원의 경쟁력은 인사에서 나온다

한홍구 | '단체'장들이 강에 대해선 '단체'로 입장을 말하지 말라? 강이란 게 한 광역 단체 구역만 흐르는 게 아닌데…….

서해성 | 그렇게 하면 한강만 해도 시군구로 20여 개 남짓으로 쪼개지지 않겠나. 이해 상관이 다를 테니까요. 강 이름도 달라지겠고. 또 군수는 준설만 하고, 시장은 보를 만들고, 지사는…… 물이란 게 대통령 생각에는 끊어지는지 모르지만 연결돼 있잖아요.

■ 2010년 7~8월 4대강 함안보 건설 현장에서 벌어진 환경 단체 회원들의 타워크레인 시위.

"지사님! 때 빼고 광내고 폼 잡으세요"

김두관 | 나는 6·2 지방선거일을 '4대강 심판 국민투표의 날'이라고 규정했어요. 6·2로 나타난 민심은 4대강 사업 전면 중단이나 최소한 수정을 요구한 거지. 근데 꿈쩍 안 하고 있어요. 간담회 마무리에 대통령이 "시도지사는 정책을 하는 사람들이지 정치하는 사람들이 아니다. 지역 뛰어넘어 반대하는 건 국회의원 일이다. 시도지사는 행정책임자다"라고 했어요.

한홍구 | 정책과 정치가 그렇게 구분이 될 수 있는 건가요?

서해성 | 그 말은 일종의 정치 독점으로 들릴 수밖에 없어요. MB는 후보 때부터 경부운하 파겠다고 정치적으로 결정해놓고 정책이 정치와 분리될 수 있는 듯 말하고 있는 거거든요.

김두관 | 4대강이 선거 쟁점이 된 이유가 있잖아요. 국가 자원을 22조, 많게는 30조 투입하는 사업인데. 생각 있는 국민들이 국가 미래를 위해서 돈과 국토라는 자원을 이렇게 해도 되냐고 묻고 있는 거죠. 이런 것에 대한 옳지 않음과 씁쓸함이 깔려 있는 거거든요.

서해성 | 지금 경남의 화두는?

김두관 | 4대강과 좋은 일자리 만들기죠. 공약했듯 경남을 신재생산업 에너지 수도로 만들어보고자 합니다. 오가며 느꼈겠지만 이곳 햇빛질이 좋아요. 항공우주산업 거점 계획도 추진 중이죠. 좋은 일자리가 생길 겁니다.

한홍구 | 도청 내 비정규직 문제는 어떤가요?

김두관 | 청소는 용역 회사와 계약을 맺어서 하고 있고, 순수 비정규직은 10명 안팎인데, 그걸 떠나 비정규직 문제는 중요하죠. '민노당 부지사'에 이미 의지가 반영되어 있는 거죠.

한홍구 | 직접 고용한 비정규직은 얼마 안 되겠지만, 도청이 계약을 맺는 회사들의 비정규직 실태를 계약 선정 때 반영한다면 큰 변화를 줄 수 있을 거예요. 인사 문제에 대한 원칙은요?

김두관

김두관 | 행자부 장관 맡았을 때 청탁성 전화를 포함해서 사람 천거를 많이 받았죠. 일테면 연달아 어떤 경찰 간부에 대해 천거를 받았는데 아예 이력서를 처박아버렸지. 그가 1년 뒤에 사고를 크게 쳤어.(웃음) 공무원 내부의 경쟁력은 합리적이고 공정한 인사에서 나옵니다. 그에 맞게 사람을 고르고, 효과를 극대화할 수 있는 자리에 배치하는 게 원칙이라는 교과서 같은 말을 어려워도 지켜나가야죠.

한홍구 | 도청 공무원 노조는 어때요? 파트너십을 만드셔야 할 텐데요.

김두관 | '전공노'는 아니고 자체 공무원 노조입니다. 지난번에 노조 대표와 면담한 뒤 인사안에 대한 의견이 타당해 받아들였어요. 그러자 노조가 도지사를 제압했다는 식으로 기사가 뜬 적 있죠. 이런 일이야 자주 있을 필요 없겠지만 암튼 넉넉하게 받아들였죠. 노조는 협력과 상생의 파트너죠. 서로 품격을 지켜줘야 더 강한 상생이 되겠죠.

서해성 | 민선 4기 단체장들이 주로 한나라당이 많아서였을까요. 성남 시청이 호화 청사에다 공원 짓고 판교신도시 기반 사업 하면서 버겁 게 되자 배 째 식으로 지불 유예를 선언하고, LH공사는 풍금 마무리 반주 넣듯 손 떼겠다고 하면서 MB 사업에는 나서고. 부산 남동구나 대전 동구도 비슷한 일들로 구설에 올랐고. 이곳 마창대교도 '돈다리' 라고들 하는데요.

김두관 | 성남은 있을 수 없는 짓을 한 거고, 마창대교는 작년에 100억, 올해도 100억을 보전해줘야 해요. 어마어마한 돈이죠. 처음에 교통량 조사 잘못해서 손해를 보고 있어요. 정상화될 방안을 찾고 있는데, 민 자 사업의 허점이죠.

좌우명 '불환빈 환불균'을 아십니까

서해성 | 지자체들이 민자를 끌어들여 사업을 많이 하고 있어요. 어떻

"지사님! 때 빼고 광내고 폼 잡으세요"

게 풀어가는 게 좋은가요? 진행 중인 것만 해도 300개 가까운데.

김두관 | 후임자는 전임자의 자산과 부채를 다 승계하죠. 2011년에 해인사에서 대장경 판각 1천 년 문화 축제를 해요. 여러모로 빛나는 일인데 생색은 후임인 내가 내는 겁니다. 마창대교를 만든 지사는 부산에 갈 뻔한 경마장을 끈질기게 물고 늘어져 부산경남 공동 경마장으로 만들었어요. 세 수익만 2천억이죠. 무얼 평가한다는 게 이럴 땐 참 쉽지 않아요.

서해성 | 참여정부 핵심 가운데 하나가 소통이었는데, 도민과의 소통을 위해 어떤 계획이 있는지요.

김두관 | 우선 변화와 혁신의 파트너인 도청 공무원들하고 친해지고 철학적 가치를 공유하는 일을 하려고 해요. 백화점으로 치면 도지사는 점장이고, 도청 공무원들은 점원이고, 주민들은 고객인 셈이거든요. 고객제일주의는 점장으로서야 당연한 거고. 점원들 일찍 출근, 늦게 퇴근시켜 서비스만 좋아지게 하는 방식은 좋지 않다고 봐요. 도민에게 잘하게 하려면 공무원들의 애로점도 들어주고 또 안고 가야 하는 거죠. 이렇게 해서 공무원들과 함께 도민을 향한 구체적인 소통을 이룩해낼 작정이죠. 무엇보다 현장 중심 활동을 펼칠까 합니다.

한홍구 | 밑바닥 대중의 사정을 가장 잘 아는 사람들이 공무원들이죠. 행정 지표가 '약자에 대한 배려'이니까 그들과 건강한 파트너십을 만드는 게 중요하겠습니다.

서해성 | 농민(운동)-이장-군수-장관-도지사. 어떻게 봐도 드문 이력의 소유자인데, 이 사람이 품고 있는 꿈의 끝은 어딘지 궁금해요. 김두관의 지향점을 한마디로 독자들에게 전달한다면?

김두관 | 도정을 잘하는 것.

서해성 | 촌스러운 정답인 거 독자들이 다 알고 있어요. (웃음)

김두관 | "백성은 가난한 것에 화내기보다는 불공정한 것에 화를 낸

김두관

다—불환빈 환불균(不患貧 患不均)"이라는 말을 우연히 고등학생 때 읽게 되었는데 지금껏 좌우명으로 삼아 여기 도지사 방에도 붙여놓았어요. 이 말로 대신하죠.

서해성 | 흔히 "때 빼고 광내고 폼 잡는다"는 말이 있어요. 예산이나 관료주의에서 때를 빼고, 민중의 요구로 광을 내고, 민심에 앞장서 폼을 잡는 도지사를 보고 싶습니다.

한홍구 | 말하는 스타일만 놓고 보면 '리틀 노무현'이란 별명이 무색하게 노무현 대통령을 닮지는 않으셨네요. 그러나 노무현의 꿈, 그리고 서민들이 노무현을 통해 이루고자 한 꿈과 관련해서는 노무현의 유산을 가장 많이 물려받았다고 할 수 있겠습니다. 예전에 노무현이 꿈을 제시했다면 이제 그 꿈을 실현하는 게 이거다, 라고 해야 할 책임을 가지게 되었으니 잘해나가기 바랍니다.

서해성 | '도지사가 된 이장'으로서, 노무현 계승자로서 꿈을 이루고 성공하시길.

'리틀 노무현'의 꿈

김두관 도지사의 집무실에서 눈에 확 뜨인 것은 "불환빈 환불균"이라 쓴 액자였다. 원래 『논어』 '계씨' 편에 "불환과이환불균 불환빈이환불안(不患寡而患不均 不患貧而患不安)"이라 되어 있는데, 정치를 함에 백성이 적은 것을 걱정하지 말고 백성이 평등하지 못한 것을 걱정하고, 백성이 가난한 것보다는 백성 이 안정되지 않은 것을 걱정하라는 뜻이다. 액자 속의 말은 송나라 시절의 대학자 육상산이 화자를 위 정자에서 민으로 바꾸어 다시 한 말이다. 김 지사는 이 말을 고등학교 때 《샘터》에서 보고 평생의 좌우 명으로 삼았다 한다. 반가웠다. 필자의 외할아버지는 제헌헌법의 창제에 아주 깊이 관여하셨는데, 어린 시절 우리 형제에게 '환불균' 석 자를 휘호로 써주신 일이 있다. 그때 하신 말씀이 이 말이 제헌헌법을 관통하는 정신이라는 거였다.

6·2 지방선거로 '좌광재', '우희정', 그리고 '리틀 노무현'이라 불리던 김두관이 도지사에 당선됐고, 유시민은 아깝게 낙선했다. 언론에서는 '폐족'이 된 친노 그룹이 부활했다고 썼다. '리틀 노무현'이라는 별명답지 않게 김두관의 말은 지지자에게나 반대자에게나 '말'로 가슴에 불을 싸지른 노무현과 달리 신중하고 차분했다. 2002년에야 노무현과 처음 가까이 만났다는 김두관은 친노 그룹에서 '성골'에 속 하지 않는다. 유시민, 안희정, 이광재가 우연히도 각각 스카이(서울대·연대·고대) 출신인 데 반해 김 두관은 전문대와 지방대를 졸업했다.

친노 그룹의 다른 주자들은 노무현이 꾸었던 꿈을 김두관보다 더 잘 설명해줄 수 있을 것이다. 그런 데 김두관의 현란하지 않은 말 사이사이로 노무현의 유산 승계에서 자산만이 아니라 부채도 승계하여 갚아야 한다는 책임감이 묻어났다. 그의 말은 노무현을 닮지 않았으나 그의 삶은 노무현을 닮았다. 노 무현이 꾸었던 꿈을 이뤄나가는 데 그가 다른 주자보다 특별한 장점을 갖고 있는지는 잘 모르겠다. 그 러나 대중이 노무현을 통해 이루고자 했던 꿈을 담아내는 데에는 뭔가 있지 않을까? 신자유주의를 받 아들이며 노무현은 대중과 멀어졌다. 신자유주의의 특징이 '불환균' 아니겠는가. '환불균'을 가슴에 새 긴 김두관이 노무현이 못다 이룬 꿈, 그리고 대중이 못다 채운 꿈을 이루길 바란다. 그래서 사람들이 경남에 가서 살고 싶어 한다면 그것이 '불환과' 아니겠는가?

한홍구

김두관

"'실세' 소리 듣고
잘된 사람 봤나요?"

정두언 –한나라당 국회의원

사, 사, 사란 무엇인가.

그는 습관처럼 말했다. "막 '사'가 끼어가지고……." 2시간 동안 네댓 번이나 그 표현이 등장했다. '사'는 이번 직설을 가로지르는 핵심 열쇳말이기도 하다. 그것 때문에 한나라당과 MB는 위기에 처했다. 그것 때문에 그는 왕따가 됐다.

'특별한 왕따' 정두언 한나라당 최고위원을 모셨다. '특별한 왕따'라는 수사를 붙인 데엔 이유가 있다. 이명박 대통령이 서울시장을 할 때 그는 정무부시장이었다. 대통령 당선 직후엔 비서실 보좌 역을 맡았다. '왕의 남자'에서 '왕이 따돌린 남자'로의 극적인 이동! '형님 문제'(이상득 의원) 등에 관해 쉼없이 직설을 날리고 신자유주의 비판 등 좌 클릭에 앞장서 당내에선 불편한 인물이다.

대담 내내 그는 호쾌했다. "왕따가 실세보다 훨씬 마음이 편하다"는 농담도 했다. 누구 때문인지 다 안다고 했다. "지난해 누가 왜 나를 도청했는지……." ▪ "대통령과 나의 독대를 불편하게 여기는 자들이 누구인지……." "대통령 밑에서 자기 이해관계만 찾아 나라를 요 지경으로 만든 자들이 누구인지……." 실명을 밝히지는 않았지만, 말하자면 결국 '사'였다. 요사스럽고(邪), 사사로운(私) 그 기운을 떨쳐내지 못하면 한나라당은 정권 재창출에 실패한다는 게 오늘의 요지였다. 그는 "정신 차리려면 멀었다"며 웃었다.

고경태

▪ 《한겨레》는 2010년 7월 22일 여권 내부 사정에 정통한 핵심 인사의 말을 인용해 "국무총리실 공직윤리지원관실이 친이 직계인 정두언, 정태근 의원의 뒷조사까지 진행했다"고 보도했다.

서해성 | 한때 다 아는 MB 최측근이었는데 왕따가 되었다는 이야기가 있죠?

정두언 | 잘됐어요. '실세' 소리 듣고 잘된 사람 봤나요?

한홍구 | 정권 바뀌고 난 다음에 감옥 구경을 많이 하죠.

서해성 | 집권 초 '형님' 퇴진 요구가 결정적이었다는…….

정두언 | 당태종이 만든 교과서가 있어요. 정치적으로 싸우다가도 포용하고, 친인척은 배제하고. 그 양반이 가장 정치를 잘한 황제로 남은 이유죠. 1987년 단임제 뒤 친인척이 개입하는 역사가 5년마다 판박이로 반복됐잖아요.

서해성 | 형님이 있긴 있군요.

정두언 | 엄연히!

'만사형통'은 있다

한홍구 | '만사형통'에 대해 간단히 말한다면?

정두언 | 물론 본인들의 뜻은 바를 수가 있어요. 근데 그 존재 자체가 모든 걸 왜곡시키죠. 제 지역구인 서대문 을에서도 우리 형님 때문에.(웃음)

서해성 | 아예 사찰 대상까지 되었는데.

정두언

정두언 | 사찰 좋아요, 근데 들키는 게 뭐냐 이거야.(웃음) 일부 세력들이 문제죠. 좌파를 척결하겠다는 이념 사냥 빌미로 전권을 받은 거예요. 거기다 소지역주의 활용해서 권한을 굳힌 다음 국정 농단을 한 거지. 정보 정치는 이 정부의 문제라고만 생각하지 않아요.

서해성 | 그 공포를 좀 끝내면 안 될까요? 집권 세력이 바뀐다 해도.

정두언 | 그 공포가 이 정권 들어와 더 커졌다면 문제죠. 요즘 젊은 층은 앞 세대보다 자유의 기준이 더 커요. 작은 억압도 훨씬 심각하게 받아들이죠. 그 기대치를 갖고 정치를 해야죠.

한홍구 | 이 정권이나 한나라당은 왜 그런 기대치를 못 읽고 벽창호가 되어버린 거죠?

정두언 | 권력을 잡는다는 건 두 가지 의미가 있어요. '한번 누려보겠다'와 '한번 바꿔보겠다'. 후자가 늘 전자에 밀려요. 전자는 권력 암투에 관심이 많고 나름 스킬이 있어. 후자는 바쁘고 재주도 없고, 자존심이 서 '잡놈들이나 하는 짓'이라고 여기죠. 전자들에겐 기술이 있어요. 알고 보면 대단치도 않은데 아무나 못하는……, 언제 어디서나 치사해질 수 있는 기술.(웃음) 그래서 후자를 애써 등용해줘야 해요.

서해성 | 그토록 가까운 분이 대통령 된 뒤 한 해에 한 번 꼴로 만났다고 들리던데.

정두언 | 만나는 일 자체를 못마땅하게 여기는 분도 많은 거 같고.(웃음) 만났다 하면 온 동네 소문이 나고.(웃음) 모처럼 만나니 불편한 이야기 하기 힘들고.

서해성 | 좌든 우 클릭이든 상관없습니다. "우리 대통령, 이거는 잘했다." 하나만 꼽아주세요. 김대중·노무현 척결 말고는 잘한 게 없는 것 같은데요.

정두언 | 우파에선 척결 안 했다고 만날 난리지.(웃음) 경제 위기를 훌륭하게 넘겼고, 외교 분야에서 많은 성과를 거뒀죠.

한홍구 | 한중 관계가 허물어지고 동북아가 위기에 놓였는데 외교 분야에서 성과를 거뒀다고요?

정두언 | 노 정권 때 중국 편향으로 간 점도 있죠. 균형을 맞추다 보니 중국과는 그때보다는 못하죠. 둘 다 명암이 있다고 봐야죠.

서해성 | 집권 3년에서 촛불집회를 뺄 수 없죠. 앞뒤가 안 맞는 게, 대통령이 두 번 사과한 건 민주 사회의 광장성, 직접성을 인정한 셈인데, 그 뒤 여러모로 가혹했거든요.

정두언 | 사실을 왜곡(광우병 위험)한 측면이 크다고 생각해요. 처음 하는 이야기인데, 집권하자마자 실은 3월에 방미를 하는 걸로 돼 있었어요. 외교팀이 잡아놓은 계획을 얼마나 힘들게 바꿨는지 몰라. "3월에 가서 뭐가 잘못되어 오면 4월 총선 완전히 망한다. 가더라도 선거 뒤에 가라"고 밀어붙여 간신히 4월로 넘겨서 다수당이 된 거죠. 외교안보팀이라는 게 정말 애국적이지 않은 측면이 많아요. 그분들은 자꾸 일을 만드는 게 필요하거든요.

한홍구 | 일 안 만들면 대통령 만날 일이 없지요. 그게 권력 독점, 왜곡으로 이어지고.

'배부른 우파'들은 언제 움직이는가

정두언 | (2007년 대선 다음 날) 12월 19일 대통령 일정이 뭔지 알아요? 4강 원수 통화, 4강 대사 면담이에요. 4강 원수 통화까지는 이해해요. 4강 대사 면담을 다음 날 잡는 사람들이 어딨어요? 그거 한다고 내내 대통령 붙잡고 있고. 그때 대통령 옆에 있는 게 무지 중요한 시기잖아요?(웃음) 그런 일에는 천재적이야. 당시 쇠고기 파동이 날 거라는 구체적인 생각은 못 했지만 삐걱하면 뭔가 큰일 날 거라는 생각은 했어요. 대중 정치인은 괜히 그런 감각이 있거든요. 아휴, 그렇게 총선 넘

정두언

겼는데, 결국 일이 벌어지고 말았죠.

서해성 | 집권 3년 결과 오늘 '3대 환란'을 겪고 있습니다. 물가 대란, 전세 대란, 가계 부채. "부자 되세요" 했는데, 가계 부채가 900조라니! 진보 쪽을 초청해 '비정규직 토론회'도 열고 했죠?

정두언 | 비정규직은 외환 위기 이후 신자유주의가 들어오면서 확대됐고 여기까지 온 거죠. 다 MB 때문이라는 건 잘못된 거고요.

서해성 | 서민들이 넋을 놓는 건 물가죠. 기름값 때문에 트럭 기사들이 시동 끄고 고속도로 내리막길을 운전하는 '막가는' 지경이죠. 택시 강도 등 생계형 범죄마저 창궐하고.

정두언 | 기름값, 생필품값, 전월세…… 임단협(임금단체협상) 벌어지면 임금 오르지. 인플레이션 심리에, 물가가 정말 '퍼펙트 스톰'이 예견될 정도인데, 개별 품목 관리로 될 일이 아니죠. 그래서 내년 총선을 굉장히 어둡게 보죠. 구제역 후유증까지 생기면 망하는데. 금리, 환율부터 조정해야죠. 이제 성장은 접고 안정으로 가자는 거죠.

한홍구 | 여전히 청와대에선 5퍼센트 성장을 화두로 날리고 있는데요.

정두언 | 그래서 제가 세게 말하는 거죠.

서해성 | '747'(성장 공약)은 어쩌고요?

정두언 | 무슨 공약이야!(웃음)

서해성 | 박근혜 의원에 대해 비판적 견해를 피력해왔는데.

정두언 | 경선에서는 천하무적인데 본선에서는 퀘스천(물음표)이라고 했죠. 리스크를 거는 게 지도잡니다. 이회창의 실패를 보자 이거죠. 박근혜는 거의 이회창 모델이죠. 그게 불안해요.

한홍구 | 민주당은 지금 죽을 쑤고 있습니다.

정두언 | 우리가 그 덕분에 버티는 거죠.(웃음) 진짜 애국적인 입장에서 이야기하자면, 야당이 강해야겠더라고. 야당이 헤매니까 여당도 헬렐레해가지고 나라가 힘들어지는 겁니다.

"'실세' 소리 듣고 잘된 사람 봤나요?"

한홍구 | 그렇게 헤매는 야당한테 정권이 넘어갈 수도 있는데요.

정두언 | 선거는 '혼내주러' 가는 겁니다. 누굴 찍으러 가는 게 아니라. 이회창 혼내고, 노무현 혼내주러 가고. 지난 6·27 지방선거…… 한나라당 혼내주러 갔잖아요. (웃음)

한홍구 | 한나라당이 되게 혼날 차례인데, MB 말고 한 명 꼽으려면 누가 책임져야 할 상황입니까? 감당할 수 없게 레임덕 올 텐데 친이계는 정권 재창출 위한 어떤 대책이 있나요?

정두언 | 특히 배부른 우파들은 발등에 불이 떨어지지 않으면 움직이지 않아요. (웃음) 그러다 표변해서 "저놈!" 하고 지목해서 작살을 내요. 2004년 탄핵 때 최병렬 대표 몰아내고 천막 당사 차리고. 지금 우리 한나라당이 아직은 덜 급하구나 하죠.

한홍구 | 측근 실세가 원장으로 가더니■ 국정원이 엉망이 되었죠. 원장이 욕을 듣는 건 조직이 굴러가는 데 지장이 없지만, 안팎에서 조롱거리가 되면 큰일이잖아요. 정 의원이 연평도 사건 때는 국정원장 되게 비판하더니 이번에는 경질론을 비판하는 듯하던데…….

정두언 | 경질 반대가 아니고 한두 사람 갈아서 될 일이 아닐 만큼 조직이 무너졌다는 거죠. DJ 때 큰 물갈이가 있었죠. 지역 득세에 실무자들이 인사 장난도 하고. 막 '사'가 끼는 거지. 우리 정권도 마찬가지죠. 실무자가 원장을 사찰하지 않나. (웃음) 원장이 실무자에게 당할 만큼 기강이 무너졌죠. 원세훈 원장이 맡으며 그걸 바로잡는다고 또 인사가 무원칙하게 이뤄졌죠. 국정원 직원들이 대충 눈치만 보는 거지. 안보에 구멍이 뻥 뚫린 거예요.

서해성 | 어쨌든, 어떻게 직원이 원장을 '사찰'할 수 있나!

정두언 | 하더라고! (웃음) 꽤 실세 소리 들을 때 나도 당하는 판인데.

■ 행정안전부 장관을 거쳐 2009년 2월에 임기를 시작한 원세훈 국정원장을 이름.

정두언

"권력을 잡는다는 건 두 가지 의미가 있어요. '한번 누려보겠다'와 '한번 바꿔보겠다.' 후자가 늘 전자에 밀려요. 전자는 권력 암투에 관심이 많고 나름 스킬이 있어요. 후자는 바쁘고 재주도 없고, 자존심이 세서 '잡놈들이나 하는 짓'이라고 여기죠. 전자들에겐 기술이 있어요. 알고 보면 대단치 않지만 아무나 못하는……, 언제 어디서나 치사해질 수 있는 기술!"

3시에서 9시 방향으로, 다시 6시에서 왔다 갔다

서해성 | 말길을 좀 돌리죠. 앨범을 4집이나 낸 가수죠?

정두언 | 대학 때 그룹사운드 했어요. 〈나 어떡해〉 부른 '샌드페블즈'가 동기죠. 제도권이라고 대학가요제도, 대학 축제도 불참했는데, 속으론 약 올라서 스피커 줄 끊고 싶더라고.(웃음)

한홍구 | 서울내기인가요?

정두언 | 삼청동에서 태어나 광주 외갓집에 양자로 갔다가 학교 들어갈 때 올라왔죠. 부모님이 광주니까 고향이 전라도라고 우기곤 했죠. 그 때문에 1980년대에 청와대에서 세 번이나 '빠꾸' 맞았어요. 아버지는 광주에서 국회의원 6선 한 정성태 의원 운전기사였죠. 그 댁에서 더부살이하며 큰아버지처럼 모시고 살았죠.

서해성 | 호남에다 그룹사운드, 평소에도 비판적이고 리버럴한 대목이 있는데.

정두언 | 다들 감옥 갈 때 고시 공부해서 공무원 된 거에 대한 마음의 빚은 있죠.

한홍구 | 이 대통령도 어렵게 자라고, 학생 운동도 했죠. 그런 분들이 어떤 경로로 우파가 되고 과거와 결별하는지요?

정두언 | 5형제인데 나만 공부 좀 했어요. 부모님은 "판검사 돼서 한을 풀어달라!" 했죠. 그러니까 당연히 우파지.(웃음) 1985년께 총리실에서 일할 때 해직 기자 등과 술자리에서 어울리곤 했는데 "선배는 무식하다"는 어느 후배의 말에 『어머니』부터 다시 읽었어요. 3시 방향에서 9시 방향으로 뒤늦게 갑자기 갔는데, 살아보니 아닌 것 같더라고. 지금은 5~6시에서 왔다 갔다 하고 있죠.(웃음)

서해성 | 다시 MB로 돌아와 보죠. 아무래도 '경제 대통령'은 아닌 것 같아요.

정두언

정두언 | 그렇게 될 공산이 커지고 있죠.

서해성 | 서민 대통령도, 물가 대통령도 아니에요. '아닐 비'(非) 자, 비경제·비서민·비통일(국방 포함)·비외교·비사회·비소통·비IT에, 오로지 토건 대통령! 요컨대 '비통'(非通)한 대통령', '7비 대통령'인데 '아닐 비'를 넘어야 국민도 편하고 역사에도 남을 테고.

정두언 | 잘못된 것만 골라 만든 종합선물세트!(웃음) 앞으로 잘하면 돼!

서해성 | 그렇다면 잘한 거를 마음껏 말해보세요.

정두언 | 지금 많이 꼬여 있지만 남은 임기 동안 노력해 좋은 성과를 내도록 해야죠. 그래서 제가 비판적 목소리도 내는 거고. 사실 시기를 많이 놓쳤죠. 정권 초에 일들을 했어야 하는데 무척 어려운 상황이 됐고. 공약 고수보다는 진짜 '친서민 중도실용 노선'에 매진해야죠.

서해성 | "이건 정말 잘해야 한다, 꼭 성공해야 한다." 세 가지만 충고한다면요?

정두언 | 첫째 화합, 둘째 서민 집중, 셋째는 성공한 대통령에 대한 집착을 버렸으면 좋겠어요.

서해성 | 마지막 말을 대통령이 새겨들었으면 싶군요, 진짜!

정두언 | 자기 입맛에 맞으니까 칭찬까지.(웃음)

한홍구 | 노 대통령이 희망 돼지 사건으로 고생한 사람들 불러다 밥 내는 자리에서 "성공한 대통령으로 남을지 모르겠다"며 우는 사진이 사후에 공개된 적이 있어요. 참 하기 어려운 주문을 지금 한 거예요.

정두언 | '집착을 버린다'는 게 제일 파워풀한 거죠. '이제 다음 선거니 뭐니 없어!' 그보다 무서운 사람이 어딨겠어요.

한홍구 | 군대에서 젤 무서운 게 '진포대'라고 하죠. 진급을 포기한 대령.(웃음) 한국에 '이렇게 하면 대통령 된다'는 등산법은 있지만 하산법이 없어요.

서해성 | 개헌 논의가 요새 쑥 들어가 버렸는데요.

정두언 | 내가 말해온 외고 개혁을 정부 여당이 안 도와주지만 탄력받아서 가는 게 민심 때문이죠. '개헌'은 그게 없으니까 사그라지는 거죠. 내가 비정규직을 말하고 있지만 아직 턱에 안 찼다는 느낌이에요. 절로 탄력을 받아야 풀리죠.

서해성 | 장하준 교수를 두 번 초청해서 강연회를 열고, 비정규직 토론회 하고, 이런 게 소통과 탄력의 정치겠죠. 좌우를 떠나 상식적인 거죠. 근데 상식이 왜 소수가 되죠?

정두언 | MB가 내게 말했어요. "머저리티는 변화를 못해 자멸하고, 마이너리티는 끊임없이 자기 혁신을 하면서 끝내 이긴다." 지금 한나라당은 도전받을 존재고, 나는 도전에 앞장서는 겁니다.

노무현을 인정할 수밖에 없는 이유

한홍구 | MB는 나름 자수성가도 했고, 격동의 역사도 겪었고, 서울시장도 거치고. 그 이력이라면 가져야 할 상식을 대통령 된 다음에 보여준 적이 없어요. 이 정도까지 민주주의가 후퇴하지는 않을 거라고 믿었는데 말이죠.

정두언 | 너무 심한 이야기군요. 즉답보다 다른 말을 해보죠. 노 대통령이 국회 연설 할 때 야당 의원들이 자리에서 안 일어났는데 이 대통령도 같은 일을 겪었어요. 그때 '내가 정말 잘못했구나' 후회했어요. 노무현도 그럴 만한 게 있으니까 대통령 된 건데. 민주당 전당대회에서 거의 꼴찌로 최고위원 됐을 때 다른 당선자들은 다들 고맙다고 인사하는데 노무현은 이렇게 말했대요. "여러분, 이따위 식으로 지도부를 뽑아서 어떻게 할 것입니까!" 그 말 듣고 "정말 노무현은 자격 있다, 난 한참 멀었다"고 느꼈어요. 나도 최고위원으로 뽑힌 전당대회 때 "이게 뭡니까"라고 했어야 하는데, 차마 못한 거야. 대통령 된 사람은

정두언

그런 게 있는 거예요.

한홍구 | MB는 감동과 설득을 주는 부분이 너무 없어 답답해요. 가까이서 본 입장에서 어땠습니까?

정두언 | 난 공직 생활 하면서 윗분한테 배운 게 별로 없어요. 우리 대통령을 만나서는 많이 배우는 거야. 고액 과외를 돈 받으면서 했다니까요. 세상 경험, 식견, 의지도 강하고. 다만 좀 부족한 게 정치예요. 대통령은 정치인이지 행정가가 아니거든요.

서해성 | 집권하면 진짜 무얼 하고 싶었는지?

정두언 | MB는 경선에서 이겼을 때 대통령이 된 거나 마찬가지예요. 그때 비서실장을 최경환(친박계 의원)이나 김성조(친박계 의원)로, 원내 대표를 김무성으로 했더라면! 이게 당태종의 교과서예요. YS는 최창윤(민정계 군 출신)을, DJ는 김중권을 비서실장으로 발탁했죠. MB는 첫 단추를 잘못 끼워서 친이 친박 나뉘어 어려움을 겪었죠. 어떤 사람이 임태희(비서실장)를 시키고, 누가 안상수(원내 대표)를 밀었겠어요. 대통령이 아니라 다 자기중심으로 한 거지. 그런 데서 실패가 온 거예요. 난 멋지게 화합하고, 좌파도 끌어안고 같이 가고 싶었어요.

한홍구 | 좌파 어젠다를 이해하는 지도자가 우파에서도 나오면 좋겠어요. 반대도 마찬가지죠. 진보 쪽도 MB한테 최소한의 기대 같은 게 있었죠. 박근혜보다는 이래저래 낫다고 여겼고.

정두언 | 대통령은 의지가 충만해 있는데 정치를 뒷받침해주는 사람들이 다 엉뚱한 자기 그……

서해성 | 그 사람이? 누구죠?

정두언 | 에이, 몰라. 말 길게 하다 보니, 오줌 마려워 죽겠네.(웃음)

"'실세' 소리 듣고 잘된 사람 봤나요?"

옛 책에서—예언서 혹은 묵시록

날던새가하늘에서문득죽은채로땅에떨어진다해가두개나타나는괴이한환일징조에짐승들도숨는다코끼리가사람을먹고뜰앞에서잠을잔다알수없는비행체들이공연히출몰하는일이잦는데이를믿는이들이늘더라미친소가사람뇌를먹어치운다는소동이일자손가락에불을붙인무리들이몰려나와소를찾아거리를떠돌고곧살아있는소들이땅밑으로걸어내려간다흙속에서는어제죽은돼지들이이웃목소리로중얼거려잠못이루는일이파다하고피가수맥을따라흘러뭇산것들은뜨겁고붉은물을마시게되리라는말이적힌종이가예언서인양팔린다새들이날아다니면서소문번지듯역병을퍼뜨린다그보다먼저대대손손난리에도멀쩡하던큰문이홀로불이붙는데그빛에기대어신수점을치는점쟁이들이나타난다새로괴질이돌고역질공포가병원문턱을무너뜨린다약장수들이뱀장수흉내를내면서떼돈을벌어들인다그들이키큰대장장이들과돈을바꾸리라물고기가떼죽음을당해네강물에서썩은냄새가진동하는데낚싯대를파는자들이주인노릇을한다군인이강을파내다도망간다캄캄한굴속을달리는차를향해젊은이들이뛰어든다스스로죽는이들을헤아리지못하니서쪽바다가흉흉하여커다란쇠배가소리없이물에젖자서쪽으로오랑캐를향해절을해야한다는기도가세상을구하리라는말이다시독처럼스미리라까마귀들마저문자를읽게된다그해봄도시락이백성들사이에서절로뚜껑을열어잠시배를불리고왕이제이름을잊는다또그보다앞서왕들이차례대로죽는다왕의무덤에불이붙고불을붙인자는잡지못하리다른왕의돌무덤을짓밟은자가날갯짓을편다울음을웃음으로듣는병이퍼진다불행을이유있는행복이라고한다강간당해죽은여자광대가쓴유서가열애편지로둔갑한다폭력을힘있는지혜라고부른다얼굴없는이가다른나라왕의심부름꾼지갑을훔치고돈이돈을벌다돈이돈을먹어치우리라세사람이열사람몫땅을갖고집있는자가집없는자를넘보고일하는자가일하지않는자보다배고프리라빚더미가살림보다크니집에뛰어든칼든도둑이죄를모르고아이를낳는자는살모사보다어리석다는말을들으리라썩은소돼지닭오리들이알을까고봄에수채로나오더라입이막힌자들의귀와눈에겹으로도무지를바른자들은햇볕을두려워하니이런전차로십대환란백대환란을피하고자하는자읽을지어다한치눈금안에사람인자가둥근원에갇혔더라사람인자스스로쓴자는깨이고나머지는흉할터정녕풀이고기를먹으리라길흉화복이란본시정감록이끝이아(이하 누락)

서해성

정두언

"묻지는 마라……
'콰이 강의 다리'는 무너진다"

박지원 –민주당 국회의원

원내대표실을 빼앗겼다.

그는 "쫓기는 신세"라며 웃었다. 호남쪽 지역위원장 교체에 반발하는 당원들이 들이닥쳐 농성을 한다고 했다. 직설 대담 장소를 원내수석부대표실로 옮겨야 했다. 전당대회를 한 달 앞두고 민주당은 시끄러워 보였다.

민주당 박지원 원내 대표를 모셨다. 정세균 대표가 사의를 표명한 뒤 당 비상대책위 대표도 맡고 있다.■ 당일 아침 전당대회의 룰을 확정했다는 그는 한숨 돌린 표정이었다. "멱살이라도 한번 잡힐 걸 각오했는데 점잖게 넘어간 편"이라고 했다. "당장 망할 것처럼 싸우다가도 본래의 모습으로 돌아오는 게 민주 정당"이라고도 했다.

박지원 대표는 'DJ의 영원한 비서실장'으로 불리는 인물이다. 2000년 6·15 공동선언의 실무 집행자였으며 김대중 대통령이 숨을 거두기 전까지 가장 가까운 거리에서 보좌했다. 대북 송금 특검의 덫에 걸린 것은 어쩌면 운명이었다. 노무현 전 대통령 집권 기간 5년 중 4년을 감옥에서 보냈다. 2003년 6월 구속 수감되기 직전에 남긴 "꽃이 지기로서니 바람을 탓하랴"라는 말의 여운을 많은 사람들이 기억한다. 그는 다시 활짝 피었고, 비상 체제의 민주당을 이끌며 바람과 맞서고 있다. 풍성한 머리숱과 염색 덕이기는 하지만 칠순을 눈앞에 둔 나이가 믿기지 않을 정도로 꼿꼿했다. 그와 함께 제1야당 민주당의 희망과 미래를 이야기했다. "언젠가는 말하겠지만", "영원히 말을 못 하겠지만"이라는 수사로 신중함을 이어가던 그는 하나만은 확실하게 말했다. "반드시 이긴다." 고경태

■ 이 인터뷰 이후인 2010년 10월 3일 민주당 전당대회에서 손학규 씨가 당 대표로 선출되었다. 박지원 의원은 2011년 5월 민주당 원내 대표 1년 임기를 마쳤다.

서해성 | 6·15 선언 실질적 책임자였는데 지금 남북 관계가 어떤가요.

박지원 | 이 정권은 남북 관계에 철학이 없죠.

한홍구 | 방향마저 없는 것 아닌가요.

박지원 | 그토록 경제를 강조하면서, 전쟁 위기가 좋을 게 뭐가 있나요. MB 정부 미필자부터 군대 보내야 해.(웃음) 현재 쌀 재고가 150만인데 72만이 적정 재고, 추수하면 200만이죠. 차라리 동해 바다에 버리는 게 싸게 먹히거든요. 전 세계에서 굶어 죽는 사람이 가장 많은 나라가 북한인데.

"확인했어요, 노무현 차명 계좌 없어요"

서해성 | 수사를 담당했던 대검 중수부장 출신 이인규 변호사가 노무현 전 대통령 차명 계좌 이야기를 또 꺼냈어요.

박지원 | 노 대통령이 자꾸 그런 식으로 회자되는 게 바람직하지 않아서 나서길 꺼리다가 "특검법 내라, 별검이라도 하겠다"하니까 없어지잖아요? 노 대통령에 대한 부관참시를 노렸지만, 항상 국민이 현명해요, 역풍 맞았죠. 이인규 변호사, 보통 정신 나간 게 아니지. 국정감사 때 증인으로 불러내야죠.

한홍구 | 증인 못 나온다면 여당에서 못 나오게 하는 거겠죠.

서해성 | 부관참시의 목적 가운데 하나가 자기네들 부패를 정당화하는 데 있죠.

한홍구 | 옛날 속된 말로 '민나 도로보데스'(모두 다 도둑놈이다)로 만들자는 거죠.

박지원 | MB가 '공정한 사회'를 이야기하는데 그럼 자기부터 그래야죠. 위장 전입·부동산 투기·세금 탈루·병역 기피, MB 정권의 4대 필수 과목이죠. 이거 이수하면서 대통령 됐잖아요?(웃음) 한두 개 하면 총리·장관·청장 되고, 플러스 1이 논문 표절이죠. 국민의 정부와 참여정부 때는 그중 하나만 걸려도 낙마했는데, 왜 자기들한테는 해당이 안 되는 건가요?

서해성 | '차명 계좌'에서 느끼게 되는 분노, 치욕스러움에 반해 대응이 좀 순진한 건 아닌가요.

박지원 | 비극적으로 떠난 노 대통령의 명예를 지키고자 되도록 말을 안 끄집어내려고 하는 거죠. 내가 알 만한 사람들한테 재차 확인까지 했어요. 차명, 없어요!

한홍구 | 그런데도 그런 말이 먹히는 게 국민들은 권력이 돈과 밀접한 관계가 있다고 여기기 때문 아닌가요. 한때 2인자이기도 했는데, 거액의 비자금 같은 돈이 필요한가요.

박지원 | 2년 전 한나라당 의원이 DJ의 100억짜리 비자금 CD(양도성예금증서)가 발견됐다고 했다가 사실무근으로 밝혀졌죠. 이희호 여사가 신한은행에서 6조 예금을 2조씩 3일간 인출했다고도 했죠. 이 여사가 걸어 다니는 삼성전자요?(웃음) 근데 사람들이 그걸 믿어요. 무책임하게 떠벌린 자들은 약식 기소, 무혐의 처리되고. 자기 대통령한테 그랬으면 징역 보냈겠죠.

서해성 | 돈에는 인격은 없지만 지문이 남아 있어서 끝내 숨기기 어려운 법인데 있다면 진작 까발렸겠죠.

그렇게 성공했는데 왜 정권을 내줬나요?

박지원 | 노태우 정권 때까지 청와대 비서관 이상 하면 다 잘살았어요. 금융·부동산 실명제가 없었고 으레 받아먹던 시절이라. YS 때부터 어려워졌죠. 말썽 많던 김현철 씨, 돈 있나요? 국민의 정부 때는 더 깨끗하고, 참여정부 와선 더하죠. 이렇게 투명 사회로 이어져온 건데, 문제는 현재죠.

서해성 | 원내 대표에 비상 대표를 겸한 '총재급' 대표로서 민주 정권 10년을 평가한다면.

박지원 | 한마디로 성공했죠. 민주주의, 인권 향상, 소외 계층 정책, 남북화해협력시대를 열어나갔죠. 가치관도 개방화됐죠. 가령 민주 세력 집권 전에 진보란 말 썼나요? 말이 나온 김에, 진보는 좋은 거고 보수는 나쁜 거라고 생각 안 해요. 둘이 잘 어울려야죠.

한홍구 | 그렇게 성공했다면 정권은 왜 내줬을까요.

박지원 | 노 정권 5년간 고초를 겪은 사람으로서 좋은 점만 말할 수 있죠.(웃음) 지금도 전당대회를 흥행과 감동으로 치러야 하는 비대위 대표로서 입은 막고 의견은 말하지 않아요. 얼마 전에 어떤 의원이 "대표님 잡아넣은 사람들을 도와서 그렇게 놀아나느냐"고 해요. 이게 정치입니다.

서해성 | DJ는 민주당을 중산층과 서민의 정당이라고 했어요. 계급성 화근을 피하고 또 뛰어넘는 탁월한 규정이죠. 요즘 MB 정부에서 미소금융 같은 친서민 정책이 나오고 하면서 민주당이 전통적 거점을 내주고 있는 게 아닌가 싶어요. '서민 쇼'에 이어 '공정'마저 빼앗기고 있다, 어젠다를 선점당하고 있다는 거죠.

박지원 | MB 정부는 국면 전환을 하는 데 세계적 금메달감이죠. 매번 말만 바꿔가며 현혹시키죠. 기업 프렌들리, 부자 감세, 친서민처럼 기

박지원

업·부자·서민용으로 되는대로 말하죠. 이번에 부동산 DTI 규제 완화도 가난한 사람 빚내서 집 사라고 하지만 결국 서울 아파트값 올리려는 거 아닌가요. 그 친서민, 그거 가짜예요.

서해성 | '친'서민이란 말을 자주 읊조리는 건 적어도 '반'서민이었거나 서민적이지는 않았다는 걸 자복하는 셈이죠.

MB 친서민 정책, 꼭 그렇게 해라, 두고 보자

한홍구 | 박근혜 의원도 복지를 들고나옵니다. 그게 실제로 파급 효과가 있어요.

박지원 | 그분들이 지향해오던 정책이 틀렸기 때문에 민주당 정책을 따라오는 거죠. 기껏해야 흉내 내는 건데 언론 권력을 쥐고 있으니 선점하는 듯 보이는 거죠. MB가 친서민 정책 말하면 '꼭 그렇게 해라. 두고 보자'고 해요. 안 하는 게 문제죠? 박근혜식 복지도 좋아요. 복지로 경쟁하는 건 바라던 일이죠.

서해성 | 민주당 따라 하기란 뜻인데, 보수가 민주당 터전까지 들어오고 있는데 대안이 있냐는 거죠.

한홍구 | 1980~1990년대만 해도 민주당의 서민적 성격을 바깥에서 약하다고 비판은 해도 근본적으로 부정하지는 않았죠. 집권 10년을 거치면서 민주당은 호남 기득권 정당화하고, 서민성은 약화되지 않았나 싶어요. '부자 되세요' 식 플랜이나 뉴타운 경쟁 등도 그렇고. 이러다 민주당이 기우는 게 아니냐 하는 거죠.

박지원 | 민주당은 약간 우 클릭을, 한나라당은 약간 좌 클릭을 하려는 거 같아요. 민주노동당은 예전 평화민주당 로직에 가깝고. 현 정권이 좌 클릭을 한다지만, 남북문제만 봐도 절대 못 넘었잖아! 집권을 하자면 역시 정치의 폭을 넓힐 필요가 있어요. 외환 위기를 겪으면서 김

대통령도 신자유주의 비판을 받았잖아요. 호남 기득권 비판도, 정치라는 건 자기 지지 기반에 플러스알파로 가야죠. 집토끼를 지키며 산토끼를 잡아야죠. 선비적 정도를 지키라는 시민사회의 요청을 정치인들은 현실과 혼융시켜가야 하는 거죠.

서해성 | 대운하니 반값 아파트, 뉴타운 같은 공세에 민주당이 휩쓸려 온 측면은 부인하기 어렵죠. 지난 대선도 자기 어젠다로 판을 장악한 게 아니라 보수가 생산한 개발과 욕망의 파도에 끌려 들어간 게 결정적 영향을 줬다고 생각해요.

박지원 | 한나라당은 나쁜 정체성과 나쁜 역사를 자랑스럽게 지켜오고 있죠.(웃음) 자유당의 뿌리를 그대로 이어오고 있잖아요. 민주당은 자유당 독재 정치에 민주 정치로, 관치 독점 경제에 시장·서민 경제로, 북진 통일이 서슬 퍼럴 때는 평화 통일로. 이게 우리 정체성인데 앞으로 잘 계승해가는 게 살길이죠.

한홍구 | 1950년대에 평화 통일 얘기한 건 조봉암인데 이승만이 진보당 사건 조작해서 죽일 때 민주당은 침묵했죠. DJ가 통일 문제에 선진적으로 나서고 6·15까지 성사시킨 거야 훌륭하지만.

박지원 | 『김대중 자서전』도 보면, 성찰이 나쁘다는 게 아니라 우린 자기반성에 지나친 측면이 있다는 거죠. 보수는 좋든 나쁘든 자기들 가치관을 뻗대왔어요. 독재자로서 이승만, 박정희를 내친 적도 없어요. 그래서 내가 즐겨 쓰는 말인데, 인생에서는 좌절감이 젤 나쁘고 정치에서는 패배감이 젤 나쁘다…….

서해성 | MB 정권 장관이 자기 딸 챙긴 게 우연이 아니죠. 화투판에서도 같은 패가 거듭 나오면 '싼다'고 하는데. 젊은이들더러 "북에 가서 살라"고 한 게 제 자식 뽑고자 경쟁률 낮추려고 한 말 아니냐는 쓰디쓴 냉소마저 있죠. 행정고시 폐지안도 그렇고. 기회 독점 체제를 구축해놓고 공정 사회 운운하니 어처구니가 없는 거죠. 지배의 정당화를

박지원

공정이라고 할 때 제도적 폭력이 되죠.

박지원 | 미국 같은 경우 2퍼센트 지도자, 지식인, 기업인 들이 제정신으로 살아가 귀감이 되는데, 우리는 98퍼센트 국민들은 귀감 되게 살고 1~2퍼센트가 문제인 거죠. 자기 딸 채용한 장관 잘랐다고 공정한 사회 다 이룬 것처럼 자랑하고. 민주당도 더 귀감이 되어야죠. 전당대회만 보더라도 망한 집구석에서 서로 나눠 먹자고 당파 싸움하고 있는 건 아닌지 돌아봐야죠.

권력은 측근이 원수, 재벌은 핏줄이 원수

한홍구 | 무너진 집구석에서 집 고칠 생각은 안 하고 기둥이나 서까래 빼 갈 궁리나 하고 앉아 있는 것처럼 보여요.

박지원 | 권력은 측근이 원수고 재벌은 핏줄이 원수예요.(웃음) 권력을 잡은 세력은 나눌 게 있는데 야당은 명분밖에 없잖아요. 대통령 선거에 진 뒤 원내 의석 4분의 1 조금 넘는 상황에서 붙으면 질 수밖에 없거든요. 국민들은 한편으로는 이기라고 하고. 그러면서 싸우지 말라고 하죠. 귀감 되기 정말 어렵죠.(웃음) 우리 전당대회도 국민들이 어떻게 생각하느냐에 달려 있어요. 김대중 총재 시절도 공천 뒤에는 섭섭한 사람들이 중앙당이며 동교동 때려 부수기 일쑤였죠. 나도 전당대회 일로 한 번쯤 멱살 잡힐 줄 알았는데 굉장히 선진화됐어요. 이건 귀감이죠.

서해성 | 얼마 전에 4대강 다녀왔죠? 천정배 의원처럼 더 많이 현장에 나서달라는 요청이 있어요. 포클레인을 너무 무서워하는 것은 아닌지.(웃음)

박지원 | 시민 단체에서 요구하는 걸 다 할 수는 없어요. 이 방대한 전선에서 역할과 임무를 나눠서 싸워야죠.

"묻지는 마라…… '콰이 강의 다리'는 무너진다"

© 김경호

"매일 돌아가신 김대중 대통령님께 여쭙습니다. '이 순간 저에게
무슨 말씀을 해주시렵니까?' 하고요. 평소 하시던 말씀이 들립
니다. '국민 생각이 뭔지 알아봐라, 원칙 버리지 마라, 역사가 어
떻게 평가할까를 생각해라.' 이 세 가지입니다."

한홍구 | 4대강 막을 복안이 있는지요.

박지원 | 세종시 투표 때 박근혜 의원 쪽과 같이해보았죠. 그쪽과 물밑 대화 한 건 영원히 말 못할 거예요. 투표해서 이겼잖아요? 우리 힘만으로 안 돼요. 콰이 강의 다리를 몇 시에 폭파시킬 건지 말할 수는 없죠. 그러면 가서 지키고 있을 텐데?(웃음)

서해성 | 원내 대표 맡은 뒤 출전 성적을 자평하면.

박지원 | 비교적 판판이 이겼어요. 국민 여론을 등에 업어야 해요. 청문회▪도 그래서 성공한 거죠.

서해성 | 박지원을 'DJ의 복심'이라고들 하는데요.

박지원 | '복심', '영원한 비서실장' 같은 평가를 받는 건 한없이 영광스럽죠.

한홍구 | DJ를 독점해왔다는 뜻이기도 하죠.

박지원 | 내가 독점한 게 아니라 그분이 나를 신임했겠죠. 아, 정말 열심으로 모셨다고 생각해요. 무소속으로 목포 보궐선거에서 이겼을 때 "아직도 많은 사람들이 김대중이한테 잘 보여 출세한 줄 안다. 국회에서 기자도 만나지 말고 열심히 의정 활동 하라"고 격려했죠. 나는 최일선에서 몸을 던졌어요. 2년 만에 원내 대표도 되고.

한홍구 | 자료를 찾다 놀랐어요. 2선밖에 안 되던데요.

박지원 | 감옥 4년도 1선으로 쳐야지.(웃음) 문화부 장관, 청와대 비서실장을 1선씩으로 치면 5선이죠.

서해성 | 한 교수와 둘이서 잘 하는 말인데, 이 상황이라면 DJ는 어떻게 했을까요?

박지원 | 아침마다 "대통령님, 이 순간 저에게 무슨 말씀을 해주시렵니까" 하고 여쭤요. 나 혼자 대통령님과 대화를 합니다.

■ 2010년 8·8 개각 총리·장관 후보자들에 대한 국회인사청문회.

"묻지는 마라…… '콰이 강의 다리'는 무너진다"

서해성 | 그럼 대답이 나오나요? 주문인 셈이군요. (웃음)

박지원 | 그분이 평소 하던 말씀이 나와요. 국민 생각이 뭔지 알아봐라, 원칙 버리지 마라, 역사가 어떻게 평가할까를 생각해봐라. 이 세 가지죠.

한홍구 | 노 대통령이 살아 있다면 어떻게 했을까요?

박지원 | 김 대통령과 함께 유신 시절의 3·1 구국선언 같은 거사를 했을 겁니다. 김 대통령께서도 절대로 그렇게 빨리 돌아가시지는 않았을 겁니다.

김대중과 노무현이 살아 있다면······

한홍구 | 저는 김 대통령의 마지막 몇 달을 보면서 그분에 대한 평가가 확 높아졌어요. 아흔 다 된 노인이 젤 열심히 싸웠죠. 그런데 김 전 대통령 서거 발표를 할 때 "편하게 돌아가셨습니다"라고 해서 동의하기 어려웠어요.

박지원 | 돌아가시기 전에 정계 원로나 시민사회 어른들을 불러서, "내일모레 아흔인 병든 나도 하는데 왜 가만있느냐, 피를 토하듯 외치며 싸우라"고 독려하셨고, 그러면 다들 싸우겠노라 하고 물러갔죠. 조금 지나면 대통령님이 "요즘 그 사람 뭐 하느냐"고 내게 묻죠. "외국에 골프 치러 갔다." (웃음) 그럴 때마다 낙담하셨죠. 막상 돌아가실 때가 되니까 얼굴이 아주 평화로우시더라고요. 남아 있는 우리를 믿으신 거겠죠.

한홍구 | 김 대통령은 비바람을 가려주는 지붕 같은 존재였는데, 지붕마저 날아간 판국에 유지를 받들 생각보다는 유산을 챙기려는 사람들이 더 많죠.

서해성 | 국민에게 한 말씀.

박지원

박지원 | 국민 여러분, 김대중 대통령, 노무현 대통령은 살아 계십니다. 두 분이 우리와 함께하십니다. 반드시 이깁니다!

"묻지는 마라⋯⋯ '콰이 강의 다리'는 무너진다"

두꺼비를 부탁해

민주당이란 오래된 독에는 어딘가 구멍이 나 있다. 촛불의 힘도 흘려보내고, 노무현 대통령 서거 후의 폭포 같은 눈물도 고이질 않았다. 그 뜨거운 열기도, 그 깊은 슬픔도 누군가의 표현처럼 고구려 적 살 수대첩 같은 아득한 옛이야기로 만들어버렸다. 행동하지 않는 양심은 악의 편이라며 바람벽에 대고 욕이라도 하라던 구십 노인 김대중 대통령이 온몸으로 던진 유언을 받드는 행동은 보이지 않는다. 지난 2년, 대한민국 수립 이후 최약체의 야당이라 불린 민주당의 존재감은 바닥을 기었다.

10월 3일의 전당대회를 지켜보아야겠지만, 민주당이 조금은 살아나는 듯하다. 오만한 이명박 정권이 정부 수립 이후 최악의 개각을 한 덕분이지만, 총리 후보자를 포함하여 3인을 낙마시켰다. 지난해 검찰총장 후보자 천성관의 낙마에 이어 이번 김태호의 낙마에서도 박지원 의원의 활약이 단연 두드러졌다. 2010년 5월 그가 원내 대표가 되었을 때 언제적 박지원이냐는 비판도 있었지만 80여 명 민주당 의원 중 그의 칼이 가장 날카로웠다.

정권 교체를 하긴 해야 할 터인데 민주당에는 대선 후보감이 없다. 흔히 얘기하는 2퍼센트 부족한 정도가 아니라 20퍼센트 부족도 못 되는 참담한 지경이다. 지금 민주당을 보면 '빅3'다, 486이다 하는 의원들은 다들 콩쥐가 되고 싶어 하는 것 같다. 밑 빠진 독에 물만 부어대는 것도 답답한 노릇이지만, 물 긷고 붓는 노력도 하지 않으며 독만 탓한다면 콩쥐팥쥐 이야기는 전개될 수 없다.

박지원은 지금도 어떤 어려운 문제가 닥치면 'DJ라면 어떻게 했을까' 자문해본다고 한다. 그는 확실히 DJ 무공의 초식을 가장 잘 연마한 수제자다. 머리를 까맣게 물들여 젊어 보이지만, 박지원 대표는 몇 달만 지나면 일흔이다. 박정희 정권 시절 유진산이 야당 말아먹을 때보다 오히려 나이를 더 자셨다. 유진산의 별명이 큰뱀(大蛇)이었다면, 박지원에게 주어진 역할은 두꺼비다. '영원한 비서실장' 박지원이 갑자기 홀로서기를 감행해 콩쥐 역을 맡는 것은 어떨지 몰라도, 구멍을 막아줄 두꺼비 역은 제격이다. DJ를 그렇게 보내고 두꺼비마저 말려 죽이지 말고 물 좀 열심히 길어다오, 팥쥐네 언니들이여!

한홍구

박지원

"야권이 갈 길?
국민이 '맞짱' 뜨라잖아"

정동영 —민주당 최고위원

지더라도 잘 져야 한다. 경기 내내 힘 한번 온전히 써보지 못하고 상대의 공격에 끌려 우왕좌왕하고 말면 승패를 떠나 입맛이 쓸 수밖에 없다. 잠시 역전도 해보고, 끝까지 따라붙고 물고 늘어지는 근성을 보여줄 땐, 지더라도 관중은 박수를 아끼지 않는다.

정동영 민주당 최고위원은 2007년 17대 대선에서 이명박 후보에게 무참히 깨졌다. 승패를 떠나 감동이 없는 경기였다. 그는 민주 정권 10년을 잇는 계주에서 바통을 놓치고 말았다. 그와 함께 민주주의의 주행로도 휘어지거나 왔던 길을 역행하는 상황으로 치달아갔다. 패장이 되어 미국으로 떠났던 그는 2년 뒤 고향 전주에서 국회의원 재선거에 당선해 정계로 복귀했다. 그는 제대로 졌고 제대로 이긴 것일까?

정치를 하기 전에 정동영은 문화방송 기자였다. 1995년 삼풍백화점이 무너졌을 때, 그는 사고 발생 3시간 만에 현장에 도착해 "맘대로 하라"는 회사 지시만 받고 원고도 없이 쉬지 않고 종일 마이크를 잡았다. 그가 "잔불을 꺼야 합니다"라고 방송하면 곧 소방차가 나타났다. 자원봉사자들이 철근을 끊어낼 장비가 부족하다고 하면 "절단기가 필요합니다"라고 외쳤다. 소방서, 경찰서, 시청 등 관공서들의 위기관리 시스템이 무너졌을 때, 그는 사고 중계가 아니라 현장 지휘를 한 셈이었다.

2011년 4 · 27 재보선 앞뒤로 두 번 그와 함께 민주당의 앞날에 대해 얘기를 나누었다. 이번 재보선에서는 이겼지만 2012년 총선과 대선이라는 더 큰 시합을 앞두고 있다. 지금 이 시점에서 그에게 국민들이 기대하는 모습은 기자 시절 취재 현장에서 보여준 정확한 상황 판단과 위기관리 능력이 아닐까.

이경미

잘 지고 잘 이기는 법

한홍구 | '그때 이야기'는 거의 안 하셨죠?

정동영 | 지난 3년간 긴 터널을 지나온 기분입니다. 머리가 베개에 닿기만 하면 잠들던 사람인데 한동안 심한 불면에 시달렸죠. 1년쯤 이곳을 떠나 미국에 공부하러 나가 있었더니 차츰 나아지더군요.

서해성 | '그 후 3년'이란, 한 사람이 견뎌내기에는 퍽 무거운 세월이었을 텐데. 선거 패배는 많은 걸 바꾸어놓았습니다. 노무현 전 대통령의 죽음으로까지 이어졌다는 점도 부인할 수 없죠.

정동영 | 실패를 통해 크고, 많은 걸 배웠죠. 이렇게 말하고 싶습니다. 정동영은 실패를 아는 정치인이다.

한홍구 | 정치로 돌아오는 방법이 매끄럽진 않았는데, 다소 조급하고 구차한 결정이 아니었나 싶어요.

정동영 | 인정합니다. 당시 가까운 사람들 사이에서도 찬반이 팽팽했어요. 그래도 정치를 계속하려면 손해가 나더라도 욕먹는 거 감수하겠다고 결심했어요. 하여튼 그래요. 그때 한 교수가 미리 좀 충고해주지 그랬어요. (웃음)

서해성 | 정치하는 사람이 가장 힘든 게 정치 안 하는 거라고 하더군요. 배에서 노를 젓는 것에 빗댈 수 있을까요. 계속 저어야만 하는 운명 같은. MB 정권 3년을 짚어봐야 하는데, 경쟁했던 후보를 나무라기보다 다만 내가 당선됐더라면 어땠을 것이라는 얘기를 해보죠.

정동영

9·19 공동성명에 재 뿌린 미국

정동영 | 대한민국이라는 배가 어쨌든 10년간 물꼬를 터서 오고 있었는데 갑자기 표류선이 됐잖아요. 민주주의가 실종되고, 남북 관계 파탄나고, 사회는 양극화되고…… 남북 관계만 해도 지금쯤 서울역에서 기차 타고 만주는 가고 있을 텐데.

한홍구 | 적어도 연평도 포격 사태 같은 건 안 일어났다?

정동영 | 연평도가 아니라 북방 경제 시대가 열렸겠죠. 개성역에서 파리행 기차표를 끊는. 북은 2000년부터 전환을 시도했어요. 제가 평양에 가서 김정일 국방위원장 만나(2005년 6월) 6자 회담으로 끌어내고, 9월 19일 공동성명이 나왔잖아요. 2007년에는 2·13 합의, 10월 4일엔 노무현 대통령과 김정일 국방위원장의 2차 남북정상회담. 그동안은 우리에게 좋은 기회가 있어도 미국에 부시 정권이 들어서 있는 등 국제적으로 시기가 서로 안 맞았어요. 마침 오바마가 당선되고 때가 좋아지니까 덜컥 우리가 정권을 내줬죠.

서해성 | 그러길래 왜 지셨나요. (웃음)

정동영 | 그게 한스러운 대목이에요. 그게 한스러워.

한홍구 | 정상회담이 노무현 대통령 임기 말에 가서야 늦게 이뤄진 것도 안타깝더라고요.

정동영 | 북한 대표단이 국립현충원 참배(2005년 8월 15일)를 하러 내려온 적이 있어요. 그때 정상회담 날짜를 알려주기로 했는데, 상황을 좀 더 보자고 하더군요. 당시 6자 회담이 진행 중이었죠. 어렵게 타결된 9·19 공동성명 잉크가 마르기도 전에 미국 재무부에서 "북한은 불량국가다. 100달러짜리 위조지폐(슈퍼노트) 만들고 마약 거래해서 대금을 방코델타아시아 은행에 은닉했다"고 발표했어요. 6개국이 다 같이 "건배" 했다가 12시간 만에 엎은 거죠. 사실 그 정보도 한국 국정원이

"야권이 갈 길? 국민이 '맞짱' 뜨라잖아"

수년 전에 제공한 거예요. 서랍 속 묵은 정보를 꺼내서 흔들어버린 거죠. 남북문제나 6자 회담 문제는 9·19 공동성명이 깨진 책임이 어디 있는가를 짚으면 자연스럽게 풀려요.

한홍구 | 민주화되어서 좋아졌다고는 하지만 대중이 피부로 느끼기에는 부족한 게 있어서 "민주화가 밥 먹여주냐"는 말도 나왔죠. 마찬가지로 기차 타고 만주 가면 좋죠. 근데 월차도 못 내는 비정규직에게는 그림의 떡이라는 거죠. 남북 관계 풀리면 먹고사는 데 어떤 도움이 되는지요?

정동영 | 우리가 반쪽짜리 섬 경제를 갖고 여기까지 왔는데 통일되면 태평양 경제와 북방 경제라는 양 날개가 생기는 거죠. 일자리도 새로 생기고 중소기업은 살판나는 거죠. 기차 타고 만주·시베리아 가는 시대면 적어도 지금 같은 실업자는 없다는 거죠. 군대를 모병제로 갈 수도 있는 거고.

서해성 | 모병제, 세다!(웃음) 역동적 복지 얘기도 자주 해왔는데, 여전히 추상적이고 어렵거든요.

MB 정부는 '재벌 하도급 정권'

정동영 | 쉽게 말해서 헌법대로 하자는 거예요. 헌법 제119조 2항. 국가는 시장의 지배와 경제력 남용을 방지하기 위해 규제와 조정을 할 수 있다는 거잖아요. 떡볶이집, 꼬치구이집, 문방구 같은 업종마저 대기업들이 잠식하고 있어요. 펄 벅의 소설 『대지』에서 메뚜기 떼가 싹 쓸어 가듯이.

한홍구 | 재벌을 공룡도 아니고 메뚜기에 비유하다니, 자존심 상하겠네.(웃음) 근데 유재석 씨한테는 미안하다고 하세요.(웃음)

서해성 | 한국에는 119가 둘이죠. 불났을 때 전화하는 119, 다른 하나

는 헌법 119. 서민을 구해줄 수 있는 진정한 119는 헌법이죠. 헌법이야말로 명문화된 국민의 명령이죠.

정동영 | 대한민국 어디를 가도 생활을 들여다보면 먼지가 뽀얘요. 재래시장·골목 상가들은 공룡 앞에서 바들바들 떨고 있는 초식 동물 신세죠. 대신에 이 정부 들어서 재벌 10대 계열사가 400개에서 600개로 늘어났어요. 이게 어떻게 가능하겠어요. 이 정권은 '재벌 하도급 정권'이에요.

한홍구 | 문어 다리가 8개에서 12개로 된 거죠. 지금 하신 말씀이 지난 대선에서 쟁점화가 됐더라면, 이명박 후보의 "부자 되세요" 식 공약에 허망하게 무너지지 않았을 텐데요.

정동영 | 그 대목이 뼈아픈 거죠. 노동 유연화, 규제 완화, 민영화, 자유화…… 이런 흐름의 한계 속에서 약자에 대한 배려를 해야 한다는 생각이었지 구조 자체를 바꾼다는 데까지 나아가지 못한 점, 인정합니다. 2008년 9월 미국 월가가 무너지는 걸 보면서 대선 당시 인식이 철저하지 못했던 부분을 돌이켜 보지 않을 수 없었죠.

한홍구 | 대선 패배만이 아니라 자본주의의 세계적인 위기까지 겹치면서 인식이 바뀐 건가요?

서해성 | 중도적 태도를 견지해서 두루 표를 얻겠다는 뜻이 있었던 건데, 문제는 굳어 있다고 믿은 전통 지지자들이 투표장에 나오지 않은 데 있었죠.

정동영 | 참여정부 노선을 뛰어넘지 못했고, 2007년 대선은 2008년 금융 위기가 일어나기 불과 아홉 달 전이었는데 그게 절벽으로 가고 있는 걸 알아차리지 못했으니.

한홍구 | 뒤늦었지만 인식 변화를 겪었는데, 그때 같이 싸웠던 동료 장수들의 생각은 지금은 어떻습니까?

정동영 | 아직 멀었죠. 참여정부 땐 김근태 의원의 주장대로 분양 원가

"야권이 갈 길? 국민이 '맞짱' 뜨라잖아"

공개해야 한다는 게 맞는 말이었죠.

서해성 | 민주당이 지금보다 더 진보적인 쪽으로 방향을 틀어야 지난 대선 때 투표장에 나오지 않은 사람들이 다시 나올 겁니다.

정동영 | 헌법 제119조대로 하겠다는 겁니다.

서해성 | 물, 공기, 햇볕, 집 따위는 시장 방식에 따르는 것 자체가 자연법에 위배되는 거죠. 그건 체제나 사상 이전에 자연이 생명체에게 준 거죠. 파탄에 이른 대학등록금, 물가, 전셋값 같은 현실적 문제를 어떻게 풀어가야 할까요. 4대강에 쏟아붓는 24조 원이면 대학 무상 교육도 얼마든지 가능하죠.

정동영 | 교육은 상품이 아니라 권리로 보는 게 맞죠. 브라질도 등록금이 없는데 결국은 우리도 등록금 없는 대학으로 가야 해요. 주택도 공공 부분이 5퍼센트인데 최소 20퍼센트는 돼야 하고요.

한홍구 | 이 정부 들어와서 훨씬 가혹해졌지만, 김대중·노무현 정권이 정말 서민과 일하는 사람들이 주인이 되는 방향으로 갔으면 이를 쉽게 돌리지 못했을 거라고 생각해요. 민주 정권이 신자유주의의 길을 닦아놓고 현 정부가 조금 세게 가속 페달을 밟은 거죠.

정동영 | 정확한 말씀입니다. 이제라도 길을 바꿔 제대로 가야죠.

역사는 확신범이 바꾼다

서해성 | 기자 시절 삼풍백화점이 무너진 날 폐허 더미 위에서 원고 한 줄 없이 보도하던 모습이 생생합니다. 위기관리 능력을 보여줬다고 하겠습니다. 그보다는 분명 더 쉬운 문제가 눈앞에 놓여 있습니다. 전주 버스 파업.■ 전주에서는 "민주당이 토호와 유착돼 있다. 그래서 해

■ 2011년 1월부터 시작된 전북 전주 지역 시내버스노조와 전북고속노조의 파업.

결이 안 된다"는 비난이 있는데, 어떻게 해결하고 있나요? 며칠 전에는 고공 농성 현장에 직접 올라가기도 했죠?

정동영 | 제 지역구이기 때문에 제일 속 타는 사람 중 하나가 바로 접니다. 핵심은 노조를 인정하느냐인데, 법원 판결은 노조를 인정하라는 거고 노동부 지침은 하지 말라는 거예요. 노동부는 정권이잖아요. 현 정권의 반노동 정책의 뿌리가 보이죠. 버스 노조가 합법 노조라는 걸 민주당이 당론으로 채택하고, 전주시장에게 노사 합의에 노력하라고 공문을 보내는 등 여러모로 애를 쓰고 있어요.

서해성 | 4·27 재보선 결과 강원도지사에서 최문순, 만년 한나라당 지역인 줄 알았던 분당에서 손학규, 순천에서는 민노당 김선동 야권 단일 후보가 이겼습니다. 김해는 아쉽게 됐지만요.

정동영 | 국민이 위대합니다. 국민은 MB와 MB 정책 노선을 버렸습니다. 넥타이와 자영업자, 서민이 모두 나서서 MB가 가는 길이 틀렸다고 확인시켜준 거죠. 민주당은 오늘 하루만 웃고 내일부터 신발끈을 고쳐 매야 합니다. 한나라당과 일대일로 맞짱 뜨면 이길 수 있다! "하나로 뭉쳐 맞짱 뜨면 내년에 정권을 주마" 하고 국민들이 보내주신 신호거든요. 이를 위해 당장 5월 중에 야권은 복지 동맹·평화 동맹으로 가기 위해 정책연합원탁회의를 만들어야 해요. 단순 연대보다는 단일 정당으로 가야 합니다. 그동안 우리가 죄를 지었는데, 국민이 만회할 수 있는 기회를 주겠다는 것 아닙니까. 역사는 회의론자가 바꿔본 적이 없어요. 확신범이 바꾸는 겁니다.

한홍구 | 김해는 성공하지 못했는데 어떻게 보는지요?

정동영 | 이번에 일대일을 만드는 과정이 아름답지 못했어요. 야권 단일 후보 이봉수가 승리했어야 MB 심판 그림이 완성되는데 아쉬움을 감추기 어렵습니다. 야권이 더 강하게 뭉쳐야 한다는 교훈을 준 것이죠. 혼자 가지 말고 여럿이 함께 가야 합니다.

"야권이 갈 길? 국민이 '맞짱' 뜨라잖아"

"지금은 우리가 가야할 길에 대한 확신이 있습니다. 바깥으론 평화 체제, 안으로는 복지국가가 그것입니다. 2007년 대선 당시에는 꿰뚫어 보지 못한 점이 있습니다. 참여정부 때도 김근태 의원의 주장대로 분양 원가 공개해야 한다는 게 맞는 말이었죠."

서해성 | 민주당이 대통합과 정권 교체의 길로 가려면 몇몇 정치가끼리의 합종연횡에 그치지 말고 정책과 방향 전환에 온전히 동의하고 행동해야 할 텐데요.

정동영 | 자랑 하나 하자면 저는 한미 FTA에 대한 당의 입장을 '전면재검토'로 끌고 왔어요. 그동안 이 문제에 대해 민주당과 진보 세력의 간극이 한강이었다면 이제 샛강으로 좁혀졌죠.

서해성 | 시민사회나 진보 정당은 여기에 사활을 걸고 있죠. 그게 나타난 게 쇠고기 문제, 촛불 민심이죠. 이를 끌어안지 않은 민주 정치의 내일은 말하기 어렵습니다. 세력 통합에 성공하려면 생동하는 정책이 우선 거기에 이르러야 한다는 거죠.

정동영 | 원탁회의를 관철하기 위해 정치력을 다해야죠. 손학규 대표는 물론 여러 정치인들을 설득하고 또 이해를 구하는 방향으로 가야 하고, 그렇게 갈 겁니다.

386은 이미 기득권 세력, 그들이 탈바꿈해야

서해성 | 며칠 전 조사에서 대선 주자 선호도 4위더군요. 지금 대중은 정동영을 뭐라고 느낄 거라고 보는지요?

정동영 | 빚쟁이죠.

한홍구 | 정 의원 자신의 빚만 생각하면 안 돼요. 회사 부도나면 사장만 빚쟁이 되는 게 아니잖아요. 관련 기업도 넘어가고, 종업원들은 목매고, 약 먹고……

정동영 | 지난 대선 때 투표하러 안 나오신 580만 유권자분들에게 큰 빚을 졌죠. 투표하신 분께 진 것과는 다른 빚이죠. 어려운 사람 더 어려워지게 만든 빚, 역사에 대한 빚이죠. 수천수만 번 던진 자문이 '왜 떨어졌는가'입니다. 역사에 고백하건대 2007년에는 온전히 꿰뚫

어 보지 못한 점이 있습니다. 지금은 바깥으론 평화 체제, 안으로는 복지국가! 보수와 일대일 맞짱 떠야 하는 것이고. 우리가 가야 할 길이 이전과 비길 수 없이 훤히 보여요.

한홍구 | 민주당이 토호처럼 돼버린 성격을 극복하는 문제도 중요합니다. 민주당을 어떻게 바닥에서부터 진보적으로 만들 것이냐 하는 것에 대해 사람들에게 답을 줘야죠.

정동영 | 비정규직 850만, 자영업 600만, 청년실업자 400만, 농민 400만 해서 2천 200만 명이에요. 경제활동인구 80퍼센트가 2대 8 사회에 있어요. 이들의 아우성을 대변해야만 해요.

서해성 | 헌법에 근로의 의무가 있습니다. 일하는 게 의무라는 거죠. 다른 의무는 안 지키면 강제하고 징벌을 주는데 유독 이 의무만은 온전히 수행해내고자 해도 어려운 실정이죠. 국가와 자본은 의무를 이행할 수 있도록 조건을 만들고 여기에 책임을 져야 합니다. 민주당도 물론이고요.

정동영 | 지금 민주당이 단독 집권당이 될 만한 역량이 있느냐고 물으면, 솔직히 부족하단 말이죠. 재보선 이후 민주당은 당권 다툼하는 전당대회로 가느냐, 새로운 정치 세력과 함께 가는 창당대회로 가느냐 기로에 서 있어요. 창당대회 쪽으로 가야 민주진보 연합정부를 만들 수 있고 성공할 수 있는 거죠. 헌법 정신을 구현하려면 말이죠.

한홍구 | 현재 민주당은 현상 유지파가 다수로 보이는데요. 이제 486이 된 후배들에게 한 말씀.

정동영 | 쓴소리하자면, 여당 10년간 이들이 당내 개혁 세력이 아니라 기득권화돼 있었단 말이에요. 지금 이들이 어떤 길을 가느냐가 중요해요. 486 정치인들이 개혁과 새 길을 열어가는 역할을 해야 하죠.

서해성 | 주로 1980년대 민주화 운동에 헌신했던 사람들인데, 도리어 1970년대 선배들보다 더 보수적·보신적이란 느낌을 지우기 어려워

정동영

471

요.

한홍구 | 너무 빨리 어른이 되어버렸어요. 민중적 성격을 내려놓고 전투성도 흐려지니, MB하고 특별히 각 안 세우고 적당히 굴러가고 있는 것만 같아 아쉬워요. 사실상 그러다 지난 총선에서 다 떨어진 건데…….

정동영 | 386이 쇄신 정풍의 선봉대가 됐어야 했죠. 참여정부 때 비정규직 창궐하고 FTA 할 때 촛불을 들어야 했어요. 저도 한없이 부끄럽지만, 후배들이 현상 유지 세력으로 뭉치고 있을 게 아니라 복지국가 단일 정당의 주체 세력으로 앞장서야 하는 거죠.

서해성 | "못생긴 자식은 어머니가 없다"는 라틴 속담이 있습니다. 어머니에겐 못생긴 자식이 없죠. 지난 3년간 다수 국민은 민주와 민생에서 못생긴 의붓자식 취급을 당해야 했습니다. 2012년을 기다리는 까닭이 이것이죠.

정동영 | 그동안 산업화 30년, 민주화 30년이 있었다면 이제는 복지화 30년으로 가야 합니다. 2012년이 대전환의 해, 새 시대를 열어가는 해가 될 것이라 확신합니다.

"야권이 갈 길? 국민이 '맞짱' 뜨라잖아"

아픈 만큼 성숙해지고

2007년 대통령 선거에서 정동영은 617만 표를 얻었다. 1960년대 같으면 대통령에 당선되고도 남을 득표였지만, 현실에서 그는 힘 한번 못 쓰고 530만 표 차이로 대패했다. 대통령 선거 사상 가장 큰 표 차였고, 아마 앞으로 100년 이내에 깨지기 어려운 기록일지도 모른다. 가슴 아픈 것은 당시 이명박 후보가 얻은 표는 2002년 대선에서 이회창 후보가 얻은 표보다 겨우 4만 9천 표 늘었다는 점이다. 유권자 수는 근 300만 명 증가했는데 말이다. 노무현을 찍고 다음 선거에서 투표장에 나오지 않은 사람이 거의 600만 명에 달했다는 얘기다. 한국 사회의 민주 시민들 전체로도 그렇고 정동영 개인으로도 그렇고 이 패배는 지우기 어려운 트라우마를 남겼다.

　정동영 의원과 '직설'을 하는 동안 머릿속에는 내내 〈아픈 만큼 성숙해지고〉라는 노래가 떠올랐다. 직설을 마치고 그 말을 했더니, '성숙'이란 말이 조금 걸렸는지 "아이고, 내가 낼모레 육십이야"라고 손을 내젓는다. 그렇지만 2007년의 정동영과 MB 정권 3년을 겪은 뒤의 정동영은 참 많이 달라져 있었다. 여당 대통령 후보 정동영에게 듣고 싶었던, 들어야 했던 얘기가 좀 구차하게 고향에서 야당 국회의원이 된 그의 입에서 쏟아져 나왔다. 살아가며 우리는 후회도 하고 회한도 갖는다. 지금 알고 있는 것을 그때도 알았더라면……. 왜 우리는 기어이 상처를 입은 뒤에야 깨닫게 되는 것일까?

　"소 잃고 외양간 고치기"란 말이 있다. 뒤늦은 반성을 꼬집는 말이지만, 소를 다시 키우려면 외양간을 고치지 않을 수 없다. 정동영의 복귀를 한사코 반대했던 세력은 민주당이 '도로 호남당'이 될 것이라고 비판했다. 정동영은 억압과 저항의 역사 속에서 호남은 지역이 아니라 정신이라고 했다. 과거 민주당 정권 내에서 오른쪽 목소리를 대변했던 정동영이 지금은 먼지 뽀얀 노동 현장과 삶의 현장을 다니기에 바쁘다. 지난 지방선거와 이번 재보선에서 민주당은 기대 이상의 성과를 거뒀지만, 이 성과는 민주당에게 독이 될 수 있다. 2012년 대선에서 누가 되든 야권 후보는 2007년의 정동영을 깨는 데서 출발해야 한다.

한홍구

정동영

"부자에겐 자유를,
가난한 이들에겐 기회를"

홍준표 —한나라당 대표

"여기 소주는 없나?"

공식적인 직설 대담이 끝나자 초대 손님은 술을 찾았다. 밤 10시였다. 그는 이야기를 마치고 싶어 하지 않았다. 뒤풀이까지 포함해, 직설은 자정을 넘겨 장장 6시간 진행됐다.

한나라당 최고위원이자 서민정책특위 위원장인 4선의 홍준표 의원. 2010년 7월 14일 한나라당 전당대회에서 당 대표에 도전했으나 안상수 의원에게 패했다.■ 2인자가 된 그는 얼마 전 단행된 당직 인사를 놓고 "독식 인사로 당의 미래가 어둡다"며 안 대표와 정면충돌했다. '언터처블'로 통하던 검사 시절의 기개를 간직한 듯 여전히 직선형 인간이다. 그가 제주도로 휴가를 떠나기 전 시간을 냈다. 2010년 8월 7일 토요일 저녁, 개각 하루 전이었다.

거침없고 시원시원한 언변엔 강약이 분명했다. 목소리를 높여 자신의 주장을 강력하게 말하다가도, 합리적 반론에 부닥치면 바로 잘못을 시인했다. 너무 선선해 한홍구, 서해성이 허무감을 느낄 정도였다. 의견이 다르면서도 같고, 같으면서도 달랐다. 한나라당 속의 비한나라당, 홍준표 의원의 '스피커'에 귀를 기울여보자.

고경태

■ 2011년 4·27 재보궐선거 패배의 책임을 지고 안상수 한나라당 대표가 사퇴한 뒤, 7월 4일 전당대회에서 홍준표 의원은 드디어 집권당 대표에 뽑혔다.

서해성 | (대뜸) 성격이 급하죠?

홍준표 | 참으면 병 생기죠.

한홍구 | 뒤끝 없기로도 유명하던데요.

홍준표 | 아침에 일어나면 다 잊어버려요.

서해성 | 평소 말투가 직설이잖아요. 그래서 모신 거고. 얼마 전엔 신임 당 대표(안상수)에게 한칼 날렸는데.

홍준표 | 에이, 그건 다른 거죠.

직접세 높이고 간접세 낮추는 게 맞다

한홍구 | 서민 정책에 관심이 많은데, 서민이 대체 누군가요.

홍준표 | 학자적 용어로 기준을 논하기들 하는데, 힘들게 사는 사람이 다 서민이에요.

서해성 | MB 정부 기준으로 금융 자산 10억은 가져야 서민이라는 말이 있어요.

홍준표 | 가령 작은 음식점으로서는 카드 수수료 내리는 게 큰 의미가 있죠. 하나하나 접근하자는 거죠.

서해성 | 미소금융, 보금자리주택, 학자금상환제. 이 세 가지 빼면 서민 정책이 없다고 홍 의원 스스로가 단호하게 말해왔잖아요.

홍준표

홍준표 | 나는 그래 보고 있죠.

서해성 | MB 출범 뒤 서민 정책이 없었다는 뜻이 되는 거죠. 10억 어쩌고 한 게 괜한 말만은 아니라는 거죠.

홍준표 | MB가 친서민 중도실용을 표방한 지 1년 됐는데 내각이나 청와대가 움직이지 않는단 말을 했어요.

한홍구 | 지난 전당대회 때 쭉 서민 정책의 필요성을 제기했죠?

서해성 | 서민 경제에 대한 건 헌법 조문에 다 나와 있다는 말도 했어요. 조문대로라면 대통령이 친기업 운운하기만은 쉽지 않죠.

홍준표 | 왜 정권 초기에 '비즈니스 프렌들리'라고 했겠어요. 노무현 정권 5년 동안 워낙 반기업 정서가 팽배했던 바람에.

서해성 | 그건 반대 세력이 집권하기 위해 만든 말일 뿐이었지요. 노 정권이 이 정권보다 기업과 더 가깝지 않았다고 말할 수는 없어요.

한홍구 | 어떤 게 반기업 정서였는지 구체적으로.

홍준표 | 오래돼서 기억이 잘 안 나네요. 야당에서 부자 감세라고 비판하는데 그건 내가 원내 대표였을 적에 합의 처리했거든. 정부에서 다주택자 양도세 완화를 요청했을 때도 협의해 결정했죠.

한홍구 | 합의 여부를 따지는 게 아니라 서민 정책 제대로 하려면 세제를 바꿔야 하는 거 아니냐는 거죠.

홍준표 | 간접세는 대부분 서민들이 내고 직접세는 부자들이 내는 세금이니, 직접세 높이고 간접세 낮추는 게 맞죠. 그래야 노블레스 오블리주 사회로 가는 거지.

한홍구 | 당내 반발이 만만치 않겠는걸요.

홍준표 | 생각보다 몇 사람 안 돼요. L 모, N 모.(웃음) 이종구, 이한구, 나성린, 유일호 정도. 강남에 지역구 있는 의원들이죠.

서해성 | 한나라당이라는 세력 내에서 할 수 있는 친서민 정책의 한계가 분명히 있을 텐데. '친'서민은 되어도 서민은 못 되는.

"부자에겐 지유를, 가난한 이들에겐 기회를"

홍준표 | 나는 "부자들에게는 자유를, 가난한 사람들에게는 기회를 주자"고 말해왔죠. 정부나 사회 정책도 그 방향으로 가는 게 좌우 가릴 것 없이 좋고. 가난한 사람들에게는 일어설 기회를 주는 게 국가의 의무죠. 헌법 제119조 2항.

서해성 | 민주당 의원 평균치보다 개혁적인 의견을 개진하고 있거든요, 지금.(웃음) 그렇다면 굳이 한나라당에 있을 필요가 없지 않나요.

홍준표 | 민주당은 얼치기 좌파들이지.

한홍구 | 그럼 진짜 좌파를 하기 위해 한나라당에 있다는 겁니까?(웃음)

홍준표 | 나는 그저 '부자에게 자유를, 가난한 자에게 기회를!'(폭소)

서해성 | 멋있는 말이긴 한데……. 서민들은 지금 MB 정부를 '기회 봉쇄 정부'로 보고 있어요.

홍준표 | 그건 나도 잘 모르겠어.(웃음) 내가 한국 좌파를 분류한 적 있어요. 촐랑대는 좌파, 비아냥거리는 좌파, 얼치기 좌파, 당당한 좌파, 합리적인 좌파로 다섯 가지. 각각 그게 누군지는 알아서 판단하세요.

서해성 | 우파도 마땅히 분류를 해야죠. 분류는 요릿감 삼은 거니까. 고상한 말로 대상화.

한홍구 | 이런 생각들이 당에서 얼마나 지지를 받나요.

홍준표 | 잘 먹혀 들어가지 않죠.(웃음) 한나라당에는 부자도, 엘리트 집단도, 전문가들도 많아요. 그 사람들은 정치를 안 해도 먹고살 길이 있는 사람들이지. 그분들은 대개 이런 생각에 심드렁해하죠. 돌출 행동 한다고 하고. 실은 역발상인데, 그게 잘 통하지 않는 게 한나라당이라서. 안타깝지.

서해성 | 상상력과 한국의 정당은 거리가 멀죠.

홍준표 | 1 더하기 1이 2가 되는 건 산수고, 1 더하기 1을 백, 천으로 만드는 게 정치적 상상력인데. 그게 풍부한 사람이 이끌어가는 사회와 정치에 희망이 있는 거죠.

홍준표

"부동산에 대한 제대로 된 인식이 있으면 양극화 심화를 막을 수 있죠. 서민 정책 중 첫째가 서민금융제도, 둘째가 대기업과 중소기업의 하도급 구조 개선, 그 다음이 토지 정책의 변화라고 생각합니다."

이학수 사면은 옳지 않아

서해성 │ 근래 입술에 힘주고 하는 말들이 다 대권 주자 노리고 한다는 말도 있는데요.

홍준표 │ 그 길이 있다면 한번 해봤으면 좋겠어요. (웃음)

서해성 │ 고작 당 대표에게 원투 스트레이트 날리는 걸로 될까 하는.

홍준표 │ 그건 다른 문제라니까. 한나라당을 바르게 만들자는 거지. 그 래야 정권 재창출도 가능하고 2012년 총선에서 이길 수 있을 텐데. 처음부터 저런 식으로 독선하면 당이 어려워져요. 그걸 경선 불복으로 몰아붙이는 건 방향 착오죠.

서해성 │ 휴가 때 『후흑론』(厚黑論)■ 읽겠다고 했는데, 한국 정치인들 얼굴이 이미 두껍지 않나요.

한홍구 │ 어떤 시트콤에서 "키스를 글로 배웠습니다"라는 내용을 보고 배꼽을 뺐는데, 뻔뻔해지는 걸 글로 배워서 되겠어요.

홍준표 │ '대'정치인은 우회적으로 표현도 하고 중의법도 써야 하는데, 얼굴 두껍고 흑심 가진 사람 상대하는 법도 배워보자는 거죠.

서해성 │ 한국에선 왜 얼굴 두꺼운 사람들이 성공하죠?

홍준표 │ 예로부터 바르게 사는 사람은 단명을 하죠.(쓸쓸)

한홍구 │ 노무현 대통령도 단명했는데, 그는 성공한 대통령인가요, 실 패한 대통령인가요.

홍준표 │ 이야기하지 않겠습니다. 봉하가 우리 고향에서 50리 남짓밖에 안 돼요.

서해성 │ 법률가로서, '얼굴 안 두꺼운' 전직 대통령에 대한 수사는 공 정했다고 보는지.

■ 두꺼운 얼굴과 검은 마음을 가져야 나라를 통치할 수 있다는 내용의 책

홍준표

홍준표 | 검사 생활 11년 동안 나는 이른바 '하명 수사'를 한 일이 없어요. 그건 말 잘 듣고 능력 있는 사람한테 맡기지. 노 대통령 사건은 어떻게 보면 하명 사건이죠. 대선 자금 수사에서 보듯이 하명 수사는 노무현 집권 기간에도 있었고. 나는 가장 큰 실수가 노 대통령에 대한 신병 처리 결정을 빨리 하지 않은 거라고 봐요. 구속 여부를 신속하게 했어야지. 전직 대통령 수사를 하면서 이래저래 모욕감을 주는 행동을 한 셈이죠. 그건 본래 수사 취지와는 어긋나고.

서해성 | 광복절은 일제에서 해방된 날인데, 언제부터인가 기업인들이 해방되는 날이기도 하거든요. 잡범들 사이에 껴서. 지난 크리스마스 때는 이건희 회장이 단독 사면됐죠. 애써서 집어넣었는데 대통령이 특사로 풀어주면 검사는 기분이 어떤가요.

홍준표 | 1995년 8·15 땐 박철언 전 의원을 비롯해 내가 수사해서 집어넣었던 많은 사람들이 사면됐어요. 그때 현직 검사 신분으로 사면을 비판하는 글을 시사주간지에 썼지. 근데 이건희 회장은 내가 대한태권도협회장으로 나서서 사면해주는 게 좋겠다는 말을 공식적으로 한 적이 있어요. 사면 안 하면 IOC(국제올림픽위원회) 위원에서 잘리게 돼 있었어요. 태권도 올림픽 잔류를 위해서도, 동계올림픽 유치를 위해서도, 이 회장 한 명 묶어두면 뭐하냐.(웃음) "사면해주자, 마!" 나도 사실 선거법 위반으로 사면된 적 있고, 대통령도 선거법 위반으로.

서해성 | 그거랑은 다르죠. 법 하는 양반이 앞뒤 안 맞는 말을 꿰다 맞추면……

홍준표 | (말없이 급히 담배만 찾음)

서해성 | 담배 피우지 마시고!

홍준표 | 사실 무기 징역감인데.(웃음) 사면권 행사를 좀 제한했으면 좋겠다고 생각합니다.(폭소)

서해성 | 이번에 이학수 부회장에 노건평 끼워 팔기는.∎

"부자에겐 자유를, 가난한 이들에겐 기회를"

홍준표 | 안 하는 게 맞죠.

서해성 | 현직 검사라면 4대강 사업 반대한다고 보 위에서 시위하는 환경 단체 회원들한테 물 갖다 주는 걸 막겠습니까?

홍준표 | 물…… 그런 건 하게 해줘야죠.

서해성 | 법률가로서 촛불집회 때 유모차 끌고 나온 어머니들을 아동학대죄 어쩌고 하면서 끌어다 조사한 걸 어찌 생각하는지.

한홍구 | 촛불집회 끝나고 두 달 뒤쯤 어청수 전 경찰청장의 지시 사항이었죠. 그렇게 조사가 시작됐고, 적용은 되지 않았지만.

"촛불집회 아동학대죄 조사는 나도 충격"

홍준표 | 몰랐는데…… 진짜라면 잘못됐네요.

서해성 | 홍준표의 모래시계는 계속 작동하는 건가.

한홍구 | 그러려면 계속 뒤집어야죠.

홍준표 | 모래시계의 의미는 권력의 유한성이라고 할 수 있어요. 처음엔 가득 차 있지만 시간이 지나면 줄어들지. 권력 후반기에 힘이 빠지는 건 당연한데 그걸 인정하지 않으려고 무리수를 행할 때 불행한 권력이 되고 말죠.

한홍구 | 이 정권은 어떻게 되리라 보죠.

홍준표 | 대통령이 합리적이고 실용주의자라고 믿어요. 무리수를 두지 않으리라.

한홍구 | 미네르바 구속, 〈PD수첩〉 수사 등 시민사회에서는 이 정권이 이미 집권 초반기에 엄청난 무리수를 둔 것으로 보고 있죠. 그나저나 홍 의원 같은 분이 유모차 아동학대죄 조사를 몰랐다는 게 정말이지

■ 2010년 8·15 특별사면. 서청원, 이학수, 노건평 씨 등 2천 493명을 사면했다.

충격이네요.

홍준표 | 아동학대죄…… 나도 충격인데.

서해성 | 올해가 경술국치 100년인데, 이 정권을 탄생시키는 데 기여했다는 뉴라이트는 일제를 근대의 아버지라 불러요. 식민지 근대화론이 정당하다고.

한홍구 | 뉴라이트가 등장한 시점이 2004년 가을이죠. 노 대통령이 그해 봄 탄핵에서 살아 돌아와 8·15에 국가보안법 폐지와 과거사 청산을 하자고 말하죠.

홍준표 | 식민 지배를 정당화하고 일제강점기를 미화하는 부분이 있다면, 그건 용서가 안 되는 거죠.

서해성 | 그들이 현 권력의 이데올로기 한 축을 담당하고 있지 않나요. 청와대에서 밥도 같이 먹고 하던데.

홍준표 | 면면히 내려오는 한국 지배층은 토지자본가들이죠. 지난번 반값 아파트(토지임대부 주택 정책)를 이야기했을 때도 당내에서 우스운 사람으로 간주했어요. 조지 헨리의 토지공개념을 깔고 있는 건데. 우여곡절 거쳐 작년 4월 법제화는 됐지만, 단 한 건도 실행하고 있지 않아요. 한국 사회 저류를 흐르는 토지 자본 문제는 제대로 된 변화를 위해 꼭 검토해봐야죠.

한홍구 | 한국 역사에서 토지자본가의 대표적인 인물이 인촌 김성수 선생일 텐데.

홍준표 | 그건 이야기하지 마요, 나 고려대학교 나왔는데.(웃음)

한홍구 | 인촌을 비난하려는 게 아니고요. 인촌이 1948년 농지 개혁을 수용하던 그런 정신에 비해서 지금 한국의 보수 세력이 훨씬 후퇴한 게 아니냐는 거죠.

홍준표 | 부동산에 대한 제대로 된 인식이 있으면 양극화가 심화되는 현상을 막을 수 있죠. 서민 정책 중 첫째가 서민금융제도, 둘째가 대기

"부자에겐 자유를, 가난한 이들에겐 기회를"

업과 중소기업의 하도급 구조 개선. 그다음이 토지 정책의 변화라고 생각해요, 나는.

서해성 | 시민사회가 주장해온 한국 사회 개혁의 핵심 어젠다와 거의 일치한다는 거 알죠?

홍준표 | 우연의 일치겠지.(웃음)

서해성 | 요즘 '천안함 폭탄주'가 유행이라는데, 5공 때는 전두환 고도리가 유행했잖아요. 이런 식으로 풍자, 희화화된다는 건 대중적 불신을 반영하는 거죠.

홍준표 | 천안함 사태를 이 정부가 좀 이용한 거 같아요.(웃음) 대통령이 천안함 사태 회견을 전쟁기념관에서 하자는 아이디어를 대체 누가 냈는지, 참.

서해성 | 한미 동맹만 강화되는 바람에…… 가령 지금 이란에서 경고를 보내고 있죠. 미국 제재에 가담하면 석유 끊어버린다고. 얻은 게 별로 없다는 거죠.

홍준표 | 오죽하면 노 대통령이 좌측 깜빡이를 켜고 우회전을 했을까요. 자주를 주장하다 돌아선 건 대한민국 대통령으로서 불가피한 조치였죠. 지금은 미국과의 협력 관계가 더 그렇지 않나요.

한홍구 | 미국과 등져야 한다는 게 아니라, 집권 세력을 보면 중국을 너무 모르거나 얕잡아 보는 듯해요.

홍준표 | 국제 정세가 흔들린다는 고민이 당내 일각에 있는 게 사실이죠. 천안함 이후 미국과 군사 동맹을 강화하면서 중국과 갈등 관계가 깊어지고 있잖아요. 최근엔 리비아까지.

서해성 | 진보, 보수를 떠나서 좋을 게 하나도 없죠. 어서 천안함에서 하선해야 해요. 외교가 침몰 직전인데.

한홍구 | 외교에서 총체적 난맥상인 데다가 장관이 젊은 애들한테 북으로 가라고…… 이런 발언이 나오면 좀 말리는 사람이 없나요?

홍준표

"북에 가서 살아라"는 연임 노린 충성 발언

서해성 | 비자는 면제해주는 건가요? 투표에서 여당 안 찍으면 비자가 면제되는구나. (웃음)

홍준표 | 개각을 앞두고 연임하려고 과잉 충성 발언을 한 것 같죠?

한홍구 | "외교는 개떡 만들어놓고 이런 발언이나 하는 자는 연임시키면 안 된다"고 MB한테, 집권 세력 내부에 대고 말해야죠.

홍준표 | 북한 공격이라는 걸 단 한 마디도 언급한 일이 없는 야당 태도도 문제죠.

한홍구 | 국방과 외교가 이렇게 한꺼번에 파탄이 난 적은 일찍이 없었어요. 제대로 책임을 묻고 밑바닥에서부터 수습하지 않으면 큰일 날 겁니다.

홍준표 | 이 직설이 실리면 9할이 안티 댓글일 수 있어요. 나와는 생각이 다를 뿐 안티도 팬이죠. 한국 사회가 건전하게 가려면 좌우 날개가 같은 힘을 가져야 해요. 국민한테 정말 절실한 것은 내 집 갖기, 내 자식 잘되기, 내 건강 챙기기죠. 그런 소박한 꿈만 충족시키면 국가가 편해져요. 아, 그리고 문민정부를 시작으로 "말 좀 하고 살자"도 하나 추가됐죠.

한홍구 | 우익 보강이 필요합니다. 한국은 우익이 너무 강해서가 아니라 너무 약해서 탈이에요.

서해성 | 게임 법칙을 지키는 보수가 나오길 기대합니다. 그래야 목을 베기에는 참 아깝다 하는, 적에 대한 애정과 관용이 비로소 가능한 거죠. 거꾸로 흐르는 모래시계는 사유화된 권력의 환상일 뿐이죠.

"부자에겐 자유를, 가난한 이들에겐 기회를"

럭비의 매력

DJ와 노무현에 대한 저격수. 여당의 4선 중진 의원.

뜻밖이었다. 여전히 그는 세상을 향한 분노를 갖고 있었다. 언론에서는 그가 전당대회 결과에 불복하고 '몽니'를 부린다고 했지만, 만나보니 그의 분노는 뿌리 깊었고, 건강했다. 홍준표는 "세상을 바꿔보고 싶다"는 말을 여러 차례 되풀이했다. 원내 대표도 해보았으나, 국회 일만 하는 원내 대표로는 당을 바꿀 수 없어 당 대표가 돼야겠다고 생각했는데 그만 선거에서 떨어졌다.

사법 시험에서 과락을 먹고 떨어진 어느 겨울밤, 아버지가 계신 울산에 내려갔다고 했다. 영하 15도. 칼바람 부는 바닷가의 체감 온도는 영하 25도쯤 되었다. 아버지는 일당 800원짜리 현대조선 경비원이었다. 모래밭에 모닥불 피워놓고 플라스틱 목욕탕 의자에 앉아 계신 아버지의 등판을 보면서 '홍판표'는 피눈물을 흘리며 불공평한 세상을 바꿀 결심을 했다. 군사 독재는 민주주의로 바뀌고, 한국은 세계 9위의 수출국이 되고, '홍판표'라는 이름은 홍준표로 바뀌고, 집권당의 서열 2위 최고위원이 되었건만, 홍준표는 여전히 세상을 바꾸고 싶다고 했다.

최근에도 그에 대해 '통제 불능'이라는 보고서가 올라갔다고 한다. 축구 선수, 야구 선수, 농구 선수에게 어디로 튈지 모르는 럭비공은 참으로 거북한 존재일 것이다. 축구 시즌도 끝나고, 야구 시즌도 끝나고, 농구 시즌도 이래저래 다 끝나가는 마당이라면 럭비의 매력에 한번 푹 빠져봄은 어떤가. 이대로 가면 부자 나라가 아니라 부자만의 나라가 될 게 뻔한 한국을 바꾸기 위하여.

한홍구

홍준표

"불가능이 현실이 되는 걸
목도하게 되었습니다"

문재인 —노무현재단 이사장

직설이 '방'에서 나왔다.

은밀한 아지트(!)에서 편한 복장과 편한 자세로 떠든다는 신조를 깼다. 한홍구와 서해성은 정장을 입었다. 100여 개의 눈이 지켜보는 자리다. 오늘은 사상 최초의 공개 직설. 서울이 아닌 부산!

'사람사는 세상 노무현재단' 이사장 문재인 변호사를 모셨다. 부산민주항쟁기념사업회 부설 민주시민교육원(원장 백영제)의 초청으로 성사된 행사. 민주시민교육원은 시민 교육 프로그램의 일환으로 부산에서의 공개 직설 이벤트를 《한겨레》에 제안했고 직설 팀은 '문재인 이사장 섭외'를 조건으로 응했다. 2008년 2월 청와대 비서실장에서 물러난 뒤 처음으로 대중이 모인 자리에서 자신의 의견을 드러내는 그다. 행사는 12월 6일 《국제신문》 4층 대강당에서 저녁 7시부터 열렸다. 10시 반 막차 KTX를 놓칠 뻔할 정도로 현장의 열기는 뜨거웠다.

문재인 이사장은 '직설'에 대한 섭섭함도 솔직하게 전했다. 지난 6월의 이른바 '놈현 관 장사' 파문에 관해서다. 그는 "그런 식의 냉소가 설령 일말의 진실을 담았더라도 정치 발전에 도움이 되지 않는다"는 뜻을 분명히 했다. 한홍구와 서해성은 "상처받은 분들에 대한 배려가 부족했다"고 말했다. 두 사람은 행사 전 김해 봉하마을에 들러 노무현 전 대통령 묘역을 참배했다.

문재인 이사장의 말은 짧고 담백했고 진솔했다. 화기애애한 덕담이 흘렀다. 웃음과 박수가 자주 터졌다. 그렇다고 마냥 훈훈하지는 않았다. 민감한 대목에선 문재인 이사장의 얼굴이 굳어졌다. 후반부로 갈수록, 말 그대로 '직설'이 지배했다.

고경태

진보 집권을 위한 사람 준비,
그리고 문재인의 운명

서해성 | 부산시민 여러분 반갑습니다. 직설은 원래 무게 잡지 않고 쉽게 말하고자 만들었는데, 걱정입니다. 공개 토론이기도 하지만 다 아시다시피 문재인 실장이 상당히 근엄한 분이라서요.(웃음) 나는 '실장님'이라는 호칭이 어울린다고 생각해서 그냥 쓰겠습니다. 노무현 시대를 어떻게 비판적으로 계승할지에 관해서 좋은 이야기 나누었으면 합니다.

문재인 | 내가 가벼운 것도 무겁게 말하는 버릇이 있어서 내심 걱정이 되기는 합니다.(웃음) 나는 아직까지 노 대통령이나 참여정부 국정에 대해 평가하는 게 편하지 않습니다. 내가 충분히 객관적인가에 대해서 자신이 없고, 때가 좀 이르기도 하고. 하지만 노무현 시대를 어떻게 볼 것인가 하는 건 오늘의 정치 상황과 맞물려 있고, 이명박 정부와 여러모로 대비가 되고, 2012년 대선을 어떻게 맞이해야 하는가와도 관련이 있지요. 편하지는 않지만 피할 수 없는 자리다 생각해서 감히 나왔습니다.

내무반 등 장병 처우 개선해야 국방력 높아져

한홍구 | 이명박 정부 3년 동안 한 시대의 정신적 지주였던 분들이 하나 둘씩 떠나고 있습니다. 어제는 리영희 교수 빈소에, 오늘은 봉하마

을에 다녀왔는데요. 민주주의를 사랑하는 시민들 심정이 참 착잡한 시절이 아닌가 싶습니다. 그럴수록 참여정부 시대를 냉정하게 평가해야 한다고 생각합니다.

서해성 | 여러분, 문 실장님 섬세하게 생기셨죠? (청중, "네"로 화답) 요샛말로 훈남이죠. 놀라지 마십시오. 이분 공수부대 특전사 출신입니다. 김포에 근무하셨죠?

문재인 | 제1공수 특전여단. 하하하.(웃음) 여단장 전두환, 대대장 장세동이었습니다.

서해성 | 특전사 출신으로 연평도 포격 사태를 어떻게 보십니까?

문재인 | 음.(한숨) 정말 걱정스럽죠. 북한에서 NLL을 무력화하려는 시도는 오래됐거든요. 참여정부에서 이걸 극복하기 위해 10·4 정상회담 합의를 통해 서해평화협력지대를 만들기로 했던 걸 이명박 정부가 폐기해버렸죠. 도발 때 대응도 한심스러웠고.

한홍구 | 포탄이 연평도가 아니라 청와대에 떨어진 셈이죠.《조선일보》표현을 빌리면 청와대 안보 라인이 초토화되었죠. 사태가 난 직후 대통령이 국방장관을 급히 불렀는데 국회에 있다면서 1시간을 개기고 안 갔잖아요. 국정원장은 도발 정보를 청와대에 줬다면서 덮어씌웠지요.

문재인 | 이 정권을 흔히 '군 미필 정권'이라고들 하는데, 군 통수권자가 꼭 군대를 나와야 한다고 생각하지 않습니다. 철학과 정신이 문제겠죠. 참여정부 기간에 사병들 봉급이 평균 40퍼센트 정도 올랐습니다. 출범할 때 병장 2만 원이었어요. 마지막에 10만 원 가까이 됐는데 지금까지 동결이에요. 장병 사기, 대응 태세도 문젠데, 지금 그런 부분들이 사병 봉급 동결로 보이는 거 아닌가요? 그러니까 말도 안 듣는 거예요.(웃음)

한홍구 | 사병 봉급 오른 게 양심적 병역 거부 운동의 부산물이라는 거,

기억해주셨으면 해요.

서해성 | 참여정부가 사병들한테 잘한 게 월급 올려준 일과 복무 기간 줄인 일이죠. 기가 막힌 반비례입니다.

문재인 | 내무반이란 게 나무 침상에 나란히 누워 자는 거죠. 정상적인 처우라고 보긴 어렵죠. 거기서 원산폭격 따위 기합들도 행하고. 이걸 다 개인 침상으로 바꾼다든지 해야 하는 거죠. 그래야 국방력과 전투력도 높아지죠.

서해성 | 지금 내가 누리는 인권과 복지를 위해 싸우는 군대가 젤 강하거든요.

한홍구 | 참여정부 초기에 '검사와의 대화'를 했죠. 그렇게 출발했다가 검찰에 의해서 목숨을 잃는 일까지 벌어졌는데, 검찰 개혁 실패로 벌어진 일이 아닌가 싶어요. 대통령이 검찰을 정치적 용도로 사용하지 않겠다는 건 굉장히 중요하지만.

'검사와의 대화'와 집현전 학사들

서해성 | 노무현 자서전『운명이다』에 "검찰은 정치적 중립을 얻었으면 부당한 특권을 내려놓아야 한다"는 대목을 읽으면서 여러모로 가슴이 아팠어요. 암튼 부당한 특권을 내려놓게 할 수 있는 거의 유일한 분이 그렇게 말씀하면 우리 같은 사람들은 어떻게 해야 하는지.

문재인 | 검찰 개혁을 위해 고위공직자비리수사처, 검경 수사권 조정, 대검 중수부 폐지는 못 했죠. 정권이 바뀌어도 과거로 돌아가지 못하게끔 왜 대못을 치지 못했느냐 하는 말씀인데, 검찰 내부에서 동력이 나오거나 검찰 중립 문화가 이어져나가면서 굳어가야 하는 거죠. 검찰 권력을 이렇게 쓰는 현 정권의 잘못이지 참여정부의 개혁 불철저 때문은 아니죠.

문재인

한홍구 │ 진보 진영이 다시 집권했다고 칩시다. 그럼 또 5년 동안 검찰을 건드리지 않는다? 그러다 물러난 뒤에 또 검찰에 불려가야 합니까?

문재인 │ 더 면밀한 대안을 미리 준비할 필요가 있습니다. 참여정부 출범 때 민변 같은 시민 단체에서 요구한 검찰 개혁은 완전한 독립이었어요. 법무부에서도 독립시켜 인사권마저 검찰에 주자는 거였죠. 그게 초래하는 폐단을 미처 알지 못했던 거죠. 두 분 말씀에 공감합니다.

서해성 │ '검사와의 대화'를 보면서 세종을 떠올렸어요. 그때 집현전 학사들이 젊었거든요. 이들과 검찰 개혁을 해보겠다는 뜻이 있었을 듯합니다.

한홍구 │ 문제는 검사들이 집현전 학사가 아니었다는 거죠.(웃음)

문재인 │ 그날 대화 수준이 그랬죠. 시종일관 인사 문제만 되풀이 이야기했죠.

서해성 │ 역시 『운명이다』의 한 대목인데, "군사 정권은 남의 재산을 강탈할 권한을 마구 휘둘렀는데 민주 정부는 그 장물을 되돌려줄 권한이 없었다. 그 소유자가 정권까지 잡으려 한다." 박정희가 빼앗은 정수장학회(구 부일장학회) 이야기거든요.

문재인 │ 과거사위에서 과정의 불법성을 인정했지만, 재판 절차 없이 되돌려주는 것은 불가능한 시대가 온 것이죠.

서해성 │ 법의 정의만 살아 있고 법심이랄 수 있는 민심은 반영할 수 없다니, 청중 여러분, 그럼 민주 정부 뭣하러 세웁니까?(웃음)

한홍구 │ 이명박은 잘 뺏어서 돌려줍니다. 상지대!(웃음)

문재인 │ 부산시민들을 명실상부하게 대표하는 인물들로 재단을 구성해 정수장학회가 소유한 《부산일보》나 부산문화방송의 독립성을 보장하는 식의 해결이 바람직하겠지요.

한홍구 │ 정수장학회 쪽은 박근혜 이사장이 물러났고 재단은 완전히 공익 재단이 됐다고 주장합니다. 박정희의 '정'과 육영수의 '수'를 딴

"불가능이 현실이 되는 걸 목도하게 되었습니다"

"진보개혁 진영의 역량은 생각보다 크지 않습니다. 정권을 담당한 어떤 그룹만의 힘으로 개혁을 할 수 없어요. 정권과 시민사회 사이에 거버넌스(협치)가 필요합니다. 서로 당기고 밀어주고 요구하고 받아들이고……"

'정수장학회'인데 이사진들은 두 분을 존경하는 사람들로 구성했다고 하죠.

서해성 | 이명박 대통령이 재산 기부한 뒤 지인들로 이사진 구성한 거랑 비슷하네요.(웃음)

한홍구 | 참여정부의 대표적 업적이 과거사 규명이죠. 과거사 관련 위원회를 20개 안팎으로 만들었고 월급 받은 직원이 1천 명이 조금 넘습니다. 그러나 단 한 명의 가해자도 감옥에 못 보냈죠.

문재인 | 부당한 권력 행사자들을 처벌까지 하려면 거의 혁명적 상황이 되어야겠죠. 참여정부는 남아공 만델라 정부가 했던 과거사 정리 방식을 택했습니다.

서해성 | 노 대통령이 두 번 부활하신 분이죠. 탄핵이 될 뻔했다가 다시 돌아오고, 돌아가신 뒤 민장으로 다시 부활하고. 탄핵 취소하라는 광화문 촛불집회 보면서 권양숙 여사께서 "우리 편이 저렇게 많구나" 하니까 대통령께서 "저 사람들이 탄핵 취하 뒤에 나한테 무슨 요구를 할지 심히 걱정이 된다"고 했어요. 정말 노무현다운 언어입니다. 탄핵이 탄핵된 다음 열린우리당이 총선에 이길 때 여러분은 뭘 기대하셨습니까? 이 대목에서 많은 아쉬움이 있는 줄 압니다.

한홍구 | 국민이 만들어준 좋은 찬스를 이용하지 못하고 화해와 상생만 말씀하셨단 말이에요. 화해와 상생은 장검을 휘두른 뒤 살아남은 사람들과 하셨어야 했는데.(웃음) 그 뒤 제동이 걸리기 시작했죠. 행정수도, 사학법 걸리고, 뉴라이트 튀어나왔죠. 국가보안법도 철폐하지 못하고, 2006년부터 밀리기 시작했어요.

서해성 | 탄핵 소식을 네팔에서 들으셨다고요?

문재인 | 민정수석 그만두고 안나푸르나에서 트레킹을 할 때였죠. 숙소에서 영자신문을 보니 'impeach'(탄핵하다)라는 단어가 눈에 들어와요. 기사를 더듬더듬 읽어보니 노무현 대통령께서 탄핵당했다는 뜻으

"불가능이 현실이 되는 걸 목도하게 되었습니다"

로 읽히더라고. 그래서 귀국을 했는데…….

서해성 | 전화 연락은 안 해보시고?

문재인 | 네.(웃음) 돌아오는 길에 방콕의 영자신문은 더 크게 1면에 썼더라고요. 그때가 탄핵안이 국회에 상정될 때였죠.

서해성 | 잠깐만요. 네팔과 태국에서 전화비가 없으셨나요?

문재인 | 비싸요.(청중, 폭소) 아니, 실제로 비싸요.(더 큰 폭소) 귀국한 날 대통령 기자 회견이 상당히 도발적이더라고요. 결국 탄핵소추로 갔죠.

노무현은 왜 그렇게 삼성에 약했을까

서해성 | 자기 주군이 탄핵을 당해서 대통령을 못 하게 되었다는데 전화비가 없어서 전화를 못 했다고 합니다. 여러분, 어떻게 생각하십니까?(청중 하나, "멋있습니다.")

문재인 | 이상한 게 집권 1년차 극심한 여소야대 시절에는 뭉쳐갖고 중요한 일들을 다 해냈어요. 지방균형발전법, 행정수도 옮기는 거라든지. 탄핵 사건 뒤에 과반수가 되고 나니까 진도가 안 나가는 거예요. 그래서 민주적 당정 분리가 시기상조였다는 분석도 있습니다. 그 기간을 허송했다는 지적은 100퍼센트 변명할 길이 없다고 봐요. 결정적으로 대통령이 대연정 제의를 해서 기대를 걸었던 분들에게 실망을 안겨 줬습니다.

서해성 | 이명박 대통령이 얼마 전 대국민 담화■를 발표했는데 "굴욕적 평화"라는 말이 나오더군요. 굴욕적 평화라면, 그 반대로 참된 전쟁이 있다는 말인가요? 10·4 정상회담(2007)의 추진위원장이셨는데

■ 2010년 11월 29일 청와대에서 한 연평도 포격 사태 관련 대국민 담화.

문재인

혹시 뭘 굴욕당하기라도 했는지요.

문재인 | 참여정부 때는 없었던 현상이고, 없었던 말이 새로 생겨난 거죠?(웃음)

한홍구 | 두 분이 너무 답답하게 대화하시네.(웃음) 김영삼 대통령이 왜 6·15 정상회담을 씹겠습니까? '저걸 내가 했어야 하는데' 하는 거죠.(웃음) 이 대통령도 마찬가지죠.

서해성 | 진보 진영은 이라크 파병과 미군 부대 평택 이전 등을 실로 안타깝게 여겼습니다.

문재인 | 이라크 파병은 안 하는 게 좋았겠죠. 부당한 전쟁이었으니까. 한데 국정은 사리만 갖고 결정할 수 없죠. 당시 초미의 관심사는 북핵에 대한 미국의 강경 대응에 제동을 걸면서 이걸 외교적 틀로 가져가는 거였죠. 미국 협조가 필요했고 그 반대급부가 파병이라고 봤습니다. 덕분에 6자 회담이 가능했고요. 시민사회의 파병 반대 운동을 디딤돌로 삼아 비전투병에 한해 최소 인원을 전혀 위험하지 않은 지역으로 보냈어요. 그 뒤 실망해서 안 만나겠다는 사람도 있더라고요. 대추리 주민들이 근거지를 잃고 다른 데로 가게 된 건 가슴 아픈 일이죠. 대추리 주민 이주에 대해 성의 없었다 비판하면 모를까 원론적으로 반대하고 비난하는 건 좀…… 수도 서울 한복판에 미군 기지가 있는 것보다는 그게 나은 거 아닙니까?

서해성 | 한 교수께서 가만히 있으면 안 되지 않나요? 평화 운동을 해왔으면서.(웃음)

한홍구 | 그때 대학로에서 열린 이라크 파병 반대 집회에 가서 "노무현 정부 각성하라" 구호를 외친 뒤에 시청 앞으로 와서 "탄핵 반대" 구호를 외쳤어요. 평화에 대해 참여정부가 애를 썼지만 기대에 못 미쳤다는 말씀을 드리고 싶고요. 삼성 문제도 그렇지요. 민주화되고 난 다음에 덕을 가장 많이 본 게 재벌인데 삼성이 으뜸이지요. 왜 그렇게 재

"불가능이 현실이 되는 걸 목도하게 되었습니다"

벌에 약했을까요?

문재인 | 삼성 도청 사건(미림 사건) 같은 경우는 다시는 안 일어나도록 제도적 개선을 이뤘고, 비자금도 이건희 회장이 기소가 돼서 많은 돈을 사회에 내놓았죠. 민주개혁 진영은 전체적으로 보아 사회 분야에 비해 외교·국방·경제 분야에서 약합니다. 전문가들이 들어왔지만 관료 세력에 밀렸죠. 경제 쪽에선 근본적으로 달라진 모습을 보여주지 못했다고 생각합니다. 다시 진보개혁 진영 집권을 위해선 사람 준비가 꼭 필요한 거죠.

서해성 | FTA는 왜 그토록 체결하려고 했는지요. 며칠 전 이명박 정부 아래서 재협상이 타결됐는데 자동차마저 내주기로 했습니다. 이명박 정부가 계승한 거의 유일한 노무현 유산인데.(웃음)

문재인 | 대통령은 늘 협상 대표들에게 장사꾼 셈법으로 따져 수지가 남으면 하는 거고 그렇지 않으면 파투 내라고 누차 지시했습니다. 관료 사회에 퍼져 있는 '개방' 중심의 사고들에 지속적인 견제도 했습니다. 포괄적으로 국가에 이익이 되는 걸로 봤기 때문에 타결했던 거죠. 통상으로 먹고사는 현실에서 FTA 자체를 악으로 볼 필요는 없다고 생각합니다. 이명박 정부의 재협상은 그렇게 얻었던 것들 다 내줌으로써 이익의 균형을 내버렸어요.

"김진숙과 김주익을 기억하세요"

한홍구 | 부산 노동자 김진숙이 쓴 노 대통령 추도사에 나오는 대목입니다.

"당신의 시대에 가장 많은 노동자가 잘렸고, 가장 많은 노동자들이 구속됐고, 가장 많은 노동자가 비정규직이 됐고, 가장 많은 노동자가 죽었다."

문재인

처음이자 마지막 '공개 직설'을 부산에서 문재인 이사장과 함께
했다. 그의 말은 짧고 담백하며 진솔했다. 덕담도 흘렀다. 하지
만 마냥 훈훈하지는 않았다. 민감한 대목에서는 문 이사장의 얼
굴이 굳어지기도 했다.

아까 진보 진영에 준비된 사람이 부족하다고 하셨는데, 왜 파업을 지지하다 구속된 노무현이 대통령이 되고 대한민국에서 노동 사건을 제일 많이 변호한 문재인이 왕수석이 되었는데 그런 일이 벌어졌는지. 한때 김진숙의 변호사가 노무현이었지요.

문재인 | 진보개혁 진영 역량은 생각보다 크지 않습니다. 정권을 담당한 어떤 그룹만의 힘으로 개혁을 할 수 없어요. 정권과 시민사회 사이에 거버넌스(협치)가 필요합니다. 서로 당기고 밀어주고 요구하고 받아들이고. 가령 잘할 것 같던 교육 문제도 전교조와 힘을 모으지 못했어요. 나이스(NEIS, 교육행정정보시스템) 등으로 등을 돌렸고, 노동 문제는 개혁 진영 내부 헤게모니 싸움이 있었죠.

서해성 | 참여정부의 역사적 운명이 신자유주의 대세에 가로막힌 부분도 있습니다. 신자유주의는 시민에게 반자유, 경제적 자유는 해고당할 자유죠. 비정규직을 양산하면서 사회안전망은 '사회불안망'이 돼버렸죠. 참여정부가 이루지 못한 꿈은 많지만 그 어떤 것에도 불구하고 현 정부보다 낫다고 생각합니다. 이명박 정부는 어떤 정부인가요. 피해 가지 마시고 한 말씀.

문재인 | 다른 정부가 들어와도 민주 10년 동안 발전해온 걸 단숨에 물거품으로 만드는 건 불가능하리라 생각했는데, 그 불가능이 현실이 되는 걸 목도하는 거죠. 그러면서 2012년에는 잘못된 선택을 되풀이하지 않으리라는 기대와 믿음이 생깁니다. 오늘 이런 이야기들도 그런 노력의 한 부분이겠죠.(박수)

한홍구 | 사람들은 노무현 정부 정신을 계승하자고 합니다. 계승만 말하기보다 유산 상속할 땐 돈 되는 것만 받을 수 없죠. 상속을 받아서 빚도 갚고, 한계도 넘어서야 합니다. 한진중공업 김주익 위원장이 크레인 위에서 농성하다가 목을 맨 직후 노 대통령 말씀이 "죽음이 투쟁이 되는 시대는 지나갔다"였어요. 노무현은 노동자 김주익의 변호사

문재인

였어요. 김주익과 노무현이 한편일 때는 민주 정부를 세울 수 있었죠. 둘이 갈라지면서 한 사람은 목을 매고 또 한 사람은 부엉이바위에서 뛰어내렸습니다. 이제 이것을 극복해가야죠.

서해성 | 김 위원장이 돌아갔을 때도, 노 대통령이 떠나갔을 때도 조시를 쓴 적이 있습니다. 우리에게 새로운 지혜를 요구하는 시점에 와 있다고 생각합니다. 긴 시간 고맙습니다.(청중, 박수)

"불가능이 현실이 되는 걸 목도하게 되었습니다"

거대한 3개의 나침반

자전거는 멈춰 서 있었다. 향리로 내려간 노무현이 타던 자전거는 전시 유리판 너머에서 약간 왼쪽으로 방향을 튼 채 방문객들을 물끄러미 내다보고 있었다. 아직 바퀴 고무도 다 닳지 않은지라 끄집어내서 페달을 밟으면 달려 나갈 듯했다. 자전거는 멈추면 넘어진다. 민주 또한 마찬가지다. 까마귀도 울고 가는 헐벗은 동네에서 태어난 그는 세상을 배불리고자 만들어가던 방앗간이 문을 여는 걸 보지 못했다.

읽던 책과 미처 정리하지 못한 주사기, 그리고 익지 않은 모과를 마당에 둔 채 김대중은 돌아갔다. 거실에는 동네 목욕탕에서 쓰는 플라스틱 의자 하나가 놓여 있었다. 그 위에 쟁반을 놓고 김대중, 이희호 두 사람은 커피를 마셨다. 의자 옆 쌀바가지에는 방금인 듯 손자국이 선명했다. 마당에 찾아오는 새들에게 뿌려주던 공생의 식량이다.

리영희는 짬을 내 나무 걸상을 만들곤 했다. 손과 몸을 써서 일하는 사람들에게 그는 스스로를 한량없이 부끄럽게 여겼다. 딸에게 스케이트 날을 가는 숫돌 틀을 만들어주던 그다. 신문사에서도 학교에서도 쫓겨난 신산스런 세월에 월부 책 장수로 살아가던 지성의 스승이 쓴 책 뒤에는 한결같이 '비매품'이란 딱지가 붙어 있었다. 판금된 정의를 그나마 돌려 읽을 수 있는 방법이었다. 그는 병들 무렵에야 따뜻한 물이 나오는 집에 살면서도 늘 따뜻함에 감사해했다.

온몸으로 시대 양심을 살던 세 사람은 그 퇴행을 꾸짖다가 한날한시인 듯 떠나갔다. 이제 누가 그 페달을 돌릴 것인가. 누가 다시 새를 부를 것인가. 누가 진실과 정의가 와서 앉을 의자를 새로 만들 것인가.

자석이 가리키는 방향(자북)으로만 가면 진짜 극점에 도달할 수 없다. 지도에 나온 표시(도북)대로만 따라가면 참된 정의에 발 디딜 수 없다. 스스로 나침반이 되어 행동과 실천으로 수정해나가야만 거기(진북) 이를 수 있다는 걸 세 사람은 증거한다. 제 가슴에 나침반이 아직 없거나 벌써 망가졌다면, 오늘 나침반 하나씩을 품에 들이자. 우리가 나침반이 되자.

서해성

문재인

"진 팀이 이길 때까지! 유쾌해야 오래가지"

《한겨레》 창간 23돌을 기념해 '직설'을 폐지한다.

농담이되, 빈말은 아니다. 정확히 23돌 기념 특집호 지면에서 마침표를 찍게 됐으니 말이다. 2010년 5월 17일, 창간 22돌을 맞아 시작한 기획이었다. 애초 계획한 대로 50회를 꽉 채우게 되었다. 행복하고 고마워할 일이다.

사실 50회는커녕 5회도 못할 뻔했다. 제4화 '민주당 천정배 의원' 편(2010년 6월 11일치)이 나가자마자 거대한 쓰나미가 덮쳤다. 노무현 전 대통령을 모독하고 비하했다는 이유로 유시민 씨가 《한겨레》 절독을 선언했고, 이는 노사모로 옮겨붙어 걷잡을 수 없이 번졌다. 《한겨레》는 그로부터 4일 뒤 1면에 사과문을 내보냈다. '직설' 폐지를 넘어 담당 기자를 해고하라는 요구까지 나왔다. 부담스러움을 이기고 진행을 계속한 한홍구 교수와 서해성 작가, 기꺼이 초대에 응해준 이야기 손님들, 열성적 호응으로 용기를 준 독자들께 감사드린다.

한국 사회의 위선과 말로 싸우기로 했던 '직설'의 원칙은 두 가지였다. 첫째, 구어체로 떠든다. 둘째, 우아 떨지 않는다. 때로는 거칠고 상스러웠던 이유다. 이로 인해 끝까지 '안티'로 남은 일부 독자들도 있었음을 기억한다.

이제 마지막 뒷담화다. 처음부터 함께했던 기자가 직접 참여해 질문을 던졌다. 1년 50회를 거쳐 간 사람들을 추억하며, 제대로 본질을 짚으며 떠들었는지 반성도 해보았다. 독자들이 두 사람에게 궁금했을 법한 이야기도 들었다.

고경태

직설, 그 마지막 뒷담화

서해성 | 센말로 한 해를 살았습니다. 직설이란 기본적으로 말이잖아요.

한홍구 | 못한 말이 아직도 많아요.

고경태 | 지난해 3월 두 사람이 함께 낸 사무실에 놀러 갔더니 2인 신문을 만든다고 해서 이걸 대담 형식으로 싣자고 했죠. 그때 처음 생각한 신문이 지금에 와선 어떻게 달라졌나요?

한홍구 | 우선 사진이 나간다는 것과 직설을 하다 보니 둘이서 자주 얘기하던 걸 일주일에 한 번 얘기하게 된 거.(웃음)

서해성 | 언칠기삼, 말이 칠 싸움 기술이 삼. 양씨(건달)들도 먼저 말로 석죽이는 거거든. 말에서 지면 싸움에서 지죠. MB가 언론을 입안의 혀로 두고자 하는 까닭도 다를 게 없죠. 이건 내 말만 들으라는 거죠. 조폭의 언어.

미안한 손님 강기갑…… 큰소리 오간 김성식

고경태 | 애초에는 지난 10년간 한국 사회, 진보가 잃어버린 부분이 뭐냐를 말해보자는 의도가 컸는데.

한홍구 | 세상에! 1년 전 기획서를 꼬깃꼬깃 들고 와가지고.(웃음)

서해성 | MB 정부 출범 직후 둘이서 한 '예언'인데, 민주화 이후에 나타났던 민주화 운동가들, 이들을 포함해서 상당수들이 입을 닫을 것

으로 봤어요. 침묵 예상자 이름까지 꼽아봤죠. 과연 여태까지 말이 없네요.(웃음) 빤한 MB 공격이나 하자고 제안한 게 아니었죠.

한홍구 | 노무현 시절 숱한 지식인들이 말의 성찬을 만들었는데, 촛불이 끝나니 광야에서 떠드는 놈 몇 명 안 남아서 우리라도 해보자 한 거예요. 그런데 못한 게 많아. 삼성 문제, 민주 정권 10년 동안 진보적 지식인들의 역할 등에 대해서 본격적으로 다뤄보자 해놓고 못했고, 또 조·중·동 편집국장이나 대표 논객 모셔보자는 것도 뜻을 이루지 못했고.

서해성 | 그 침묵을 대신하고 싶었는데, 독자들께 불편을 끼친 적도 있었고. 목소리를 좀 내서 두려워하지 않고 말하는 자들이 있다는 걸 보여주는 일, 그런 역할을 해냈다면 다행이고.

고경태 | 기자로서 종이신문이 갖는 보수성을 알고 있고, 도리어 그 때문에 파격적인 대담 형식으로 한번 가보자 했죠. 또 하나는, 진보 내부를 뼈아프게 되새겨보자고 한 것이죠. 근데 제4화에서 '일'이 터져 부담스럽게 되어버렸죠. 첫 회를 '한겨레 너는 누구냐'로 삼았던 것도 그 취지였는데, 그 뒤 방향이 주로 MB 쪽으로 갔어요.(웃음)

서해성 | 1970~1980년대는 '집안' 얘기 하는 데 익숙했죠. 또 그게 내용과 방향을 가려내는 힘이었고. 일이 나자 한 선배가 다급하게 "쥐를 잡으려다가 장독을 깼다"고 했어요.

한홍구 | 서 작가와 둘이서 노무현 전 대통령 서거 뒤 1년 동안은 애도 기간을 갖자, 노무현을 죽음에 이르게 한 자들에게 칼을 겨누고, 노무현의 '과'에 대해서 애도 기간에는 거론하지 말자고 했죠. 1년 탈상을 하고 정권 내주게 된 과정에 대한 아픈 반성과 비판을 본격적으로 해보자고 했는데 사건이 터졌죠. 정권 내준 집권 세력을 비판하기 어려워지니 그보다 책임이 덜한 쪽을 비판하는 게 쑥스러워졌어요.

서해성 | 노무현의 죽음은 우리더러 더 치열하고 깊게 성찰하라는 강력

"진 팀이 이길 때까지! 유쾌해야 오래가지"

한 메시지를 갖고 있다고 봤습니다. '직설'을 하면서 알게 된 한 가지는, 정권을 쥐어본 자와는 토론이 쉽지 않다는 것이었죠.

한홍구 │ 우리도 같은 상처를 받은 줄 알았는데…… 결국 유시민의 한계가 '직설' 시작하자마자 '관 장사' 파동 때 절독 사건으로 한 번, 직설 끝날 무렵(4·27 재보선)에 또 한 번 드러난 게 친구로서 가슴 아프고. 노무현의 죽음을 가장 슬퍼하는 세력을 대표하는 정치인으로서 좀 더 건강하게 이 사회에서 그가 갖고 있는 지분을 행사해줬으면 하는 바람이 있죠.

서해성 │ 국민이 보수를 선택한 것에 대한 반성 그 자세로 링에 올라갔는데, 초반에 센 펀치 맞으면 상대가 다르게 보인다고 하더라고.

한홍구 │ 때리기도 했잖아.

고경태 │ 카운터펀치로 맞은 거잖아. '사건' 나고 걸려왔던 전화 중 기억나는 게 "한홍구 쌤은 왜 그렇게 됐어요"예요.

한홍구 │ 그러니까 친구 잘 사귀라고 하는 거죠.(폭소)

고경태 │ 그 무렵 꿈에 동굴에 들어갔어요. 박쥐 날아다니고 불상이 수십 개 서 있는데, 얼굴이 다 노무현이더라고요.

한홍구 │ 죄를 엄청 졌구만.(웃음) 우리가 차린 음식 먹고 알레르기 일으킨 거잖아요.

서해성 │ 거기에 대해 미안한 거고. 우린 트라우마가 생긴 거죠. 가장 미안한 손님이 강기갑 민주노동당 의원이에요. '사건' 직후라서 말이 제대로 안 떨어지더라고. 덕분에 셋이서 노 전 대통령 묘소 참배 가고 그랬잖아요.

고경태 │ 다음 손님이 김성식 한나라당 의원이었는데, 숫제 싸웠잖아요.

서해성 │ 시작한 지 5분도 안 돼 한 선배는 얼굴 시뻘게지고 김 의원은 탁자 치고 일어나다 전등을 들이받았지.(웃음)

고경태 │ '직설'에 오는 손님들은 제법 용기가 있었던 거 같아요. 말발이 센 두 분 사이에 끼어 토론하는 게 부담스럽다고 거절한 분들도 꽤 있었죠.

서해성 | 첫 손님이 천정배 민주당 의원이었는데 '사고'가 났잖아요. 그럼에도 기꺼이 오는 손님들이 내심 놀라웠어요.(웃음) 나 같으면 안 왔어요.

한홍구 | 어려운 이야기를 쉽게, 세게 해야 하고, 다들 사명감 갖고, 고상하게만 계신 분들이 아니라 전선의 한 모퉁이에서 지휘관으로 활동하는 분들을 모신 거거든요. 정말 삶의 무게로 장풍을 날려주신 거죠.

고은·백기완·유홍준, 잊지 못할 구라 시리즈

서해성 | 고은·백기완·유홍준, 조선 장풍들을 모시고 삶으로 의제 이상을 구현해본 일은 잊지 못할 거예요. 세 분을 연타로! 한 번쯤은 정리해보고 싶었거든요. 저 1970~1980년대를 헤쳐온 '구라'의 힘. 진짜 '출연진들'이라고 할 수 있는 분들.

한홍구 | 고은 선생, 재밌었어!

서해성 | 그저 말이 시가 되는 '직설'이었죠. 독자 한 분이 리영희 선생을 '직설'을 읽고야 보내드리게 됐다, 돌아가신 분과 대담이라니 절창이었다고 보내온 적이 있어요.

한홍구 | 그거 준비하느라 우리가 전집 갖다 놓고 열심히 읽었지.

서해성 | 고 기자가 '빙의'라고 했어요. 쉽지 않은 일이었는데 솜씨를 보였죠. 아비 부재의 상실감에 사무쳐!

고경태 | '직설' 시작할 때 두 가지 원칙, 구어체로 한다, 우아 떨지 않는다고 했는데.

서해성 | 거룩한 먹물 매체 종이신문에 구어체는 소설이 아니면 실리기

어려웠죠. 이건 추임새도 들어가는, 그런 영역을 개척한, 일간지의 경쾌함을 확장한 건 분명하죠. 품격 없는 파격은 잡스럽기 십상이죠. 우아 떨지 않는다는 건 '새로운 우아'를 보여주는 일이어야 하거든요.

한홍구 | 이렇게도 놀 수 있구나 하는!

고경태 | 직설의 상대말은 곡설. 또 다른 말은 은유. 근데 이건 직설이면서도 메타포가 있는 대담이었는데요.

한홍구 | 진짜 반대말은 침묵!

서해성 | 텍스트(기표)와 콘텍스트(기의)가 멀어질수록 대중은 세상 멀미를 심하게 하는 거죠. 멀미하면 차 타기 싫잖아요. '직설'이 멀미약 구실은 하지 않았나 싶어요. 구어체로! 또 멋만 부려서 현실에서 멀어지려는 메타포가 아니라, 의미역을 심화하고 심장이 벌렁거리게 하는 무기로서 메타포가 있죠. 일주일마다 살아 있는 메타포 하나 정도는 개발하고 싶었죠.

한홍구 | 신문에 나오는 대담 같은 건 '아, 그렇구나' 하고 생각하게 하는데 전달하기 어려운 말인 경우가 많죠. 대중이 밥 먹으면서 얘기하는 그런 말들을 하고자 했죠. 우리가 치열하지 못한 경우도 있었고, 손님도 이런 장이 잘 서지 않으니까 익숙지 않은 부분도 있었고.

한홍구·서해성은 어떻게 공부하고 소화하는가

고경태 | 서 작가와 '직설' 하면서 놀랄 때가 많았어요. 공부하고 해석하고 현실에 대입하고 구현하는 노하우 같은 것이 있나요?

한홍구 | 저 사람 미친 듯이 공부해!(웃음)

서해성 | 한 선배와 생활상 공통점은, 잠자는 시간 따로 없고, 좀 읽는 편이고, 커피 많이 마시고, 생활이 극히 단조롭다! 그나저나 현실에 쓸모없는 지식 따위 어디다 써요. 80년대가 남겨준 근육 아닌가요?

한홍구·서해성·고경태   **505**

직설, 마지막 자리에 셋이 모였다. 1년 동안 50회 '직설'의 자리를 가졌다. 더러 말에 베여 생채기를 입은 이도 있고, 때로 힘을 얻은 이도 있었을 것이다. 애초 한국 사회를 향해 던지는 '필살기'이고자 했는데, 과연 필살기는 있었을까?

왼쪽부터 한홍구, 고경태, 서해성

한홍구 | 운동권 서생 마음을 잃지 않고 공부하는 거죠. 현장성. 뭐 하나를 챙겨도 어디다 써먹어야지! 하고.

서해성 | 다들 마르크스 무덤에 새겨놓은 말을 읊조리죠. "지금까지 철학자들은 단지 세계를 상이하게 해석해왔다. 문제는 세계를 바꾸는 것이다." 바꾸자는 말에 방점을 찍는 건 좋은데, 창조적 해석 없이 새 세상으로 바꾼다는 건 당초에 가능하지 않은 일이죠. 기이한 게 아니라 구체적 현실에서 생동하는 새로운 해석이 '무덤'을 살려내죠.

고경태 | 궁금한 게, 어떻게 해야 책을 읽어서 잘 소화하나요?

서해성 | 현실적인 문제의식에서 출발해서 끝까지 밀고 나가는 게 지워지지 않는 책 읽기가 아닌가 싶어요. 자기 호기심을 집요하게 구체와 연관시켜내야 하죠. 행동까지 이어가도록. 안내서 품고 가는 여행이란 이미 다 단물 빨아먹힌 거거든. 몇 해 전 난리 통에 이라크를 횡단했는데, 국민학교 때 노동하러 다녀온 사람들에게 들었던 풍월을 책자로 읽어오다 실행한 거죠. 비단길 관심이 옥에 갇힌 정수일 선생을 풀어달라는 말을 할 수 있게 한 거고. 얼굴을 나중에야 뵀죠.

한홍구 | 대개 사람들이 읽은 양이야 상당하겠지만 영역이 넓지는 않죠. 현실적 필요성과 연관돼서 읽으면 남는 거고. 자기 내부에 정보를 갈무리해둘 선반이 있어야 필요한 때 불러내고 연상이 되죠. 서 작가는 강호 고수를 남달리 많이 만나고 겪은 사람이기도 하죠. 그냥 보는 거랑 필요로 보는 게 달라요. 내가 한국 사회에 10년 공백이 있어서 사람에 대해 궁금해 물어보면 판단이 정확하게 일치했어요. 친해지게 된 한 이유이기도 하고.

서해성 | 그 양반들이 '직설' 할 때 큰 도움이 됐죠. 섭외나 뭐로나.

고경태 | 서해성은 작가라고 하는데 왜 책을 아직 한 권도 안 썼냐고 묻는 사람이 제 주변에 한둘이 아닙니다. 대답 좀 해주세요.

서해성 | 기왕이면 객담은 아니어야겠고, 아쌈한 걸로, 오래 씹을 수 있

는 맛있는 걸 찾다 보니. 촛불, 쇠고기, 감시 사회에 관한 걸로 올해 안에 한 권씩 돌리겠습니다!

한홍구 | 서해성은, '직설'만 하기는 아깝죠. 쌓여 있는 것도 많고, 이런 것들을 적절한 형식으로 뽑아내야 해요. 근데 관심이 너무 많은 사람은 뭘 못혀. 만날 이 일 저 일에 매달려 있기도 하니.

고경태 | 한 교수는 수구 세력 기피 3관왕인데.(웃음)

한홍구 | 국방부 불온 도서, 친북 인사 100인, 보수 쪽에서 이른바 '좌파 인물' 15명을 선정한 책 『억지와 위선』에 모두 들어간 게 나밖에 없더라고요.

고경태 | 근래 지식인 중 가장 왕성한 사회 활동을 하고 있는데, 대체복무제 도입 운동, 평화박물관 건립 추진을 비롯해 베트남전 민간인 학살 진실위, 국정원 과거사진실위 등에 참여했죠.

한홍구 | 걸쳐 있는 것만 많고 제대로 못해요. 노무현 정권 때 국정원에서 3년 보내고 뭐 좀 해보려는데 MB 들어서며 길바닥에 나앉는 신세가 되었죠.(웃음) 민주 정권 때는 싸워도 앞으로 나가기 위한 거였는데, MB 때는 여태까지 쌓아놓은 걸 지키기에 급급한 거죠.

고경태 | 사회 활동은 물론 역사 대중화에 기여한 역사학자인데요.

서해성 | 제3세계에서 어떤 가치가 생활어가 되는 데 대략 한 세기가 필요하죠. 첫 세대는 번안, 다음 세대는 풀어먹고, 세 번째는 되어야 자기 언어가 나와요. 우리는 한홍구를 통해 구어체화된 역사와 만난 거죠. 역사기술론적 변화가 일어난 거지. 일제 관변 사학이 지배해온 '역사 권력'에 진보적 사관으로 맞서 '역사 시장'에서 승리한 거죠.

고경태 | 역사학자로서, 역사기술론에 관해서 한마디 해주세요. 역사란 무엇인가요?

한홍구 | 한국 근현대사에서 벌어지는 사건의 뿌리가 억지투성이죠. 그런 것들을 '아이스케키'를 하든지 그게 이렇게 된 거다 새로운 해석을

"진 팀이 이길 때까지! 유쾌해야 오래가지"

하는 역할을 해온 거죠. 한 10년쯤 하면서 역사책으로 어쨌거나 많이 팔렸어요. 좋은 시절에 《한겨레21》과 《한겨레》 만난 덕분이죠. 다 아는 말이 "역사는 과거와 현재의 대화"인데, 얼마나 많은 역사학자들이 그 말을 실천해왔는가. 앞으로 좀 더 길게 깊게 정리해보려 합니다.

서해성 | 한국 역사학이 기본적으로 서지학(문헌고증학)인데, 까놓고 얘기하면 무덤 파먹고 사는 거야. 한홍구는 무덤이 아니라, 현대사학자가 아니라, 현재사학자죠. 현재를 파대는 거죠. 100년 전 문제를 오늘로 가져다 놓고 현재 문제로 치환해서 싸우게 한다는 거죠.

고경태 | 두 사람은 무슨 관계일까요?(웃음)

서해성 | 둘 다 몽니가 없는 듯해요. 바빠서 그런가?(웃음) 한 10년 남짓 놀아보자 한 건데, 둘이 대화하다 보면 상승하는 지점이 유쾌해요.

한홍구 | 남들 안 하는 비슷한 생각을 많이 해요. 이 동네나 저쪽 문제 바라보는 시각도 그렇고. 같이 살다 보면 불편한 게 왜 없겠어요. 그러려니 하면서, 서로 이해타산 안 하고 살아가는 거지.

서해성 | 주머닛돈, 쌈짓돈, 곗돈 안 나누니 적성에 맞아요. 살림도 생각도 간이 맞고.(웃음)

필살기가 있었나? 본질을 꿰뚫었나?

고경태 | '직설잔설' 첫 회 첫 문장이 "필살기가 없는 직설은 객담일 뿐이다. 저잣거리 언어이되 본질을 꿰뚫어야 쓸 만한 직설이랄 수 있다"인데 필살기가 있었습니까?

서해성 | 그때, 말 잘못했네.(웃음)

한홍구 | 아이고, 고 기자한테 필살기 맞고 끝나네.(웃음)

고경태 | 직설이 유쾌하고 살아 있는 언어잖아요. 근데 정작 두 사람 보면 낄낄대다가도 넘 진지하고 비장한 측면이 있는데, '역사 앞에서 옷

깃을 여민다'고나 할까? 어떨 땐 손발이 좀 오그라들더라고요.

한홍구 | '직설'을 만든 것 자체는 거룩한 거죠. 장례를 많이 치른 사람들로서 어쩔 수 없는 면이 있죠.

서해성 | 1980년대에 보니까 비장하기만 한 사람이 오래 못 가요. 유쾌하게 싸운 사람이 오래가더라고.

한홍구 | '비장하기만 했던 놈들'이 지금 뉴라이트 하고 있잖아요.

서해성 | 진보적 낙관주의란 적어도 유쾌한 거거든요.

한홍구 | 그걸 잘 표현한 말이 "진 팀이 이길 때까지"야.

고경태 | 아쉬운 점도 많죠?

서해성 | 당면한 문제를 새로운 언어로 말해야 한다는 것. 직설을 준비하는 동안 어느새 때가 지나가 버리는 일이 몇 번 있었죠.

한홍구 | 여성과 젊은 사람들을 많이 못 했죠. 쌍용차 노동자들 초대 못한 거, 85호 크레인 올라가 김진숙 선수와 '고공 직설' 날리지 못한 것도 아쉽고.

서해성 | '직설' 하는 동안 일어난 사건들 중 '쥐20'에 징역 10개월 구형한 거 보고 큰 충격을 받았어요. 표현 영역을 '총통의 문화적 자본'이라고 한 나치의 발상과 다를 게 없죠.

한홍구 | 마지막으로 "누군가 바통을 받아다오"라는 말을 하고 싶군요. 우리는 형식 달리해 계속 떠들 것이고. 조금 지나면 이빨 빠진 MB에게 삿대질하는 놈들 많아지겠지만.

서해성 | 잘 노는 게 잘 싸우는 거고. 잘 놀았다면 그뿐.

고경태 | "아월 비 백" 하셔야죠. 터미네이터처럼.

금요일의 독재자들

말이란 7할이 타인의 얼굴에 맞아 침으로 미끄러져 내린다. 그 침에 제 혀를 뻗어서 기꺼이 핥는 게 시다. 소설은 침을 묻혀가며 읽어야 역시 제맛이다. 그리고 노래란 귀로 씹는 껌이다.

혼자 중얼거리는 말은 짜증이나 기도다. 둘이 대거리하면 수다에 그치지만, 너·나·그 셋이 모여 주고받는 말은 세상을 바꾼다. 혁명적 언어는 광장에서 태어난다. 광장은 대중의 심장이자 어머니다. 말의 광장 《한겨레》에서 '직설'은 '눈으로 듣는 말'이고자 했다. 종이에서 말이 들리게 하고자 했다. 구어체다. 사회 의제를 저잣거리 말로 풀어내 장터와 대폿집과 지하철, 버스에서 되새김질할 수 있는 말이기를 바랐다. 말이 안줏감을 넘어서면 몸 안에서 팽팽하게 부풀어 올라 한순간 화약처럼 폭발하는 법이다.

한 독자분이 '직설'을 일러 "금요일의 독재자들"이라고 했다. 먼저 읽지 않고는 못 배기게 한다는 격려다. 미처 다 말하지 않은 그 행간에서 한홍구·서해성·고경태는 면을 장악한 일방주의자가 되지 말라는 경고를 읽어냈다.

지식분자에게 말이란 칼이다. 말·글·칼은 그래서 하나다. 그 칼이 때로 무디고 쓸데없이 날카로웠을 줄도 안다. 유쾌한 진보, 쌀밥 같은, 밥상 같은 진보를 찾아 장안 고수들과 말로 겨루고 벼려내기를 쉰 번 거듭했다. 칼을 내려놓고 그분들과 그 고수들이 내뿜은 장풍에 읍한다. 금요일 아침마다 나오는 긴 글을 읽어준 분들께는 무릎걸음으로 다가가 넙죽 엎드린다. 광고도 빼고 한 면을 통째로 내어준 《한겨레》의 배포에는 달리 할 말이 없다.

스페인 내전과 관련 있는 "이걸 용납하면, 다음에 당신 아이도 당한다"(If you tolerate this, your children will be next)라는 노래가 있다. '직설'을 노래로 옮기면 이와 다르지 않을 터이다. 작은 독재를 허용하면 큰 독재로 이어지는 법이다. 잠시 말을 접고 함께 듣기를 청한다. 귀로 씹는 껌을.

서해성

펜을 닮아간 사람들

붉은 메세타 고지 평원 끝으로 해가 지자 개밥바라기 별을 안은 초승달이 미너렛 꼭대기로 떠올랐다. 회교 사원 마스지드를 가톨릭교회로 바꾸어도 달과 별은 한 방향으로 흐르고 있었다. 게르니카를 보고, 에스파냐 내전 때 죽은 이들을 묻은 망자의 계곡을 거쳐, 톨레도로 건너온 참이었다.

이베리아 반도를 기독 세력이 장악(레콩키스타)한 뒤 이 도시의 콘비벤시아(관용)로 중세 불온 문서 『시학』은 다시 태어났다. 아리스토텔레스는 아테네 사람이자 톨레도 사람인 셈이다. 무슬림 '지혜의 창고'들이 에스파냐어, 라틴어로 번역되면서 서구는 자기 뿌리를 새로 들여다볼 수 있었다.

톨레도 중심에 자리 잡은 요새 궁성 알카사르에서 프랑코를 따르는 모스카르도 대령이 한여름 동안 시민군의 포위를 버텨냈다. 이들을 구출하는 과정을 영웅적으로 선전해내면서 프랑코는 비로소 단일한 지도자 카우디요로 뛰어올랐다. 전투에서 패배한 공화파들에게는 콘비벤시아 대신 철저한 학살이 기다리고 있었다. 해의 문에서 알카사르로 이어지는 구불구불한 긴 중세 비탈 골목에서 시민군은 총알을 받아야 했다. 스스로 목숨을 끊어 공화파의 자존을 지키고자 한 이들

513

도 여럿이었다.

우리의 사상은 육체를 갖는다는 시인 오든의 말이 상징하는 대로 에스파냐 시민전쟁은 펜을 닮은 전쟁이기도 했다. 게르니카를 그린 뒤 피카소는 그림은 장식이 아니라 공격적이고 방어적인 무기라고 선언했다. 인간 이성과 정의에 대한 고도의 신뢰에 기초한 국제 연대는 일찍이 인류사에 없는 성전을 낳았다. 20세기가 아름다웠다면, 그건 1936년이 있었기 때문이다. 근육이 없는 사상이란 물이 아니라 한낱 묽은 H_2O와 같을 뿐이다. 조지 오웰·앙드레 말로·존 콘포드, 헤밍웨이·시몬 베유 등 내전에 참가한 이들은 자신들이 믿은 펜을 닮아간 사람들이다. 펜을 닮아간 사람은 사람을 닮은 펜을 가슴에 품고 사는 법이다. 김선주는 이 땅에서 거의 사라져버린 대륙형 인간펜이다. 이것이 지식인이다.

언론인 김선주와 대거리한 뒤 '직설잔설'로 쓴 글이다. 글을 쓴 곳은 낡은 톨레도 여관이었다. '말의 대장간(직설)'에서 만난 이들에게 이 '잔설'을 헌사로 올린다. (김선주와의 직설은 본인의 고사로 책에 싣지 않았다.)

돌이켜, 지난 석삼년은 불이 좋았다. 불땀 좋은 말이란 작가, 기자, 논객이 써낸다기보다 시대가 용광로일 때 태어난다. 불씨가 사방으로 날리는 그 불에 말을 불리고 펴고 달구었다.

세 사람은 말의 대장간을 차려놓고 손님을 맞았다. 손님들은 울대만 굵은 게 아니라 거의 빠짐없이 저마다 삶의 진검을 품고 달려와 세상과 겨루어내는 솜씨들을 유감없이 보여주었다. 배우고 익히고 내일을 도모하는 일을 거듭하여, 그들과 함께 한 해 동안 칼을 닮아가는 말을 《한겨레》라는 모루 위에 올려놓고 쳤다. 아침에 쓰고 저녁에 저자 대폿집에서 읊조릴 연장을 만들어내고자 했다.

한번 말의 대장간에 들면 쉬 담금질을 끝내기 어렵다.
다들 알다시피 '사고'가 났을 때 말을 멈출 수 없었던 까닭은 가난한 자, 약한 자의 옷을 벗기려 드는 세상 풍파와 아직 더 질기고도 줄기차게 싸워야 한다는 의무감 때문이었다. 셋은 이를 자임하고 말을 시작했던 터다.
더러 말에 베이고 생채기를 입은 이도 있고, 때로 힘을 얻은 이도 안팎으로 있는 줄 안다. 두루 하나로 묶어낸 말(책)을 보내드린다. '직설'에 쓸 만한 대목이 있다면 전적으로 함께 읽고 다투고 격려해준 대중의 몫임을 여기에 밝힌다. 허투루 하는 말이 아니라 연재라는 형식까지를 포함해 '직설'의 운명은 가히 그러하였다.

말이 끝났을 때, 고경태는 눈 수술을 해야 했다.
역사학자 한홍구는 점점 더 현재사 학자가 되어가고 있었다.
서해성은 후벼 파는 위를 감싼 채 실패한 라인 운하를 돌아본다고 독일로 줄행랑을 쳤다.

손님과 대거리를 마친 뒤 '직설잔설'을 쓰던 즐거움은 기이하도록 늘 손맛이 싱싱했다. 입에 단내가 나게 대화를 한 다음 몰려오는 적요가 주는 선물이었을 게다. 이 대장간을 여적지 떠나지 못하고 있는 까닭인 줄도 모르겠다. 이윽고 더 뜨거운 대장간에 들어야 하리라. 오직 거기서 시대의 말이 태어나는 까닭이다.

재동 대장간에서
한홍구 · 고경태 · 서해성 세 사람 이름으로 서해성

직설

ⓒ 한홍구 서해성 고경태 2011

초판 1쇄 발행 2011년 8월 31일
초판 4쇄 발행 2011년 11월 11일

지은이 한홍구 서해성 고경태
펴낸이 이기섭
편집인 김수영
책임편집 박상준
기획편집 임윤희 김윤정 정회엽
마케팅 조재성 성기준 정윤성 한성진
관리 김미란 장혜정
디자인 민진기디자인

펴낸곳 한겨레출판(주) www.hanibook.co.kr
등록 2006년 1월 4일 제313-2006-00003호
주소 121-750 서울시 마포구 공덕동 116-25 한겨레신문사 4층
전화 02)6383-1602~1603 **팩스** 02)6383-1610
대표메일 book@hanibook.co.kr

ISBN 978-89-8431-491-7 03300

* 책값은 뒤표지에 있습니다.
* 파본은 구입하신 서점에서 바꾸어 드립니다.